얄타의 딸들

THE DAUGHTERS OF YALTA

얄타의 딸들

캐서린 그레이스 카츠 지음 · 허승철 옮김

CATHERINE GRACE KATZ

책과
함께

일러두기

- 이 책은 Catherine Grace Katz의 THE DAUGHTERS OF YALTA (Houghton Mifflin Harcourt, 2020)를 완역한 것이다.
- 각주는 옮긴이가 덧붙인 해설이다.

나의 가족에게

차례

이 책에 등장하는 주요 인물의 직책과 신원은 다음과 같다. 여기에는 얄타회담에 참석한 사람 중 일부만이 포함되었다. 이들 중에는 여러 직함을 가진 사람들도 있지만 나는 이 책에 나온 역할에 기초해서 가장 관련이 있거나 쉽게 인식될 수 있는 직함만을 기록했다.

미국 대표단

- 프랭클린 루스벨트 Franklin D. Roosevelt 미국 대통령
- 애나 루스벨트 Anna Roosevelt 프랭클린 루스벨트의 딸이며 보좌관, 재혼 후 이름은 애나 루스벨트 보티거
- 애버럴 해리먼 W. Averell Harriman 소련 주재 미국 대사
- 캐슬린 해리먼 Kathleen (Kathy) Harriman 애버럴 해리먼의 딸
- 프레더릭 앤더슨 소장 Major General Frederick Anderson 유럽 주둔 미 전략공군 부사령관
- 찰스 볼런 Charles (Chip) Bohlen 국무장관 보좌관, 루스벨트 대통령의 통역
- 하워드 브루엔 Lieutenant Commander Howard Bruenn 루스벨트 대통령 주치의, 심장병 전문의
- 제임스 번스 James Byrnes 전쟁동원부 장관
- 스티브 얼리 Steve Early 공보비서
- 에드워드 플린 Edward Flynn 민주당 전당대회 전 의장, 루스벨트 대통령의 친구
- 와일더 푸트 Wilder Foote 국무장관 보좌관
- 앨저 히스 Alger Hiss 국무부 특별정무국 부국장
- 해리 홉킨스 Harry Hopkins 대통령 특별보좌관

- 로버트 홉킨스Robert Hopkins 해리 홉킨스의 아들, 미군 홍보부대 사진사
- 어니스트 킹 제독Admiral Ernest King 미 해군 사령관
- 로런스 쿠터 소장Major General Laurence Kuter 합참 작전 담당 보좌관, 미 육군항공대 사령관
- 윌리엄 레이히 제독Fleet Admiral William Leahy 미군 통수권자(프랭클린 루스벨트) 비서실장
- 조지 마셜 장군General George Marshall 합참의장
- 프리먼 매슈스H. Freeman Matthews 국무부 유럽국장
- 로스 매킨타이어 해군 중장Vice Admiral Ross T. McIntire 해군 의무감, 대통령 주치의
- 에디 페이지Eddie Page 미국 대사관 2등 서기관, 영사
- 에드워드 스테티니어스Edward R. Stettinius 국무장관
- 어윈 '파' 왓슨 소장Major General Erwin "Pa" Watson 군사 보좌관, 루스벨트 대통령 비서, 퇴역 장군

영국 대표단

- 윈스턴 처칠Winston Churchill 영국 수상
- 사라 처칠Sarah Churchill 윈스턴 처칠의 딸, 보좌관, 여성항공부대 소대장. 결혼 후 이름은 사라 올리버
- 해럴드 알렉산더 원수Field Marshall Sir Harold Alexander 총사령관
- 메이저 아서 버스 소령Major Arthur Birse 처칠 수상 통역관
- 앨런 브룩 원수Field Marshall Sir Alan Brooke 제국 합참의장
- 알렉산더 카도건Sir Alexander Cadogan 외무차관
- 아치볼드 클라크 커Sir Archibald Clark-Kerr 소련 주재 영국 대사
- 앤드루 커닝엄 제독Admiral of the Fleet Sir Andrew Cunningham 해군 사령관
- 앤서니 이든Anthony Eden 외무장관
- 헤이스팅스 '퍼그' 이즈메이General Sir Hastings "Pug" Ismay 처칠 수상 비서실

장, 전쟁 내각 부장관
- 모런 경Lord Moran 처칠 수상 주치의
- 찰스 '피터' 포털 공군사령관Marshall of the Royal Air Force Sir Charles "Peter" Portal 공군 사령관
- 찰스 '토미' 톰슨 사령관Commander Charles "Tommy" Thompson 처칠 수상 보좌관, 해군 소속

소련 대표단

- 이오시프 스탈린Joseph Stalin 소련 원수, 공산당 서기장
- 알렉세이 안토노프 장군General Aleksei Antonov 총참모부 부의장
- 라브렌티 베리야Lavrentiy Beria 내무인민위원(장관)
- 세르고 베리야Sergo Beria 라브렌티 베리야의 아들
- 안드레이 그로미코Andrei Gromyko 미국 주재 소련 대사
- 표도르 구세프Fedor Gusev 영국 주재 소련 대사
- 세르게이 후댜코프 원수Marshall Sergei Khudyakov 공군 부사령관
- 니콜라이 쿠즈네초프 제독Fleet Admiral Nikolai Kuznetsov 소련 해군 인민위원
- 이반 마이스키Ivan Maisky 외무 부인민위원(차관)
- 뱌체슬라프 몰로토프Vyacheslav Molotov 외무 인민위원(장관)
- 블라디미르 파블로프Vladimir Pavlov 스탈린 통역관
- 안드레이 비신스키Andrey Vyshinsky 외무 제1부인민위원(수석 차관)

루스벨트 가족 *

프랭클린 루스벨트(1882~1945)
엘리너 루스벨트(1884~1962)

- 루스벨트와 처칠, 해리먼의 부인과 자녀들은 원서에 정리되어 있지 않지만 자주 언급되므로 가족 구성을 추가했다.

딸 애나(1906~1975)
아들 제임스(1907~1991)
    엘리엇(1910~1990)
    프랭클린 주니어(1914~1988)
    존(1916~1981)

처칠 가족

윈스턴 처칠(1874~1965)
클레먼타인 처칠(1885~1977)
아들 랜돌프(1911~1968)
딸 다이애나(1909~1963)
    사라(1914~1982)
    메리(1922~2014)

해리먼 가족

애버럴 해리먼(1891~1986)
첫 부인 키티 러니어 로런스(1915~1929)
둘째 부인 마리 노턴 휘트니(1903~1970)
셋째 부인 파멜라 처칠(결혼 생활 1971~1986)
딸 메리(1917~1996)
    캐슬린(1917~2011)

1부

"그녀는 그들을 다룰 수 있어요,
그래서 그녀를 데려가는 거예요"

1장

1945년 2월 1일

1945년 겨울, 한때 눈처럼 하얀 전면을 자랑하던 리바디아 궁전은 먼지로 뒤덮여, 텅 빈 채 흑해 위 언덕에 서 있었다. 궁전의 가구와 값진 예술품은 이미 사라져버렸다.[1] 나치독일군은 싱크대, 화장실 변기, 램프 등 모든 것을 약탈해 갔고 놋쇠로 된 문고리마저 남겨두지 않았다.

　휴양도시 얄타에서 해안을 따라 3마일도 채 떨어지지 않은 크림반도 남단에 자리 잡은 이 궁전은 얼마 전까지만 해도 니콜라이 2세와 알렉산드라 황후의 여름별장이었다. 두 사람은 알렉산드르 3세가 숨을 거둔 후 이전의 리바디아 궁전을 헐고 그 자리에 가족생활에 좀 더 편한 116개의 방을 갖춘 황실 여름휴양소를 새로 지었다.[2] 지중해성 기후의 따뜻한 날씨와 검은 자갈이 깔린 해변은 황제와 황후, 다섯 명의 자녀들에게 상트페테르부르크의 습기와 화려함에서 벗어날 수 있는 휴식처를 마련해주었다. 크림반도의 석재를 이용해 신新르네상스 이탈리아식으로 지어진 이 궁전의 정원에는 야자나무와 종려나무가 가득했다. 황제와 자녀들은 바다에서 미역을 감고, 테니스를 치고, 등산로를 따라 말을 타고 다니며 휴가를 즐겼고, 황후는 이 지역에 병원을 건설할 기금을 마련하기 위해 자수품을 바자르bazar에 내다 팔았다.[3] 궁전은 비교적 단순하게 꾸며졌지만 화려한 자태가 드러났다. 프랑스식 발코니 문을 열면 정원으로 이어지는 흰색 무도회장이 있는데 이곳에서 황제의 딸 올가의 16세 생일잔치가 성대하게 열렸다.[4] 처음으로 머리를 땋아 올린 올가 공주는 분홍색 드레스를 입고 춤을 추며 무도회장을 돌았다. 그녀가 첫 보석으로 목에 걸친 32개의 다이아몬드와 진주로 만들어진 목걸이가 샹들리에 불빛을 받아 영롱하게 빛났다.

황제 가족은 1918년 예카테린부르크 외곽 주택의 지하실에서 볼셰비키에 의해 처형되기 전까지 겨우 네 번 리바디아 궁전을 찾았다.* 그 잔인한 일을 겪고 나서 로마노프 왕가와 제정러시아는 최후를 맞았다. 볼셰비키들은 이 궁전을 조용한 휴식과 폐병 치료가 필요한 선택받은 소비에트 노동자들을 위한 휴양소로 만들었다. 혁명 동지들은 빛나는 흰색 궁전을 소독하고, 러시아 전역에 걸쳐 황실 기념비를 부수고 자신들을 찬양하는 기념비로 대체한 것처럼 로마노프 가문의 모든 흔적을 제거하거나 덮어버렸다. 그러고 나서 2차 세계대전이 일어났다. 1차 세계대전 발발 후 25년 만이었다. 1942년 독일군

---

* 니콜라이 2세 가족은 1918년 7월 16일 야코프 유로프스키가 지휘하는 적군赤軍 부대에 의해 감금되어 있던 예카테린부르크의 이파티에프하우스에서 총살형을 당했다. 이들의 시신은 불태워져 석회 동굴에 던져졌고, 1991년 유골이 수습되어 1998년 상트페테르부르크 페트로파블롭스크 성당에 안치되었다.

은 소련과 맺은 불가침조약을 파기하고, 결국 실패로 돌아가게 될 바르바로사 작언을 펼쳐 소련의 스텝을 가로질러 동쪽으로 진격했다. 독일군은 여러 달에 걸쳐 리바디아에서 멀지 않은 세바스토폴을 공격한 끝에 크림반도 대부분을 장악했다. 차르의 여름궁전이 나치독일군의 크림사령부가 되면서 독일 침략군이 리바디아 궁전을 차지했다. 1944년 봄 소련군은 크림반도를 탈환하고 나치독일군을 몰아냈다. 그러나 독일군은 후퇴하면서 리바디아 궁전에서 가져갈 수 있는 물건은 모조리 약탈해 갔다.

　1945년 2월에 바로 이 약탈당한 궁전에 미국에서 네 번째 부호의 딸인 매력적인 27세의 캐슬린 해리먼이 서 있었다. 수천 명의 일꾼들이 궁전과 정원 여기저기서 톱질을 하고, 망치를 두드리고, 페인트칠을 하고, 소독약을 뿌리고, 바닥을 닦고, 나무를 심고, 무엇보다 시급한 난방배관 공사를 하고 있었다. 징집된 일꾼들과, 전쟁의 폐허를 청소하기 위해 동원된 루마니아 전쟁 포로들*을 위해 임시 막사와 야전 침대가 설치되었지만, 한때 황궁이었던 곳을 환골탈태시키기 위해 일하는 일꾼들의 잠자리는 턱없이 부족했다.[5]

　캐슬린과 그녀의 아버지인 소련 주재 미국 대사 애버럴 해리먼은 15개월째 일하고 있던 모스크바를 떠나 며칠 전 이곳으로 왔다. 이

---

* 루마니아는 1919년 독립 왕국을 이루고 영토를 확장했지만 영국, 프랑스 등 연합국 국가들이 새 국경을 인정해주지 않았고, 1939년에는 베사라비아, 부코비나를 소련에 빼앗겼다. 잃어버린 영토를 되찾기 위해 루마니아군은 독일군과 함께 소련 남부 지역을 침공하였다. 그러나 스탈린그라드 전투에서 루마니아군이 맡은 방어지역이 돌파되며 소련군에 역포위를 당했고, 이후 약 14만 명의 루마니아군이 소련군의 포로로 잡혀 크림반도, 카자흐스탄, 시베리아 등 많은 지역에서 강제노역에 동원되었다.

들은 2차 세계대전 중 가장 중요한 회담장의 막바지 공사를 감독해야 했는데 시간이 열흘 남짓밖에 없어서 원래 비행기를 타고 이곳으로 오려고 했다.[6] 그러나 기상 악화로 이들은 비행기를 탈 수 없었다. 결국 이들은 폭격으로 파괴되고 폐허가 된 시골 지역을 사흘 동안 통과하며 800마일의 거리를 기차로 이동해 얄타로 왔다.[7] 캐슬린은 지난 몇 달 동안 이런 광경에 이미 익숙해 있었다. 그녀가 본 모든 정거장은 폐허 상태였다.[8] "이런 불필요한 파괴는 너무 끔찍해요."[9] 캐슬린은 어릴 적 가정교사이자 친구인 뉴욕에 있는 엘시 마셜에게 이렇게 편지를 썼다. 그녀는 '무슈Mouche'*라는 별명으로 불리고 있었다. (캐슬린의 이런 관찰이 무슈에게 전달될지, 안 될지는 소련 우편검열관의 결정에 달려 있었다.) 캐슬린은 언니인 메리에게는 이렇게 편지를 썼다. "맙소사, 이 나라가 이걸 다 치우는 건 엄청난 일일 거야."[10]

전쟁에서 완전히 승리하려면 아직 시간이 필요했지만, 1944년 말 영미 연합군은 로마, 파리, 브뤼셀, 아테네에서 독일군과 이탈리아군을 몰아냈다. 그러는 사이 소련군은 폴란드와 루마니아를 넘어 서쪽으로 진격하고 있었다. 그해 12월 독일군은 벨기에, 프랑스, 룩셈부르크에서 강력한 반격을 펼쳐 아르덴 숲에서 서방 연합군의 방어선을 거의 무너뜨릴 뻔했지만, 연합군이 승기를 잡은 것은 분명했다. 태평양 전선에서도 전쟁이 끝나려면 아직 멀었다. 미국 장군들은 모든 상황을 바꿀 수 있는, 아직 테스트되지 않은 비밀 무기를 제때 사

• 영어 미스터Mister에 해당하는 프랑스어.

용하지 않으면 전쟁이 18개월 이상 지속될 것으로 예상했다. 영국 수상 윈스턴 처칠과 미합중국 대통령 프랭클린 루스벨트, 소련 당서기장 이오시프 스탈린은 유럽 전황이 중요한 전환점에 다다랐음을 깨달았다. 이들의 군대가 베를린을 향해 앞다퉈 돌진하는 동안 유럽 대륙에서 전쟁을 끝내는 데 필요한 복잡한 문제가 이들 앞에 떠올랐다. 이 문제는 서로 얼굴을 맞대고 논의해야 해결할 수 있는 것이었다.

세 지도자가 이런 회담을 가진 것은 처음이 아니었다. 1943년 11월 이른바 '3거두Big Three'는 오랫동안 기다려온 제2전선을 펼치는 문제를 놓고 테헤란에서 회담을 가졌다. 이 회담 일곱 달 후 이 제2전선은 노르망디 상륙 작전으로 실현되었다. 당시 스탈린의 마음을 사기 위해 루스벨트와 처칠은 런던이나 워싱턴보다 모스크바에 훨씬 가까운 테헤란까지의 고생스러운 여행을 기꺼이 했다. 이번에는 스탈린이 두 사람이 편한 곳으로 오는 것이 공평해 보였다. 두 지도자는 지중해 지역에서 회담을 열자고 제안했지만, 스탈린은 소련을 벗어나 여행하기에는 자신의 건강이 너무 안 좋다고 주장했다. 스탈린은 주치의들의 권고를 내세우며 소련 국경 너머에서 회담 갖기를 거절했다.[11] 처칠과 특히 루스벨트는 태평양 전장에서의 승리와 루스벨트가 세계평화 보장을 위해 새롭게 구상한 국제기구의 성공뿐 아니라, 폴란드를 포함해 최근 적으로부터 해방된 국가들의 정치적 자치 실현을 위해 스탈린의 협조가 필요하다고 생각했다. 소련군이 동유럽을 거의 장악한 상태에서 서방의 두 지도자는 전후 민주 세계에 대한 비전에서 스탈린보다 잃을 것이 많았다. 루스벨트는 소련 주재 미국 대사 애버럴 해리먼에게 상대를 너무 성가시게 하지 말고 스탈린의 요청을 따르라고 비밀스럽게 지시를 내려, 처칠이 더 완강히 반대하기 전에 자신과 처칠이 스탈린이 원하는 곳으로 가겠다고 확약했다.[12]

스탈린이 서쪽으로 가장 멀리 여행할 수 있는 경계는 흑해였다. 크림반도 남부해안의 '로마노프 길Romanov Route'을 따라 늘어선 휴양 도시에는 과거 황실 가족과 귀족 친구들이 소유했던 많은 별장이 남아 있어서 고위 공산당 지도자들에게 여전히 매력 있는 장소였다. 소비에트 지도자들은 제정 시대의 부패를 매도했지만, 이런 화려한 궁전을 자신들이 이용하는 데 대해서는 도덕적 거리낌이 없었다. 오데사부터 바투미에 이르는 흑해 연안의 여러 장소를 후보지로 검토한 다음 소련 당국과 미국은 얄타와 리바디아 궁전을 최선의 장소로 결론 내렸다.[13] 다른 후보지들은 전쟁 중 너무 파괴되어 대규모 대표단을 수용할 수 없었고, 배나 비행기를 타고 가기도 쉽지 않았다. 처칠이 지적한 것처럼 흑해에는 수많은 수뢰가 떠다녀서 지도자들이 배를 타고 얄타까지 오는 것이 불가능했지만, 해리먼과 미국 대사관은 소련의 제안을 마지못해 받아들였다.[14] 이런 상황에서도 회담을 수행한 일부 인력은 배를 타고 얄타로 오게 되었다. 1945년 새해가 시작될 무렵 다음과 같이 여정이 결정되었다.[15] 루스벨트와 처칠은 이탈리아 남단에서 약 60마일 떨어진 몰타까지 배를 타고 와서 만난 후, 나머지 여정은 비행기를 타고 크림반도로 와서 차르의 여름궁전에서 스탈린을 만나기로 했다.

리바디아는 황실 별궁이기는 했지만, 캐슬린 해리먼이 자란 허드슨강 계곡의 10만 평방피트의 저택보다는 작았다. 이 궁전은 3국 대표단을 모두 수용하기에도 너무 작았다. 대표단 인원수는 회담을 앞두고 날이 갈수록 기하급수적으로 늘어났다. 손님을 맞는 입장인 스탈린은 호의를 베풀어서 리바디아 궁을 루스벨트 대통령에게 양보했다. 인근의 몇 개 궁전 중에 가장 큰 리바디아 궁의 무도회장은 3거두와 참모진이 모여 회의하기에 가장 좋은 장소였다. 하체가 마비되어 휠체어 신세를 지고 있는 루스벨트가 매일 회담장까지 올 필요 없이 리바디아 궁을 숙소로 삼는 것이 가장 좋은 방법이라고 생각해서 스탈린은 그렇게 결정했다. 처칠과 영국 대표단은 소비에트 정부가 국유화한 러시아 귀족 궁전 중 하나인 보론초프 궁전에 머무는 것으로 결정되었다. 보론초프 궁전은 리바디아 궁전에서 차로 30분 거리에 있었다. 스탈린은 코레이즈 별장 또는 유수포프 궁전이라고 불리는 리바디아 인근의 다소 작은 궁전을 사용하기로 했다. 보론초프 궁전과 코레이즈 별장은 수리 후 상태가 리바디아 궁전보다는 훨씬 나았다. 그러나 스탈린이 사용하기로 한 코레이즈 별장에는 불온한 내력이 있었다. 이 궁전은 한때 알렉산드라 황후의 측근이었던 신비에 싸인 정교회 사제(보는 시각에 따라 돌팔이 사제) 라스푸틴*을 살해한 사람**이 소유했었다는 소문이 있었다.[16] 라스푸틴은 추문에 가려진

• 시베리아 출신의 러시아 괴승으로, 니콜라이 2세의 황태자 알렉세이의 혈우병을 치료한 명분으로 황후의 신임을 얻어 막대한 영향력을 행사했고, 여러 번 암살 시도에서 살아남았으나 유수포프가 주도한 암살 음모에 의해 살해되었다. 라스푸틴은 1916년 12월 30일 유수포프의 잔치에 초대되어, 치사량만큼의 청산가리가 든 케이크와 술을 먹었지만 죽지 않고 파티를 즐겼다고 한다. 유수포프와 다른 귀족들이 쏜 권총에도 죽지 않고 밖으로 도주하던 중 곤봉과 쇠사슬에 맞고 네바강에 빠져 익사했다.

•• 펠릭스 유수포프(1887~1967). 차르보다 더 많은 부를 소유했다고 소문 난 부유한 러시아 귀족 가문 출신으로 어머니 쪽으로는 타타르의 피가 섞였고, 상트페테르부르크, 모스크바에 수십 채의 궁전과 별장을 소유하고 있었다. 1909년 크림반도에 지은 궁전은 유수포프 궁으로 불리기도 하고 지역명을 따서 코레이즈 궁으로 불리기도 했다. 유수포프는 라스푸틴 암살을

영향력으로 로마노프 왕가의 종말을 앞당겼다는 소문이 돌았다. 속을 알 수 없는 스탈린이, 위협이 되었든 혹은 악의가 섞인 유머가 되었든, 어떤 메시지를 전달하기 위해 이 궁전을 선택했는지, 아니면 단순히 가장 편한 장소라서 이곳을 사용하기로 정했는지는 미스터리로 남아 있다.

세 지도자가 얄타에서 만나기로 결정한 후, 파괴된 궁전들을 수리해서 역사상 가장 규모가 크고 중요한 정상회담을 치를 장소로 만드는 데 쓸 수 있는 시간은 3주밖에 없었다. NKVD *Narodny kommisariat vnutennikh del*(내무인민위원회)라고 불리는 소련 비밀경찰의 무시무시한 수장이자 스탈린이 가장 험한 일을 믿고 맡기는 부하, 라브렌티 베리야가 회담장 준비의 총책을 맡았다.[17] 이 일에는 궁전들을 수리하고, 필요한 물품을 운송해 오는 것부터 인근 지역에서 조금이라도 '의심스러운 요소'가 있다면 제거하는 것이 포함되었다. NKVD가 얄타 주변 20킬로미터 안에서 행한 7만 4000건의 보안 검색에서 반소비에트 분자로 의심되는 835명이 체포되었다.[18] 해리먼 대사는 행여 작고 사소한 문제라도 회담의 진행을 방해하지 않도록 회담 시작 열흘 전에 현지에 내려와서 회담장 수리와 준비가 미국 기준에 걸맞게 진행되고 있는지, 병참과 의전 관련 사항이 제대로 진행되고 있는지를 점검하기로 되어 있었다.

이론적으로는 해리먼 대사가 회담의 최종 조율을 책임져야 했지만, 현실은 그렇지 않았다. 해리먼은 중요한 행사의 중심에 설 기회

주도한 것으로 유명하다. 러시아 혁명 후 프랑스로 망명해서 여생을 보냈다.

를 놓치는 법이 없었다. 미국이 참전하기 전인 1941년만 해도 고립주의가 미국의 대세였고, 미국은 중립국이었다. 루스벨트는 나치를 상대로 한 전쟁을 지원하고 싶었지만, 공식적으로 중립을 유지하는 상황에서 특별한 일을 벌일 수 없었다. 루스벨트가 고심 끝에 자신의 목적을 달성할 창의적인 방법을 생각해낸 결과 무기대여Lend-Lease 프로그램*이 탄생하게 되었다. 미국은 영국과 그 동맹국에게 식량, 연료, 선박, 비행기, 탄약과 다른 전쟁 물자를 제공해주고, 영국은 명목적으로 전쟁 후 이 비용을 갚기로 하는 프로그램이 탄생한 것이다. 루스벨트가 1941년 2월 애버럴 해리먼을 무기대여 프로그램의 책임 대사로 지명하자, 독일 공군의 맹렬한 대공습에도 불구하고 해리먼은 주저 없이 런던으로 이사해 그 직무를 시작했다. 미국이 참전하면서 무기대여 프로그램은 동부 전선의 소련에게도 제공되었고, 해리먼은 기꺼이 직무를 수행했다. 1943년 가을 루스벨트가 해리먼에게 모스크바 주재 대사 자리를 제안하자 그는 지체 없이 런던을 떠나 모스크바로 갔다.

이번에도 전혀 다르지 않았다. 해리먼과 캐슬린이 크림반도에 도착한 지 3일 후 해리먼은 처칠과 루스벨트를 만나서 회담 사전 협의

- 무기대여 프로그램의 정식 명칭은 '미합중국 방위 촉진을 위한 조례An Act to Promote the Defense of the United States'이다. 이 프로그램은 선금을 받고 해외에 무기를 판매하도록 한 기존 법안을 폐기하고 무상으로 연합국을 지원할 수 있는 근거가 되었다. 루스벨트의 아이디어로 무기 판매 대신 '대여'라는 용어를 썼다. 1941년 3월부터 1945년 9월까지 시행되었으며, 미국의 전체 전쟁 지출의 11퍼센트인 총 501억 달러(2018년 기준 5650억 달러)가 지출되어 영국에 314억 달러(3540억 달러), 소련에 12억 달러(135억 달러), 프랑스에 32억 달러(361억 달러), 중국에 16억 달러(180억 달러), 나머지 연합국에 26억 달러(304억 달러)가 투입됐다.

에 참여하기 위해 몰타로 날아갔다.[19] 해리먼은 대표단이 도착하기까지 남은 일주일 동안 리바디아 궁전의 회담 준비를 감독하도록 딸인 캐슬린을 얄타에 남겨두었다.

언뜻 보면 놀라운 일 같지만, 캐슬린이 이런 과제를 맡은 것은 지극히 합당했다. 캐슬린은 아버지 해리먼과 달리 러시아어를 할 줄 알았다. 캐슬린은 아버지가 모스크바에서 대사의 격무를 수행하는 동안 러시아어를 제대로 마스터할 수 없을 것이라고 생각하고 자신과 아버지를 위해 러시아어를 열심히 공부하기로 결심했다. 모스크바에 도착한 후 캐슬린은 미국 대사관저인 스파소하우스Spaso House의 안주인 노릇을 하면서 러시아어 개인교사를 고용했다. 모스크바에 있는 몇 안 되는 영어 선생님들은 이미 다른 사람들을 위해 일하고 있어서 캐슬린은 프랑스어를 하는 개인교사를 구해서 먼저 러시아어를 프랑스어로 통역한 다음 다시 영어로 말하는 식으로 러시아어를 배웠다.[20] 캐슬린은 기회가 있을 때마다 러시아어를 연습했다. 유명한 볼쇼이극장과 말리극장의 공연을 주의 깊게 들은 다음 거리를 걸어가며 그 대사를 중얼거렸다. 때로 길거리에서 마주치는 모스크바 사람들이 그녀를 얼빠진 듯이 바라보았지만 개의치 않았다. 그녀는 자신이 걸친 모피 외투와 실크 스타킹이 모스크바에서 쉽게 볼 수 있는 것이 아니어서 행인들이 자꾸 자신을 쳐다본다고 언니 메리에게 편지를 썼다. 그녀의 러시아어 실력은 아직 많이 부족했지만, 파티나 사교 모임에서 아버지를 위해 통역할 정도는 되었다.[21] 이제 그녀는 리바디아의 아수라장 같은 공사판에서 러시아 보초병, 관리, 노동자들과 의사소통을 해야 했다. 때로 그녀가 러시아 말을 알아듣지 못해도, 러시아인들은 그녀를 너그러이 이해해줄 거라고 기대했다. 러시아인들이 그녀의 이름을 제대로 발음하지 못해도 그녀는 넓은 마음으로 이해했다. 러시아에서 미스터에 해당하는 명칭은 '가스파딘Gospodin'이고 미스에게는 '가스파디나Gospodina'라고 하기 때문에 러시아인들은 그녀를 '가스파디나 해리먼Gospodina Harriman'이라고 불렀다.[22] 그러나 많은 사람들이 영어의 'H'를 제대로 발음하지 못해서 그녀를 '가스파디나 그에리만Gaspadeena Garriman'이라고 불렀다. 캐슬린에게 이 소리는 "아침에 목청을 가다듬는 늙은이"가 내는 소리처럼 들렸다.

캐슬린은 애버럴 해리먼을 아버지나 아빠 대신 애버럴이나 에이브라고 불렀다. 애버럴이 캐슬린을 집에서 멀리 떨어진 타향에 혼자 있게 한 것은 이번이 처음은 아니었다. 캐슬린은 버몬트의 베닝턴대학에서 4년을 보냈을 뿐 아니라, 겨울 휴가는 애버럴이 아이다호에 만든 선밸리Sun Valley 스키장에서 보냈다. 이 스키장은 미국 최초의 본격적 겨울 스키리조트였다. 1932년 레이크 플래시드에서 열린 동계올림픽에서 미국인들이 스키에 매료되자 애버럴은 눈앞에 나타난 큰 사업 기회를 포착했다. 유니언퍼시픽 철도회사의 회장이었던 그는 서부 지역으로 향하는 철도의 사업성을 높일 기회를 찾고 있었다. 그는 사람들이 서쪽으로 갈 이유를 만들어야 했는데, 유럽의 알파인 스키장에 뒤지지 않는 스키리조트가 바로 그 해결책이었다. "산속의 해변 목장seaside ranch in the mountains"[23]이라는 별명이 붙은 선밸리 스키리조트는 개장하자마자 큰 성공을 거두었다. 특히 애버럴이 세계 최초의 의자식 리프트를 건설하도록 지시한 것도 성공의 요인 중 하나였다. 캐슬린에게 선밸리 스키리조트는 뉴욕 맨해튼의 집이나 허드슨강 계곡의 저택인 아덴하우스 못지않은 거처가 되었다. 캐슬린의 부모는 그녀가 열 살 때 이혼했고, 어머니 키티는 캐슬린이 열일곱 살일 때 암으로 사망했다. 애버럴은 1930년 코르넬리우스 밴더빌트 휘트니의 전 부인이었던 마리 노턴과 재혼했고, 마리는 아덴하우스의 안주인이 되었다. 캐슬린은 새어머니와 잘 지냈고 아덴하우스는 캐슬린이 가장 좋아하는 승마와 사냥 시설을 갖추고 있었지만, 선밸리는 캐슬린을 아버지와 제대로 연결해주는 장소가 되었다.

처음에는 사업을 위해, 나중에는 정부 일을 맡아 전 세계를 돌아다니게 된 애버럴은 캐슬린을 자신의 대리인으로 지명해 스키리조트의 운영을 몇 주씩 맡기곤 했다.[24] 캐슬린은 슬로프의 상태를 살피고, 적극적으로 광고를 하고, 선밸리를 자기 집처럼 여기는 어니스트 헤밍웨이 같은 명사들을 보살피고, 때로는 서부 지역에 우후죽순으로 생기기 시작한 잠재적 경쟁 스키리조트를 방문해서 염탐하는 일도 마다하지 않았다. 해리먼 가문은 엄청난 부자였지만, 부를 과시하지 않고 스파르타식의 절제된 생활을 했다. 캐슬린은 버지니아에 있는 기숙학교인 폭스크로프트Foxcroft 학교를 다녔는데, 이 학교는 여우 사냥과 며칠 동안 루레이 동굴Luray Caverns까지 가는 승마 여행으로 유명했다.[25] 이 여행 기간 동안 여학생들은 날씨가 어떻든 밤마다 난방이 안 되는 문밖에서 잠을 자야 했다. 자연과 함께 하는 생활을 즐기게 된 캐슬린은 선밸리에서 바로 스키에 대한 열정을 갖게 되었다. 아버지가 스키장에 의자식 리프트를 설치하기 전에 그녀는 다섯 시간이나 걸리는 산길을 걸어 올라가 정상으로 향했다.[26] 그녀는 사람의 손길이 닿지 않은 아이다호 산악 슬로프를 한 번 타기 위해 알파벳이 새겨진 재킷에 캐시미어 스웨터를 입고, 물개가죽 케이스에 든 스키를 짊어지고 산 정상으로 올라갔다. 그녀의 친구와 가족들은 그녀가 점점 더 높은 곳으로 올라가며 숨을 헉헉거리는 모습을 보고 그녀에게 '헉헉이Puff'라는 별명을 지어주었다.[27] 그러나 캐슬린이 선밸리에서 보낸 귀중한 시간들은 단순한 스포츠의 스릴 이상을 의미했다. 이러한 경험은 자신이 아버지와 어깨를 나란히 할 수 있는 존재임을 보여주려고 결심한 딸에게 좋은 시험대가 되었다.

선밸리 스키리조트 경영을 도운 경험은 지금 캐슬린이 마주친 상황에 비하면 아주 이상적인 준비 과정이었다. 그러나 루스벨트와 대표단이 리바디아 궁전에 도착하기 전까지 처리할 엄청난 일에 대한 준비로는 부족했다. 라브렌티 베리야의 명령을 받고 소련 측은 모스크바의 일류 호텔에서 가져올 수 있는 물건은 모두 동원해서 궁전의 비품을 갖추었다. 건축 자재, 연장, 가구, 카펫, 전구, 예술품, 접시, 식기, 식품으로 가득 찬 15칸의 기차가 크림반도까지 1천 마일이나 되는 길을 달려왔다.[28] 마치 모스크바의 유명한 메트로폴호텔*에 있는 물건 중 포장해서 운송할 수 있는 물건은 다 크림반도로 가져온 것 같았다. 대표단의 시중을 들 여자 종업원들의 복장에도 메트로폴을 나타내는 'M' 자가 선명하게 새겨져 있었다.[29] 눈에 확연히 띄는 침대, 탁자, 의자 말고도 코트 옷걸이, 목욕실 거울, 재떨이 같은 일

---

* 1899년 공사를 시작해 1907년에 완공된 모스크바의 대표적 호텔이다. 혁명 전 모스크바에서 가장 크고 가장 고급스러운 호텔로 혁명 후 1930년대까지 볼셰비키 지도부의 숙소와 사무실로 사용되었고, 지금도 5성급 호텔로 영업 중이다.

상품도 운송되었다. 캐슬린은 이런 물건 중 일부는 전쟁으로 큰 피해를 입은 인근 마을에서 "징발되었을 것"이라고 생각했다.[30]

나치독일군이 철수한 후 이 궁전을 점령한 벌레와 해충도 골칫거리였다. 궁전에는 벼룩과 빈대가 들끓었다. 베리야가 지휘하는 NKVD의 방역팀, 소련군 병사들, 지역 농민 노동자들, 루마니아 전쟁포로들이 모든 준비를 제때 마치려고 필사적으로 노력하는 동안 미 해군의 의료팀이 도착해 등유에 DDT를 10퍼센트 섞은 용액을 가구에 살포했고, 침대보를 비롯한 리넨에는 DDT가루를 뿌렸다.[31] 이런 극단적인 방법을 썼지만 해충을 완전히 없앨 수는 없었다. 캐슬린도 러시아의 해충을 너무나 잘 알고 있었다. 모스크바에서 얄타로 내려오는 기차 안에서 무언가가 눈가를 물어서 그녀는 심하게 부어오른 눈 때문에 하루 이틀 동안 제대로 볼 수가 없었다.[32] 이렇게 전쟁 중의 국제 외교는 매력적인 일이 아닌 것이 분명했지만 캐슬린은 동요하지 않았다.

충직하고 좀처럼 흔들리지 않는 성격 덕에 캐슬린은 아버지 세계에 매몰되지 않는 사람이 되었다. 모스크바에서 보낸 15개월과 그 이전 종군기자 생활을 하며 런던에서 보낸 2년의 세월 덕분에 애버럴 해리먼의 예쁘장하고 고집 센 딸은 얄타에 모이는 연합국 대표단의 모든 군사·민간 지도자들에게 잘 알려진 존재가 되었다. 그녀가 리바디아 궁전에 나타난 것을 의아해하는 사람은 아무도 없었고, 심지어 루스벨트도 그랬다. 1월 17일 루스벨트에게 보내는 대사관 전문에서 해리먼은 "그녀가 해야 할 일이 있어서 얄타에 데려가겠습니다"[33]라고 보고했다. "그녀를 얄타에 남겨두고 세세한 사항을 체크하

도록 하겠습니다"[34]라고 보고했을 때에도 루스벨트는 반대하지 않았다.[35]

주거 환경을 살피고 손님을 맞기 위한 사전 준비가 캐슬린의 일이된 것은 아이러니였다. 그녀는 전쟁이 시작되자 기자로서 런던에 왔고 아버지의 집사가 아님을 여러 번 강조했었다.[36] 실제로 그녀가 모스크바로 오기 전 언니 메리에게 쓴 마지막 편지에서는 "더 이상 파티와 여흥이 없길 바라고 있어"[37]라고 썼다. 그러나 캐슬린은 엄청나게 실망했다. 모스크바에서는 캐비아와 보드카가 넘치는 파티가 끝없이 이어졌다. 이제 그녀는 궁전에서 일하는 거대한 집단을 관리하고 손님들을 즐겁게 하는 것이 얄타에서 자신이 맡은 일의 일부라는 것을 알게 되었다. 하지만 시간이 지나면서 아버지의 안주인이자 이인자로서 자신이 할 일은 단순히 파티를 준비하고 집을 관리하는 것보다 훨씬 복잡하다는 것을 깨달았다. 캐슬린은 공식 직함을 부여받은 적은 없지만 미국인들을 위한 중요한 의전 담당관으로 활동했다. 이러한 역할의 중요성은 종종 간과되고 제대로 된 평가를 받지 못했지만, 국제적 외교행사에서 아주 중요한 부분이었다. 의전 관리는 외국의 의례와 관습을 존중하는 것에서부터 국빈 만찬에서 조금이라도 불평이 없도록 자리 배치에 만전을 기하는 것까지 포함했다. 이제 미국 대표단이 도착하기 전에 문화적 혼란이나 짜증, 주의 분산을 일으킬 수 있는 모든 요소를 예상해서 사전에 조치를 취하는 것은 전적으로 캐슬린에게 달려 있었다. 회담장 앞에 놓일 좌석배치표에 차관의 이름을 잘못 타이핑하는 것과 같은 사소한 실수도 용납되지 않았다. 그랬다가는 이름이 잘못 적힌 당사자가 불쾌감을 간직한 채 회담장에 들어갈 수 있고, 이로 인한 후유증이 회담에 악영향을 미칠 수 있었다.

캐슬린도 이러한 의전의 중요성을 잘 모르는 듯 귀엽게 굴 때가 있었다. 런던에서 한번은 캐슬린이 절친한 친구이자 처칠의 며느리인 파멜라 처칠과 함께 밤 산책을 나갔다. 이때 그녀는 전쟁을 피해 런던에 망명 중인 그리스 국왕*을 우연히 만나게 되었다. 캐슬린은 평범하게 미국식으로 "안녕하세요!"[38]라고 인사한 반면, 파멜라는 무릎을 굽혀 깍듯이 인사를 올렸다.[39] 캐슬린은 윗사람이라고 생각하는 이들에게도 좀처럼 존경심을 보이지 않았다. 그녀는 아델 애스테어가 전쟁에 기여하는 게 없다는 다소 신랄한 기사를 《뉴스위크》에 써서 작은 소동을 일으키기도 했다. 아델은 미국 영화배우 프레드 애스테어Fred Astaire의 여동생이자 한때 댄스 파트너였고, 찰스 캐번디시와 결혼한 적이 있는 여성이었다. 종군기자로 일한 캐슬린은 전선 후방의 공장에서 일하고, 수송기를 조종하고, 병사들을 간호하는 여자들을 수도 없이 만났다. 집으로 보내는 병사들의 편지를 대필해주는 아델의 일은 그런 일과 비교도 안 된다고 그녀는 기사에 썼다(아델의 편지 대필 실력이 뛰어나기는 했지만). 그 기사에서 캐슬린은 아델이 "머리가 하얘져가는데도 여전히 바보 같은 장식을 달고 다닌다"[40]라고 썼다. 《뉴스위크》 기사는 아델의 나이가 44세라고 친절하게 밝히기까지 했는데, 캐슬린은 이것을 편집진의 책임으로 돌렸다.[41] 캐슬

---

* 1924년 그리스는 국민투표를 거쳐 왕정이 폐지되었으나, 1935년 군사쿠데타로 명목적인 왕정이 복원되어 조지 4세가 다시 국왕으로 복귀했다. 1940년 이탈리아군의 공세는 성공적으로 막아냈으나 1941년 나치독일에 점령되면서 조지 4세는 영국으로 망명했다.

린의 새어머니의 친구인 아델은 당연히 이런 기사에 크게 마음이 상했다.[42] 왕년의 스타였던 아델은 나중에 뉴욕 소호의 한 식당에서 캐슬린을 마주치자 "잡년 중의 잡년"[43]이라고 소리치며 런던에서 만나면 "가만두지 않겠다"고 위협했지만, 캐슬린은 아델을 화나게 한 것을 즐기는 모습을 감추지 않았다.

지금 캐슬린은 러시아인 호텔 지배인이 본차이나 식기와 크리스털 그릇을 식탁에 놓는 모습을 보고 비웃을 수도 있었지만, 애써 자신의 의견을 숨겼다.[44] 전쟁이 한창인 지금은 외교적 접근이 필요했다. 의전을 맡은 사람은 모든 것이 정확하게 진행되도록 해야 했다. 그러나 그 일은 누구에게도 고맙다는 말을 들을 일이 아니었다. 만일 그녀가 모든 것을 정확하게 실행하면 아무도 주의를 기울이지 않겠지만, 만일 그녀가 실수하는 날에는 그녀의 아버지가 문화 간 차이를 조정하지 못했다는 비난을 받을 터였다. 불편한 환경이 주는 부담은 차치하더라도 루스벨트 수행단에 포함된 개성 있는 인물들이 러시아 관습에 적응하도록 만들기는 쉽지 않았다. 소련 정부는 손님들이 안락하게 체류할 수 있는 여건을 만들기 위해 최선을 다하고 있었지만, 선발대로 온 미 해군 의료팀은 미국 대표들에게 "기대 수준을 낮추고" 모두 "넉넉한 마음"을 가질 것을 당부했다.[45]

캐슬린은 러시아 비밀경찰이 뒤를 졸졸 따라다니는 가운데,[46] 리바디아 궁전의 방을 하나씩 점검하는 동안 자신의 러시아어 실력을 최대한 활용했다.[47] 한때 차르의 개인 공간으로 쓰였던 서재와 개인 식당이 딸린 루스벨트의 스위트룸은 캐슬린이 신경을 가장 많이 쓴 공간이었다. 대통령의 침실로 사용될 이 방은 사람을 압도하는 무거

운 분위기를 풍겼다.[48] 그곳은 마치 큰 나무덩어리를 조각해 만든 풀
먼식 호화 침대차Pullman car 같았다. 거대한 황금 잎 장식 액자에 든
그림들이 마호가니로 꾸며진 벽에 줄지어 걸려 있었고, 오렌지색의
실크 전등갓은 거대했다. 마룻바닥 여기저기에는 푹신푹신한 하렘식
녹색 쿠션들이 놓여 있었다. 그 한가운데에 거대한 목제 침대가 놓였
는데, 소련 당국은 이런 고압적인 분위기가 이 방에 묵을 지도자의
마음에 들 것이라 생각했다. 소련 측은 이 방에 어떤 부하라Bokhara
카펫이 어울릴지 몰라 카펫을 몇 번씩이나 바꾸며 완벽을 기하려고
노력했다. 일꾼들이 거대한 침대를 옮겨놓고 나면 새로운 의견이 제
시되곤 했다.

캐슬린도 세세한 부분까지 신경을 써가며 이런저런 요구 사항을
내놓았다. 루스벨트가 쓸 화장실의 벽을 칠하던 장식가들이 그녀가
하는 러시아어를 못 알아듣자, 그녀는 창문 너머의 바다와 벽을 번갈
아 가리켰다.[49] 몇 번씩 가리키면서 그녀는 화장실 벽 색깔이 바다색
과 같아야 한다는 의사를 전했다. 근처에서 독일군이 떼어 간 화장실
급수관을 설치하던 배관공은 이런 장면을 보고 기분이 언짢은 것 같
았다.[50] 그녀가 최소한 여섯 번이나 다른 색을 요구했기 때문에 그런
반응은 당연했다.

캐슬린에게는 배관공과 장식가가 느낀 모욕보다 더 신경 써야 할
일들이 있었다. 미합중국 대통령을 포함해서 대대 병력만큼 되는 장
관들, 국무성 관리들, 최고위 군 지휘관들이 이제 궁전 현관에 도착
할 시간이 다가오고 있었다. 특히 화장실 부족 사태는 악몽 같은 문
제였다. 아침마다 벌어질 화장실 전쟁을 미연에 방지하기 위해 캐

슬린은 머리를 짜냈다. 손님이 수백 명인데 화장실은 아홉 개, 욕조는 네 개에 불과했다.[51] 루스벨트의 방에만 개인 화장실이 딸려 있었다.[52] 나머지 사람들은 화장실을 쓰려고 줄을 서거나 마당으로 나가 급하게 땅을 파고 만든 화장실을 사용해야 했다. 19세기 스타일의 옥외 변소 말고도, 서른다섯 명의 장군들은 침대 옆의 양동이 물로 면도해야 하는 고충을 겪어야 했다.

방 배치에도 전략적 사고가 필요했다. 뉴욕이나 런던 최고급 호텔의 가장 좋은 스위트룸을 써야 마땅할 사람들을 수용할 개인 침실이 턱없이 모자랐다. 이런 상황이라 열여섯 명의 대령이 막사 같은 방 하나에 들어가야 했고, 하급 장교들은 처마 밑에 마련된 잠자리를 사용해야 했다.[53] 캐슬린은 대통령 침실에 가장 가까운 방들은 대통령의 최측근 참모들이 사용하도록 배정했다. 대통령 특별 보좌관 해리 홉킨스, 국무장관 에드워드 스테티니어스, 소련 전문가로 통역을 맡은 찰스 '칩' 볼런, 전쟁동원부 장관인 원로 정치인 제임스 번스와 애버럴 해리먼이 1층의 방을 썼다. 최고위 군 지휘관들은 2층에 방이 배정되었다.[54] 합참의장인 조지 마셜 장군이 다른 모든 장군들보다 상관이었다. 캐슬린은 마셜 원수에게 황제의 침실을 배정했다. 미 해군에서 두 번째로 높은 지휘관인 어니스트 킹 제독은 황후가 쓰던 방을 배정받은 데 만족해야 했다.

캐슬린은 시간이 나면 궁전을 벗어나 바깥 공기를 마셨다. 모스크바의 겨울은 길었고, 그녀는 크림반도까지 내려오느라 해충이 득실거리는 기차 칸에 아버지와 3일이나 갇혀 있었다. 그런 캐슬린에게 종려나무가 우뚝 솟아 있고, 눈 덮인 험준한 바위산이 둘러싼 궁전의 언덕길을 산책하는 것은 큰 위안이 되었다. 이곳 경치는 캐슬린에게 이탈리아를 떠올리게 했다.[55] 산책길은 자연적으로 경사진 오르막길이었지만 정원 산책은 그녀가 좋아하는 격렬한 운동에 비할 바가 못 되었다. 하지만 정원을 거닐며 쐬는 따뜻한 햇볕은 반가웠다. 끝날 것 같지 않던 기나긴 겨울 동안 그녀는 괴혈병으로 고생했다.[56] 잇몸에서 피가 끊이지 않고 나와서 그녀는 치아가 모조리 빠져나갈 것처럼 느꼈다.

야외 산책을 하며 캐슬린은 손님들이 도착하기 전에 할 일에 대한 혜안을 얻고 자극을 받았다. 모스크바의 젊은 미국 대사관 직원인 에디 페이지와 함께 그녀는 대표단이 지역 문화에 빨리 적응하도록 돕는 소책자를 만들었다.[57] 미국 대표단 대부분이 크림반도에 처음 와 보는 것은 물론이고, 소련의 다른 지역에도 발을 들여놓은 적이 없었다. 이 소책자는 세상에 잘 알려지지 않은 이곳의 지리와 역사, 중요성에 대한 많은 정보를 담은 유용한 외교적 도구가 될 터였다. 소책자를 만드는 작업은 그녀가 아버지를 따라 모스크바로 오기 전《뉴스위크》에 전선 상황에 대한 긴박한 기사를 기고하던 것과 같은 도전은 아니었지만, 꽤 의미가 있는 일이었다.

런던에 처음 갔을 때 캐슬린은 베닝턴대학에서 배운 국제정치 관련 교육과 선밸리의 홍보 경험 외에 기자 훈련을 받지 않은 상태였다. 그러나 언론은 런던과 아버지의 세계로 진입하는 티켓이었다. 캐슬린은 어머니가 죽은 후 아버지를 제대로 알게 되었다. 두 딸에게 쓴 편지에서 애버럴 해리먼은 부모 역할에 대한 자신의 생각이 평범하지 않다는 것을 밝혔다.[58] 그는 자신이 세상을 떠난 엄마를 대신할 수 없을뿐더러, 따뜻하고 자상한 아버지가 아니라고 썼다. 그러나 그가 자녀들에게 줄 수 있는 것은 따로 있었다.

애버럴의 아버지는 자수성가한 철도왕 에드워드 해리먼이었다. 그는 애버럴이 열일곱 살 때 사망했고, 애버럴의 어머니가 남편의 막대한 재산을 모두 상속했다. 시중 잡지들이 "미국에서 가장 부유한 여인"[59]이라는 호칭을 붙여준 그녀는 미국 자선사업계에서 엄청난 영향력을 가진 인물이었다. 애버럴가 여인들의 피에는 독립심이 깊이 흘렀다. 애버럴의 누이인 메리 해리먼 럼지도 나름대로 강인한 여자였다. 학생 시절 그녀는 바너드대학까지 사두마차를 직접 몰고 간 것과, 정착운동과 사회개혁을 이끈 제인 애덤스의 영향을 받아 청소년 리그Junior League를 창설한 것으로 유명했다. 메리 럼지는 대공황 이후 사업과 고용을 안정시키기 위해 루스벨트의 뉴딜 정책의 일환으로 설립된 국가부흥청National Recovery Administration에서 중요한 직책을 맡았다. 이러한 여인들을 보아온 애버럴은 자신의 딸들도 원하는 만큼 독립적인 생활을 하기를 바랐다. 이런 생각은 당시 비슷한 사회계층의 아버지들 사이에서는 찾아보기 힘든 철학이었다. 그는 딸들이 각자에게 맞는 만큼 자신의 사업에 관여하기를 바랐다. 딸들이 자신을 잘 견뎌내고 열린 마음을 갖게 되면, 머지않아 딸들이 "가장 뛰어나고 좋은 친구"[60]가 될 것이라고 그는 확신했다. 첫째 딸인 메리가 결혼과 가정이라는 좀 더 평범한 삶의 방향을 찾은 데 비해, 캐슬린은 아버지의 제안을 기꺼이 받아들였다.

딸들에게 이런 편지를 썼을 때 애버럴은 캐슬린이 선밸리에서 그를 위해 일하는 것 외에 4년간 자기 곁을 지키며 전쟁에 휘말린 유럽의 두 국가의 수도에서 외교 일을 헤쳐 나가게 될 것이라고 예상하지 못했다. 애버럴의 두 번째 부인인 마리가 함께 외국으로 나와야 했지만 시력에 문제가 있어서 뉴욕에 남아 있기로 결정했다. 애버럴은 캐슬린이 그녀의 자리를 대신하도록 격려했다. 애버럴에게는 딸을 런던으로 데려가는 것이 이례적인 일이 아니었고, 가족 전통을 계승하는 것과 마찬가지였다. 애버럴이 소년이었을 때 아버지는 부인, 아들딸 모두를 데리고 세계 여행을 다녔다. 애버럴이 일곱 살이었던 1899년 가족은 알래스카 해안을 탐험하는 '해리먼 탐험'에 나섰다.[61] 애버럴의 아버지가 후원하고 조직한 이 탐험에는 저명한 과학자, 예술가, 작가, 사진가가 참여했다. 여름이면 애버럴의 가족은 신형 자동차를 운전해서 유럽 대륙을 돌아다녔다. 러일전쟁이 한창이던 1905년 애버럴의 아버지는 세계 일주 철로 개발을 구상하고 있던 일본으로 가족을 데려갔다.

캐슬린은 아버지의 제안에 흥분했다. 그녀의 어릴 적 가정교사였던 무슈는 영국 여자였고, 매해 여름 해리먼가의 소녀들은 영국이나 프랑스를 여행했다. 이러한 경험으로 캐슬린은 유럽 사람들에 대한 친근감과 모험 의식을 얻었다.[62] 그러나 처음에 미국 정부는 캐슬린이 업무에 필요한 요원이 아니었기 때문에 그녀가 아버지를 따라 런던으로 가는 것을 허용하지 않았다. 애버럴은 자신의 친구이자, 대통령의 오랜 동료이며 최측근인 해리 홉킨스에게 부탁했다. 홉킨스는 캐슬린이 아무 경험도 없지만 그녀가 런던에서 종군기자로 일할 수 있는 비자를 마련해주었다. 당당한 캐슬린은 홉킨스에게 이렇게 감사 편지를 썼다. "누군가 문을 열어주고 식탁에서 버터를 넘겨주면, '감사합니다'라고 말하는 것이 예의바른 행동이겠지요. 그러나 당신이 저에게 마련해준 기회를 이와 똑같은 '감사합니다'라는 말로 보답하는 것은 이치에 맞지 않습니다. (…) 저는 정말 너무나 깊은 사의를 표하고, 아주 오랫동안 그 마음을 간직할 것입니다."[63] 캐슬린은 "하늘을 나는 보트flying boat"라는 별명이 붙은 딕시 클리퍼Dixie Clipper를 타고 뉴욕에서 버뮤다를 거쳐 1941년 5월 16일 런던에 도착했다. 이때는 독일 공군의 런던 대공습이 있은 지 일주일도 지나지 않은 시점이었다. 500대가 넘는 독일 공군기가 런던을 거의 일곱 시간 동안 공습하는 바람에 하원 의사당의 역사적인 회의실들은 숯 더미가 되어 있었다.

런던에 도착한 캐슬린은 처음에는《국제뉴스서비스International News Service》에서 일하다가《뉴스위크》의 기자가 되었다.《뉴스위크》는 애버럴이 지분을 가지고 있는 수많은 기업 중 하나였다. 아버지를 따라 모스크바로 가기 위해 캐슬린은 자신이 계획한 북아프리카 전선 취재를 포기하고《뉴스위크》에서 사직해야 했다.[64] "나는 네가 한 일이 아주 흥분되고 자랑스럽다. 너의 앞으로의 계획에 대해서는 염려하지 마라."[65] 애버럴은 그녀에게 보내는 짧은 편지에 이렇게 썼다. 하지만 모스크바에 도착한 다음 캐슬린이 수행하는 기자다운 일은 날마다 대사관 일보에 올릴 기사를 스크랩하고 등사하는 일을 벗어나지 못했다. 그녀는 이런 작업을 "종이 인형 오리기"[66]에 비유했다. 크림반도에 대한 소책자를 만들면서 캐슬린은 고대와 19세기 이후 이 지역 역사에 대한 정보가 넘쳐난다는 것을 발견했다. 그러나 크림반도의 최근 역사에 대한 정보를 얻기는 훨씬 힘들었다. 어느 날 오후 캐슬린은 극작가 안톤 체호프의 여동생인 연로한 마리아 체호바를 방문하기로 했다. 안톤 체호프는 폐결핵을 치료하기 위해 1898년 어머니, 누이동생과 함께 얄타로 이사해 왔다. 이곳에서 그는 대표작 〈세 자매〉와 〈벚꽃 동산〉을 썼다. 체호프는 1904년에 작고했지만, 83세의 여동생은 리바디아 궁전으로 올라오는 길에 자리 잡은, 바다가 내려다보이는 우아한 흰색 저택에 살고 있었다. 그녀는 독일군의 공습으로부터 집을 지켜내는 데 성공했다. 캐슬린이 체호바 여사를 만나기로 한 데는 나름대로 중요한 이유가 있었다. 지난 반세기의 러시아 역사와 문화에 대해 누가 그녀만큼 얘기를 들려줄 수 있겠는가? 체호바 여사는 "매력과 생동감이 넘쳤고, 미국 사람들을 만난다는 것에 흥분"[67]했지만, 캐슬린은 "크림 해안의 혁명 전 역사에 대해 알아내는 것은, 소련 당국이 이 주제에 대해 말을 아끼고 있기 때문에 너무나 힘든 일이었다"라고 어릴 적 가정교사 무슈에게 편지를 썼다. 체호바는 "독일군이 1년 반 동안 이 지역을 점령하고 있을 때 일어난 일"에 대해서도 말하려고 하지 않았다. 캐슬린은 체호바가 별다른 사람이 아니라는 것을 곧 알아차렸다. "이 리바디아 궁전에서 일하는 현지 주민들도 아무것도 모르는 것 같아요"[68]라고 그녀는 무슈에게 적어 보냈다.

1943년 10월 캐슬린이 모스크바로 왔을 때 사람들은 러시아에서의 일상은 그녀가 그때까지 알던 것과 다르다고 경고했다.[69] 심지어 독일 공군의 대공습 직후의 런던과 비교해도 그랬다. "나는 이곳에 와서 종군기자로 일한 때가 내 생애에서 가장 무서웠던 시기라고 생각했어."[70] 런던을 떠나면서 언니 메리에게 이렇게 썼던 그녀는 모스크바에서 "런던에서 경험한 것은 닭에게 모이를 주는 것만큼 쉬운 일이었어"라고 적어 보냈다. 캐슬린은 모스크바가 목조로 만든 움막 집들이 가득하고, 거칠고 잘 웃지 않는 사람들이 사는 곳이라고 생각했다.[71] 그러나 여러 면에서 모스크바는 현대적인 서구 도시와 거의 비슷해 보였다. 무기대여법으로 들여온 미국제 트럭들이 넓은 대로를 달렸고,[72] 전차는 시내 이곳저곳을 돌아다니는 사람들로 꽉 찼다.[73] 그 광경은 하버드-예일 미식축구게임이 끝난 후 (예일대학이 있는) 뉴헤이븐에서 뉴욕으로 오는 기차의 모습을 연상시켰다. 그러나 이렇게 부산하게 움직이는 모스크바 사람들은 어디론가 끊임없이 서둘러 가는 것 같았다. 고령의 시민을 제외한 모든 사람들이 젊고 운동신경이 뛰어난 캐슬린을 지나쳐서 식품과 음료를 파는 긴 줄에 달려가 서서 몇 시간씩 기다렸다.[74] 캐슬린은 일반 사람들에게 이런 모순에 대해 물어보고 싶었지만, 그들과 어울리는 것은 허용되지 않았다. 그녀는 외교계의 사람들이나 미국 특파원들과만 어울릴 수 있었다. 이들 대부분에게는 러시아인 여자 친구가 있었는데, 이 여자들은 "전적으로 매춘부들"[75]이었다. 그래서 아버지가 그녀의 유일한 친구가 되는 경우가 많았다. 수백만 명이 부산하게 움직이는 거대한 도시에서의 생활은 극도로 고립적이었다.

1945년 무렵 미국인들은 동쪽의 동맹국 소련에 대해 아는 것이 거의 없었다. 볼셰비키가 러시아 정권을 장악한 1917년부터 루스벨트 대통령이 소련을 공식적으로 인정한 1933년까지 미국과 소련 사이에는 외교 관계가 없었다. 이 기간 동안 양국 간에는 제한적인 비즈

니스와 학술 교류만이 있었다. 그러나 1917년 혁명 이전에도, 러시아
인들은 미국에 큰 관심이 없었다. 러시아어를 외국어로 공부하는 사
람도 거의 없었다. 20세기 초 시카고대학교의 한 교수가 프랑스어로
된 러시아어 문법책을 변용해 사용한 다음에야 미국에 러시아어 교
재가 등장했다.[76] 캐슬린이 모스크바로 갔을 때만 해도 초급자를 위
한 러시아어 회화 책으로는 《본다르의 간편 러시아어 Bondar's Simplified
Russian Method》가 유일했다. 이런 책이 있는지도 몰랐던 캐슬린은 모
스크바에 도착한 다음에야 미국 외교관으로부터 이 책을 빌렸다.[77]

러시아어 학습은 소련을 이해하고자 할 때 넘어야 할 첫 장벽이었
다. 캐슬린은 우연히 마주치거나 레닌언덕 스키장에서 만난 러시아
사람들이 "친근하고 솔직하다"[78]고 생각했다. 그러나 공식적인 자리
에서는 정부의 최고위 관리들 외에 다른 사람을 사귀는 것은 거의 불
가능했고, 개인적인 친분을 맺기도 불가능했다. 얄타회담이 열리기
몇 주 전에 미 국무부는 미국 대표단과 협상할 러시아 관리들의 이력
을 보내라고 미국 대사관에 요청했다. 대사관 차석인 조지 케넌은 이
러한 과제는 수행할 수 없다고 답신을 보냈다. 소련 당국은 "외부 세
계에 쓸모없어진 정보"[79]인 사망 부고를 낼 때 외에는 자국 관리들에
대한 정보를 외부에 노출한 적이 없었다. 우정, 상호 이해의 표현, 친
절한 행위도 아무 의미가 없었다. 케넌의 설명에 따르면, 소련 관리
가 "친절한 행동을 할 때는 그렇게 하는 것이 정부의 이익에 부합된
다"고 생각하기 때문이었다. "소련 관리의 개인적 견해는 그의 행동
에 영향을 미치지 않는다. (…) 소련 관리의 견해는 만들어지는 것이
다." 정책을 수립할 때는 "스탈린의 경우를 제외하고 개인적 관계는

결정에 아무런 영향을 미치지 못한다"고 케넌은 보고했다. 캐슬린과 케넌도 알고 있었듯이, 소련에는 그 영토만큼이나 거대한 모호함과 망각이 존재했다. 그 때문에 아무리 정보가 많은 외부인이라도 소련 실정을 이해하기는 힘들었다.

캐슬린이 10대 소녀였을 때 어머니 키티는 가정교사가 잘 지도하지 않으면 캐슬린이 "스포츠나 즐기는 여자애"[80]밖에 안 될 거라고 걱정하곤 했다. (키티 자신도 승마와 사격을 즐겼기 때문에 이 말은 아이러니하다.) 런던과 모스크바에서 캐슬린의 생활에는 승마, 사격, 스키가 빠지지 않았다. 그녀의 새어머니는 당시 캐슬린이 '독신'[81]인 점을 염려했지만, 그녀에게는 늘 열렬히 구애하는 남자들이 있었고, 그녀는 2주 전부터 스케줄이 꽉 찰 정도로 많은 남자를 만났다.[82] 그러나 모스크바에서 제대로 된 데이트를 하기란 쉽지 않았다. 열한 달 먼저 태어난 언니 메리를 비롯해 캐슬린 정도 나이에 여건을 갖춘 여자들은 대부분 결혼해서 남편과 아이들을 돌보았다. 그러나 캐슬린은 가정을 꾸리는 것은 나중 일이고, 충분한 시간이 있다고 생각했다.

애버럴은 전에 자신과 캐슬린이 가장 가까운 친구가 될 것이라고 말한 바 있었지만, 전쟁이라는 특수한 상황 때문에 두 사람의 관계는 부녀지간이라기보다는 사업 파트너나 동료에 더 가까웠다. 러시아 생활이 그리 즐겁지는 않았지만, 캐슬린은 전쟁이 끝날 때까지는 아버지 곁을 떠날 생각이 없었다. 그녀를 늘 칭찬해온 사람 중 한 명인 미 공군 지중해 지역 사령관 아이라 이커Ira Eaker 장군은 그녀에게 보낸 편지에서 이렇게 예언했다. "당신이 계속 아버지의 가장 유능한 부관으로 남는다면 당신은 소련에 오래 머물게 될 겁니다."[83]

가장 유능한 부관 캐슬린에게는 미국 대표단이 리바디아 궁전에 도착할 때까지 72시간이 남아 있었다. 그러나 아직 그녀 주변의 일들은 긴장 상태를 벗어나지 못했다. 캐비아는 작은 도시 사람들 전체가 먹고도 남을 만큼 준비되었지만, 대가족이 사용할 만한 화장실은 부족했다. 해충이 들끓는 얄팍하고도 딱딱한 매트리스는 세계 최고의 호텔에서 공수한 침대보로 덮여 있었다.

그러나 이곳은 온갖 극단과 모순이 가득하고, 종종 현실 인식이 안 되는 러시아였다. 모스크바 상점 쇼윈도에 전시된 물건들은 행인들을 유혹했지만, 막상 안으로 들어가면 살 것이 없었다.[84] 아침 식사에 반주로 마실 샴페인과 캐슬린의 침대 옆 탁자를 장식할 붓꽃, 달리아 같은 사치품은 있었다.[85] 하지만 모스크바 전투* 때 박살 난 대사관저 남쪽과 동쪽 창문 유리를 2년 이상 갈아 끼우지 못할 것이라고는 대사관의 아무도 예상하지 못했다.[86] 흑해에 면한 제국의 한 모퉁이에 자리한 이곳, 차르의 궁전에서 곧 세계 최고의 권력자 세 명이 모일 텐데 일부 가구와 페인트칠 외에는 준비가 덜 되어 비난을 면치 못할 상태였다.

---

* 1941년 6월 22일 기습적으로 소련을 침공한 독일군은 11월 모스크바 중심부에서 25킬로미터까지 진격했으나, 스탈린은 극동에 있던 부대들을 긴급히 이동시켜 모스크바가 함락되는 것을 막았다. 지금도 셰레메체보 공항에서 모스크바 시내로 들어가는 외국 방문자들은 독일군을 격퇴한 지점에 서 있는 쇠기둥으로 만든 기념비를 볼 수 있다.

2장

———

1945년 2월 2일

사라 처칠은 영국 순양함 오리온호HMS Orion의 갑판에 서서, 항만에 정박한 순양함들을 바라보고 있었다. 손가락 모양의 이 항만은 몰타의 발레타 항에 자리하고 있었다. 고대 성벽이 마치 내려다보는 듯 발레타 항을 둘러싸고 있었다.[1] 몰타는 이탈리아 남단에 위치한 섬의 바위 요새였다. 아마 주변 지역의 석회암을 채굴해 발레타 시를 건설했을 것이다. 도시 성벽은 회오리 모양으로 뻗어 올라갔고, 집들이 마치 3차원 조각그림 퍼즐처럼 각 나선 공간에 꼭 맞게 들어가 있었다. 사라는 1년 반 전에 아버지와 함께 몰타에 처음 왔을 때 이 섬의 색에 놀랐다. 영국 황실 공군의 여성항공대WAAF 소속 정찰 장교였던 그녀는 2년 동안 몰타와 지중해의 항공사진을 판독하면서 근무했기에[2] 이 지역을 런던처럼 잘 알았다. 그러나 항공사진들은 흑백이었다. 실제로 보는 이곳의 집들과 교회, 관공서 건물들은 아침 햇살 아래 따뜻한 빛을 발하고 있었다. 모든 것이 핑크색이었다.

아직 아침 9시 반이 채 되지 않았지만, 흥분한 군중은 정박한 배들이 보이는 곳을 다 차지해서 좁은 항구의 양편을 가득 메웠다.[3] 적들이 2년 반 동안 무자비하게 폭탄을 쏟아부은 3천여 번의 공습에서 기적적으로 살아남은 건물 옥상에도 사람들이 기어 올라갔다. 1942년 중반 몰타는 이탈리아와 북아프리카 사이의 외로운 연합군 요새였다. 크기가 런던의 5분의 1밖에 안 되는 이 섬은 지상에서 폭격을 가장 많이 받은 곳이 되었다. 몰타 주민들의 용기를 경하하며 영국 왕 조지는 성 조지 훈장George Cross을 수여했고, 루스벨트 대통령은 직접 쓴 명예의 두루마리를 선사했다. 이제 주민들은 또 다른 상을 기다리고 있었다. 그들을 투쟁하고 버티게 한 두 위대한 지도자의 만남을 직접 눈으로 볼 수 있었다. 이제 그 순간이 임박했다. 이들 모두가 기다리는 배가 이제 곧 항구로 들어올 참이었다.

여느 때 같으면 사라는 모여 있는 군중에 초조감을 보였을 것이다.[4] 전쟁 전에 연극배우였던 그녀의 경력에 비춰보면 아이러니한 일이었다. 그러나 오늘은 군중이 전혀 염려되지 않았다. 그녀의 아버지가 그녀 옆에서 갑판을 이리저리 오가고 있었다.[5] 그가 긴 시가를 빨 때마다 하얀 작은 연기구름이 그를 따라다녔다. 영국 대표단은 미국 배가 수평선에 나타나기를 기다리며 거의 반시간 동안 서 있었다.[6] 반시간 지연은 대서양 횡단 항해에서는 아무 문제도 아니었다. 하지만 그녀의 아버지는 이 만남이 성사되게 하느라 몇 달간 노심초사했기 때문에 이미 인내심이 거의 바닥 난 상태였다. 항구 반대편에는 나머지 영국 대표단이 순양함 시리우스호HMS Sirius 난간을 따라 모여 있었다.[7] 영국과 미국의 최고위 지휘관들이 그곳에 모여 있었고 애버럴 해리먼, 해리 홉킨스, 미 국무장관 에드워드 스테티니어스와 영국 외상 앤서니 이든도 그곳에 있었다. (이든은 군악대가 그날 아침 환영 행사를 조금 일찍 시작하는 통에 아침잠을 설쳤다.[8] 그는 미국 국가인 〈성조기〉 연주를 연습하는 군악대 소리에 놀라 잠에서 깼다.)

배가 나타나길 기다리는 것은 아침 시간을 보내는 그리 좋은 방법은 아니었지만 최소한 날씨는 따뜻하고 좋았다. 고국 영국에는 눈이 7인치나 쌓였지만,[9] 이곳 지중해 날씨는 정말 상쾌하고 따뜻해서 사라는 겨울 코트를 선실에 두고 나왔다.[10] 잘 다려진 영국 여성항공대 군복을 차려 입은 그녀는 아버지 옆에 멋지게 서 있었다. 아버지 처칠은 영국왕실요트대의 장교복을 근사하게 차려 입고 있었다.

사라가 입은 파란 울 스커트와 재킷은 그날 아침 항구에 보이는 많은 제복 중 하나일 뿐이었다. 하지만 그녀는 해군과 올리브나무가 가득 찬 바다에서도 단연 눈에 띄었다. 특히 군모 아래로 나온 그녀의 붉은 머리가 눈길을 끌었다. 그녀는 지금은 거의 대머리가 되었지만 한때 숱이 많았던 아버지처럼 붉은 머리털을 가지고 있었다. 사라가 1941년 가을 여성항공대의 신병모집소에 왔을 때 그녀를 면접한 여장교의 가장 큰 걱정은 사라가 군 복무를 할 만큼 체력을 갖추었느냐가 아니었다.[11] 면접관은 자신이 본 머리 중에 가장 멋진 붉은 머리칼을 잘라야 한다고 말해야만 하는 현실이 너무 슬펐다. 그러나 사라는 자기 머리를 신경 쓰지 않았다. 그녀는 가능한 한 빨리 전쟁에 참전하기를 바랐다.[12] 면접관은 그녀에게 군 이발사의 무자비한 손길에 머리를 맡기지 말고 입대 전 런던의 고급 미용실을 찾아가 머리를 자르도록 권했다.[13]

머리색뿐 아니라 그녀의 이름도 바로 눈에 띄었다. 사라는 군 명부에 장교 올리버로 올라 있었다. 하지만 여성항공대에 입대할 당시 그녀와 빅토르 올리버의 불행한 결혼 생활은 끝나고 이혼 절차만 남아 있었다. 군 명부에 상관없이 사람들은 올리버를 그녀의 결혼 전 성姓으로 알았다. 실은 사라 올리버는 영국 수상의 서른 살 먹은 딸, 사라 밀러선트 허마이어니 처칠Sarah Millicent Hermione Churchill이었다. 두 사람이 군함 갑판에 나란히 서 있는 모습을 보면 누구나 그녀가 얼마나 아버지를 닮았는지를 바로 알아차릴 수 있었다. 그녀는 어머니처럼 늘씬했고, 우아한 코와 턱을 가졌지만, 눈과 미소는 아버지를 꼭 닮았다. 아버지와 딸은 2월의 태양을 받으며 시리우스호의 갑판에 나란히 서서 미합중국의 대통령이 도착하기를 기다렸다.

루스벨트 대통령은 워싱턴에서부터 4883마일에 달하는 긴 여행의 막바지에 다다랐다.[14] 원래 계획으로는 몰타에서 영국과 미국 대표단이 만나서 그날 오후와 저녁 동안 군사·정치 전략을 논의하기로 되어 있었다. 그런 다음 이튿날 일찍 두 지도자와 수행원들은 함께 몰타를 떠나 그리스반도와 에게해, 터키를 거쳐 1375마일을 날아가 흑해의 크림반도에 도착할 예정이었다.[15] 그곳에서 차를 타고 80마일을 가면 회담에 초청한 이오시프 스탈린이 이들을 맞게 되어 있었다. 사라는 자신이 근무하는 런던 서쪽에 위치한 영국 공군 메드멘햄 기지RAF Medmenham로부터 특별휴가를 받아서 아버지를 수행해 여행길에 올랐다.[16] 윈스턴이 중요한 국제회의에 동행하도록 사라에게 요청한 것은 이번이 두 번째였다. 1943년 11월 초 사라의 상관은 그녀를 사무실로 불러 수상께서 중요하지만 목적을 밝힐 수 없는 여행에 그녀가 동행하기를 요청했기 때문에 그녀에게 휴가를 허가한다고 통보했다. 이 일은 스릴이 넘치는 비밀 임무였고, 헨티G. A. Henty나 헨리 라이더 해거드H. Rider Haggard가 쓴 소설의 첫 장면처럼 극적인 장면이었다. 사라는 "기분이 한껏 들떠서"[17] 테헤란으로 가는 비행기에 올라탔다. 처칠, 루스벨트, 스탈린 3거두는 테헤란에서 처음으로 같이 모였다. 테헤란회담은 연합군 협력 작전의 성과였고, 동부 전선에서 나치독일군의 공격을 단독으로 막아내고 있던 소련에게 숨 돌릴 틈을 주기 위해 노르망디의 D-day 상륙 작전에 대한 약속이 이루어졌다. 선의가 세 지도자 사이에 넘쳐흘렀고, 사라는 이에 큰 감명을 받았다. "결과를 떠나서 우애를 이루고자 하는 진정한 열망의 씨앗이 뿌려진 것을 느낄 수밖에 없었어요."[18] 사라는 엄마에게 보내는 편지에 이렇게 적었다.

그 후 연합군은 노르망디에서 독일군을 궤멸하고 천천히 밀어내며 독일을 향해 전진하고 있었다. 연합군이 유럽 전역에서 승리를 거두던 그해 여름 세 지도자는 전쟁을 끝낼 계획을 짜기 위해 또 다른 회담을 열기로 했다. 이 회담의 암호명은 아르고너트ARGONAUT였다. 처칠은 그리스 신화에 나오는, 흑해 연안에 있는 황금양털을 찾기 위해 이아손을 따라 여행에 나선 영웅들의 이름에서 이 암호를 따왔다. 1945년 1월 초 사라는 자신이 곧 아르고너트 전사가 될 것임을 알았다. 그녀의 상관은 다시 한 번 그녀를 불러서 짐을 싸라고 말했다.[19] 그녀의 아버지가 "특급 비밀" 여행에 그녀를 필요로 했다. 메드멘햄 공군기지의 가까운 친구에게는 그녀의 부재를 은폐하기 위해 그녀가 아프다는 소문을 퍼뜨려달라고 부탁했다.[20] 1월 29일 밤 그녀는 노솔

트Northolt 공군기지에서 아버지를 만나 임무 수행 길에 나섰다.[21]

날이 갈수록 연합군이 유럽 전선에서 승리할 것이라는 낙관주의가 커졌지만 사라는 이 회담에 대해 불안감을 느꼈다. 그 불안은 날씨와 함께 시작되었다. 처칠과 사라는 비행기 꽁무니를 눈보라가 쫓아오는 가운데 노솔트 공군기지를 떠났다. 이들은 돌풍이 몰아치기 전에 이륙하려고 서둘렀지만, 이륙하자 새로운 문제가 발생했다. 조종사들은 기내 온도를 조절하는 데 애를 먹었다. 기압이 조절되지 않은 기내는 너무 덥고 불편해서 사라와 동료 승객들은 "공기를 마시려고 몸부림치는 토마토"[22]가 된 것처럼 느꼈고, 사라의 아버지 처칠은 "울음을 터뜨리려고 얼굴이 달아오른 불쌍한 아기"처럼 보였다. 처칠은 끓어오르는 기내에서 고통을 견뎌야 했을 뿐만 아니라 화씨 102도(섭씨 38.9도)까지 체온이 올라갔다. 윈스턴은 강인한 체질이었지만 외국 여행을 갈 때마다 어떤 식으로든 병이 나는 것 같았다. 매번 그는 의지력으로 병을 물리쳤고, 테헤란에서 귀환할 때는 폐렴 증상이 있어 카르테지Cartage에 기착해 2주간 쉬어야 했다. 그러나 그의 강인한 성격의 결함도 드러나곤 했다. 이번에 몰타로 야간 비행을 하면서 수상 처칠은 딸에게 분명히 "뭔가 심상치 않은 일이 일어날 것 같다"[23]고 말했다.

회담이 다가올수록 사라는 동쪽으로 자신들을 따라오고 있는 눈보라와 아버지의 예감 사이에서, 배우가 연극이 개막하는 밤에 긴장을 느끼듯 미신적인 느낌을 떨쳐버릴 수 없었다. 사라는 운명이라는 것에 대해 깊이 생각하기 시작했다. 사라는 같이 몰타로 가고 있는 아버지의 주치의인 모런 경과 얘기를 나누면서 특이한 질문을 던졌다.

그녀는 손금을 보고 그 사람의 미래를 예측할 수 있냐고 물었다.[24] 사라의 질문을 받은 의학자는 어리둥절했다. 절대 그렇지 않다고 그는 확신에 차서 말했다. 그는 각 사람의 손바닥에 나타나는 손금은 전적으로 해부학과 유전학의 결과라고 말했다. "거기에 아무 의미도 없다는 거예요?"[25] 사라는 실망을 비치며 다시 물었다. 그러나 모런 경은 그녀가 원하는 대답을 하지 않고 재빨리 대화의 주제를 바꾸었다.

다행히도 며칠 밤을 푹 잔 다음 윈스턴은 기력을 완전히 회복했고, 특유의 활달한 기분을 되찾았다. 그는 전날 밤 저녁 식사를 하러 가면서 각운이 붙은 다음과 같은 이행시를 지어 사라에게 자신이 기력을 완전히 되찾았다는 것을 보여주었다. "체온은 떨어지고, 복통도 사라지고, 내 몸은 정상적으로 기능하고 있다네. 실제로 나는 지금 최상의 컨디션이라네!"[26]

그러나 영국 대표단이 루스벨트를 기다리기 위해 갑판에 모였을 때, 활기찬 분위기는 사라졌다. 그날 아침 8시 이들은 끔찍한 소식을 들었다.[27] 전날 밤 회담장으로 외무성 관리들을 수송하던 비행기가 이탈리아 남단의 작은 섬 람페두사 인근 바다에 추락했다는 소식이 들어온 것이다. 최초의 연락에 따르면 열일곱 명의 승객과 승무원 중 일곱 명이 살아남았다고 전해졌다. 그러나 이 생존자들이 누구인지, 일곱 명이 정확한지 아무도 알 수 없었다. 영국 대표단은 사고 소식에 큰 충격을 받았다.

윈스턴은 불안에 사로잡혀 갑판을 오갔다. 그와 동맹국들이 이 회담을 계획한 후 그는 흑해에서 회담을 갖는 데 대해 깊이 우려하고 있었다. 회담 날짜가 가까워오면서 그는 자신의 우려가 맞았다는 것을 더 확신하게 되었다. 애버럴 해리먼은 소련 측이 영국과 미국 대표단이 다음 날 착륙할 비행장 활주로에 대한 정확한 정보를 전달하지 않았다고 보고했다.[28] 대표단이 타고 오는 C-54기와 요크기를 착륙시키기 위해 활주로의 길이를 늘이겠다고 한 소련 측의 약속은 지켜지지 않았다. 그 대신 비행기들은 활주로가 규정보다 2천 피트나 짧은 다른 비행장에 착륙해야 했다. 비행장에서 얄타까지의 도로도 문제가 많은 듯이 보였다. 선발대와 함께 도착한 영국 공군 장교는 눈보라 속에 통과가 거의 불가능할 것 같은 산길을 여섯 시간 이동한 기록을 보고했다.[29] 비행장이 대표단의 숙소에서 여섯 시간 거리에 떨어져 있을 뿐만 아니라, 영국 대표단의 통신장비를 싣고 기뢰를 피해 도착한 전함 프랭코니아호HMS Franconia도 얄타에서 세 시간 거리인 세바스토폴 항에 정박해 있었다. 영국 대표단 선발대의 육군 장교가 동료에게 말했듯이 이러한 상황은 마치 "눈과 얼음, 얼음진창으로 덮인 험한 산길로 연결된 웨일즈의 구석에 있는 세 거점에서 회담을 진행하는 것"[30]과 같았다.

처칠 수상은 특히 프랭클린 루스벨트 대통령과의 관계를 깊이 우려했다. 처칠과 루스벨트는 지난 4년간 진정한 우애를 다져왔다. 몰타를 함께 방문한 것도 이러한 파트너십을 감동적으로 상기시키는 일이었다. 작은 섬 요새인 몰타를 제외하고 독일군과 이탈리아군이 지중해와 북아프리카를 장악하고 있던 전쟁 초기에, 영국은 이탈리아 해군을 공격하고 적의 공급선을 타격하여 에르빈 롬멜 장군과 독일군이 북아프리카를 마음대로 통제하는 것을 막을 수 있었다. 그러나 1942년 5월경 몰타는 거의 포기 직전의 상태였다. 적들은 영국의 수송선단을 보이는 대로 침몰시켜서 몰타의 주민들을 기아 상태에 이르게 만들었다. 공중전에 지속적으로 참가했던 전투기들을 수리할 부품이 없어서 연합군의 공군력도 크게 약화되었다. 한때 영국 공군은 전투기 다섯 대만 가지고 몰타를 방어해야 하는 상황에 처하기도 했다.[31] 영국 전투기 스피트파이어Spitfire를 싣고 오던 영국 항공모함이 너무 큰 타격을 받아 항해가 불가능해졌다.[32] 적의 폭격기를 요격할 수 있는 전투기가 부족한 상태에서 몰타섬은 곧 무릎을 꿇을 운명에 처했다. 절박한 상황에 처한 처칠은 루스벨트에게 긴급 전문을 보냈다. 루스벨트는 바로 나서서 스피트파이어를 실은 미국 항공모함을 지중해로 보냈고, 한 번도 아니고 두 번이나 도움을 주어 몰타의 함락을 막았다. 그 덕분에 북아프리카에서 완벽한 보급을 받은 독일군의 공격에 영국군이 괴멸되는 것을 막을 수 있었다.

알타에서 3국 회담을 준비하는 최근 몇 달 동안 루스벨트는 처칠의 의견, 확신, 우려에 대해 분명한 태도를 보이지 않았다. 이러한 태도는 처칠에게 큰 고통을 안겨주었다. 1월 내내 그는 스탈린을 만나기 전에 몰타에서 만나 알타에서 논의될 문제들에 대해 영국과 미국이 의견을 조율하자고 루스벨트에게 요청했다.[33] 처칠은 특히 폴란드의 독립 문제에 큰 관심을 가지고 있었다. 그는 미국이 이 사안의 복잡성을 제대로 이해하지 못하고 있는 반면, 소련 측은 이를 잘 파악하고 있다고 보았다. 스탈린은 무자비하고 교활한 독재자였지만, 처칠은 그가 자기 말은 지키는 사람이라고 믿고 싶었다. 처칠은 "내가 스탈린과 매주 한 번 저녁식사를 같이 할 수 있다면, 전혀 문제가 없을 텐데"[34]라고 말하기도 했다. 1944년 10월 처칠과 스탈린은 모스크바에서 만났다. 이 회담에서 두 사람은 은밀한 거래를 했는데, 소련이 영국의 영향권인 해방된 그리스 문제에 간섭하지 않는 대신, 영국은 루마니아와 불가리아 문제에 간섭하지 않기로 합의했다. 지금까지 스탈린은 이 약속을 지켰다. 그러나 처칠은 스탈린 주변 사람들과 수백 년간 러시아를 형성해온 역사적 힘에 대한 불안을 떨치지 못했다. 제정 시대의 차르들처럼 크렘린은 동유럽을 통제하기를 원하고 있었다. 적들의 침입에 무방비 상태인 널따란 평야가 이어진 러시아의 서부 국경에 대한 뿌리 깊은 편집증이 소련 지도자들의 마음을 강하게 장악하고 있었다. 1941년 히틀러가 바르바로사 작전을 펼쳐 소련을 공격한 것도 그러한 침공의 가장 가까운 예였다. 혹독한 겨울 날씨가 독일군을 덮쳐 모스크바 교외에서 독일군의 진격을 멈추게 하지 않았더라면 그 작전은 성공을 거둘 수도 있었다. 소련 측은 국익을 추구하는 과정에서 서방 두 연합국의 사소한 의견 불일치도 최대한 이용할 준비가 되어 있었다. 폴란드는 러시아가 오랫동안 야욕을 보인 국가였다. 그러나 폴란드의 독립 유지는 영국이 독일에 선전포고를 한 이유였다. 다른 무엇보다 이 문제에 대해 영국과 미국은 미리 만나서 이견을 없앨 필요가 있었다.

이와 대조적으로 루스벨트는 몰타에서 미리 처칠을 만나면 스탈린이 자기 등 뒤에서 서방 동맹국들이 일을 꾸민다고 느낄 것이라고 생각했다. 처칠은 회담에 앞서 회동을 갖자고 거듭 요청했지만, 루스벨트는 국무장관과 충분히 협의할 만큼 시간적 여유를 가지고 몰타에 도착할 수 없다는 이유를 내세워 이 요청을 거절했다. 워싱턴의 중요한 문제들 때문에 이들은 마지막 순간에야 출발할 수 있었다. 게다가 루스벨트는 상대국들과의 협의를 "비공식적으로" 진행하는 것을 선호했고, 특별한 의제를 미리 정할 필요를 느끼지 못했다.[35]

루스벨트는 얄타회담에 5일이나 6일의 시간을 할애하고 싶어 했다.[36] 그러나 전쟁의 종결은 유럽의 미래에 대한 중요한 이념적 문제들을 제기하고 있어서, 처칠은 이에 대한 답을 찾는 데 5~6일은 너무 짧다고 강력히 주장했다. 그는 "하나님도 일을 마치는 데 7일이 필요했다"[37]라고 비아냥대며 간접적으로 불만을 표시했다. 처칠은 1차 세계대전 후 이른바 "승자들의 멍청이 짓"[38]을 뇌리에서 떨쳐내지 못했다. 승전국들은 여러 세대 동안 지속될 평화를 확보했다고 믿었지만, 평화를 보장할 만큼 강력한 제도를 만들어내지 못했다. 이전의 상처가 계속 곪아터졌다. 승리는 환상에 그쳤고, 재앙이 계속 이어졌다. 세계적인 경제대공황, 국제연맹의 실패, 독일에 대한 국가적 모욕, 그리고 결국 또 한 번의, 유혈이 낭자한 세계대전이 이어졌다. 이번에 연합국은 훨씬 용의주도하게 움직여야 했다. "이번 전쟁의 종결은 지난 전쟁보다 더 실망스러울 수 있습니다"[39]라고 처칠은 루스벨트에게 썼다. 연합국 간의 협력이 무엇보다 중요했다. 처칠은 영국 외상 앤서니 이든에게 이렇게 말했다. "세계가 가질 수 있는 유일한 희망은 강대국 간의 합의다. 만일 강대국들이 싸우면 우리 자손들은 끝장이다."[40]

처칠 수상은 그를 잠깐 본 몰타 주민들을 포함해 너무 많은 사람들에게 거인 같은 정치인으로 보였다. 이 때문에 사람들은 처칠도 한 사람의 아버지라는 사실을 잊기 쉬웠다. 하지만 처칠은 햇볕이 내리쬐는 2월 아침에 영국 군복을 입은 딸과 함께 서 있었다.

그 옆에 서 있는 여인에게 윈스턴 처칠은 단지 '아빠'였다. 그러나 처칠이 수상이 되기 훨씬 전부터 사라는 무언가 특별한 것이 아버지를 다른 사람들과 구별시킨다는 것을 알았다. 처칠에게는 저녁 식사에 초대된 사람들이 그의 말 하나하나를 적기 위해 펜과 종이를 급히 찾게 만드는 아우라가 있었다.[41] 고상하고 위엄 있는 연설과 강한 개성에도 불구하고 그는 아이들이 등 위에 올라타서 놀도록 만들고, 완벽한 영어로 딸들이 사랑하는 병든 강아지를 위해 "불쌍한 퍼기-워그Poor Puggy-Wug"[42]라는 송시를 짓는, 자식을 지극히 사랑하는 아버지였다. 사라는 방학을 맞아 집에 돌아오면 가족의 시골 집 차트웰Chartwell의 정원에서 보내는 시간을 무엇보다 즐겼다. 특이하기는 했지만 아버지가 가진 최고의 취미는 담벼락 쌓기였다. 윈스턴은 정치와 전혀 상관없는 이런 육체노동에서 안식을 찾았다. 그는 차트웰 저택의 정원 둘레에 수백 야드의 벽돌담을 쌓았다. 그는 전문적인 벽돌공과 같은 기술을 과시하면서 사라를 "조수"[43]로 삼았다. 두 사람은 완벽한 팀을 이루었다. 사라가 윈스턴에게 벽돌을 넘겨주고 필요한 만큼의 시멘트를 넘겨주었다. 윈스턴은 벽돌을 바르는 동안 사라에게 수직, 수평을 측정하는 다림줄을 위에서부터 내리게 해서 벽돌이 곧바르고 균일하게 쌓이고 있는지 점검하는 중요한 일을 맡겼다. 벽돌공과 조수는 침묵을 지키고 생각을 하며 상대의 다음 동작을 기다리면서 행복한 시간을 보내곤 했다.

20년 후 그녀는 다시 그의 옆에 있었다. 사라가 연극 극단과 함께 순회공연을 하면서 서로 떨어져 있는 시간이 길었다. 나이와 지위를 고려할 때 윈스턴이 무대 위의 직업을 택한 딸의 결정을 적극 나서서 반대하지 않은 것은 놀라운 일이었다. 그러나 처칠의 어머니인 미국의 상류층 여성 제니 제롬은 당시로서는 평범하지 않은 여인이었다. 그녀는 런던의 웨스트엔드 극장들을 위해 희곡을 썼고, 수십 명의 연인을 둔 것으로 소문이 났으며 손목에 뱀 타투를 하고 다녔다. 이에 비하면 관습에 도전하는 사라의 방식은 아주 얌전한 편이었다. 사라가 자신보다 훨씬 나이가 많은 연극배우 빅토르 올리버와 결혼하기 위해 뉴욕으로 도망갔을 때 아버지와 딸 사이에는 긴장이 감돌았다. 윈스턴은 딸의 결정을 용납하지 않았고, 어떻게든 딸의 마음을 돌리려고 계속 설득했다.

그러나 전쟁으로 사라와 윈스턴은 다시 가까워졌다. 전쟁 초반에 윈스턴과 그의 부인인 클레먼타인은 처칠이 여행할 때 가족 중 누군가가 그의 부관이자 전방위 보호자, 지원자, 비밀을 털어놓을 수 있는 측근이 되어야 한다고 생각했다. 처칠의 가족 한 명 한 명을 보면 이 임무를 수행하기에 맞지 않았다. 클레먼타인은 비행기 타는 것을 두려워했다.[44] 맏딸인 다이애나는 결혼해서 세 아이를 키우고 있었고 정치를 싫어했다. 외아들이자 둘째인 랜돌프는 영국군 소령이었는데, 윈스턴만큼 머리가 좋았고 때로 아버지를 수행하기도 했다. 그러나 그는 과음하는 습관이 있어서 경솔하고 오만했다. 이것은 심리적 부담이 큰 중요한 협상을 진행해야 하는 윈스턴을 지원하는 역할을 수행하는 데 큰 결점이 되었다. 막내딸인 메리는 1942년 윈스턴이 루스벨트를 만날 때 어머니와 함께 동행한 적이 있었다. 국토수비 민병대에 근무하고 있는 메리는 영리하고 능력이 있었지만 사라보다 여덟 살 아래였고, 아직 경험이 부족했다. 사라가 가장 이상적인 선택이었다. 그녀는 나이도 적당하고 머리가 총명했으며 메드멘햄의 영국 공군기지에서 근무한 덕분에 군사와 정치 현안도 충분히 이해하고 있었다.

무엇보다도 아버지와 딸 사이의 깊은 신뢰가 이 결정을 보장했다. 어린 시절부터 사라는 '외톨이'라고 느끼며 자랐다.[45] 사라는 예민하고 수줍음을 많이 타서 또래 소녀들과 활발히 어울리며 우정을 쌓지 못했다. 10대 소녀일 때도 그녀는 또래 여자아이들과 수다 떨기보다는 목욕탕에 틀어박혀 사촌인 미트퍼드와 카드놀이를 하면서 시간을 보냈다.[46] 그녀는 어릴 때부터 아버지와 같이 있으면 소심해지고 어색하다고 느꼈다. 용기를 내어 아버지에게 말하려고 할 때에도 사라는 마음을 "정리"하고서야 입을 열었다.[47] 중요한 메시지는 메모에 적어서 전했다. 그녀는 아버지가 자신보다 훨씬 말을 잘하고 센스가 뛰어나다는 것을 알았지만, 자신이 아버지를 잘 이해하고, 자신이 침묵을 지킬 때조차 아버지는 자신을 이해한다고 믿었다. 다른 가족들이 그녀의 과묵함을 놀리려고 하면 아버지는 바로 나서서 이들의 말을 가로막고, "사라는 조개처럼 자기 비밀을 내면에 간직하려는 거야"[48]라고 했다.

아버지 옆에서 조용히 벽돌을 쌓으며 사라는 자연과학자가 동물의 종을 연구하듯이 아버지를 관찰했다. 그녀는 아버지가 "믿을 만한 청중 앞에서는 듣는 사람이 숨 막힐 듯이 문제에 대한 자신의 생각을 현란하게 털어놓는 것"[49]을 보았다. 사라는 이 신뢰받는 청중의 일원이 되려고 온힘을 다해 노력했다. "그런 사람이 되면 그가 자신의 생각을 가지고 어디로 가려 하는지 알지 못할 수가 없었다." 그래서 그녀는 "아버지가 생각하는 대상이 아니라 아버지가 생각하는 방법을 이해하고, 이것을 실제적으로 문제에 적용시키는 쪽으로 자신을 훈련시키기로" 작정했다. 그녀가 말하지 않더라도 자신이 "조용히 아버지와 보조를 맞추고 있다"는 것을 아버지가 알기를 바랐다. 이제는 어머니 말고는 사라보다 윈스턴 처칠의 마음을 더 잘 아는 사람은 없었다.

바로 이런 이유 때문에 사라는 몰타에 와서 아버지가 안절부절 갑판을 오가는 모습을 보게 된 것이다. 처칠은 수제자인 앤서니 이든을 빼고 영국 대표단의 누구에게도 임박한 회담에 대한 깊은 염려, 특히 미국에 대한 초조감을 털어놓을 수 없었다. 이든은 자신의 의제를 가지고 있었고, 스스로 챙겨야 할 정치적 미래가 있었다. 하지만 윈스턴은 도와달라고 요청만 하면 바로 옆에서 마음의 짐을 함께 나눌 사람이 필요했다. 방 안에서 급류처럼 쏟아져 나오는 그의 말을 이해하면서, 말로 표현되지 않는 감정까지 해석할 수 있는 사람이 필요했다. 집에서는 클레먼타인이 이런 역할을 맡았다. 그녀는 40년간 남편에게 힘을 주고 그의 열정적 연설과 깊은 확신을 바른 방향으로 지탱해주는 능력을 연마했다. 사라는 어머니와 같은 능력은 없었지만, 나름대로 충분한 경험이 있었다. 차트웰 저택에서 벽돌담의 다림줄을 유지한 것처럼 그녀는 이곳에서도 그 줄을 유지하면서, 처칠이 감정에 휩싸여 3국 동맹에서 파트너들과 함께 걸어가야 할 좁은 길에서 이탈하지 않도록 그의 노선을 조정할 수 있었다.

9시 35분 루스벨트 대통령이 탑승한 미 해군 순양함 퀸시호USS Quincy가 마침내 수평선에 나타났다.[50] 배는 항구 입구에 쳐진 대잠수

함 그물을 조심스럽게 피해가며 천천히 항구로 진입했다. 여섯 대의 스피트파이어 편대가 항구 상공을 가로질렀고, 부두에 모인 군악대가 일제히 미국 국가를 연주하며 순양함을 환영했다.[51] 미국 국가에 이어 영국 국가인 〈신이여 왕을 구하소서God Save the King〉[52]가 연주되었다. 예인선의 도움을 받아 1만 3천 톤의 전함이 정박지에 조금씩 다가왔다.[53] 좁은 항만 입구에 두 배가 너무 가까이 있어서 사라는 퀸시호가 지나갈 때 배에 탄 사람들의 얼굴을 모두 볼 수 있었다.[54] 퀸시호의 선원들이 갑판에 멋지게 도열해 있어서, 사라는 미군의 수병, 병사, 조종사들이 "아주 우월한 피조물very superior creatures"[55]처럼 보인다고 털어놓았다. 갑판을 오가던 처칠은 이제 걸음을 멈추고 수면 위로 내려진 배의 계단 위에서 상륙을 준비했다.[56] 그는 루스벨트가 도착하면 "부두에서 그를 맞겠다"[57]고 약속했었다. 이러한 상봉 또한 멋진 장면이 될 것이었다.

퀸시호가 오리온호와 나란히 위치하자 군중 사이에서 환성이 터져 나왔다. 퀸시호의 브리지 갑판 난간에 루스벨트가 근엄하게 휠체어에 앉아 있는 모습이 보였다. 대통령과 수상은 서로를 쳐다보았다. 차렷 자세로 서 있던 처칠은 천천히 손을 모자로 올렸다.[58] 두 사람은 서로에게 정중하게 경례했다. 두 옛 친구가 다시 만난 지금 이 순간만큼은 지난 몇 달 동안의 긴장과 달아올랐던 초조감이 다 녹아 없어진 것 같았다. 평생을 고위 인사들과 정치인들 사이에서 보낸 사라에게도 이 모습은 "흥분되는 광경"[59]이었다. 항만 반대편 시리우스호 위에는 영국 외무장관 앤서니 이든이 미국 대표인 해리먼, 홉킨스, 스테티니어스와 함께 서서 두 지도자의 만남을 지켜보았다. 실로 대단한 순간이었다. 이든은 세상이 "멈춘 것 같았고"[60] "역사의 한 이 정표가 새겨지는 것을 느꼈다"고 훗날 회고했다.

드디어 퀸시호가 부두에 완전히 닿은 후 건널판을 내려놓았다. 해리먼, 스테티니어스, 홉킨스와 마셜 장군이 자신들의 상관을 영접하기 위해 먼저 배에 올라갔다.[61] 잠시 후 공식 선언이 있고 나서 처칠 수상이 "군악대의 연주 속에 배에 올랐다."[62] 그 뒤를 사라가 따라 올라갔다. 갑판에 도착한 사라는 햇볕 아래 네 개의 고리버들 의자가 배치되고 처칠과 루스벨트가 나란히 앉아 있는 곳으로 안내를 받았다.[63] 두 사람은 어울리지 않는 한 쌍처럼 앉아 있었다. 왕실요트클럽 유니폼을 입은 처칠의 복장은 군사 퍼레이드용 복장이었다. 루스벨트는 줄무늬의 짙은 색 양복을 입고 납작한 트위드 모자를 쓰고 있었다. 그는 마치 비즈니스 미팅을 하러 도심으로 갈지, 아니면 뉴욕 하이드파크에 있는 언덕 작은 집으로 야외 소풍을 갈지 미처 결정하지 못한 사람 같아 보였다.

처칠과 마찬가지로 루스벨트도 몰타에 혼자 오지 않았다. 신체적 제약으로 인해 그는 자주 한 명이나 그 이상의 아들의 도움을 받아 자리에서 일어나 의자, 자동차, 침대 사이를 오갔다. 테헤란회담 때에는 아들인 엘리엇과 사위 존 보티거John Boettiger가 그를 수행했지만, 이번에 두 사람은 집에 남아 있었다. 1월 초 루스벨트는 처칠에게 다음과 같은 뜻밖의 전문을 보냈다. "귀하가 아르고너트에 가족을 데려온다면, 나는 내 딸 애나를 데려갈 생각입니다."[64] 루스벨트는 다섯 자녀 중 장녀이자 외동딸인 애나를 공식 해외여행에 데려간 적이 없었다. 수행단은 이러한 변화를 환영했지만 모두 놀랐다. 처칠은 "멋진 생각입니다. 내 딸 사라도 같이 갑니다"[65]라고 회신했다.

윈스턴과 클레먼타인은 1943년 워싱턴 방문 때 대통령의 '영애first daughter'를 만난 적이 있었고, 사라는 테헤란에서 애나의 남편 존 보티거와 함께 일정을 보낸 적이 있었다. 애나에 대해 사라가 알고 있는 것은 신문 기사를 통해서였다. 38세의 애나에게는 세 자녀가 있었다. 증권거래사인 커티스 달Curtis Dall과의 첫 결혼에서 얻은 10대 딸과 더 어린 아들이 있었고, 존과의 두 번째 결혼 후 낳은 다섯 살짜리 아들이 있었다. 1943년 존이 대민 담당 사단Civilian Affairs Division의 대위로 군에 입대하기 전에 애나와 존은 시애틀에 거주하며 《시애틀 포스트 인텔리전서Seattle Post-Intelligencer》라는 신문을 편집했다. 남편이 북아프리카와 지중해로 배치되자 애나는 1944년 초 시애틀에서 백악관으로 이사했다. 백악관에 온 후 그녀는 워싱턴에서 점점 눈에 띄는 명사가 되었다. 그녀는 자주 출장을 다니는 영부인 엘리너 루스벨트를 대신하는 역할을 맡았다.

지금 애나는 프랭클린 루스벨트 맞은편에 앉아 있다. 두 딸이 서로 소개되었다. 애나는 키가 크고 금발이었다. 파마를 한 그녀의 밝고 곧은 머릿결이 바닷바람에 곱슬곱슬해졌다. 그녀는 아버지와 마찬가지로 단순한 민간인 복장에 모자를 쓰고 있었다. 애나를 본 순간 사라는 그녀가 얼마나 어머니인 엘리너를 닮았는지를 보고 놀랐다.[66] "하지만 애나가 훨씬 예뻐요"라고 사라는 자신의 엄마에게 보내는 편지에 속마음을 적어 보냈다. 그때 재미있는 생각이 그녀에게 떠올랐다. 그녀는 자신과 언니인 다이애나가 엄마만큼 "예쁘지는 않지만" 엄마와 많이 닮았다고 사람들이 생각한다고 여겼다. 외모를 떠나서 애나는 편하고 유쾌하게 느껴지는 사람이었다. 사라는 그녀를 좋아하기로 마음먹었다. 그러나 태평스러운 태도에도 불구하고 애나는 "여행에 많이 긴장하고 있는 것처럼" 보였다.

긴장이 풀리자 사라는 자신의 왼쪽에 앉은 대통령에게 주의를 돌렸다. 루스벨트로 인해 아버지가 노심초사한 것을 제쳐두고 그녀는 그를 다시 만나서 기뻤다. 테헤란에서 사라는 루스벨트가 따뜻하고 매력 넘치는 사람이라고 생각했다. 그는 생동감이 넘쳐서 어떤 때는 자신이 걸을 수 없다는 것을 잊고 의자에서 바로 일어나 뛰어나갈 듯이 보였다.[67] 이제 그를 다시 본 사라는 깜짝 놀랐다. 테헤란에서 본 그의 생동성은 사라졌고, 수척해진 그의 얼굴에서 생명력이 빠져나간 것 같았다. 그는 지난번의 만남 후 14개월 사이 "백만 년"[68]은 더 나이가 든 것 같았다. 과거에 생동과 재치가 넘치던 그의 말은 산만해지고 두서가 없어진 것 같았다.

무언가 변한 것이 틀림없었다. 대통령을 늘 따라다니는 친구들과 참모들도 눈에 띄게 변한 것 같았다. 사라는 전날 미국 대표단과 얘기를 나누고, 이날 아침 퀸시호에 올라 관찰한 결과 루스벨트와 떼려야 뗄 수 없던 해리 홉킨스의 영향력이 예전만 못하다는 것을 알아챘다. 그는 지난 6년간 투병해온 위암의 후유증으로 미네소타에 있는 마요 병원에서 치료를 받아왔다. 홉킨스는 의지력을 발휘하여 이 회담에 참가했지만, 그와 대통령 사이에는 알 수 없는 거리가 이미 생겨 있었다. 국무장관으로 일한 지 두 달밖에 안 된 스테티니어스가 홉킨스 자리를 차지하고 대통령의 최측근 "친구buddy"[69]가 되었다. 사라는 착각일 수도 있지만, 스테티니어스를 만나 얘기를 나누어본 후 그가 "아둔하다"[70]고 생각했다. 무엇보다 영국 주재 미국 대사인 존 길 버트 위넌트John Gilbert Winant가 회담에 참석하지 않고 수천 마일이나 멀리 떨어진 곳에 남아 있는 것이 최악이었다. 나머지 영국·미국 대 사들은 모두 대표단에 포함되었다(미국 주재 영국 대사인 핼리팩스 경 은 예외였다. 그는 워싱턴에 머물렀고, 이전의 전시 국제회의에도 참석하 지 않았다). 루스벨트는 위넌트를 런던에 남겨두었다. 사라는 위넌트 를 길Gill이라 불렀다. 그녀는 그가 이곳에 오기를 간절히 바랐는데, 이러한 바람은 개인적인 희망의 문제가 아니었다. 사라는 위넌트가 있어야 아버지가 미국인들 사이에서 힘 있는, 진정한 친구를 가질 수 있다는 것을 알았다. 위넌트가 런던에 있고 홉킨스의 역할이 축소된 가운데 얄타에 온 루스벨트 대통령의 핵심 그룹은 눈에 띄게 영국에 덜 우호적이었다.[71]

아버지와 루스벨트가 서로 경례하는 모습을 보면서 사라가 느꼈던 기쁨은 곧 사라졌다. 윈스턴의 마음속에는 영국과 미국의 관계에 대 한 염려가 슬며시 자리 잡았다. 테헤란에서 만난 후 루스벨트에게 무 슨 일이 일어났던 것일까? "단지 건강 문제일까, 아니면 그가 우리에 게서 좀 멀어진 것일까?"[72] 사라는 생각에 잠겼다.

3장

1945년 2월 2일

어쩌면 사라는 배우처럼 다양한 감정을 표현하는 능력을 가졌거나, 사람의 감정을 읽는 능력을 타고났을 수도 있다. 퀸시호 갑판에서 루스벨트의 맞은편에 앉자마자 사라는 애나가 무엇인가를 숨기려고 필사적으로 노력하고 있다는 것을 감지했다. 애나는 이 여행을 대단히 걱정하고 있었는데, 그 이유는 그녀 자신이 3국 회담에 처음 참석하기 때문이거나 전쟁이 가져온 격렬한 파괴를 처음으로 목격해서가 아니었다. 애나는 자신이 아니라 아버지에 대해 크게 우려하고 있었다. 사라의 관찰은 예리했다. 프랭클린 루스벨트는 건강이 매우 안좋았다. 그는 울혈성 심부전congestive heart failure으로 생명이 단축되고 있었다. 루스벨트의 상태가 얼마나 심각한지 제대로 알고 있는 사람은 의사 외에 애나뿐이었다.

1944년 겨울 남편이 군에 입대한 다음 애나는 네 살 먹은 아들을 데리고 백악관으로 이사했다. 도착한 지 얼마 되지 않아 애나는 아버지에게서 작은 변화를 알아챘다. 아버지가 계속해서 기침을 하고, 피부가 잿빛이 되고, 62세의 나이에 비해 훨씬 지쳐 보였다.[1] 2년의 전쟁 기간을 포함해 백악관에서 보낸 12년이, 젊을 때는 문제없었던 아버지의 건강에 나쁜 영향을 미친 것이 분명했다. 그러나 루스벨트의 상태는 과로 이상의 것이었다. 그런 신호는 가장 예민한 사람만이 감지할 수 있었다. 담뱃불을 붙일 때 그의 손은 떨렸다. 한번은 편지 말미에 자신의 이름을 쓰면서 지면 전체에 펜으로 구불구불한 선을 그리기도 했다. 가족들이 저녁 식사를 마친 후 컴컴한 백악관 영화상영실에서 영화를 볼 때 화면에서 비치는 빛으로 애나는 아버지가 입을 닫을 힘도 없는 듯 오랫동안 멍하니 입을 벌리고 있는 모습을 가끔 발견했다.

애나의 어머니인 엘리너는 루스벨트의 피로를 말썽 많은 둘째 아들 엘리엇에 대한 걱정 탓으로 돌렸다.[2] 엘리엇은 최근에 두 번째 부인인 루스와 이혼하고 영화 스타와 결혼한다고 선언한 바 있었다. 그러나 루스벨트의 개인 비서인 그레이스 툴리의 말과 애나의 관찰을 종합해보면, 루스벨트는 몇 달 전 서류에 서명할 때 잠들어버리거나 잠시 의식을 잃은 것이 분명해서 애나는 행동을 취하지 않을 수 없었다.[3] 애나는 아버지의 주치의인 로스 매킨타이어 제독을 불렀다.[4] 그는 이비인후과 전문의였다. 그는 애나에게 아버지가 지난번 앓았던 독감의 후유증인 부비강과 고열을 겪고 있을 뿐이라고 말했다. 그러나 애나는 이 말을 믿지 않았다. 그녀는 아버지가 종합적인 건강 검진을 받아야 한다고 주장했다.

1944년 3월 말 베세즈다Bethesda 해군병원에서 젊은 심장병 전문가 하워드 브루엔이 검진한 결과 애나의 염려가 사실로 드러났다. 대통령은 평범한 활동 후에도 숨이 가빠졌다.[5] 폐에 액체가 고여 있었고, 혈압은 186/108mmHg로 고혈압이었다. 심장병학은 당시로서는 비교적 새로운 의학 분야였다.[6] 미국 심장병협회는 1934년에 처음 조직되었지만, 브루엔에게 검사 결과는 분명한 사실을 말해주고 있었다. 대통령은 급성 울혈성 심부전을 앓고 있었고, 당시에는 이에 대한 치료법이 없었다.[7] 환자의 생명을 연장시키기 위해 브루엔은 강심제를 처방하여 폐에 고여 있는 물을 제거하고, 그에게 집무 시간을 줄이고 잠을 더 많이 자며 식이요법을 철저히 하고 체중을 줄여 심장에 주는 부담을 줄이라고 권했다. 그러나 이러한 조치는 임시방편에 불과했다. 주치의인 매킨타이어는 심장병 전문이 아니었기 때문에 마지못해 브루엔에게 대통령의 주치의 역할을 넘기면서 한 가지 조건을 붙였다. 누구에게도 루스벨트의 검진 결과를 알리지 말라는 것이었다. 루스벨트 가족에게는 물론 대통령 자신에게도 알리지 말아야 했다.[8] 그러나 놀랍게도 브루엔의 환자는 아무런 저항도 하지 않았다. 그는 자기 몸 어디에 문제가 있는지 물어보지 않았다.[9]

하지만 애나는 바보가 아니었다. 아버지가 새 약을 복용하고, 그의 식사가 자신의 어린 아들의 식사와 비슷해지고,[10] 새 의사가 대통령이 하루에 네 시간 이상 일하지 말라고 주장하는 데는 그럴 만한 이유가 있다고 보았다.[11] 얼마 있지 않아 브루엔은 매킨타이어와의 약속을 깨고 애나를 조용히 불러 루스벨트의 검진 결과를 상세히 설명하며 자신의 처방을 진지하게 받아들여야 하는 이유를 설명했다.[12] 애나는 심장병에 대한 자료를 닥치는 대로 찾아 읽었고, 브루엔의 처방을 충실히 따랐다. 애나는 남편 말고는 누구에게도 이 얘기를 하지 않았고, 심지어 어머니에게도 사실을 알리지 않았다.

루스벨트는 브루엔에게 자세히 물어보지는 않았지만, 분명히 자신의 건강에 큰 문제가 있고 그래서 애나가 자신을 보호하고 있음을 느꼈을 것이다.[13] 애나가 얄타에 온 것은 테헤란과 상황이 완전히 달라진 것을 의미했다. 당시 애나는 아버지를 동행하려 했지만 루스벨트는 이 부탁을 합리적 이유 없이 일언지하에 거절했다. 대신에 그는 엘리엇과 애나의 남편인 존을 데려갔다. 애나는 이로 인해 상처를 받았다. 물론 남동생과 남편은 아버지를 물리적으로 도울 수 있지만, 그런 일은 경호원인 마이크 라일리도 할 수 있는 일이었다. 엘리엇은 루스벨트를 수행해 테헤란회담에 참석했고, 엘리엇과 남동생 프랭클린 주니어는 1941년 8월 처칠이 참석한 대서양동맹 선언에 참석했다. 이 선언에서는 자유세계를 단합시키는 공동 원칙이 제시되었다. 두 동생은 연합국들이 독일에 대한 무조건적 항복 요구를 확정한 1943년 1월의 카사블랑카 회담에도 따라갔다. 순서에 따라 애나도 아버지를 동행하는 것이 공평했다. 당시에 그녀는 남편이 너무 보고 싶었다. 이탈리아에 주둔 중인 남편에게서 오는 편지에는 초조해하고 낙담한 내용이 담겨 있었다. 그녀는 남편을 만나 다시 기운을 북돋아주고 싶었다. 애나는 아버지에게 자신이 군인이 아닌 점이 문제라면 적십자에 들어갈 수 있다고도 얘기했다. 그러나 루스벨트는 꿈쩍하지 않았다. 여자가 군함에 동승하면 악운이 올 수 있다는 오래된 해양 전통에 따라 여자는 해군 함정 승선이 허용되지 않았다(군통수권자인 루스벨트가 이 전통의 예외를 쉽게 만들 수 있었거나 아니면 그녀가 비행기를 타고 목적지에 갈 수 있기는 했다). 사라를 테헤란에 데려온 것을 보면 윈스턴 처칠은 이 오랜 미신에 신경을 쓰지 않는 것처럼 보였다. 애나가 어떤 이유를 대든 루스벨트는 말을 들으려고 하지 않았다. 아버지에 대해 불평한 적이 거의 없던 애나는 어머니에게 아버지가 "가족 내 여자들을 대하는 태도가 구태의연하다"[14]고 불만을 털어놓았다. 그녀는 불공정에 대해 불같이 화를 냈다. "아빠는 모든 여자는 '집에 불이 나지 않도록' 살피는 데 만족해야 하고, 그 외의 일에 신경을 쓰는 것은 단지 재미를 위해서이며, 남자들 세계에 끼워 주는 것은 개인적으로 문제가 있는 여자를 잠시 달래기 위한 마지막 수단이라고 생각한다"[15]고 불평했다.

그러나 애나가 얄타에 동행하겠다고 말하자 아버지는 "그래, 한 번 생각해보자"[16]라고 대답했다. 그녀는 다시 한 번 실망할 것을 각오하고 있었다. 그런데 1월 초 루스벨트는 그녀를 놀라게 했다. 윈스턴이 사라를 또 데려오고, 해리먼 대사도 딸인 캐슬린을 데려오니 애나도 원하면 같이 갈 수 있다고 했다.

루스벨트가 애나를 데려가기로 결정하자, 이번에는 엘리너가 상처를 받았다. 그녀는 테헤란회담에 가지 못하고 뒤에 남겨진 것에 대해 애나와 함께 서로를 위로했다. 애나는 루스벨트가 이번 회담에 같이 가자고 부탁하기를 어머니가 얼마나 바랐는지 잘 알고 있었다. 그 대신에 루스벨트는 처칠과 해리먼도 부인이 아니라 딸을 데려오기 때문에 애나를 데려가는 것이 "더 간단하다"[17]며 엘리너를 제외했다. 만일 엘리너가 간다면 사람들은 일부러 부가적인 일을 만들어 "공연한 소동"을 일으킬 수도 있었다. 엘리너는 상황을 이해한 척했다.

이렇게 간단히 넘어갈 수도 있었지만, 루스벨트가 얄타회담에 부인 대신 딸을 데려가는 이유가 충분히 설명되지는 못했다. 엘리너는 40년간 같이 살아온 남편이 정말 아프다는 사실을 몰랐고, 받아들일 수도 없었다. 그녀는 지친 남편을 보살피기보다는 더 피곤하게 할 수 있었다. 애나는 엄마의 지칠 줄 모르는 에너지를 존경했다. 그녀는 여성의 권리를 옹호하거나 가난한 사람들에게 재기의 기회를 만들어주는 데 온 마음과 정성을 쏟았다. 그러나 그녀는 태생적으로 따뜻하거나 남을 잘 보살피는 사람은 아니었다. 애나는 어렸을 때 엄마가 일하고 있는 방으로 들어갔던 때를 또렷이 기억했다. 그녀는 서류에서 머리를 들지 않은 채 냉랭하고도 낮은 목소리로 "무슨 일로 왔니, 애야?"[18]라고 말했다. 진짜 궁금해서 그렇게 말한 게 아니었다. 엘리너는 루스벨트가 정책 결정을 내릴 때 자신이 언제, 어디서 의견을 제시해야 하는지 몰랐다. 그리고 그녀의 의견은 늘 강했다. 루스벨트는 다양한 의견을 존중했고 그러한 태도를 자신의 강점 중 하나로 생각하기는 했지만, 엘리너는 특히 전쟁 중에 대통령의 시간을 요하는 일이 쌓여 있다는 것을 알아차리지 못했다. 루스벨트가 쉴 수 있는 시간은 드물었고 그나마도 짧았다. 그런 소중한 휴식 시간에 그는 가족들의 심문에 시달리고 싶지 않았다. 어느 날 저녁 식사 자리에서 엘리너는 루스벨트가 내린 몇 가지 결정에 대해 질문하기 시작했다. 힘든 하루를 보낸 루스벨트는 편안하고 분위기 좋은 저녁을 기대했기 때문에 엘리너의 꼬치꼬치 따지는 질문을 달가워하지 않았다. 루스벨트가 폭발할 지경에 이른 것을 눈치 챈 애나가 중간에 뛰어들어서 엘리너의 태도를 바꾸게 했다. "엄마, 지금 아빠에게 소화불량을 일으키고 있는 걸 모르세요?"[19] 공적, 사적 생활에서 루스벨트는 끊임없이 그의 호의와 주의를 열망하는 사람들에 둘러싸여 있었다. 애나는 아버지가 어렸을 때 이웃 친구들 없이 자랐고, 나이가 훨씬 많은 이복형과 가끔 어울렸기 때문에 늘 주변에 사람들이 있기를 바란다고 생각했다. 그가 "또래들과 같이 있기를"[20] 바란 이유였다. 그러나 스스로 인정하지는 않았지만 그의 에너지는 예전 같지 않았다. 얄타에 엘리너를 데려간다면 호의를 베푸는 일이었지만, 이 힘든 여정이 평화롭지 못하면 이런 결정에 대해 비난을 받을 수도 있었다.

아버지의 결정이 얼마나 엘리너에게 상처를 주었는지 애나는 잘 알고 있었다.[21] 마치 그녀가 엄마를 배신한 것처럼 다소 죄책감도 느꼈다. 그러나 이런 일은 처음이 아니었다. 그러나 엘리너가 동행하면 자신이 집에 있어야 한다는 것을 애나는 잘 알았다. 애나는 자신이 가는 것이 일을 "더 단순하게" 만든다고 확신하고 죄책감을 떨쳐내며 입을 닫고 있기로 했다.

루스벨트가 애나를 데려가기로 결정한 데는 또 하나의 미묘한 이유가 있었다. 만일 애나가 그 이유를 잠시라도 알아차렸다면 좋아하지 않았을 것이다. 하지만 그녀는 모르는 척 넘기고 머릿속에서 또 다른 어려움을 지워버렸다. 루스벨트는 애나와 같이 있을 때 편한 휴식을 취할 수 있었다. 애나는 여자로서 "다른 속셈을 품을 줄 모른다"[22]고 루스벨트는 생각했다. 루스벨트가 보기에 애나의 형제들은 루스벨트와 같이 있는 시간을 자기 경력에 보탬이 될 사람들을 만나는 기회로 생각했다. 이들과 달리 애나는 루스벨트와 함께 있는 것을 "나중에 자신이 원하는 것에 도움이 될 많은 사람을 만나는 기회"로 여기지 않았다. 그녀는 가족을 위한 봉사를 삶의 우선순위에 두었고,

특히 가족의 남자들이 차분하고 만족감을 느끼게 하는 데 성심을 다했다.

애나와 주치의 브루엔이 루스벨트의 생명을 연장시키기 위해 아무리 노력해도, 루스벨트의 삶은 얼마 남아 있지 않았다. 아버지를 모시고 얄타로 가는 것은 애나로서는 자신이 아버지에게 필요한 존재라는 것을 경험하고, 오랫동안 그녀에게 닫혀 있었던 아버지의 세계의 일부가 될 수 있는 처음이자 마지막 기회였다. 그래서 애나는 아버지가 자신을 옆에 두고 싶어 하는 이유를 받아들이고, 이것을 그녀가 드디어 그의 인생에서 소중한 존재임을 확인시켜주는 것으로 해석했다.

애나는 아버지가 자신을 가장 옆에 두고 싶어 하기를 오랫동안 바라고 있었다. 애나가 어릴 때 가지고 있던 가장 소중한 기억은 하이드파크를 둘러싼 숲과 협곡을 아버지와 함께 말을 타고 다니던 일이었다.[23] 아버지는 나무와 새를 가리키며 애나에게 그 이름을 가르쳐주었다. 또 자연환경을 보존하면서 농지를 경작하는 법도 설명해주었다. 애나는 앞으로 어느 날엔가 아버지와 나란히 하이드파크를 경작하는 꿈을 꾸었다.[24]

루스벨트는 자연을 정말 사랑했다. 그러나 그는 정치도 그만큼 사랑했다. 그는 육중한 나무문 뒤에서 격리된 채 동료들과 정치 전략을 짜면서 많은 시간을 보냈다. 이들이 피우는 시가 연기는 닫힌 문 밑틈새를 통해 복도로 흘러나왔다. 관심을 끌고 싶어 안달이 난 애나는 아버지에게 쪽지를 써서 제발 자기에게 와서 잘 자라는 말을 해달라고 청했다. 애나는 남동생에게 장난 칠 것이라는 말을 덧붙여서 아버지의 관심을 더 끌려고 했다. "존경하는 F. D. 루스벨트 각하, 오셔서 잘 자라는 인사를 해주시겠어요? 나는 제임스의 침대에 뭔가를 집어넣었어요. 아빠가 방에 들어오실 때 제임스가 소리를 지를 거예요"[25]라고 썼다. 루스벨트가 참모들과 서재에서 논의를 하는 어느 저녁, 애나는 그 방에 몰래 들어가 숨어 있었다.[26] 그러나 얼마 되지 않아 애나는 방바닥에서 천장까지 가득 찬 시가 연기 때문에 기침을 해댔고, 그녀의 눈은 벌겋게 충혈되었다. 그녀는 숨어 있던 곳에서 뛰쳐나와 연신 기침을 하면서 부끄러움으로 식식거리며 도망갈 수밖에 없었다. 시가 연기가 가득 찬 공기를 어린 여자애가 견뎌낼 수는 없었다.

어느 날엔가는 아버지가 애나를 서재로 불러 책을 옮기는 것을 도와달라고 한 적이 있었다.[27] 애나는 아버지의 비밀스러운 아지트에 드디어 들어가서 같이 일한다는 생각에 가슴이 떨렸다. 그러나 그녀는 너무 긴장해서 그랬는지 아버지가 넘겨준 책 더미를 바닥에 떨어뜨렸다. 애나는 너무 창피해서 땅속으로 들어가고 싶었다. 아빠가 화났을 거라는 생각에 겁을 먹고 그녀는 울면서 도망쳤다.

루스벨트가 소아마비에 걸렸을 때 애나는 자신의 꿈이 영원히 사라졌다고 생각했다. 1921년 애나가 열다섯 살이었을 때 가족은 캐나다 뉴브런즈윅의 캄포벨로섬에서 여름휴가를 즐기고 있었다. 그날은 한가하게 멋진 날씨 속에 시작되었다. 배를 타고 수영하기에 안성맞춤인 날씨였다. 그날 오후 프랭클린 루스벨트는 한기를 느끼고 등 아래쪽이 이상한 것을 감지했다. 이틀 후 그는 허리 아래 하반신이 완전히 마비되었다. 당시 루스벨트는 39세밖에 안 되었지만 다시는 혼자 힘으로 걸을 수 없게 되었다. 숲 속으로 말을 타고 달릴 수도 없게 되었고, 애나가 언젠가 아빠와 함께 하이드파크의 관리인이 되는 꿈도 사라졌다. 얼마 안 있어 애나는 맨해튼의 채핀 스쿨Chapin School에 들어가 기숙하게 되었고, 청소년 시절에 더 이상 아버지와 단둘이 만나는 시간을 갖지 못했다. 아버지 옆에는 항시 할머니와 의사들, 간호사들이 있었고, 루스벨트의 정치 동료들은 그를 만나러 그가 있는 곳으로 와야 했다. 애나가 할 수 있는 일은 아버지가 새 의족과 철제 보조대에 의지해서 조금이라도 걸으려고 사투를 벌이는 모습을 바라보는 것이었다. 루스벨트는 매일 집으로 들어오는 길을 천 피트 걷겠다고 맹세했다.[28] 얼굴이 땀방울로 뒤범벅된 채 그는 발을 간신히 움직이며 의족에 의존해 조금이라도 걸어보려고 했다. 그러나 애나가 속수무책으로 낙담해서 길 끝에서 바라보는 가운데 아버지는 매일 걷는 데 실패했다. 애나를 무등 태워 데리고 다니고,[29] 그토록 오랫동안 절대 쓰러지지 않는 영웅이었던[30] 아버지는 날마다 걸어보려고 사투를 벌였고, 매번 실패했다.

아무도 바라지 않았던 루스벨트의 심장병은 어떤 면에서 보면 선물이라고 할 수도 있었다. 이것은 애나가 거부할 수 없는 선물이었다. 애나는 자신이 아버지의 생에서 좀 더 큰 역할을 맡아야 한다는 것을 재빨리 깨달았다. 아버지는 백악관에서 그녀가 할 역할이 있다는 말을 한 적이 없었지만,[31] 그녀는 매일매일 커가는 책임을 떠맡았다. 복마전 같은 군대, 정부, 민간 기구들에는 대통령을 잠시라도 만나고 싶어 하는 사람들이 늘 줄을 서 있었다. 주치의 브루엔이 하루 네 시간 이상 일하지 말도록 권했기 때문에 루스벨트는 만나길 원하는 사람을 다 만날 수는 없었다. 사람을 만나 얼굴을 맞대고 얘기하는 것은 체력이 많이 소모되는 일이었다. 그래서 애나는 루스벨트의 문고리 권력gatekeeper[32]이 되어 정말 대통령이 만나야 할 사람과 다른 사람을 대신 만나도 되는 사람을 결정해야 했다. 어떤 때는 그녀가 직접 사람을 만난 후 아버지에게 논의한 내용의 핵심을 전달하기도 했다.[33] 애나는 루스벨트가 모르게 그의 짐을 덜어주려고 노력했다. 그가 잠자리에 든 후 애나는 침실로 몰래 들어가 다른 사람이 처리할 수 있다고 생각되는 서류와 요청서를 가지고 나와서, 루스벨트가 처리해야 할 일을 줄여주었다.[34]

만일 일반 사람들이 애나가 하는 일을 알았다면 큰 비난이 쏟아졌을 것이다. 당연한 일이지만 어떤 사람은 그녀가 백악관에 거주하고 있다는 사실 자체를 비난했다. 한 여자는 애나에게 신랄한 편지를 보내 그녀가 "세금을 좀먹고 있다"[35]고 비난했다. 애나가 납세자들이 낸 돈으로 백악관에 거주하고 있는 것 자체가 큰 문제이고, 그녀가 월급을 받을 정도로 뻔뻔하지 않아 다행이라고 편지에 썼다. 이 여인은 애나가 남편의 국사에 너무 깊이 관여하여 사람들의 입방아에 오르는 또 다른 엘리너가 될 위험도 있다고 비판했다. 이 여인은 분명히 루스벨트 지지자는 아니었지만, 미국인들이 뽑은 것은 "루스벨트"이지 아무도 엘리너를 대통령으로 뽑지 않았다고 일갈했다. 그리고 이 여인은 엘리너가 "단지 간섭하기 좋아하는 개인"일 뿐, 정치적 문제에 관여할 권리가 없다고 지적했다.

루스벨트 주변 여인들에 대한 독설에 찬 공격을 떠나서 그녀가 근거 있는 우려를 표명한 것은 분명했다. 애나도 아버지의 방에서 서류를 치우는 것이 맞는 행동은 아니라는 것을 잘 알았지만, 그 일을 멈추지 않았다. 애나는 아버지의 건강을 도울 수 있는 일이라면 무슨 일이라도 할 수 있었다. 만일 그녀가 루스벨트를 얄타로 가지 못하도록 할 수 있었다면 기꺼이 그렇게 했을 것이다. 그곳으로 가는 데만 여러 주가 걸렸고, 회담 자체도 사람을 녹초로 만드는 일이었다. 이런 일로 아버지가 죽을 수도 있었다.

얄타로의 긴 여정은 어둠 속에서 시작되었다. 1945년 1월 22일 밤 10시 루스벨트와 대표단은 워싱턴을 몰래 떠났다.[36] 미국 언론들은 3거두가 조만간 만나 회담을 진행할 것이라는 기사를 계속 냈다. 그러나 보안 문제 때문에 미국, 영국, 소련의 누구도 언제, 어디서 회담이 열릴지를 확실히 말하지 못했다. 워싱턴에는 대통령 전용 비밀 기차역이 있었다. 내셔널 몰National Mall*에서 한 블록 떨어진 사우스웨스트 14번가에 정부 인쇄국 부속 건물이 있는데, 평범해 보이는 이 콘크리트 건물 지하에 페르디난드 마젤란이란 이름이 붙은 방탄 열차가 대기하고 있었다. 이런 방법으로 루스벨트는 유니언역에 대기하고 있는 기자들의 눈을 피할 수 있었고, 휠체어의 이동을 가로막는 유니언역 계단도 피할 수 있었다. 루스벨트와 보좌진, 그리고 애나는 워싱턴에서 퀸시호가 대기하고 있는 항만도시 뉴포트 뉴스까지 이렇게 이동했다. 이 전함은 몇 주 동안 대통령의 승선에 맞게 시설을 개

• 통상적으로 링컨기념관에서부터 의회의사당까지의 지역을 일컫고, 좁게는 의사당 구역과 조지 워싱턴 동상이 있는 지역을 뺀 나머지 지역을 의미한다.

조하는 수리를 받았다. 이런 작업이 완벽한 보안 속에 이루어질 수는 없었다. 그 전해 11월 루스벨트는 퇴역한 육군 병사로부터 편지를 받았는데,[37] 그는 코네티컷주 미들버그에 있는 식당에서, 곧 여행에 나설 누군가를 위해 퀸시호의 화장실 변기를 9인치 높였다고 두 사람이 하는 이야기를 들었다고 알렸다. '가벼운 입이 배를 침몰시킨다'는 속담이 이렇게 맞아떨어진 적은 없을 것이다. 무언가 일이 일어나고 있다는 소문이 퍼졌다. 루스벨트가 자신의 실제 생일인 1월 30일보다 9일 전인 1월 21일에 생일파티를 하자 이 소문은 더 진정되기 어려워졌다.[38] 미국에서 활동하는 독일 스파이나 파파라치의 눈을 피해 뉴포트 뉴스에 도착한 대표단은 몰타에서 처칠을 만나기 위해 11일에 걸친 4883마일의 항해에 나섰다.

루스벨트가 또 하나의 3거두 회담을 위해 곧 출발한다는 사실은 워싱턴의 극소수 인사들만이 알고 있었다. 이들에게 애나가 수행원으로 낙점되었다는 소식은 다소 의외로 받아들여졌다. 노동장관 프랜시스 퍼킨스는 루스벨트가 물리적 도움을 받기 위해 아들 중 한 명이나 두 명을 데려갈 것으로 예상했다. 전에 대표단에 자주 포함되었던, 루스벨트의 가까운 친구로 그의 오랜 자문이자 면담 담당 비서인 어윈 '파' 왓슨은 이번에도 그를 수행하게 되었다. 왓슨은 루스벨트가 의족과 보조대를 이용해 일어날 때 그를 도와주곤 했다. 그는 루스벨트에게 물리적 도움을 줄 수 있었던 반면, 애나는 눈에 보이지 않는 도움을 줄 수 있었다. 출발 전에 퍼킨스는 왓슨에게 이렇게 말했다. "애나는 아들들이 할 수 없는 일을 아버지와 다른 사람에게 할 수 있소. (…) 아들들은 그를 제어할 수 없지만, 애나는 그에게 무엇이든 말할 수 있지요. '사람을 만나면 안 돼요, 이 일을 하시면 안 돼요, 그 사람과 얘기를 나누면 안 돼요, 그 일을 하시면 피곤하실 거예요, 그러면 내일 힘드실 거예요'라고 말할 수 있습니다. 그리고 그녀는 다른 사람들에게 경계심을 일으키지 않으면서 그들을 통제할 수 있습니다. 그래서 그녀를 데려가는 것이오."[39]

이들이 워싱턴을 출발한 직후 존 보티거는 애나에게 편지를 썼다. "나는 당신이 멀리 가는 것이 싫어요. 그러나 당신이 가장 역사적인 회담 속으로 들어갈 기회를 갖게 된 것에 아주 흥분하고 있어요."[40] 그는 애나가 자기 아버지에게 얼마나 소중한 존재이고, 두 사람 개인적으로뿐만 아니라, 세계의 미래와 이익을 위해 이 여행이 얼마나 중요한지를 잘 알고 있었다. 애나도 역사의 일부가 된다는 생각을 줄곧 하고 있었다. 그녀는 백악관에 들어왔을 때, 자신이 듣고 본 모든 것이 비밀이 되어야 하기 때문에 일기를 쓰지 않겠다고 약속했었다.[41] 그러나 이 여행을 위해 그 원칙의 예외를 만들어 자신의 경험을 나중에 존과 공유하기로 했다.

그러나 역사의 다음 페이지가 쓰이기 전에, 프랭클린 루스벨트는 우선 여행에서 살아남아야 했다. 그가 얄타에 도착하기 전에 큰일이 일어날 수도 있었다. 11일 동안 루스벨트는 퀸시호에 승선한 사람들의 세심한 관찰 대상이 되었다. 이 중에는 오랫동안 루스벨트에게 헌신해 온 왓슨 같은 친구뿐만 아니라 나름대로 정치적 야망이 뚜렷한 사람들도 있었다. 대통령 일행이 항해에 나선지 며칠 지나지 않아 사람들은 루스벨트의 건강 상태에 대해 묻기 시작했다. 전 사우스캐롤라이나 상원의원이고 연방 대법관Supreme Court associate justice이자 전쟁동원부 장관으로 얄타회담에 참석한 제임스 번스는 애나에게 루스벨트의 건강이 좋아 보이지 않는다고 은밀히 말했다.[42] 그는 루스벨트의 해쓱한 얼굴과 늘 벌어진 입을 보면 만성적인 부비강염 이상의 문제가 있어 보인다고 했다. 애나는 루스벨트가 계속 부비강염을 앓고 있을 뿐이라며 그의 말을 일축했다. 루스벨트가 입을 벌리고 앉아 있는 것은 숨을 더 편하게 쉬기 위해서라고 설명했지만, 번스는 이 말을 곧이곧대로 믿지 않았다.

번스뿐 아니라 다른 사람들도 루스벨트가 이상하다고 생각했다. 만일 루스벨트의 상태가 악화되면 부비강염 설명은 그대로 받아들여지지 않을 터였다. 애나로서는 가능한 한 아버지의 건강 상태가 드러나지 않도록 하는 것이 중요했다. 루스벨트가 얼마나 아픈지는 아무도 알 수 없었다. 미국 대표단의 번스와 다른 사람들뿐만 아니라 처칠과 스탈린도 이를 제대로 알지 못했다. 루스벨트, 처칠, 스탈린의 지속적인 협력은 세 사람 사이의 인간적 유대 덕에 간신히 균형을 유지하고 있는 상태였다. 전쟁 승리가 눈앞에 있는 시점에서 이 균형이 무너지지 않도록 하는 것은 매우 중요했다.

다행히도 몰타까지의 항해는 루스벨트에게 충분한 휴식 시간을 주었다. 통신이 철저히 차단된 가운데 전함이 항해했기 때문에 루스벨트는 복잡한 통신 경로를 거쳐 전달되는 가장 긴급한 메시지 외에는 일상적 보고에 일일이 답할 필요가 없었다.[43] 그는 국무부가 준비한 회담 브리핑 자료를 읽는 것 외에는 햇볕이 가득한 갑판에서 편히 쉬거나 선실에서 낮잠을 자든지, 취미인 우표 책을 정리하면서 쉴 수 있었다. 일단 얄타에 도착하면 주치의 브루엔이 요구한 하루 네 시간

집무 원칙은 회담 기간 동안 무시되어야 했다. 루스벨트는 몇 시간이나 지속되는 전체회의에도, 연이은 건배와 연설 속에 밤늦도록 진행되는 공식 만찬에도 빠질 수가 없었다. 애나는 아버지가 아침과 이른 오후에 가능한 한 휴식을 취할 수 있도록 배려했다. 그러나 미국 대표단이 모두 한자리에 있는 상황에서는 국무장관 스테티니어스, 해리 홉킨스와 다른 대표들이 들락거리며 얘기 나누는 것을 막기는 힘들었다. 처칠은 전혀 다른 문제를 일으켰다. 퀸시호로 항해하는 동안 처칠은 끊임없이 전문을 보내 루스벨트를 괴롭혔다.[44] 이 전문 중 일부는 중요한 군사, 정책 문제를 언급했지만, 대부분의 내용은 얄타로의 여행과 현지 체류 여건에 대한 불만이었다.

처칠은 전문으로만 사람을 지치게 만든 게 아니라, 직접 루스벨트를 만나겠다는 요청으로 더 힘들게 했다. 처칠은 계속 루스벨트와의 개인 면담을 요청했지만, 애나는 이를 허락할 수 없었다. 만일 처칠이 루스벨트를 줄곧 피곤하게 했다면 루스벨트가 과로나 심장마비로 죽을 수도 있었다고 말하더라도 과장이 아닐 것이다. 두 사람 간의 유대에도 불구하고 루스벨트에게는 처칠의 상한 기분보다 더 큰 염려가 있었다. 기력이 남아 있는 한 그는 얄타에서 미국의 국익을 최우선 목표로 삼아야 했다. 그는 단지 전쟁 기간 중 국력이 급격히 쇠락하고 있는 영국과의 협력도 중요했지만, 소련과의 협력도 이에 못지않게 중요했다.

우선 루스벨트는 미국인의 생명을 구하고, 무엇보다 태평양 전선에서 희생자를 줄이기로 작정했다. 그의 장군들은 태평양의 섬을 차례로 점령하는 island-hopping 전략, 즉 태평양 한가운데서 공군기지가 될 수 있고 일본 본토 공략의 전진기지도 될 수 있는, 태평양상의 방어가 허술한 작은 섬들을 차례로 점령하는 작전을 성공적으로 진행해왔고, 최근에는 마리아나 제도와 필리핀에서 승리를 거두었다. 하지만 이들은 최소한 1년 이내에 일본 본토를 전면 공격할 수 있을지는 장담하지 못했다. 장군들은 미국이 궁극적으로 승리할 것이라고 굳게 믿었지만, 만일 아직 실험하지 않은 비밀무기가 실패로 돌아가면 적어도 18개월 이상 지속될 전투에서 미군 백만 명이 목숨을 잃을 수도 있다고 추산했다.[45] 만일 루스벨트가 소련을 대일전에 참전하게 한다면 미군 병사 수십만 명의 생명을 구할 수 있었다.

루스벨트의 두 번째 목표는 전략적 문제이면서 다소 개인적인 바람이기도 했다. 소련은 스탈린의 지도하에 급속하게 세력을 확장했다. 소련을 더 이상 유럽 변방 먼 오지의 신비스러운 국가로만 여길 수는 없었다. 이제는 소련을 반드시 세계질서의 일부가 되게 만들어야 했다. 루스벨트는 소련을 국제 평화에 헌신하는 전 세계적 기구에 참여하게 만드는 것이 그 방법이라고 생각했다. 루스벨트의 롤모델이었던 우드로 윌슨도 그런 평화클럽을 만들었고, 그 결과 국제연맹이 탄생했다. 윌슨 정부에서 해군 차관보였던 루스벨트는 1919년 파리 강화회의에 참석했고, 국제연맹을 파멸로 이끈 정치적 밀당과 거래를 현장에서 지켜본 바 있었다.[46] 윌슨의 실패를 딛고 루스벨트는 성공을 일구어내기로 마음먹었다. 그가 구상하고 있는 모든 국가가 참여하는 세계 평화기구에 소련의 참가는 필수적이었다. 루스벨트가 처칠을 오랜 친구와 파트너로 생각하는 만큼 스탈린도 그가 얄타에서 적극적으로 구애해야 할 사람이었다. 그는 스탈린도 자신의 설득력으로 충분히 움직일 수 있는 사람이라고 확신했다.

애나는 처칠을 아주 좋아했다. 애나는 1943년 5월 처칠이 워싱턴을 방문했을 때 그를 만난 적이 있었다. 당시 워싱턴에 있었던 그녀는 전장으로 나가는 남편을 환송했다. 그녀는 처칠이 위트가 넘치는 말재간꾼에다 머리가 명석하지만, 제멋대로 코담배를 피우다가 "정말 집을 들썩거리게 만들 정도로"[47] 재채기를 해대는 통통한 코미디언 같은 괴짜라고 생각했다. 그러나 개인적으로 그와 함께 시간을 보내고 그가 전쟁 중 동맹에 도입한 가치관을 존중하는 것과, 그의 구태의연한 제국주의적 세계관을 받아들이는 것은 전혀 별개의 문제였다. 일본의 진주만 기습 공격으로 미국이 전쟁에 참여한 지 한 달 후 엘리너는 애나에게 보낸 편지에서 이렇게 말했다. "나는 처칠 씨를 좋아한단다. 그는 매력이 있고, 감성이 풍부하며, 아주 인간적이지. 그러나 나는 그가 평화협정을 작성하거나 그 협정을 실행하길 원하지 않아."[48]

4장

1945년 2월 2일

애버럴 해리먼은 모스크바에서 몰타까지 2천 마일을 날아와 소련과 폴란드 관계에 대한 모든 사항을 루스벨트에게 보고할 준비를 했다. 소련은 전쟁배상금과 대일전 참전 대가를 원하고 있었다. 소련 주재 미국 대사로 1년 반 동안 일하면서 그는 어느 미국인보다 소련 정권의 내부 작동원리를 잘 이해하게 되었다. 그러나 점심 식사가 시작된다는 공지에 따라 루스벨트와 처칠은 애나, 스테티니어스, 앤서니 홉킨스, 제임스 번스, 합참의장 윌리엄 레이히 제독과 함께 퀸시호의 루스벨트 방으로 들어갔지만 해리먼은 초청 명단에 들어 있지 않았다.[1] 이는 이 오찬이 업무협의 오찬working lunch이 아니라는 것을 의미했다.

여러 날 동안 해리먼은 이렇게 멀고도 불편한 곳에서 회담을 갖기로 동의한 것 때문에 비난을 받아왔다.[2] 설상가상으로 그는 몰타의 바위투성이 지역에서 발목을 심하게 삐었다. 그러나 실상을 보면 루스벨트가 흑해 연안에서 회담을 갖기로 동의한 후 그가 이 문제에 개입할 여지는 없었다. 그가 스테티니어스를 영접하러 영국 루카 공군 기지에서 차로 달려갈 때 사라 처칠을 거의 칠 뻔했던 이틀 전, 사라에게 말한 것처럼 "그곳 아니면 더 나쁜 두 장소가 있을 뿐"이었다.[3] 태어나서부터 안락한 삶을 살아온 그에게 이 회담은 시작부터 불길했다.

자신의 스키휴양소를 찾는 영화배우들보다도 잘생겼고, 미국에서 가장 큰 재산을 물려받은 해리먼은 사업이든 스포츠든 등산하는 산악 지형에서든 이런 장애물을 만난 적이 없었다. 그는 끈기와 창의력, 뛰어난 부하들과 영리한 투자로 장애물을 극복해왔다. 그는 허드슨강 계곡이 내려다보이는 산 위의 저택에서 성장했다.[4] 저택 아래 펼쳐진 드넓은 초지에는 그의 아버지가 알래스카 학술원정 때 잡은 세 마리의 갈색곰이 넓은 우리에 갇혀 살아갔고, 케이블카 출발지 옆에는 수십 마리의 폴로용 당나귀가 사는 축사가 있었다. 식품, 자동차, 당나귀 등이 이 케이블카를 통해 산기슭에서 산 정상에 있는 저택까지 운반되었다. 유니언퍼시픽 철도회사에서부터 국제해운회사, 광산회사, 잡지 《뉴스위크》, 금융기관인 브라운브라더스 해리먼에 이르기까지 해리먼은 손대는 사업마다 거의 모두 성공을 거두었다. 그는 여가활동도 똑같은 집중력과 추진력을 가지고 즐겼다. 해리먼은 시간이 많이 걸리는 골프를 치는 대신 폴로의 스피드와 공격성을 즐겼다. 그는 1928년 아메리카대륙컵 대회에서 세계 최고 수준인 아르헨티나 폴로 팀을 격파하기도 했다. 그가 결국 정치에 눈을 돌린 것은 당연한 일이었다. 루스벨트가 만든 무기대여 프로그램의 책임자가 된 해리먼은 자신의 에너지와 사업 수완을 런던에서 발휘하며

대영제국에 제공되는 거의 300억 달러에 달하는 원조 프로그램을 감독했다.[5]

불행하게도 지난 몇 달이 보여주었듯이, 소련 사람들과 일하는 것은 그가 과거에 수행한 사업 거래와는 전혀 달랐고 심지어 그가 1차 세계대전 이후 소련에 투자한 프로젝트와도 달랐다. 당시 거의 모든 외국 사업가들은 별안간 볼셰비키가 권력을 장악한 이 나라에서 사업을 계속하기보다는 투자한 돈을 남겨두고 소련을 떠났다. 해리먼과 대사관 직원들은 모스크바의 미국 대사관에서 다음과 같은 속담을 즐겨 썼다. "러시아 사람들과 장사하다 보면 같은 말을 두 번 사야 한다."[6] 지난 6개월간 해리먼은 소련 사람들과의 협상 방식을 바꾸려고 절치부심했지만 루스벨트는 이를 받아들이지 않았다. 몰타에서 해리먼이 오찬에 빠지면서 받은 모욕을 하나의 신호로 본다면, 대통령은 자신의 생각을 재고할 여지가 없었다.

오찬이 끝난 후에도 루스벨트는 해리먼을 부르지 않았다. 루스벨트는 참모들과 논의를 하거나, 몰타에서 사전 협의가 있길 바란 처칠의 뜻에 따라 영국 대표단을 만나지는 않았다. 그 대신 루스벨트와 애나는 몰타 총독과 그의 가족을 대동하고 한 시간 반 예정으로 몰타를 둘러보는 길에 나섰다.[7] 애나는 관광에 같이 가자고 사라 처칠도 초대했다.[8] 섬을 둘러보면서 현지 주민들에게 호의를 보였지만, 남은 시간은 별로 없었다. 미국 수행단과 영국 수행단은 그날 밤 몰타를 출발해야 했지만, 아직 진지한 협의를 하지 못했다. 루스벨트가 섬을 둘러보러 떠나자 처칠은 자기 선실에 들어가 낮잠을 청했다. 이곳에서 자신이 끼칠 수 있는 영향력을 미리 알았다면, 해리먼은 캐슬린과 함께 얄타에 남았을 것이다.

해리먼이 느끼기에, 전쟁 중에 루스벨트는 해리먼이 중요하게 생각하는 문제를 우선적으로 고려하지 않았다. 해리먼이 이렇게 느낀 것은 처음이 아니었다. 전쟁 초기부터 해리먼은 루스벨트가 나치의 위협이 얼마나 심각한지를 충분히 이해하지 못한다고 생각했다. 그는 독일 해군의 공격 능력을 방치하면 영국이 전쟁에서 무릎을 꿇을 수도 있다고 생각했다. 무기대여 프로그램은 기발한 계획이었지만 그것만으로는 충분하지 않았다. 미국은 대서양을 건너 식량과 전쟁 물자를 영국에 보낼 수 있었지만, 만일 독일의 U보트가 수송단을 침몰시키면 영국인들은 아무것도 받을 수 없었다. 만일 영국 국민들이 굶어 죽게 되면 영국 정부는 히틀러에게 항복하는 수밖에 없었다. 1941년 봄 루스벨트는 미국의 여론이 독일에 대한 선전포고를 지지하지 않는다는 것을 알았다. 그러나 해리먼은 대통령이 "여론을 이끌거나 사안을 관철할 생각이 없다"[9]는 사실에 초조감을 느꼈다. 소련 대사가 된 해리먼은 대통령이 미국과 동맹국의 이익에 대한 중대한 위협을 다시 한 번 과소평가하고 있다는 것을 크게 우려했다. 대통령은 소련 지도부의 진정한 힘과 야망을 순진하게 이해하고 있었다.

2차 세계대전 발발 후 소련이 나치독일과 동맹이었다는 사실은 차라리 잊는 것이 편했다. 애버럴 해리먼은 나치독일이 소련을 침공한 직후 런던에 무기대여 특사로 파견되었다. 1941년 6월 독일은 1939년 상호불가침을 약속한 몰로토프-리벤트로프 협약을 파기하고 소련을 침공해 소련이 영국과 동맹을 맺게 했다. 미국 국민들은 공산주의

자와 나치를 똑같이 혐오했지만, 이 새로운 동맹에는 무시할 수 없는 이익이 있었다. 소련이 영국과 손잡고 독일과 싸우게 되면서 미국은 전쟁에 참전할 필요가 없어졌다. 루스벨트는 10억 달러의 무기대여 프로그램을 소련에 제공했다. 애버럴은 루스벨트의 결정을 전적으로 지지했고, 소련과의 동맹 관계가 영국은 물론이고 아직 중립을 유지하고 있는 미국에게도 긍정적인 발전이라고 생각했다. 그는 소련 당국의 사회, 산업, 경제 정책에 신경 쓰지 않고 새로운 상황에 낙관적인 입장을 취했다. 힘을 모아 히틀러에 대항하는 것이 무엇보다 중요했기 때문이었다. "있는 그대로 말하자면, 그러한 전략은 이 전쟁이 우리 해안에 가까이 오지 못하게 하기 위해 치러야 할 작은 대가였다"[10]라고 그는 설명했다(개인적 이해관계가 그의 의견을 뒷받침했을 수도 있다. 1941년 7월까지도 그는 1928년 무효화된 망간 계약에 따라 소련 정부에 56만 달러의 채권이 있었다).[11]

당시 23세밖에 안 된 캐슬린은 처음부터 스탈린과의 동맹에 대해 아버지보다 회의적이어서 결국 이 동맹에 대한 대가를 치러야 할 것으로 생각했다. 런던에서 특파원 생활을 하면서 캐슬린은 아버지와는 다른 시각을 갖게 되었다. 처음 일했던 《국제뉴스서비스》는 그녀에게 "소녀들의 체리 노래가 런던 시민들의 걱정을 덜어주었다"[12]라거나 "여자 특파원은 여자들이 전과 같이 빨래터에서 시간을 보내는 것을 발견했다"[13] 같은 제목이 달린 기사를 쓰게 했지만, 그녀의 상사는 점차 그녀에게 고참 기자들이 쓸 시간이 없거나 관심을 두지 않는 전쟁과 관련된 기사를 쓰게 했다. 그녀가 쓴 기사 중에는 영국에 망명 중인 유럽 국가 지도자들이 한 기자회견도 있었다. 3년 전 나치독일의 침공을 받은 체코슬로바키아, 유고슬라비아, 폴란드 같은 나라의 수상과 왕들이 영국으로 망명해 와 있었다.[14] 캐슬린은 베닝턴 대학 3학년 시절 체코슬로바키아에 대한 나치독일의 점증하는 적대적 정책에 대해 논문을 쓴 바 있었다. 뜻밖에 그녀는 자신이 이론적으로만 생각했던 것이 가져올 비극적 결과에 대해 보도하게 되었다. 이 기자회견에서 가장 즉각적으로 사람들을 우려하게 만든 것은 나치의 침공이 아니라, 영국의 새로운 동맹이 된 소련이었다. 망명한 지도자들은 영국과 미국이 난데없이 스탈린을 적극적으로 지지하는 상황을 달가워하지 않았다.

캐슬린이나 애버럴은 휴식을 별로 중요하게 생각하지 않았다. 두 사람은 숙소인 도체스터 호텔에서 세계정세에 대해 밤늦도록 얘기를 나누었다. 때로 이 대화는 건전한 논쟁으로 발전했다. 캐슬린은 "나는 자유 정부 서클을 돌아다니면서 사람들이 스탈린에 대해 (아버지와는) 아주 다른 감정을 가지고 있다는 것을 발견했어. 그 사람들은 스탈린을 신뢰하지 않고 그를 두려워하고 있고, 스탈린이 미국과 영국을 가지고 놀 것이라고 생각하고 있어"[15]라고 언니에게 쓴 편지에 밝혔다. 망명 중인 폴란드 지도자들이 특히 큰 우려를 표했다. 이들은 스탈린이 폴란드를 차지하고 사실상 소비에트 정부를 수립할 기회를 노리고 있다고 생각했다. 캐슬린은 이들의 생각을 믿었다. 1944년 여름이 될 때까지 애버럴은 캐슬린의 말이 경청할 가치가 있다는 것을 깨닫지 못했다.

1943년 10월 루스벨트는 해리먼을 소련 대사로 임명했다.[16] 스탈린을 믿어서는 안 된다는 폴란드인들의 계속적인 경고에도 불구하고 해리먼은 소련과 서방의 목표가 부합한다고 생각했다. 논리적으로 생각하면 소련이 특히 취약한 서부 국경 지역에 자신들에게 우호적인 접경국가를 갖고자 하는 것은 합당했다. 예카테리나 2세 때부터 러시아는 폴란드와 충돌했고, 1812년에는 나폴레옹, 1941년에는 나치독일로부터 침공을 당했다. 그러나 해리먼은 스탈린이 폴란드 같은 국가에 공산 정권을 세우거나, 폴란드를 완전히 점령하리라고는 생각하지 않았다.[17] 그는 소련이 선을 넘는다면 "장차 문젯거리가 쌓여가는 것"[18]을 막기 위해 미국이 강력한 입장을 보여줄 준비가 되어 있어야 한다고 생각했다. 그러나 처칠과 루스벨트 같은 많은 서구인들처럼 해리먼은 소련 지도자들과의 강한 유대관계의 힘을 믿었다. 해리먼은 사업가였고, 사람들은 자신이 좋아하는 이들과 사업하기를 원했다. 이런 생각을 미국 기업가나 금융가에게 하듯 소련 정치인들에게 적용하지 못할 이유가 없다고 생각했다.

거의 1년 동안 그는 이런 전제를 믿었으나 훨씬 참혹한 현실과 맞닥뜨려야 했다. 캐슬린이 런던에서 폴란드 망명 지도자들에게 들은 얘기가 옳았다는 것이 1944년 8월에 증명되었다.

전쟁 기간 내내 폴란드인들은 강력한 저항 전선을 유지했다. 특히 바르샤바에서 그랬는데, 심각한 열세에도 불구하고 독일군을 상대로 게릴라전을 펼쳤다. 1944년 여름 짧은 기간 동안 상황이 폴란드인들에게 유리하게 전개되었다. 바르샤바에 주둔 중인 독일군의 전력이 약화되고 소련군이 빠르게 접근하고 있었다. 폴란드인들은 소련의 도움 없이는 나치군을 완전히 몰아낼 수 없다는 것을 알았다. 그러나 이들은 소련이 한번 발을 들여놓을 기회를 잡으면 폴란드를 점령

할 것도 잘 알았다. 특히 미국과 영국이 서유럽과 지중해에서의 전투에 관심을 집중하고 있는 상황에서는 그럴 가능성이 컸다. 만일 폴란드 저항군이 소련군이 도착하기 전에 바르샤바를 해방시키면 폴란드는 나치의 굴레에서 벗어나는 순간, 소련에 운명을 맡기는 국가가 아니라 세계무대에서 독립을 향유할 가치가 있는 강력한 국가라는 것을 연합국에게 설득력 있게 내세울 수 있었다. 바르샤바 봉기는 8월 1일 시작되었다. 봉기 초기에는 폴란드인들의 계획이 잘될 것 같았다. 폴란드 저항군은 바르샤바 중심부를 장악했지만, 식량과 탄약이 곧 바닥나기 시작했다. 저항군은 소련군이 바로 도착해서 보급품을 전달하고 전력을 강화해줄 것으로 기대했다. 그러나 바르샤바에서 얼마 멀지 않은 거리인 비스와강까지 온 소련군은 갑자기 진격을 멈췄다. 탄약이 떨어진 저항군은 독일군의 쉬운 사냥감이 되었다. 바르샤바 시민들의 용기 있는 봉기는 대학살로 변했다. 대부분 민간인인 20만 명의 폴란드인이 죽임을 당했고 바르샤바는 초토화되었다.

해리먼은 소련군이 비스와강변에 가만히 앉아 독일군이 폴란드 저항군을 분쇄하는 것을 가만히 지켜보고 있었다는 것을 알았을 때 큰 충격을 받았다. 그는 독일군이 바르샤바를 다시 장악하는 것을 소련이 방관하는 이유를 이해하지 못했다. 그래서 미국과 영국 군용기들이 폴란드 저항군에게 보급품을 공수할 수 있도록 소련 공군기지를 사용하게 해달라고 소련 정부에 요청했지만 스탈린은 이를 거절했다.[19] 아무리 개인적으로 설득해도 소용이 없었다. 해리먼은 서방 측이 소련의 의도를 잘못 파악했다는 것을 깨달았다. 서방은 자신들이 농담조로 '엉클 조Uncle Joe'라고 부르는 스탈린을 잘못 이해하고 있었던 것이다. 처칠은 스탈린에 맞서 영국 공군에게 가능한 수단을 모두 동원해 보급품을 전달하도록 명령을 내렸다. 해리먼은 당시 4선 선거운동을 벌이고 있던 루스벨트를 설득해 소련이 동유럽을 장악하기 전에 미국이 스탈린에게 강경한 자세를 보이게 하려고 노력했다. 그러나 루스벨트와 국무부는 다른 일에 우선순위를 두고 있었다. 이들은 그러한 간섭은 앞으로 군사 부문과 국제평화기구 설립에 있어 미·소 협력을 자칫 위험하게 만들 수 있다고 생각했다. 8월 21일 연합국 3국의 대표들은 이 국제기구 설립을 논의하기 위해 워싱턴의 덤버턴 오크스에 모이게 되어 있었다. 루스벨트는 이 계획을 무너뜨릴 수 있는 어떤 조치도 허락하려고 하지 않았다. 비극적이기는 하지만 바르샤바 시민들이 치른 희생은 2차 세계대전 중에 발생한 또 하나의 인명 손실에 지나지 않았다.

캐슬린이 언니에게 보내는 편지에 썼듯이 이때는 해리먼에게 "너무나 가혹한 시간"[20]이었다. 8월 중순이 되자 폴란드에 대한 염려가 그에게 큰 영향을 미쳤다. 큰 키에 몸집이 운동선수 같은 해리먼은 체중이 급격하게 줄어서 160파운드(약 72킬로그램)밖에 나가지 않았고, 위궤양을 앓았다.[21] 캐슬린은 그의 건강을 몹시 염려했다. 그러나 애버럴은 캐슬린의 염려를 아랑곳하지 않고 스탈린의 참모들을 만나 밤새도록 논쟁을 벌였고, 어떤 때는 이 논쟁이 아침 6시 반까

● 이오시프 스탈린의 본명은 이오시프 주가시빌리이다. 혁명운동에 가담하면서 '철의 남자'라는 뜻으로 쓰던 가명 '스탈린'으로 널리 알려졌다. 이오시프가 영어로 '조지프'가 되기 때문에 서방에서는 '엉클 조'라는 별명으로 불렸다.

지 이어지기도 했다. 애버럴은 저녁에 크렘린에서 올 전화를 기다리는 동안 흥분된 마음을 가라앉힐 뭔가가 필요했다. 그때 베지크 카드 게임bezique game이 유일하게 도움이 되었다. 캐슬린은 애버럴과 게임을 하며 계속 속임수를 썼다.[22] 보통 때 같으면 애버럴은 캐슬린을 쉽게 이겼다. 1944년 첫 일곱 달 동안 캐슬린은 10만 점을 빚지고 있었다. 그러다가 여름이 되면서 갑자기 그녀가 이기기 시작했다. 그녀가 게임을 계속 이겨서 이제는 아버지와 점수가 거의 같아졌다. 그러나 그녀는 자신이 능력과 상관없이 이기고 있다는 것을 잘 알고 있었다. 애버럴은 다른 데 정신이 팔려 있었다.

해리먼은 필사적으로 도움을 필요로 했다. 그는 혼자 힘만으로 폴란드에 대한 소련과의 싸움을 이길 수 없었다. 결국 그는 해리 홉킨스에게 호소했다. 그는 홉킨스가 대통령에게 상황의 심각성을 알리기를 바랐다. 그 일은 폴란드뿐 아니라 미국을 위해서도 중요한 일이었다. 해리먼은 홉킨스에게 다음과 같이 자신의 의견을 전했다. "이 정책은 소련군의 힘과 권위를 등에 업고 소련의 정책을 우리와 영국이 받아들이도록 강요하는 방향으로 나아가는 것처럼 보입니다. (…) 소련이 우리를 위해 전쟁에서 승리했기 때문에 우리는 소련을 도와야 하고, 그 정책을 받아들일 의무가 있다는 것이 전반적인 태도인 것 같습니다. 나는 우리가 소련 정부에 대한 정책을 현저하게 바꿔야만 이 흐름을 바꿀 수 있다고 확신합니다. (…) 소련 측은 우리의 호의적 정책을 우리가 나약하다는 신호로 잘못 해석해왔습니다. (…) 우리가 현재의 정책을 문제 삼지 않으면 소련은 세계의 무뢰한이 될 가능성이 매우 큽니다."[23]

해리먼은 워싱턴으로 귀환하여 루스벨트를 만나 브리핑할 기회를 달라고 요구했다. 그러나 그의 요구는 거절되었다. 그러는 동안 독일 군은 바르샤바를 계속 파괴했다. 9월이 되어서야 스탈린은 폴란드를 돕는 데 동의했다. 그러나 이때는 모든 것이 너무 늦어서 바르샤바 인구의 4분의 1이 이미 희생된 상태였다.[24]

바르샤바 봉기는 소련에 대한 해리먼의 시각을 근본적으로 바꿔놓 았지만, 동시에 그를 임명한 대통령과의 관계를 틀어지게 만들었다. 해리먼과 루스벨트는 뉴욕의 두 엘리트 가문의 가장이었지만, 서로 의견이 맞지는 않았다. 사실 해리먼 집안과 루스벨트 집안은 두 사 람이 유명인이 되기 훨씬 전에 충돌했었다. 1900년대 초에 애버럴의 아버지와 프랭클린 루스벨트의 사촌인 시어도어 루스벨트는 뉴욕주 의 정치적 라이벌이었다.[25] 이로 인해 시어도어 루스벨트는 에드워 드 해리먼의 철도 사업에 대해 반덤핑 수사를 벌였다. 애버럴 해리먼 은 자유주의적인 아버지로부터 물려받은 공적인 의무감 때문에 프랭 클린 루스벨트의 뉴딜 행정부에 가담하기는 했지만, 뉴딜의 진보적 인 어젠다를 진정으로 신봉하지는 않았다. 이전에 공화당 지지자였 던 애버럴은 실용주의적 이유에서 민주당을 지지하는 입장으로 돌아 섰다. 그가 뉴딜 정책에 참여한 데는 청소년리그의 창설자이자 루스 벨트로부터 소비자보호국장직에 임명된 누나 메리 해리먼 럼지의 강 력한 권고가 있었다. 당시에 신문들은 그가 루스벨트 행정부의 "길 들여진 백만장자"[26] 중의 한 사람이라고 비아냥댔다. 그러나 그는 중 서부의 가난한 사회운동가였다가 루스벨트의 최측근 자리에까지 오 른 해리 홉킨스와 예상 외로 진정한 우정을 맺게 되었다. 1940년 말에 프랭클린 루스벨트가 해리먼을 무기대여 프로그램 책임자로 임명해 런던으로 파견한 데에도 홉킨스의 강력한 천거가 있었다.

그러나 해리먼과 루스벨트 사이의 좀 더 심각한 문제는 통제권과 관련이 있었다. 애버럴 해리먼의 재산은 루스벨트를 훨씬 능가했다. 그렇게 부유한 덕분에 해리먼은 구매력이 있었고 정치적으로도 어느 정도 독립되어 있었다. 대통령에게 지위와 명망을 의존하고 있는 루스벨트 주변의 다른 인물들과 달리 해리먼은 영향력을 획득하기 위해 루스벨트와 친하게 지낼 필요가 없었고, 정부 자금 지원에도 의존하지 않았다. 그는 무기대여 프로그램 책임자로서 아무 급여도 받지 않았고, 모스크바 대사관의 사교 비용도 자기 돈으로 댔다. 그래서 루스벨트는 한 가지 예외, 즉 그가 자신에게 접근하도록 허락하거나 거절하는 것 외에는 그를 통제할 수단이 없었다. 1941년 처칠과의 대서양헌장 협의 전에 해리먼은 그 자리에 참석하게 해달라고 여러 번 루스벨트에게 간청했고, 루스벨트는 결국 이를 허락했다.[27] 1942년에도 루스벨트는 처칠과 스탈린의 모스크바회담에 해리먼이 미국을 대표해서 참석하는 것을 허락하지 않았다. 해리먼은 처칠에게 자신이 회담에 참석하도록 루스벨트에게 메시지를 보내달라고 부탁했다. 처칠은 기꺼이 그렇게 했고, 루스벨트는 그때서야 이를 허락했다.

두 사람은 공개적으로 대립하지는 않았지만, 1944년 10월 두 사람의 관계는 최악으로 치닫고 있었다. 바르샤바가 이미 폐허로 변하고 나서야 해리먼은 워싱턴으로 와서 동유럽 상황에 대해 루스벨트에게 보고하는 것을 허락받았다. 첫 대면에서 해리먼은 자신의 노력이 좌절된 것을 바로 알아챘다. 대통령과 단독으로 얘기하는 것은 거의 불가능했다.[28] 해리먼은 루스벨트 측근들과 함께 있는 것에는 이미 익숙해 있었지만, 이번에는 새로운 인물인 애나가 측근의 중심이 되어 아버지 곁을 결코 떠나지 않았다. 그는 애나에게 개인적 불만은 없었지만 그녀의 존재는 복잡한 문제를 야기했다. 해리먼은 바르샤바의 절망적인 상황에 대해 보고하고, 태평양 전장에 대한 새로운 정보를 얻기 위해 5천 마일을 날아왔다. 그러나 첫 대면에서 해리먼은 애나가 국가 기밀을 들어도 되는지 알 수 없어서 모든 정보를 완전히 보고할 수 없었다. 다음 대면에서는 애나의 아들인 자니가 애완견인 래브라도와 함께 방을 돌아다녔다. 대통령은 손자와 얘기를 나누기 위해 면담을 잠시 중단했고, 해리먼은 자니를 정원으로 데리고 나갈 때까지 말을 멈추고 기다려야 했다.

마침내 해리먼은 위태로운 사태를 상세히 보고할 수 있었지만 루스벨트의 반응에 완전히 실망하고 말았다. 해리먼은 자신의 비망록에 이렇게 기록했다. "대통령은 미국 여론에 영향을 주는 사안을 빼고는 동유럽 상황에 여전히 별 관심이 없었다."[29] 그리고 그는 루스벨트가 "소련이 자신들에게 사활적 이해관계가 걸렸다고 생각하는 문제, 특히 폴란드 문제를 (…) 자신들에게 유리한 방식으로 해결하려는 강한 의지에 대해 제대로 이해하지 못했다"고 적었다. 10개월 전 테헤란회담 당시 포위공격을 당하고 있는 폴란드에 대한 논의가 시작되자 루스벨트는 "나는 폴란드에 전혀 신경 쓰지 않는다. (…) 독일에 대한 얘기가 시작되면 나를 깨워라"[30]라고 태연하게 농담하며 잠이 드는 척했다. 솔직히 말하자면 1944년 5월 루스벨트는 해리먼에게 미국 여론에 큰 영향을 주지 않는 한 "소련과 국경을 접하고 있는 나라들이 공산화되는 것"[31]에 신경 쓰지 않는다고 밝히기도 했다.

더 염려되는 일은 루스벨트가 스탈린을 개인적으로 설득해서 미국의 의지에 굴복시킬 수 있다고 확신하고 있는 점이었다. 루스벨트는 전에 처칠에게 이렇게 말하기도 했다. "아주 솔직히 말하자면 나는 스탈린을 당신네 외무부나 우리 국무부가 하는 것보다 더 잘 다룰 수 있습니다. 스탈린은 당신의 최고위 참모들의 고집에 넌더리를 냅니다. 그는 나를 더 좋아하는데, 앞으로도 계속 그가 그러기를 바랍니다."[32] 바르샤바 봉기 중에 수도 없이 시도한 설득이 실패로 돌아가자 해리먼은 솔직함과 겉만 번지르르한 우애는 아무 소용이 없다고 확신하게 되었다. 해리먼은 루스벨트와의 관계가 틀어질 위험부담을 안으면서까지 자신의 의견을 강하게 개진하지는 못했다. 해리먼은 런던에 있는 폴란드 망명정부를 강력하게 옹호하는 영국 주재 미국 대사 길버트 위넌트에게는 자신의 의견을 그대로 전달했다. 그 결과 위넌트는 얄타회담 대표단에서 누락되었다. 해리먼은 지정학의 중심에서 자신이 하는 역할을 즐겼고, 루스벨트 정부에서 대사직을 수행하는 것 이상의 정치적 야망을 가지고 있었다. 그럼에도 불구하고 1944년 11월 그는 완전히 낙담하고 실망한 채 모스크바로 돌아왔다. "나는 여러 문제가 발생하고 있는 다양한 동유럽 국가들의 정치적 문제를 다루는 데 있어서 경계심을 늦추지 않는 강력한 정책의 중요성에 대해 대통령을 충분히 설득했다고 생각하지 않는다."[33] 그는 자신의 회고록에 이렇게 결론지었다.

해리먼이 캐슬린을 얄타에 남겨두고 몰타로 올 때도 그의 어두운 전망은 바뀌지 않았다. 전후 폴란드의 국경과 통치 형태가 얄타회담에서 다루어질 중요한 논의 주제 중 하나였지만, 처칠과 마찬가지로 해리먼도 이미 시기를 놓쳤다고 느꼈다. 1944년 후반부 내내 미국은 폴란드 문제에 대해 소련을 강하게 상대하지 못했다. 소련군은 이미 독일 국경에서 얼마 떨어지지 않은 오데르강까지 진격하여 폴란드 영토를 장악한 상태였다. 연합국이 얄타회담에서 어떠한 문제를 제기하건, 그가 새 국무장관 에드워드 스테티니어스에게 경고했듯이 폴란드에 대한 소련의 구상은 "사실상 기정사실화"[34]된 상태였다. 루스벨트의 전매특허인 개인적 매력도 이 결정을 바꿀 수는 없었다.

루스벨트가 몰타섬 관광을 마치고 4시 반에 돌아오자 해리먼은 드디어 자신의 도움이 필요하다는 것을 알았다. 그러나 해리먼의 도움이 필요한 사람은 대통령이 아니었다. 퀸시호로 귀환한 루스벨트는 합참 지휘관들로부터 전황보고를 들었다. 해리먼의 도움이 필요한 사람은 애나였다. 얄타에서는 기념품을 살 수 없었기 때문에 루스벨트는 애나에게 귀환하면 백악관 직원들에게 나눠줄 선물을 사도록 17달러를 주었다.[35] 여기에는 두 가지 문제가 있었다. 우선 17달러는 턱없이 부족한 돈이었고, 게다가 반시간 후면 현지 가게들이 문을 닫을 시간이었다. 통상 냉정함을 잃지 않는 해리먼 대사는 애나에게 동정심이 일었다. 루스벨트는 그의 자문을 필요로 하지 않았다. 그는 더 할 일이 없었기 때문에 차라리 애나라도 도와주는 게 나았다.

애버럴 해리먼은 세계에서 가장 부자 중 한 사람이자 비즈니스와 정부 일 모두에 통달한 전문가였다. 그는 몰타에서의 쇼핑에 대해서도 중요한 정보를 알고 있었다. 몰타의 유명한 특산품인 레이스 장식이 선물로 안성맞춤이라는 사실이었다. 애버럴은 지갑을 가지고 다니지 않았기 때문에 현지 총독 부인에게 레이스 선물을 모아달라고 부탁했다.[36] 그는 애나에게 자신이 준비한 레이스 가운데 마음에 드는 것을 고르면 된다고 너그럽게 말했다. 두 사람은 그 여인의 집으로 가서 바로 선물을 볼 수 있었다. 애나는 기꺼이 동의했고, 대사와 대통령 영애는 산더미처럼 쌓인 레이스 장식을 보기 위해 같이 출발했다.

5장

1945년 2월 2~3일

밤 11시가 조금 넘은 시각, 사라와 애나는 아버지를 수행하며 몰타의 영국 공군기지 루카에 도착했다. 무리 지어 공항에 도착한 영국 대표단과 미국 대표단은 차에서 내려 자신들에게 배당된 수송기인 요크와 C-54 스카이마스터로 향했다. 등화관제 속에 불빛 하나가 비행기의 진로를 밝혀주고 있었다.[1] "우리는 러시아 사람들에게 한 비행기에 35명씩 간다고 얘기해놓았어요"[2]라고 사라는 전날 엄마에게 편지를 썼다. "대표단 전체는 535명이나 돼요!" 이들 중 일부는 이미 현지에 가 있었고, 일부는 배로 이동했지만, 대부분은 지금 공항에 나와 있었다. 수천 개의 짐과 화물이 비행기에 실리고 있었다.[3] 개인 가방에는 흰색 라벨이, 개인 수하물에는 엷은 누런색 라벨이 부착되었고, 기밀서류가 든 케이스에는 눈에 바로 들어오는 노란 라벨이 검은 띠와 함께 붙어 있었다. 루스벨트와 대표단은 가방들이 비행기로 옮겨지는 어수선한 광경을 지켜보았다. 루스벨트 가까이에 44세의 국무장관 에드워드 스테티니어스가 서 있었다. 머리가 빨리 센 스테티니어스가 쓴 홈부르크 모자는 그의 짙은 검은색 눈썹과 대조를 이루었다.[4] 루스벨트는 스테티니어스에게 서방 대표단의 규모가 너무 커서 러시아인들은 "작은 침공"[5]을 받는 것처럼 보일 수 있겠다고 농담했다.

사라 처칠은 진짜 침공이 어떤 것인지를 잘 알고 있었다. 그녀는 1942년 가을, 연합군의 북아프리카 침공 작전인 횃불작전 준비 때 메드멘햄 공군기지에서 근무하고 있었다. 항공정찰부대 소대장 사라와 동료 정보장교들은 영국 공군조종사들이 찍어 온 독일과 이탈리아의 조선소, 철로, 병력 이동을 찍은 항공사진을 밤을 새가며 판독했다. 이 자료들은 연합군의 해군 침공과 육군 작전, 폭격 전략에 필요한 핵심 정보였다. 남자나 여자를 가릴 것 없이 항공사진 판독 훈련은 아주 어려웠다. 이들은 1만 피트 상공에서 찍은 사진을 보면서 풀밭이 헤쳐진 게 병력 이동 때문인지 방목된 가축 때문인지를 구별해내야 했다.[6] 이들은 배의 음영을 보고 배의 종류를 구별하고, 복잡한 슬라이드 규칙과 대수 계산법을 활용해 평면 사진을 3차원 이미지로 만들어낼 줄 알아야 했다.

사라에게 횃불작전은 군 생활에서 자랑스러운 순간이었지만, 침공 작전 자체 때문만은 아니었다. 그해 11월 주말, 외출을 나온 사라는 런던 북부에 있는 영국 수상의 시골 별장, 체커스까지 육군 오토바이를 타고 갔다. 도착하자마자 사라는 만찬을 위해 옷을 갈아입고 있던 아버지를 보러 갔다. 처칠은 몇 가닥 남아 있지 않은 머리를 깔끔히 빗고 난 후 사라에게 돌아서서 은밀히 말했다. "지금 이 순간, 북아프리카에 상륙할 542척의 선박이 어둠을 틈타 지브롤터 해협을 몰래 사라가 군사 정보를 처칠보다 많이 아는 경우는 드물었지만, 이번에는 달랐다. 그녀는 참지 못하고 "243척이에요"라며 처칠의 오류를 바로잡았다.

"네가 어떻게 알지?" 처칠이 바로 되물었다.

사라는 지난 3개월간 이 지역에 대한 사진을 판독하며 보냈다. 그녀는 이 선박들이 닻을 내리는 지역을 분석하고 얼마나 큰 선단이 프랑스령 모로코와 알제리 해안에 닻을 수 있는지를 정확히 알았다.

감명을 받은 처칠은 어떤 일을 하고 있는지 왜 얘기하지 않았냐고 사라를 나무랐다. 사라는 이렇게 반박했다. "그런 일은 극비 보안사항 아닌가요?" 사라의 태도는 당돌했지만 처칠은 화를 내는 대신 너털웃음을 터뜨렸다. 그날 밤 처칠은 이 이야기로 만찬 손님들을 즐겁게 했다. 그는 전시 노동에 동원된 영국 여성들을 만나러 온 엘리너 루스벨트에게도 이 이야기를 들려주었다. 엘리너는 이 재미난 이야기를 미국 기자들에게 말해주었다.

며칠 후 사라는 공군청에 소환되었다. 공군청 장교들은 연합군 주요 작전의 기밀을 누출해서 보안규정을 어긴 데 대해 그녀를 힐책했다. "루스벨트 여사에게 누가 이 이야기를 했지요?"

사라는 이렇게 대답할 수밖에 없었다. "우리 아버지요."

그녀의 상관들은 화가 나면서도 재미있어했다. 공군청은 이 일을 더 이상 문제 삼을 수 없었다.

그러나 오늘 저녁에는 농담할 분위기가 아니었다. 처칠과 사라가 비행기에 탑승하는 외무부 관리들에게 잠시 작별을 고하는 동안 처칠이나 외무장관 모두 전날 밤 지중해에 추락한 비행기에 탑승한 동료와 친구들에 대한 구체적 정보를 알지 못했다.[8] 이 비극적인 사건은 당연히 앞으로 남은 비행에 어두운 전조를 드리웠다. 앞으로의 비행은 영국에서 몰타까지의 비행보다 훨씬 더 위험이 컸다. 수송기는 기내 기압을 조절할 수 없기 때문에 두 나라 대표단은 6천 피트의 낮은 고도를 유지하며 크림반도로 날아가야 했다.[9] 이렇게 되면 에게해 섬에 아직 남아 있는 독일군 대공포의 공격을 받을 수 있었다. 터키군의 대공화기 공격을 받을 실제적 위험도 있었다. 터키는 공식적으로는 중립국으로 남아 있어서 연합국 비행기를 공격할 의사는 없었지만, 터키군은 착오로 몰타에서 크림반도로 날아가는 영국 선발대의 비행기에 사격을 가했다.[10] 이 공격으로 뒷날개에 총탄 구멍이 생겼다. 루스벨트와 처칠의 비행기는 각각 여섯 대의 P-38기의 호위를 받으며 비행했지만 나머지 비행기들은 오직 어둠을 엄호로 비행해야 했다.[11] 각 비행기가 정확하게 정해진 시간에 이륙하는 것이 중요했다. 그러나 이 비행기들이 크림반도에 도착하면 복잡한 상황이 발생할 수 있었다. 온종일 두터운 안개가 크림반도의 사키Saki 공항 상공을 덮을 것이라는 예보가 나와서 VIP들을 태운 비행기가 착륙할 수 있는 시간은 더욱 제한되었다.[12] 소련의 공항은 시계가 불량할 때 조종사들이 이용할 수 있는 기술장비가 갖추어져 있지 않았다.[13]

애나 루스벨트는 '신성한 암소Sacred Cow'라는 별명이 붙은 C-54에 오르면서 위험은 잠시 잊고 출발한다는 데 안도감을 느꼈다. 이 비행기는 최초의 미국 대통령 전용기였다. 애나는 아버지의 외출 동반자girl Friday가 된 것이 기뻤으나, 아버지는 그녀의 일이 쉽게 끝나도록 내버려두지 않았다. 지난 여덟 시간 동안 그녀는 정신없이 바빴다. 아버지는 애나가 그의 마음을 다 읽을 수 있다고 생각하는 것 같았다. 몰타 관광을 마치고, 해리먼이 마련해준 선물을 챙기는 힘든 과제를 마친 후 루스벨트는 애나에게 만찬을 준비하라고 말했다.[14] 애나는 초청자가 누구이며, 몇 명이 오는지도 알 수 없었다. 루스벨트가 군사 문제 보고를 받으러 들어간 후 그녀는 경험에서 우러난 추측을 하는 수밖에 없었다. 그런 다음 그녀는 "미친 듯이" 뛰어다니며 만찬 준비를 하고 초청장을 돌렸다.[15] 그러는 사이에도 그녀는 아버지의 건강 상태에 조바심이 났다. 길고 고단한 여행의 긴장이 아직 풀리지 않은 상태에서 만찬도 치러야 했다. 합참의 장군들로부터 보고를 받은 후 루스벨트가 잠시 휴식을 취할 수 있을 것이라고 그녀는 생각했다. 그러나 스테티니어스 국무장관과 이든 영국 외상이 그녀가 잠시 다른 일을 하는 사이 만찬 전 환담을 위해 루스벨트 방으로 들어갔다. 그리고 초청받지 않은 손님이 난데없이 나타났다. 그는 다름 아닌 처칠의 아들 랜돌프 처칠이었다. 처칠은 단호하게 그가 여행에 동행하는 것을 반대했다. 당시 유고슬라비아에 주둔하고 있던 랜돌프는 이탈리아로 치과 치료를 받으러 가는 길에 몰타에 들렀는데, 그 시기가 자기 아버지가 몰타를 방문하는 때와 우연히 일치한 것이었다.[16] 랜돌프가 "아버지를 짜증 나게 한다"는 이야기를 들은 애나는 그가 일행에 끼어들지 못하게 하려고 애썼다.[17] 애나는 만찬 전에 그를 사라지게 할 가장 외교적인 방법을 짜내며 랜돌프와 사라를 자기 방에 불러 차를 한잔했다. 결국 사라는 공개적으로 만찬에 초청되었지만 랜돌프는 초청받지 못했다. (랜돌프가 얼마나 처칠을 짜증 나게 할지를 잘 아는 사라는 "우리는 랜돌프의 방문을 받았어요"[18]라고 암호를 쓰듯이 엄마에게 보고했다. "다음 편지에 다시 얘기할게요.") 랜돌프는 자신이 무시당하고 있다는 것을 빨리 깨달았다. 다행히 그는 "급한 일"이 있다고 양해를 구하고 시리우스호로 돌아가며 모습을 감추었다.[19]

만찬도 잘 끝났다.[20] 애나가 공항으로 가기 위해 자신의 물건을 가방에 던져 넣을 수 있는 몇 분의 시간이 남았다고 생각할 때, 막 앤서니 이든과 언쟁해서 짜증 난 표정을 한 해리 홉킨스가 문 앞에 나타나 음료를 청했다. 애나는 마지못해 막 짐을 다 싼 가방을 풀어 그녀가 가지고 다니는 스카치위스키 병을 꺼내 그에게 한잔 건네주었다. 그러나 그녀가 등을 돌리자마자 홉킨스는 위스키를 병째 들고 사라졌다. 애나는 스카치위스키를 잃어버린 것에는 크게 화가 나지 않았다. 그러나 그 병은 남편이 지중해에 근무하는 동안 가지고 다닐 수 있도록 특별한 상자에 별도로 포장된 상태였다. 그 병을 가지고 다니면서 애나는 마치 남편의 작은 일부가 자신과 같이 있는 것처럼 느꼈다. 그런데 홉킨스가 아무 생각 없이 그 병을 가져가버린 것이다.

밤 11시 반 먼저 떠나기로 한 비행기들의 엔진이 우렁차게 울렸다.[21] 굉음은 대단했다.[22] 비행기들은 10분 간격으로 이륙해서 파란 불꽃을 뒤로 남기며 동쪽으로 기수를 틀었다. 이후 네 시간 동안 비행기가 한 대씩 차례로 이륙해서 어두운 하늘로 사라졌고, 마지막으로 두 대의 수송기와 호위기들만이 남았다. 새벽 3시 30분 '신성한 암소'가 먼저 이륙했고, 몇 분 후 처칠이 탄 스카이마스터가 이륙했다.[23]

주치의 브루엔과 대통령 경호실장 마이크 라일리는 무척 걱정스러웠지만 루스벨트는 비행 중 자신의 객실에서 자면서 안전벨트를 매지 않았다. 비행기가 이륙하다가 갑자기 브레이크를 잡으면 대통령이 침대에서 굴러 떨어져 다칠까 염려한 브루엔은 대통령 객실로 몰래 들어가 그의 옆에 누웠다. 이렇게 불청객으로서 동침하게 된 젊은 주치의는 루스벨트가 모르게 방에 들어왔다고 생각했다. 하지만 루스벨트는 나중에 그에게 윙크하고 미소 지으며 이렇게 말했다. "자네가 들어올 때 자네를 알아봐서 다행이었네."[24]

† † †

크림반도 시각으로 아침 8시 30분, 비행기들이 낮게 깔린 구름을 뚫고 사키 공항에 정확한 간격으로 내렸다. 공항 주변은 이들의 도착에 맞춰 만반의 준비를 갖추고 있었다. 소련 당국은 활주로 옆에 식음료가 준비된 텐트들을 세웠고, 번쩍번쩍 빛나는 적군赤軍 군악대가 장엄한 군가를 연주하기 위해 도열해서 대기 중이었다.[25] 무기대여 프로그램으로 미국이 제공한 패커드 지프가 길게 도열해 있었고, 장의차처럼 생긴 소련제 지스ZIS 리무진이 환영 행사가 끝나면 손님들을 얄타로 모셔가기 위해 대기하고 있었다.

비행기들은 극적으로 입장했고, 소련 사람들은 황량한 들판의 옅은 공기로 마술을 부린 듯 화려한 무대를 꾸며놓았다. 그러한 가운데 대표단은 마치 영화촬영장에 착륙한 듯 보였다. 그러나 이들은 비행기에서 나와 오즈의 마법사 세계가 아니라 도로시의 짙은 갈색 캔자스에 발을 디뎠다.* 몰타의 햇볕이 강하게 내리쬐는 장밋빛 석회석 건물들과 짙은 청색의 바다는 사라져버렸다. 콘크리트로 만든 비행기 계류장에서부터 멀고 흐릿한 지평선으로 뻗은 눈 덮인 활주로까지 땅은 평평했고, 아무 형태와 색깔도 없었다. 미국 홍보부대의 사병이자 해리 홉킨스의 아들인 22세의 로버트 홉킨스는 미국 측 사진사로 미국 대표단과 함께 왔다. 그는 몇 통의 값비싼 컬러 필름을 가져왔지만 사키 비행장에서 필름을 한 통 이상 쓰는 것은 낭비라고 생각했다.[26] 비행장의 깃대에 펄럭이는 세 연합국 국기들의 붉은빛만이 풍경을 뒤덮고 있는 회색빛의 향연에 유일한 대조가 되었다.

해리먼, 스테티니어스, 홉킨스, 이든, 조지 마셜 장군은 앨버트로스ALBATROSS에 이미 도착해 있었다. 앨버트로스는 미국인들이 활주로가 위험할 정도로 짧은 사키 비행장을 빈정대며 붙인 암호명이었다.[27] 소련은 포탄 구멍이 여기저기 뚫린 콘크리트 판을 최대한 매끈하게 만들어 착륙 활주로를 건설했다.[28] 이 활주로는 전부 얇은 얼음으로 덮여 있었는데, 스테티니어스는 마치 "화장실 타일 위에"[29] 착륙하는 것 같았다고 말했다. 그러나 기적처럼 아무 사고도 일어나지 않았다. 소련군의 알렉세이 안토노프 장군이 조지 마셜 장군을 영접하러 황급히 다가왔다.[30] 마셜이 비행기에서 내리자 안토노프는 그를 텐트 아래 성대하게 차려진 아침 식사 자리로 안내했다.[31] 음식이 잔뜩 차려진 천막에 들어선 펜실베이니아 출신의 소탈한 장군은 과

● 〈오즈의 마법사〉의 화면은 흑백을 기본으로 짙은 갈색의 캔자스주와 테크니컬러의 화려한 오즈의 세계가 대비된다. 원작에 캔자스주는 '회색으로 그늘져' 있다고 묘사되었고, 도로시가 무지개 너머 어딘가에 있는 곳으로 상상했던 오즈의 세계는 화려한 총천연색으로 나타난다.

일 주스 같은 것이 가득 담긴 잔을 보았다. 금주가인 마셜 장군은 이 잔을 자세히 들여다보고 크림산 브랜디가 가득 채워져 있는 것을 알아차렸다.* 늘 그렇듯 전혀 동요하지 않은 마셜은 몸에 해로운 이 달콤한 술에서 물러섰다. 그는 뒤도 돌아보지 않고 부하들에게 "빨리 출발하자"[32]고 말했다. 이들은 홉킨스와 함께 바로 얄타로 출발했는데, 홉킨스는 비행 중에 몸 상태가 아주 좋지 않았다. 스테티니어스, 이든, 해리먼은 대통령과 수상을 영접하기 위해 춥고 눅눅한 이곳에 남았다. 이들 중 유일하게 해리먼만이 주문 제작한 가죽 항공재킷을 걸쳤는데 이 옷은 무릎 아래까지 내려오는 길이에, 모피 안감까지 덧대어 있었다. 그는 난봉꾼처럼 보이기는 해도 어떤 날씨든 견딜 준비가 되어 있는 것 같았다. 다른 사람들은 김이 펄펄 나는 달콤한 러시아 차를 마시며 모피 코트 사이로 스며드는 한기를 떨쳐버려야 했다.[33]

10시 10분 '신성한 암소' C-54가 사키 비행장에 착륙하여 활주로 옆 계류장에 멈춰 섰다. 루스벨트가 비행기에서 내릴 준비를 하는 동안, 애나는 서둘러 비행기에서 내려 처칠이 탄 스카이마스터가 구름 속에서 나타나기를 기다렸다.[34] 모여 있던 사람들은 처칠의 비행기가 완전히 멈춰 설 때까지 지켜보았다. 곧 비행기의 옆문이 열리고 군복

• 여기에는 크림산이라고 나오지만, 실제로는 아르메니아산 브랜디이다. 처칠은 이 브랜디를 아주 즐겼다고 한다. 소련 시대 '아라라트'라는 상표의 아르메니아 브랜디는 최고의 브랜디로 인정받았으나, 프랑스 회사가 이를 인수했다. 얄타회담 연회에는 아르메니아산 브랜디와 조지아의 광천수, 조지아 와인이 차려졌다.

코트에 장교 모자를 쓴 처칠이 장난스러운 미소를 지으며 8인치 시가를 입에 문 채 모습을 드러냈다.[35] 그는 모여 있는 사람들에게 가볍게 경례하고 조심스럽게 계단을 내려왔다. 잠시 후 사라가 내려와 애나와 함께 옆쪽에 섰다. 사라는 이번에도 군복 차림이었는데, 야간 비행에서도 복장이 흐트러지지 않았다. 애나는 러시아 정서에 맞춰 수수한 트위드 코트 대신 모피 코트를 입고 있었다. 최고위 손님들을 기다리고 있던 소련 외무장관 뱌체슬라브 몰로토프가 처칠 수상을 영접했다. 퍼그(코가 납작하고 이마에 주름이 잡힌 개)처럼 생긴 몰로토프는 검정 더블브레스트 코트에, 귀마개가 위로 접힌 러시아 전통 모자인 검정 우샨카 *ushanka*를 쓰고 있었다. 이 모자로 처칠이 "포탄 같은 머리"[36]라고 부른 몰로토프의 머리가 더 강조되었다. 젊은 볼셰비키 시절 별명이 '망치'였던 몰로토프는 이런 농담을 좋아하지 않았을 것이다. 처칠은 사람을 꿰뚫어보는 눈과 "시베리아의 겨울 같은 미소"[37]를 짓는, 우스꽝스러운 모자를 쓴 소련 외무장관이 무자비하고 교활하다는 것을 잘 알고 있었다. 처칠과 악수하면서 몰로토프는 스탈린이 아직 크림반도에 도착하지 않았다고 러시아 측 통역인인 병색이 있어 보이는 민첩한 블라디미르 파블로프를 통해 말했다.[38] 그가 올 때까지 몰로토프가 소련 서기장을 대신할 것이었다.

처칠과 몰로토프는 같이 서서 루스벨트가 '신성한 암소' C-54에서 모습을 드러내기를 기다렸다. 보통 때 같았으면 루스벨트는 비행기 계단으로 내려왔겠지만, 휠체어를 탄 채 그는 '신성한 암소'의 기술자들이 비행기 동체 중간에 설치한 작은 엘리베이터를 타고 내려왔다. 그곳에는 해리먼이 무기대여 프로그램의 일환으로 소련에 제공한 수천 대의 지프 중 한 대가 대기하고 있었다. 소련 측은 이 지프를 개조하여 의자에 앉은 루스벨트가 옆에 나란히 걸어가는 사람들과 같은 높이를 유지하도록 만들었다.[39] 처칠, 몰로토프와 소련군 병사들은 경호원 마이크 라일리가 휠체어에서 루스벨트를 내려 지프에 태우는 모습을 지켜보았다. 언제나 대중에게 보이는 이미지를 관리했던 루스벨트가 자신의 육체적 약점을 보여준 드문 순간이었다. 바로 그 순간 처칠은 그에 대해 깊은 동정이 일었다. 강인한 사람이라는 환상은 너무 쉽게 사라졌고, 처칠은 루스벨트가 "비극을 안고 있는 인물"[40]이라는 생각이 들었다. 소련 측에서 루스벨트의 의자에 깔아준 코자크 카펫은[41] 그에게 인도 왕국의 늙은 군주maharajah 같은 인상을 주었다. 루스벨트가 탄 지프는 처칠과 몰로토프가 옆에서 나란히 걷는 가운데 앞으로 움직이며 도열한 의장대를 사열했다(처칠의 주치의인 모런 경은 이 광경을 좀 더 박하게 묘사했다.[42] 루스벨트 대통령을 사륜마차에 탄 빅토리아 여왕에 비유하고, 처칠 수상은 그 뒤를 따르는 신분이 낮은 시종과 같아 보였다고 했다).

소련군 의장대는 흰 장갑을 끼고 무릎까지 올라오는 장화를 신은 채 총검이 장착된 소총을 정확한 각도로 세우고 기름이 떠다니는 물웅덩이 위를 행진했다. 루스벨트, 처칠, 몰로토프가 지켜보는 이 장면을 사라와 애나도 함께했다.[43] 소련 군악대는 소련 국가를 연주하기 시작했다. 연주를 듣고 있던 애나는 곡조가 어딘가 우울하다고 느꼈지만[44] 이 장소에는 그 서글픈 분위기가 잘 어울리는 것 같았다. 그녀가 바라보는 동안 병사들은 "눈 덮인 텅 빈 거대한 공간"[45] 한가운데 서 있는 듯했다. 눈에 보이는 곳에 서 있었을 건물은 하나도 남

지 않고 전쟁 중에 파괴되었다.[46]

　사라가 쓸쓸한 지평선을 바라보는 동안, 애나는 카메라를 꺼냈다. 그녀는 귀국하면 남편에게 보여줄 몇 장의 스냅 사진을 찍으려고 했다. 애나는 일군의 소련 공식 기자들과 촬영기사 한 명이 촬영 준비를 마치고 근처에 서 있는 것을 보았다.[47] 그녀는 카메라 파인더 안에 아버지의 모습이 들어오자 걱정이 덜컥 들었다. 미국에서는 루스벨트와 사진기자들 사이에 신사협정이 지켜지고 있었다. 신문은 루스벨트가 휠체어를 탄 모습을 내보내지 않았다. 많은 미국인들은 루스벨트가 다리를 쓸 수 없다는 사실도 모르고 있었다. 소련 기자들도 같은 약속을 지킬 것이라고 기대하기는 어려웠다.

　애나가 걱정하는 것은 루스벨트의 장애였다. 처칠은 이런 풍자극을 즐겁게 바라보는 듯했지만,[48] 몰로토프는 노려보는 듯한 표정으로 내심 이런 험한 날씨에 군대 퍼레이드를 계속 지켜봐야 하는 것에 짜증을 내는 듯했다. 애나의 아버지는 다른 장면에서 이 장면에 들어온 것처럼 반쯤만 보였다. 애나는 몰타에서 긴 하루를 보낸 후 비행기에서 짧은 수면을 취한 루스벨트가 보통 때보다 더 수척해 보인다고 생각했다.[49] 처칠 수상과 그녀의 아버지 사이의 차이는 놀라웠다. 처칠보다 일곱 살이나 나이가 적은 루스벨트가 더 늙어 보였다. 그는 광대뼈가 움푹 들어갔고 입과 턱 주변은 풍상에 찌들어 보였다.[50] 그는 습관적으로 브룩스 브라더스Brooks Brothers의 해군 망토를 걸쳤지만, 말쑥한 요트 조종자처럼 보이기보다는 그 옷 속에 묻혀 실제보다 수척해 보였다. 제임스 번스가 몰타로 항해하는 선상에서 말한 대로 루스벨트는 입을 벌린 채 한참 앉아서 창백한 모습으로 먼 곳을 응시하곤 했다. 아픈 사람을 향한 카메라는 인정사정이 없었다. 애나는 아무것도 할 수 없었다. 소련 사진사들은 계속 사진을 찍어댔다.

† † †

크림반도의 스텝 지역을 구불구불 헤쳐 갈 패커드 지프와 지스 리무진의 행렬이 이제 막 출발했다. 그러나 사라는 이미 "힘겨운 여정"[51]이 시작됐음을 알아차렸다. 울퉁불퉁하고 살얼음이 깔린 도로에는 겨울과 전쟁의 흔적이 남아 있었다. 이들의 차량은 시속 20마일로 달리는데도 몹시 덜컹거렸다.[52] 얄타까지 80마일을 달려야 하는데, 이런 속도라면 몰타에서 1400마일을 날아온 데 걸린 만큼 시간이 걸릴 것이었다.

크림반도는 오랫동안 무력 충돌과 제국주의가 교차한 곳이다. 고대부터 타우리아인Taurians, 그리스인, 페르시아인, 베네치아인, 제노바인, 그리고 오스만제국의 일부인 타타르 칸국Tatar Khanate이 크림반도를 지배하다가 1783년 러시아의 예카테리나 2세가 크림 칸국을 정복했다. 크림반도를 지배했던 민족들은 저마다 유산을 남겨놓았다. 이 지역은 지중해·이슬람Moorish·러시아 문화의 영향을 복합적으로 받았다. 세바스토폴 같은 도시들의 명칭은 그리스어에서 나왔지만, 남부 해안의 우찬수 폭포Uchan-Su waterfall는 타타르어로 '날아다니는 물flying water'을 뜻한다. 자연환경도 다채롭다.[53] 푸른 녹음, 해변의 휴양지, 아열대성 기온을 자랑하는 크림반도 남부 지역은 프랑스 남부를 닮았다. 그러나 크림반도 내륙으로 가면 이러한 모습은 바로 사라진다. 해변 뒤로는 하늘을 향해 치솟는 흑해의 파도처럼 크림의 산악지대가 솟아 있다. 산악의 북쪽, 멋진 산봉우리들은 점차 스텝의 평지에 자리를 내준다. 여름에 스텝은 꽃과 풀이 무성하게 피는 미국의 대평원 같지만, 겨울에는 서리와 해빙이 번갈아 일어나며 음산한 평원이 두터운 안개로 뒤덮인다. 스텝은 북쪽의 헤르손주까지 백 마일 남짓 펼쳐진다. 두 지점 사이에는 크림과 우크라이나 본토를 경계 짓는 석호潟湖, sivash가 있다. 염분이 풍부한 작은 늪들은 수심이 낮은 물에서 올라오는 썩은 냄새로 인해 '썩은 바다'라는 별명이 붙었다. 미세조류는 이 석호를 짙은 붉은색으로 만들어내는데, 마치 2세기 이상 이 반도에서 싸우다가 죽은 수많은 병사들이 흘린 피가 모여 고여 있는 것 같았다. 크림반도는 러시아, 훗날 소련이 가장 소중하게 생각하는 땅이지만, 이곳은 늘 어머니 러시아와 떨어져 있었다. 석호와 흑해 사이에 위치한 불과 4마일 폭의 페레코프 지협만이 크림반도를 본토와 연결하는 유일한 통로다.*

"영원"[54]처럼 느껴진 지루한 시간 후 윈스턴은 언짢은 표정으로 사라를 돌아보고 얼마나 달려왔는지 물었다.

"한 시간 정도요." 사라가 대답했다.

"맙소사, 앞으로 다섯 시간을 이렇게 더 가야 한다니." 윈스턴은 한숨을 내쉬며 내뱉었다.

사라는 얄타가 회담 장소로 선택된 것은 해리먼의 실수가 아님을

---

* 크림반도의 역사, 자연, 문화는 예브게니 마르코프의 《크림반도 견문록》 1, 2 (허승철 옮김, 나남출판, 2020)에 자세히 나와 있다.

잘 알고 있었다. 그러나 황량한 스텝을 지나면서 그녀는 비판의 목소리에 동참하지 않을 수 없었다. "정말이야!"[55] 그녀는 루스벨트가 이런 험한 길을 지나도록 만든 애버럴은 "제 정신이 아니었던 게 틀림없다"고 생각했다. 처칠, 사라와 같은 차를 탄 모런 경은 얼어붙고 안개가 자욱한 길을 계속 가는 동안 영국 북부의 눈에 덮인 을씨년스러운 황무지를 떠올렸다.[56] 이러한 비교는 적절했다. 에밀리 브론테의 《폭풍의 언덕》을 떠올리며 사라는 끝없이 펼쳐지는 황야지대가 "낙담한 영혼처럼 암울해"[57] 보였다고 엄마에게 편지를 썼다.

한때 이 황량한 땅에는 집단농장이 여기저기 있었다. 남쪽으로 내려가는 동안 사라도, 애나도 알지 못했지만, 소련 당국이 국민들에게 저지른 만행은 나치독일군이 크림반도에 가한 파괴로 은폐되었다. 1928년 스탈린은 식량 부족을 해결하기 위해 강제로 집단농장들을 만들었다. 불타버린 이 농장들은 전쟁으로 파괴된 농업 번영의 흔적이 아니라 국가가 강제한 대기근의 흔적이었다. 1928년부터 1940년까지 소련의 농업집단화는 농민 수백만 명을 죽음으로 몰았다. 다른 어느 곳보다 우크라이나에서 인명 희생이 가장 컸다.[58] '홀로도모르Holodomor'라고 불린 이 정책에는 숨겨진 다른 목적이 있었다. 바로 우크라이나인들을 집단학살하는 것genocide이었다. 그리고 인구가 얼마 안 남은 심페로폴에서 나치독일군은 소련 당국이 적대적인 다른 소수민족을 제거할 조건을 마련해주었다. 소련 당국은 다르다넬스 해협과 터키에 자유롭게 접근하고 싶어 했는데, 이 길을 크림타타르들Crimean Muslim Tatars이 방해하고 있었다. 크림타타르는 종교와 인종적 배경이 터키와 같았다. 스탈린은 무자비한 소련 비밀경찰 수장이자 얄타회담 준비 책임자인 라브렌티 베리야에게 크림타타르를 제거하는 임무를 맡겼다. 베리야는 크림타타르에게 나치와 협력했다는 혐의를 뒤집어씌워 1944년 불과 3일 만에 거의 20만 명에 달하는 크림타타르를 가축수송용 기차에 태워 우즈베키스탄으로 추방했고, 그곳에서 많은 이들이 추방되어 있는 동안 사망했다.

이들이 경작하던 농장들은 지금 버려진 채 방치되어 있었다. 마치 죽은 셔먼 장군General Sherman•이 다시 살아나서 세계의 절반가량을 휩쓸고 바다로 간 듯, 거의 모든 건물이 불탄 폐허가 되어 새까맣게 탄 기차, 탱크, 다른 전쟁 무기들의 잔해와 함께 남아 있었다.[59] 여행자들은 소련 병사들밖에 볼 수 없었는데, 이들 중 상당수는 여자와 10대 소녀 병사였다. 이들은 대표단이 지나가는 길에 수백 피트마다 서 있었다. 보병 사단 전체가 전선에서 불려와 이 길을 경비하고 있는 것처럼 보였다. 그러나 이렇게 지친 병사들이 도열해 있는 모습은 겉치레밖에 안 되었다. 소총을 가진 병사들은 거의 없었다. 이들의 성별이나 무기를 소지하지 않은 것보다 더 눈에 띄는 점은 이들의 얼굴이었다.[60] 병사들은 러시아인, 우크라이나인, 벨라루스인, 조지아인, 아르메니아인, 아제르바이잔인, 우즈베크인, 카자흐인, 체첸인 등 소련을 구성한 다양한 민족으로부터 차출되었다. 솜이 들어간 긴 외투에 파묻힌 각 병사는 이미 지나친 병사의 이름 없는 판박이처럼

• 셔먼 장군William Tecumseh Sherman(1820~1891)은 미국 남북전쟁 때 북군 지휘관으로서 현대적 전략을 펼쳐 명성을 얻었지만, 조지아와 사우스캐롤라이나 등 남군 거점 지역을 진격하며 무자비한 초토화 작전을 벌여 잔인하다는 비난도 받았다. 그랜트 총사령관이 대통령으로 선출된 후 그 뒤를 이어 총사령관이 되었다.

보였고, 국가라는 바퀴의 톱니 같아 보였다. 이들의 얼굴에 개성이라고는 없었다.

심페로폴에 도착하기 전까지 일상적 생활 모습은 보이지 않았고, 눈앞에 벌어지는 장면은 사람들이 사는 세상이라기보다 흑백 영화를 연상시켰다. 심페로폴은 예카테리나 2세 때 번영했지만, 1945년에 이곳을 도시라고 불러주는 것은 너무 관대한 표현이었다. 얼마 남아 있지 않은 건물에는 난방이나 전기가 들어오지 않았다.[61] 이곳에 사는 주민들은 현대인들 같아 보이지 않았다. 패커드 차량 창문을 통해 밖을 내다보던 애나는 이들의 옷에 다양한 색이 없고, "회색도 아니고 갈색도 아닌 단지 칙칙한 색깔"[62]이라고 관찰한 바를 기록했다. 그 차에는 루스벨트와 경호실장인 마이크 라일리가 동승하고 있었다. 여자들이 입은 치마는 통이 넓고 형태가 잡히지 않는 부대 자루 같았다. 어린아이들은 오랫동안 새 옷을 입지 못한 것이 분명했다. 아이들의 바지와 치마는 너무 짧아서 발목과 정강이가 그대로 추위에 노출되었다. 언뜻 보기에 이들은 주변 환경에 비하면 놀라울 정도로 건강해 보였다. 그러나 애나는 이들의 얼굴을 자세히 살펴보고 아이들, 특히 엄마들이 나이보다 훨씬 늙어 보인다는 것을 발견했다. 이들의 피부에는 깊은 주름이 잡혔고, 이들의 등 아랫부분은 무거운 물건을 지고 다니느라 굽어 있었다.

차량 행렬이 심페로폴을 떠나 산악도로로 접어들자 미국 대표단은 퀸시호에서 가져온 샌드위치를 먹기 위해 잠시 길 옆에 차를 세웠다. 그러나 영국 대표단은 계속 차를 달렸다. 해리먼은 이들에게 45분만 더 가면 휴게소가 마련되어 있다고 말했고, 모두가 그 휴게소를 찾으려고 했다.[63] 특히 일행 중 단 두 명뿐인 여자 중 한 명인 사라는 불편함을 참고 있었다. "휴게소보다 화장실이 더 필요했어요"[64]라고 그녀는 엄마에게 보내는 편지에 적었다. 45분이 지나도 휴게소는 나타나지 않았다. 그녀는 신선하지 않은 햄샌드위치와 브랜디 몇 모금으로 식욕을 달랬다. 그러나 네 시간 가까이 달려오면서 생리적 욕구는 한시가 급하게 커졌다. 한번은 길가 숲속으로 달려갈 생각까지 했다. "나는 지평선을 살펴보았어요. 앞에는 차량들이 있고, 뒤에는 기자단이 따라오고 있었어요! 절대 그런 모험은 할 수 없었어요!!" 사라의 "희망이 거의 사라졌을 때" 드디어 차량 행렬이 멈췄다. 다행히도 대표단은 휴게소를 발견했다.

사라와 윈스턴은 잠시만 이 시설을 사용한다고 생각했지만, 소련 측은 다른 계획을 가지고 있었다. 볼일을 마친 두 사람은 작은 방으로 안내되었다. 몰로토프가 이들보다 먼저 휴게소에 와 있었다. 그는 "진수성찬과 와인"[65]이 차려진 식탁 옆에 웃음을 띠고 서 있었다. 사키 비행장의 텐트 지붕 아래 엄청난 음식이 차려진 것과 마찬가지로 이곳에 성대하게 차려진 음식은 서방 방문자들이 네 시간을 달려오면서 몽타주처럼 본 열악한 생활환경과 너무 달랐다. 아낌없이 손님을 대접하는 몰로토프와 외무차관 안드레이 비신스키, 영국 주재 소련 대사 표도르 구세프는 손님들에게 자리에 앉도록 권했다. 이 식탁은 세 명의 소련 정치인, 그리고 영국 수상, 미국 대통령과 그들의 딸들이 조용한 점심을 즐기도록 차려진 것이었다.[66] 소련 측은 손님들에게 필요한 것을 세심히 챙겼다. 이들은 루스벨트가 편하고 쉽게 식당 안에 들어올 수 있도록 카펫이 깔린 경사로를 설치해놓았다.

그러나 몇 분 뒤 도착한 루스벨트는 앞으로도 산악도로를 타고 몇 시간을 더 가야 한다는 사실에만 신경을 곤두세웠다.[67] 그렇게 되면 해가 질 무렵에나 얄타에 도착할 수 있었다. 심신이 지친 그는 빨리 길을 재촉하고 싶었다. 패커드 지프차 창밖으로 본 파괴된 폐허는 그의 마음에 어두운 그림자를 드리웠다. 여기까지 오면서 그는 애나에게 시선을 돌려 이렇게 말했다. "다른 어느 때보다 독일군이 저지른 일에 '눈에는 눈' 식으로 보복해야 한다는 생각이 드는구나."[68]

하지만 애나는 잠시라도 차 밖으로 나가고 싶었다. 사라와 같은 문제에 부닥친 그녀는 밥을 먹는 것이 아닌 다른 목적을 위해 잠시라도 "차를 세워달라고" 아버지에게 "간청"했다.[69] 그러나 차에서 내린 그녀는 루스벨트의 정중한 식사 거절 의사를 몰로토프에게 전달해야 하는 임무를 맡았다.

애나가 화장실에 들어갔을 때 그녀는 식탁 위에 차려진 엄청난 진수성찬을 보고 "경악"했다.[70] "보드카, 와인, 캐비아, 생선, 빵, 버터 그리고 수많은 음식이 차려져 있었다." 루스벨트는 화려한 러시아 식탁에 관심이 없었고, 테헤란회담 때도 요리사를 데려가서 자신이 좋아하는 음식을 먹었었다.[71] 해리먼은 다시 한 번 루스벨트가 직접 준비한 음식을 먹도록 사전에 조율해서 그에게 오래 봉사한 필리핀 출신 요리사를 얄타로 데려올 수 있도록 했다. 그러나 지금은 단순히 음식 선호의 문제가 아니었다. 주치의인 브루엔은 위험한 상태까지 오른 루스벨트의 혈압을 낮추기 위해 엄격한 식이요법을 지시했다. 지금 식탁에 산더미처럼 쌓인 기름지고 염분이 많이 들어간 음식과

술은 절대 금물이었다. 애나는 전날 밤 아버지의 혈압이 아주 높게 치솟은 것을 알고 있었다.[72] 엄격한 식이요법에서 살짝 벗어나기만 해도 그는 위험한 상황에 처할 수 있었다. 루스벨트가 초대 측의 호의에 답하고자 잠시 멈춰서 간단한 점심을 먹고 싶어 한다 할지라도 지금 애나 앞에 차려진 캐비아, 염장한 생선, 육류를 그는 먹을 수 없었다.

애나는 몇 분 동안 차 안에 있는 아버지와 휴게소 안의 몰로토프 사이를 바쁘게 오가며 소련 측의 초대를 가능한 한 정중히 거절하려고 애썼다.[73] 러시아어를 전혀 할 줄 모르는 그녀는 소련 측 통역인 파블로프의 도움을 받았다. 몇 분간의 어색한 소통 끝에 결국 애나는 몰로토프가 국제적 사건을 일으킬 수 있는 생각을 포기하도록 만드는 데 성공했다. 그녀가 차에 올라타자 미국 대표단은 다시 길을 떠났다. 그사이 처칠과 사라는 소련 외무장관과 식사를 즐겼다. "그 강인한 늙은 새는"[74] 애나는 자신의 일기에 처칠을 이렇게 칭한 다음 "재빠르게 초대를 수락했고 나는 그들이 마음껏 즐기게 했다"라고 적었다.

루스벨트가 산악도로로 다시 출발할 때 애나는 소련 관리들의 얼굴에서 유감이나 불만의 표정을 보지 못했다. 그녀는 미국 대표단의 출발로 영국인들이 불편해지지도 않았다고 생각했다. 루스벨트와 마찬가지로 처칠도 이미 차 안에서 점심을 먹었고, 해가 있는 동안 산길을 계속 가고 싶었다. 그러나 두 서방 지도자 모두 소련 측의 호의를 무시하고 떠나는 것은 예의에 어긋나고, 몰로토프와 소련 측을 크게 낙담시킬 것이라고 생각했다. 그래서 사라와 윈스턴은 식욕이 별로 없는 것을 가능한 한 감추고 잔치를 즐기기로 했다.[75] 그때서야 몰로토프, 비신스키, 구세프의 얼굴에서 실망의 빛이 사라졌다.

차려진 점심은 아주 맛있어서 처칠은 차 안에서 햄샌드위치를 먹지 않았어야 했다고 생각했다. 그러나 서둘러 길을 재촉한 미국 대표단을 잊을 수는 없었다.[76] 루스벨트가 미국 서부영화의 주인공처럼 석양을 향해 남서쪽으로 달려가자 미국 대표단 차량의 후미등이 점차 희미해졌다. 소련 측도 이것을 가볍게 지나치지 않았다. 한때 영국인들과 미국인들은 한 몸처럼 움직였다. 한쪽의 말과 행동은 반대편의 말과 행동을 완벽하게 보완했다. 그러나 점심 식사 시간의 에피소드가 보여주듯 최근 들어 이 통합의 과시에 균열이 생긴 것처럼 보였다. 소련 측은 앞으로 회담 기간 중 이 균열을 기꺼이 활용하기로 했다.

6장

1945년 2월 3일

오후 6시 미국 대표단 차량의 바퀴는 목적지 입구에 깔린 자갈을 밟으며 멈춰 섰다.[1] 캐슬린이 이들을 맞이하기 위해 리바디아 궁전 입구에 마중 나와 있었다. 어둠 속에서 루스벨트가 탄 차량이 나타나 궁전 앞에 멈춰 섰다. 일꾼들이 완전히 닦아내지 못한 더께가 남아 있기는 했지만 리바디아 궁전은 황실 궁전 같은 우아함을 아직 과시하고 있었다. 쏟아지는 차량의 불빛 속에서 캐슬린은 마치 자신의 집에 찾아온 손님들을 맞는 여자 성주 같아 보였다. 대놓고 그런 권위를 그녀에게 준 사람은 없지만 의문을 제기하는 사람도 없었다. 그녀는 아무런 공식 직함은 없었지만, 그녀의 아버지가 대통령의 차 뒤를 따라오는 상황에서 그녀는 현재 차르의 궁전에서 가장 눈에 띄는 미국인이 되었다.

루스벨트가 차에서 내려 궁전 안으로 들어왔고, 캐슬린은 태어나서 처음으로 그를 자세히 볼 수 있었다. 캐슬린은 다른 연합국 지도자들을 이미 본 적이 있었다. 스탈린은 1944년 10월 모스크바의 발레극장에서 만났고, 처칠 가족은 그녀가 오랫동안 가장 가까운 친구로 생각하고 있었다.[2] 캐슬린은 1941년 런던에 도착한 지 2주 만에 기자회견에서 여왕에게 소개되었다.[3] 그러나 그녀는 자신의 대통령인 루스벨트는 만난 적이 없었다. 캐슬린은 자국의 대통령을 처음 만난 곳이 러시아라는 사실이 얼마나 아이러니인가라고 생각했다.[4] 그 사이 모스크바의 호화 호텔 메트로폴의 지배인이 루스벨트 주변을 부산히 움직였다. 그는 연신 과할 정도로 머리를 조아리면서 틈날 때마다 "각하Your Excellency"[5]라는 호칭을 붙이며 세상에 루스벨트를 모시는 것보다 더 큰 기쁨은 없는 듯 행동했다.

대표단은 계속 차에서 쏟아져 내렸고, 캐슬린은 이들을 휑한 현관 안쪽 홀로 이끌었다. 추운 여행으로 몸이 얼어붙은 여행자들이 환호할 수 있게 벽난로 안에는 장작불이 활활 타오르고 있었다.[6] 입구 오른쪽에는 회담 전체회의가 진행될 무도회장이 있었다. 왼편으로는 루스벨트가 사용하게 된 차르가 쓰던 개인 집무실과 식당이 있었다. 이곳은 2층에 있는 차르의 침실보다 휠체어가 접근하고 이동하기에 편한 공간이었다. 차르는 자신의 황실 침실을 가지고 있었지만, 자는 동안 들이닥칠 수 있는 암살자를 피하기 위해 매일 밤 궁전 안의 다른 방에서 잠을 잤다는 소문도 있었다.

대표단이 다 도착한 후 캐슬린은 새로운 소식이 담긴 편지를 가장 가까운 친구인 파멜라 처칠에게 쓰기 시작했다. 그녀는 모스크바의 대사관저에서 쓰던 것과 마찬가지로 모든 소문과 여기서 일어나는 일을 그녀가 자세히 알도록 편지에 적었다. 가장 자주 편지를 주고받는 사람은 캐슬린의 언니 메리였지만, 파멜라에게 편지를 쓰는 데는 특별히 좋은 점이 있었다. 처칠 수상의 며느리인 파멜라는 러시아에서 캐슬린이 보내는 편지에 서술된 정치 사안과 인물들을 잘 이해한다고 믿을 수 있는 사람이었다. 파멜라는 영국 대표단과 미국 대표단의 주요 인물을 거의 모두 속속들이 알고 있었다. 파멜라와 캐슬린은 엘리트 서클에 받아들여진 몇 안 되는 여자에 속했고, 두 사람은 전쟁 중 처칠의 저택인 차트웰과 런던에서 개최되는 지도자들의 만찬과 기타 모임에 자주 초대되었다. 사라도 이런 인물 중 하나였지만 그녀는 대부분의 시간을 메드멘햄의 공군기지에서 보냈다. 파멜라는 직접 얄타에 오지는 않았지만, 마음은 이곳에 와 있었다. 회담이 끝난 후에는 캐슬린이 회담에 참석한 사람들 중 런던에 있는 파멜라에게 자신의 편지를 전달할 사람을 골랐다.[7]

파멜라에게 보내는 편지에 썼듯이 캐슬린이 루스벨트 다음으로 가장 만나고 싶어 한 사람은 애나였다. 그녀는 지금 막 아버지를 따라 궁전으로 들어왔다. 애나는 남편 존 보티거와 함께 선밸리를 방문한 적이 한 번 있었지만, 캐슬린은 런던에 있었기 때문에 애나를 만나보지 못했다. 존이 선밸리에서 받은 첫인상이 썩 좋지 않아서 두 여자가 만날 기회가 마련되지 않았을지도 모른다. 존은 선밸리 리조트에서 어니스트 헤밍웨이와 사냥하다가 애버럴의 개 한 마리에게 총을 쏘는 사고를 냈다.[8] 애버럴은 최근에 워싱턴을 방문한 후 캐슬린에게 대통령의 딸은 "정확히 표현하자면 '아주 좋은 사람peach'이야"[9]라고 말해준 바 있었다. 캐슬린은 파멜라에게 "직접 만나서 확인해볼게"라고 썼다.

대표단이 거의 다 도착하자 캐슬린은 애나에게 다가갔다. 늘 그렇듯이 가볍고 친근한 태도로 캐슬린은 아이 셋의 엄마인 애나가 리바디아 궁전에 온 것을 환영했다. 한쪽에서는 지배인이 대통령에게 연신 머리를 위아래로 흔들며 시중을 들고 있었다. 사람들이 이 재미있는 광경을 보고 있는 동안, 캐슬린도 공감하며 애나와 함께 웃음을 터뜨렸다. 캐슬린은 애나에게 이 지배인이 "지난주에 하루 서너 번 이상 유리 식기와 본차이나 식기를 '차렸다가 다시 돌려놓기'[10]를 반복했다"고 말해주었다. 소련 사람들은 벽에 걸린 그림을 걸었다가 떼어내기를 반복하며 미국 손님들을 위해 좋은 분위기를 만들려고 애써서 캐슬린은 "이 사람들이 언제 마음을 결정할 수 있을지" 염려했다.

루스벨트와 애나가 리바디아 궁에 도착하기 전까지는 누가 봐도 캐슬린이 이 성의 성주였다. 그러나 애나가 도착한 지 몇 분 만에 극적으로 권력구조가 바뀌었다. 애나는 코트를 미처 벗기도 전에 연속으로 지시를 쏟아냈다. 저녁 식사 전에 마티니 한 잔씩 마시는 루스벨트의 습관(의사의 지시에 상반되는 습관이었지만)을 바꿀 필요가 없다고 생각한 그녀는 경호원을 보내 진을 구할 수 있는지 알아보도록 했고, 캐슬린에게는 어디서 얼음을 구할 수 있는지를 물었다.[11] 캐슬린은 "냉동고가 어디엔가 숨겨져 있을 것"[12]이라고 말했다. 그러자 애나는 종이와 연필을 꺼내 저녁 식사 초대 명단을 만들기 시작했다. 그녀는 리바디아 궁전에 대해서나 소련 일꾼들, 또 이들이 방문객이 오기 전에 한 엄청난 작업에 대해서는 아는 게 없었지만 캐슬린을 직무에서 바로 해방시키고 자신이 세 딸 중 서열이 가장 높음을 내세웠다.

애나가 음료를 만드는 일에 신경 쓰는 동안, 캐슬린이 세심하게 짠 방 배치 계획에 따라 손님들에게 방이 배정되기 시작했다. 요행히도 해리먼과 캐슬린이 준비 과정에서 겪은 고생을 알지 못하는 루스벨트는 숙소에 만족한 듯했다.[13] 해리 홉킨스의 아들이며 사진사인 로버트 홉킨스만이 캐슬린이 마지막 순간에 마련한 임시숙소에 감히 불평을 털어놓았다. 그의 숙소는 건물 처마 아래 임시로 만들어진 병사들 숙소였다. 그가 좀 "심하게 불평한다"[14]고 캐슬린은 생각했다. 그러는 사이 애버럴도 애나와 캐슬린의 노력에 동참했다. 그는 애나에게 마치 자신이 방 배정을 한 것처럼 자신이 전혀 만족하지 못하는 것은 애나에게 배정된 방이라고 말했다. 애나의 방은 루스벨트 거처 옆 1층에 마련되었는데, 그것은 "칸막이 방cubicle"[15]이라고 부르는 것이 마땅할 정도였다. 만일 애나가 원한다면 캐슬린의 방을 같이 쓸 수도 있었다. 그 방은 더 컸지만 루스벨트의 방에서 떨어져 있었다. 그러나 남의 간섭을 덜 받고, 아버지 방에 가까운 위치를 고려하여 애나는 칸막이 방을 택했다. 화장실은 캐슬린과 같이 써야 했다. 그녀의 방은 정말 스파르타식으로 검소해서, 곧 부서질 것 같은 철제 침대 위에 "침대 스프링보다 한 피트나 짧은" 얇은 매트리스가 놓여 있었다. 그래도 이 방은 최소한 그녀 혼자 쓸 수 있는 방이었다. 많은 대령들 중 누구도 이런 호사를 누릴 수 없었다.

대표단이 숙소에 짐을 푸는 동안, 애나는 "재빠른 누군가를 보내"[16] 당구장으로 쓰던 방에서 대통령과 비공식 만찬을 하도록 선별된 사람들을 찾아오게 했다. 캐슬린과 애버럴은 국무장관 스테티니어스와 함께 누구를 부를 것인가를 결정했다.[17] 애나는 대통령의 가장 가까운 친구들도 포함시켰다. 파 왓슨과 해군으로는 최초로 원수로 승진한 합참의장 레이히 제독 같은 사람은 저녁 식사 자리를 편안한 가족 모임처럼 만들기 위해 초대되었다.[18] 아직 몸 상태가 좋지 않아 침대에 누워 있는 해리 홉킨스는 포함되지 않았다. 소련 측은 세심하게 신경 써서 만찬을 준비했다. 칵테일, 화이트 와인, 레드 와인, 샴페인, 캐비아, 염장 생선, 삶은 감자, 다양한 육류와 조류, 두 가지 디저트 그리고 디저트용 리큐어가 준비되었다. 만찬에 자리한 손님이 음식 접시를 그냥 다음 사람에게 넘길 때마다 그 자리에 있던 지배인은 치명상을 입은 듯한 표정을 지었다. 루스벨트는 미국 요리사가 준비한 음식을 먹었고, 저녁 식사 내내 친근한 태도를 유지했지만 너무 피곤해서 오래 시간을 끌며 식사를 할 수 없었다. 식사가 끝나자마자 그는 바로 잠자리에 들었다.

† † †

애버럴 해리먼의 업무는 저녁 자리가 치워지고 손님들이 각자 방으로 돌아가고 나서야 시작되었다. 그는 짐도 다 풀지 못한 상태에서 한 번 더 캐슬린을 남겨두고 리바디아 궁전을 나왔다. 그는 잠자리에 들기 전 두 가지 심부름을 해야 했다. 그는 어둠 속에 출발해서 다음 날 회의 의제를 정하기 위해 코레이즈 궁전으로 향했다.

자정 직전 그는 라스푸틴 암살자 중 한 사람이 소유했던 코레이즈 궁전에 도착했다. 그는 국무부에 세 명밖에 없는 러시아 전문가 중 한 사람으로서 유일하게 대표단에 포함된 칩 볼런을 데려갔다.[19] 전문성을 갖춘 사람이었지만, 44세의 볼런은 남이 대신할 수 없는 소련에 대한 지식 때문에 대표단에 포함된 것이 아니었다. 그는 루스벨트의 통역을 맡기 위해 이곳으로 왔다. 두 사람은 소련 경비병들이 세 곳의 검문소에서 자신들의 신원을 확인하는 동안 참을성 있게 기다렸다.[20] 한 곳에서는 경비견도 같이 있었다.

자정 후 10분이 지나서야 해리먼과 볼런은 드디어 내부로 들어갈 수 있었다.[21] 몰로토프가 자신의 통역인 블라디미르 파블로프를 대동하고 이들을 기다리고 있었다. 해리먼이 몰로토프와 자정에 회동하는 것은 이제 일상적인 일이 되었다. 1943년 10월 해리먼이 모스크바에 미국 대사로 도착했을 때, 소련 외무장관인 몰로토프는 특이한 인사말로 그를 환영했다. 그는 소련 사람들이 해리먼을 "상대하기에 아주 까탈스러운 사람"[22]으로 생각하고 있다고 말했다. 해리먼이 자신은 친구로 왔다고 하며 이 말에 이의를 제기하자, 몰로토프는 자신이 한 말은 칭찬이라고 대답했다. 이후 두 사람은 조심스럽게 신뢰를 쌓아왔다.

즐거운 인사말에 이어 대통령이 숙소를 마음에 들어 한다는 사실을 전하고 나서 해리먼은 바로 업무 얘기를 시작했다.[23] 해리먼은 루스벨트가 군사 문제를 회담의 첫 의제로 삼고 싶어 한다고 몰로토프에게 얘기했다. 연합군은 각각의 전선에서 아주 빠르게 베를린을 향해 진격하고 있었기 때문에 세 나라의 군사령관은 연합군이 서로를 공격하는 상황을 피하기 위해 군사작전을 상호 조율하기를 원했다.

늘 그랬듯이, 처음에 나오는 미국의 제안을 거부하기로 작정한 몰로토프는 스탈린은 독일 문제를 먼저 논의하고 싶어 한다고 되받아쳤다.

해리먼은 두 주제는 근본적으로 같으며 하나의 주제라고 말했다. 그는 타협안으로 독일에서의 군사작전 조율을 먼저 논의하고 이어서 독일의 정치적 문제를 논의하자고 제안했다. 몰로토프는 이 제안에 동의했다.

이 문제가 해결되자 해리먼은 다음 날 저녁 첫 전체회의 종료 후 대통령과 미국 측이 주최하는 만찬에 스탈린과 몰로토프를 초청하고 싶다는 의사를 전했다. 물론 영국 수뇌부도 초청될 예정이었다. 몰로토프는 스탈린이 당연히 이 초대에 "기뻐할 것이지만"[24] 다음 날 아침 이를 확인해야 한다고 말했다.

해리먼은 루스벨트를 대신해서 몰로토프에게 마지막으로 전할 메시지가 있었다. 의제를 확정하고 만찬 초청을 전달하는 일은 큰 문제가 아니었고 논란의 여지도 없었다. 그러나 마지막 제안은 성격이 달랐다. 루스벨트는 스탈린이 자신의 등 뒤에서 두 사람이 음모를 꾸민다는 의심을 할까 봐 몰타에서 처칠과 단둘이 회동하는 것을 거부했었다. 하지만 이런 염려는 다른 방향으로는 적용되지 않았다. 만약 루스벨트가 해리먼을 보내 소련에 이런 요청을 한 사실이 알려진다면 처칠은 크게 화를 낼 가능성이 있었다. 해리먼은 스탈린이 첫 전체회의 시작 한 시간 전에 리바디아 궁전으로 와서 루스벨트를 만날 수 있을지 물었다. 그는 이 회동은 전적으로 "사적인"[25] 것이지만, 스탈린이 그렇게 해준다면 루스벨트가 더할 나위 없이 고마워할 것이라고 말했다.

몰로토프는 자신이 "(스탈린) 원수의 마음을 잘 안다"[26]고 대답했다. 그는 스탈린이 기꺼이 루스벨트와 개인적 회동을 가질 것으로 확신한다고 말했다. 이는 스탈린이 바라던 바이기도 했다. 스탈린은 다음 날 오후 4시 루스벨트를 방문하기로 했다.

몰로토프와 작별한 해리먼은 그날 밤 두 번째 협의를 위해 어두운 해안 길을 따라 보론초프 궁전으로 갔다. 그날 초저녁 처칠 수상은 리바디아 궁전에 개인 비서를 보내 다음 날의 계획에 대해 물어보았다.[27] 영국 측은 루스벨트가 회담의 첫 의제로 어떤 문제를 논의할지를 알지 못했다. 볼런은 상세한 사항은 지금 논의 중이며 다음 날 아침 전화를 걸어 절차적 문제를 알려주겠다고 이미 말했었다.[28] 해리먼은 지금 직접 처칠에게 다음 날 전체회의에 대한 일반적 정보를 알려줄 수 있었다. 그러나 그가 자정 넘어 처칠을 방문하는 것은 전적으로 업무적 이유 때문만은 아니었다. 이 방문은 오랜 친구와의 개인적 만남이기도 했다.

영국 대표단은 미국 대표단이 만찬을 시작했을 때까지도 보론초프 궁전에 도착하지 않았다. 몰로토프, 비신스키, 구세프는 잔치 같은 분위기로 점심 식사를 하면서 건배를 계속하며 영국 대표단을 한 시간 반이나 잡고 늘어졌다.[29] 그래서 영국 대표단이 다시 길에 나섰을 때는 이미 해가 지기 시작했다. 처칠 수상은 깜깜한 어둠 속에 구불구불 산길을 지나 목적지까지 가는 동안 바이런 경의 〈돈 후안Don Juan〉 송시를 사라에게 암송해주었다. 차량의 헤드라이트가 어둠 속에 줄지어 선 이름 없는 병사들의 모습을 비춰주었다. 처칠 일행이 보론초프 궁전에 도착했을 때 어둠 속에서도 건물 창문에서 나오는 불빛이 궁전의 윤곽을 비추고 있었다. 이 궁전은 하얀 돌로 만든 거대한 사자들이 지키고 있었다. 궁전의 건축양식은 특이했다. 마치 모스크가 스위스의 뾰족한 목조 주택인 샬레를 삼킨 듯한데, 그 안에는 스코틀랜드 남작 저택의 홀 같은 공간이 펼쳐져 있었다. 기이한 구조는 내부로 이어졌다.[30] 리바디아 궁전과 달리 독일군은 보론초프 궁전의 가구와 장식을 거의 건드리지 않았고, 식당의 벽난로 위 양쪽 벽에는 익숙한 사람들의 초상화가 걸려 있었다.[31] 18세기 영국 주재 러시아 대사였던 세묜 보론초프 백작의 딸 하나는 열한 번째 펨브로크 백작Earl of Pembroke●인 조지 허버트와 결혼했다. 허버트가의 초상화는 처칠로 하여금 마치 영국에 있는 듯한 기묘한 느낌을 주었다.

캐슬린이 리바디아 궁전의 회담장과 미국 대표단의 숙소를 준비하는 동안 영국 측에서는 처칠의 군사보좌관 퍼그 이즈메이Pug Ismay가 자신의 측근 조앤 브라이트를 보내 영국 대표단의 숙소를 챙기도록 했다. 그녀는 회담 기간 중에 보론초프 궁전에 머물지는 않았지만, 그날 저녁에는 고위 대표들에게 방을 안내하느라 늦게까지 남아 있었다. 그녀가 처칠에게 그가 머물 장소를 보여주자 처칠은 그 방에 만족하지 않았다. "그런데 사라의 방은 어디지? 나는 사라가 내 거처 근처에 머물도록 했는데."[32] 처칠은 사라가 안전하고 건강하게 머물 수 있도록 바로 자기 옆방에 숙소가 있기를 바랐다. 브라이트는 이 요청을 잘 알고 있었지만 수행할 수는 없었다고 말했다. 사라의 침대를 놓을 수 있는 유일한 장소는 처칠의 침실 문밖의 복도였는데, 그

● 펨브로크 백작 지위Earldom는 12세기에 잉글랜드의 스티븐 국왕에 의해 하사되었다. 현재 열여덟 번째 펨브로크 백작은 윌리엄 허버트이다.

곳은 사라가 자는 동안 처칠의 침실을 경비하는 영국 해병과 러시아 병사들이 훤히 보이는 장소였다. 브라이트는 홀에서 조금 떨어진 곳에 사라의 침실을 정했다. 그때 처칠은 심하게 짜증이 나서 처칠의 해군 보좌관 토미 톰슨은 처칠이 분통을 터뜨리기 전에 브라이트에게 사라를 찾아오도록 했다.

해리먼이 보론초프 궁전에 도착한 것은 늦은 시간이었지만 처칠은 정신이 말똥말똥했다. 해리먼은 런던에 주재할 때 저녁 늦은 시간 처칠과 카드게임을 하며 세상 문제에 대해 논의하기 위해 다우닝가의 수상 관저를 방문하곤 했다. 처칠은 수상인 자신이 영국 동료들과 카드게임을 하는 것은 적절한 행동이 아니지만, 루스벨트의 특사로 파견된 해리먼이 수상과 카드게임을 하는 것은 아무 문제가 되지 않는다고 했다.[33] 해리먼은 처칠이 자신과 함께 있는 것을 좋아하는 진짜 이유는 자신이 "모든 주제에 대해 솔직하게 의견을 개진하고, 처칠은 동의하지 않더라도 다른 견해에서 받는 자극을 즐기기 때문"[34]이라고 자기 부인에게 편지로 적어 보냈다. 해리먼은 소련 대사로 일하는 동안 루스벨트에게는 그렇게 할 수가 없었다.

그날 밤 해리먼은 처칠이 자신에게 가장 가까운 사람인 사라, 앤서니 이든, 모런 경과 함께 있는 모습을 보았다. 처칠이 가졌던 초조감은 많이 가라앉은 듯했지만 그 대신 훨씬 무거운 뉴스가 전해진 상태였다. 영국 대표단은 지중해에 추락한 영국 수송기에 대한 완전한 보고를 받았다.[35] 항법 장치의 이상과 나쁜 날씨로 인해 그 비행기 승무원들은 몰타와의 무선 연락이 두절되었다. 기상이 악화되면서 이들은 방향을 잃었고, 그 작은 섬을 찾기 위해 몇 시간을 헤매다가 연료가 바닥나기 시작했다. 그러다가 마침내 작은 섬처럼 보이는 점을 발견했다. 그곳이 몰타라고 생각한 승무원들은 다시 교신을 시도했지만, 아무 소리도 듣지 못했다. 이들이 발견한 점 같은 물체는 몰타가 아니라, 이탈리아 본토에서 백 마일 떨어진 작은 바위섬인 람페두사였다. 조종사는 작은 만을 발견하고 필사적으로 그곳에 착륙하려고 시도했다. 놀랍게도 그는 비행기를 수면에 거의 착륙시켰지만, 어둠 때문에 수면 아래 침몰한 배의 잔해가 있는 것을 발견하지 못했다. 물 위에 미끄러지면서 비행기는 침몰한 배의 선체와 충돌했다. 배의 잔해가 비행기 동체 한가운데를 찢어놓았다. 해수가 바로 선실에 들어차서 네 명의 승무원과 승객을 제외한 모든 사람이 익사했다. 그중에는 회담에 필요한 사항을 속속들이 알고 있는 세 명의 외교부 직원도 포함되어 있었다.[36]

사망자들을 애도한 처칠은 곧 몰타에서 하루를 헛되이 보낸 데 대해 역정을 냈다. 그는 루스벨트가 지금 현안이 되고 있는 문제의 복잡성과 그런 문제를 소련 측과 협상하는 데 필요한 시간을 과소평가하고 있다고 생각했다. 독일 분할, 전쟁배상금 지급, 루스벨트가 구상하는 국제평화기구 구조, 소련의 태평양전쟁 참전, 동유럽 국가들의 자유선거 문제처럼 얽히고설킨 문제를 5~6일 만에 해결할 수 있다는 생각은 너무나 어리석었다. 처칠은 논의될 문제 중 폴란드의 미래와 폴란드 독립에 대한 미국의 유화적인 자세에 가장 분노했다. "우리는 스탈린에 동조하지 않는 국민들이 제거된 상태에서 폴란드가 소련의 위성국이 되는 데 동의할 수 없습니다. 미국 측은 폴란드 문제의 심각성을 전혀 깨닫지 못하고 있습니다. 몰타에서 내가 폴란드의 독립 문제를 언급하자 그들은 '그러나 지금 사활이 걸린 문제는 아니'라고 답했습니다."[37] 그는 분통을 터뜨렸다. 사실이 그렇다면 이 문제는 이미 너무 늦어버렸다. 서방 연합국이 폴란드의 독립을 보장해주지 못한다면, 미국인들이 서둘러 워싱턴으로 돌아갈 때 처칠은 런던에 있는 폴란드 망명정부 지도자들의 눈을 똑바로 쳐다보면서 더 이상 그들의 주권국가는 없는 상황임을 말해줘야 했다. 무엇보다도 나쁜 것은, 영국이 세계무대에서 입지가 약화되어 루스벨트의 지원 없이는 소련이 올바른 방향으로 나가도록 강제할 수 없음을 처칠이 깨달은 것이었다.

해리먼은 늘 패기만만한 처칠 수상을 방문하고 정신이 번쩍 들었다. 반시간 뒤 리바디아 궁전으로 돌아온 그는 자신의 큰 염려를 믿고 털어놓을 수 있는 가장 신뢰하는 측근을 찾았다.

바르샤바 봉기 때 애버럴은 한밤에 캐슬린을 불러 베지크 게임을 하곤 했다. 아무 생각 없이 카드를 펼쳐놓고, 딸과 격의 없는 대화를 나누는 것이 카타르시스가 되었다. 지금은 카드는 없고 지친 대화만 할 수 있었다. 해리먼은 몰타에서 돌아온 후 처음으로 캐슬린과 사적인 대화를 하면서 보론초프 궁전을 방문한 후 생긴 걱정을 털어놓았다. 처칠은 "기분이 완전히 바닥"[38]이라고 해리먼은 캐슬린에게 말했다. 간단히 말해 루스벨트는 회담에서 "가장 좋은 결과를 얻을 준비"가 되어 있는 반면, 처칠은 "최악의 결과를 얻을"[39] 것을 예상하고 있었다. 폴란드의 운명이 처칠의 마음을 짓누르고 있었고, 그건 애버럴도 마찬가지였다. 비행기 추락과 전도양양한 뛰어난 외교관들의 사망 소식이 분위기를 최악으로 만들었다. 이 사고는 영국 대표단에게 너무 큰 충격을 안겨주었다. 외교부 전문가들 외에도 처칠과 그의 당은 가장 가까운 친구들을 잃었다. 앤서니 이든이 총애하는 경호원인 사전트 배틀리Sargent H. J. Battley,[40] 외무차관이자 회담 대표인 알렉산더 카도건의 비서 퍼트리샤 설리번도 사망자에 포함되어 있었다. 외교관인 피터 록슬리도 사망했는데 사고 소식을 들은 그의 부인은 전날 아이를 사산하고 말았다.[41] 앨런 브룩 원수도 부관인 바니 찰스워스Barney Charlesworth 대령[42]을 이 사고로 잃었는데, 브룩이 노솔트 공군기지를 출발하면서 찰스워스에게 한 마지막 말은 "몰타에서 보세"[43]였다. 이 말은 그를 계속 따라다녔다. 이 사고는 알타에서 보낼 일주일의 불길한 시작이었다.

약 36시간 전에 시작된 애버럴의 하루는 이제야 끝났다. 드디어 그는 잠을 청할 수 있었다.

애버럴이 마음의 부담을 덜기 위해 캐슬린에게 의지한 것처럼, 캐슬린도 마음을 털어놓을 사람이 필요했다. 그 사람은 파멜라 처칠이었다. 파멜라를 처음 만났을 때부터 캐슬린은 그녀가 "지금껏 만난 여자들 중 가장 현명하다"[44]고 생각했다. 의기투합한 두 여인은 런던의 등화관제를 뚫고 음악과 춤을 즐길 수 있는 장소를 찾아다녔다. 두 사람은 처칠 수상의 저녁 만찬 테이블에서 전쟁의 극적인 순간을 목격했다. 이들은 많은 친구를 얻기도 했고 잃기도 했다. 특히 런던 인근에 주둔했던 전투기 조종사들이 집으로 돌아오지 못했다.[45] 캐슬린은 소련에서 생활하면서 접한 가십과 자신이 관찰한 바를 편지에 적어 보내 파멜라와 공유했다. 그리고 런던을 떠나온 후 소련에서 자신과 애버럴이 맞닥트린 도전에 대한 염려도 털어놓았다. 캐슬린은 애버럴이 연합국 간 회의나 몰로토프와의 밤늦은 논쟁에서 돌아올 때마다 자신과 공유한 염려에 대해서도 파멜라에게 썼다. 파멜라는 이러한 우려를 이해할 수 있는 사람이었다. 그녀는 시아버지 처칠과 그의 이너서클inner circle이 똑같이 겪는 초조감에 대해 많은 이야기를 들었다. 회담 닷새 전부터 캐슬린이 얄타에서 쓰기 시작한 편지는 건물 내부 배관의 부재를 비롯해 준비가 한참 덜 된 리바디아 궁전 상황에 대한 재담으로 가득 찼지만, 그 이면에는 캐슬린이 소련에서 자신의 시각으로 바라본 전쟁의 비극과 참상에 대한 서술이 담겨 있었다. 이제 그녀는 암울한 어조로 이렇게 적었다. "현재로서는 모든 사람이 행운과 최선의 결과를 기다리고 있어."[46]

캐슬린이 파멜라에게 자주 편지를 쓰는 데는 또 다른 이유가 있었다. 얄타회담이 가까워오면서 전쟁의 결과가 어떻게 되고, 그것이 국가들에게 어떤 영향을 미칠까에 모든 에너지가 집중되었다. 캐슬린은 애버럴이 얄타에서 처칠을 다시 만나면 특히 개인적 관점에서 미래를 생각하게 될 것임을 알고 있었다. 1942년 이집트 엘 알라메인El Alamein 전투에서 거둔 연합군의 승리가, 처칠이 말한 것처럼 연합군이 드디어 전세를 뒤집은 "시작의 끝"[47]이었다면 1945년 겨울은 끝의 시작처럼 보였다. 드디어 전쟁은 막바지로 치닫고 있었다. 애버럴은 전쟁이 끝나자마자 어려운 선택을 해야 한다는 사실에 직면할 수밖에 없었다. 그 선택은 캐슬린과 애버럴뿐만 아니라 파멜라에게도 큰 영향을 미칠 것이었다.

† † †

1941년 런던의 폭풍 같은 밤에 휩쓸리지 않는 것은 거의 불가능했다. 낮에는 모래주머니, 돌무더기, 남루한 제복들이 런던 풍경을 음울하게 만들었지만, 밤이 되면 위험과 파멸 속에서도 런던은 다른 세상 같은 낭만적인 마술을 뿜어냈다. 이런 광경에 사로잡힌 캐슬린은 마치 월트 디즈니가 만든 "판타지"[48]의 전쟁판에 살고 있는 것 같았다. 런던의 흰색 건물들은 독일군의 공습에도 아랑곳하지 않고 시내를 달리는 검정 택시들이 달리며 비추는 불빛에 반사되어 옅은 색으로 빛났다. 택시 운전사들은 젊고 모험심 많은 사람들을 지하 클럽이나 도체스터, 리츠, 사보이 같은 호텔로 실어 날랐다. 그곳에서는 매일 밤 일류 재즈 악단이 연주를 하고 있었다. 런던에서 가장 안전한 장소로 여겨진 도체스터 호텔에서는 애버럴 해리먼을 비롯한 미국 손님들이 왕족처럼 생활하고 있었다. 이들은 배급이 무엇인지 알 필요가 없었고, 그것은 상상 속의 허구처럼 보였다. 미국 사람들은 굉장히 인기가 좋았다. 어느 날 캐슬린은 플리트가Fleet Street에서 젊은 병사를 한 명 만났는데, 그는 "잠깐만 기다리세요. 가서 미국 사람을 만났다고 말하고 다시 올게요."[49]라고 말했다. 애버럴은 부인 마리에게 쓴 편지에 "만일 그 애를 스파르타식으로 키우지 않았다면(나는 기여한 게 없지만), 그 애는 굉장히 버릇없을 수도 있었겠어요"[50]라고 쓰기도 했다. 영국인들은 아직 중립을 지키면서도 영국을 도우러 온 미국인들에게 크게 고마워했다. 특히 자발적으로 영국에 온 캐슬린 같은 미국인에게는 더 그랬다. 루스벨트가 애버럴에게 말한 대로,

캐슬린은 그가 그해 봄 영국에 거주하도록 특별히 허가한 단 두 명의 미국 여성 중 하나였다.[51] 또 다른 여성은 위넌트 대사의 부인이었는데, 그녀는 런던에 오래 머물지 않았다.

다른 사람들에게는 재즈 악단, 멋진 호텔, 자신들에 대한 찬탄, 위험이 평생 기억될 흥분을 주었겠지만, 해리먼 부녀에게는 처칠 가족과의 우정이 다른 어떤 것보다도 중요했다. 윈스턴 처칠은 바로 해리먼을 자신의 이너서클에 포함시켰다. 그는 해리먼을 전쟁내각 회의에 오게 했는데, 이것은 외국인으로서는 전례 없는 특권이었다. 처칠은 체커스 저택의 주말 모임에도 해리먼을 초청했다. 캐슬린은 1941년 5월 런던에 도착하자 바로 주말 모임에 초대되었다. 캐슬린은 처칠 수상을 만난 직후 언니에게 보내는 편지에 이렇게 썼다. "마치 만화에서나 볼 수 있을 것 같은 놀라운 모임이었어."[52] 처칠은 캐슬린이 생각했던 것보다 키가 작았고, "훨씬 덜 살쪄 보였고" 상상했던 것 이상의 강한 인상을 남겼다. "나는 엄청 위압적인 사람을 생각했는데, 그는 정반대로 아주 친절하고 멋진 미소를 띠고, 말을 나누기에 전혀 부담이 없었어." 캐슬린은 처칠이 마치 영국인 한 명 한 명에게 말을 하는 것처럼 느꼈다. 어느 날 캐슬린은 영국 공군에 20개월 복무하고 큰 부상을 입은 조종사를 만났다. 그는 열한 대의 독일기를 격추시켰고 자신은 네 번이나 격추를 당했다. 그는 자신의 편대에서 살아남은 단 두 명의 조종사 중 한 명이었다. 28세밖에 안 된 그는 자신이 곧 죽을 것을 알았지만, 자신의 운명을 차분히 받아들였다. "그는 견디기 힘들 때 자신에게 힘을 주는 것을 나에게 보여주었어. 처칠이 영국 공군의 공훈을 치하하며 '세계 역사상 이렇게 소수의 사람들에게 많은 사람들이 크게 빚진 적은 없었다'고 말했어."[53] 그녀는 언니에게 이렇게 적어 보냈다.

캐슬린은 처칠 수상에게서 느낀 따뜻함을 얼마 후 그의 가족 전체에게서도 받았다. 캐슬린은 조용하고 자애로운 클레먼타인을 존경했다. 그녀는 언니에게 처칠의 부인이 "아주 상냥하고, 자신의 생활을 전부 남편에게 바치고 아주 겸손하게 한 발 뒤에 물러나 있는 사람이야. 가족 모두가 처칠 수상을 신처럼 떠받들고 그녀는 주목받지 못하고 있어서, 누군가 그녀에게 신경 써주면 아주 기뻐하셔"[54]라고 썼다. "그녀가 말 많은 위넌트 부인 같다고 생각하지 마. 그녀는 자신의 생각이 뚜렷한 여자야"라고 캐슬린은 자신이 관찰한 바를 적었다. 캐슬린은 처칠의 세 딸과도 금방 친해졌다. 특히 자신과 나이가 비슷한 사라, 메리와 가까워졌다. 캐슬린은 사라가 "엄청나게 좋은 여자"[55]라고 생각했지만, 그녀의 남편 빅토르 올리버에 대해서는 좋은 평가를 하지 않았다. 그녀는 사라가 놀라울 정도로 재능 있는 배우인 것은 잘 알지만 그녀의 결혼 생활은 행복한 것 같지 않다고 언니에게 썼다.[56] 그녀는 사라가 "무대 위에서 연기하는 것이 미치지 않기 위한 하나의 방법"[57]이라고 썼다. 캐슬린은 무슈에게 런던에서 구할 수 없는 옷가지와 다른 필요 물품들을 보내달라고 부탁할 때, 처칠의 딸들에게 선사할 손톱 매니큐어, 스타킹, 화장품, 액세서리를 주문했다.[58] 캐슬린의 새어머니도 캐슬린과 새 친구들을 위해 여행 가방 가득히 많은 물건들을 보냈다.[59] 그런데 처칠 가족 중 캐슬린의 가장 가까운 친구는 처칠과 클레먼타인의 생동감 넘치는 며느리이자 랜돌프의 부인인 파멜라였다.

파멜라는 캐슬린보다 두 살 아래였다. 해리먼은 서로 좋은 친구가 되기를 바라며 두 사람을 소개해주었다. 캐슬린은 곧 언니에게 보낸 편지에 파멜라에 대한 찬사를 담았다. 그녀는 "가장 뛰어나고 가장 현명한 여자"[60]였다. 파멜라는 중요한 사람을 거의 다 알고 있는 것 같았다. 그러나 캐슬린은 새 친구에 대한 동정심도 생겼다. 파멜라는 장난스럽고 밝은 태도 뒤에 심각한 문제를 감추고 있었다. 그녀의 남편 랜돌프가 파멜라에게 충실하지 않고 도박으로 상당한 빚을 졌다는 사실은 공공연히 알려져 있었다. 지금 그는 군에 입대해 멀리 가 있었고, 파멜라는 갓 태어난 아기 윈스턴을 키우며 이리저리 돈을 끌어모아 랜돌프의 빚을 갚아나가고 있었다.

해리먼 부녀는 영국의 권력 중심부에서 오래 머물수록, 대서양 양안 사이에서 표류하는 느낌을 받았다. 시간이 흐르면서 이들은 고국에 있는 친구들과 동질성을 유지하기가 힘들다고 느꼈다. 1941년 8월 캐슬린은 언니 메리로부터 편지를 받았다. 메리는 뉴욕 친구들이 생각하기에 미국은 영국을 구할 목적으로만 참전해야 한다고 적었다. "아마도 지금쯤 언니는 그 문제에 대한 아빠의 생각을 들었을 거야. 아빠는 그 문제를 아주 중요하게 생각해"[61]라고 캐슬린은 답장을 보냈다. "언제 그들은 미국이 구해야 할 대상이 영국 사람들이 아니라 그들 자신임을 깨달을 수 있을까?" 그녀는 마치 자신과 애버럴은 그 집단에 속하지 않는 것처럼 미국인들에 대해 "그들", "그들의"라는 표현을 썼다.

해리먼 부녀와 처칠 가족의 우정은 1941년 여름과 가을에 훨씬 깊어졌다. 처칠 가족은 캐슬린의 스물네 번째 생일을 축하하는 파티도 열어주었다. 실제 생일은 12월 7일이었지만, 생일을 하루 착각한 클레먼타인이 1941년 12월 6일 토요일 체커스 저택에서 생일파티를 열었다.[62] 캐슬린과 해리먼은 일요일까지 그곳에 머물며 처칠 가족, 위넌트 대사와 함께 친밀한 분위기 속에 식사를 즐겼다. 그 주말에 일본군이 진주만을 공격했다는 뉴스가 들어왔지만 위넌트 대사는 이곳으로 와서 주말을 보냈다. 캐슬린은 용이 그려진 실크 가운을 입은 처칠이 "지그jig 춤을 추고"[63] 애버럴이 벽난로 옆에 서서 어둡지만 만족스러운 안도의 표정을 짓는 모습을 보았다.[64] 영국은 단독으로 독일군을 절대 막아낼 수 없었고, 소련군은 독일군이 모스크바 인근까지 진격하면서 한계점에 다다른 것처럼 보였다. 해리먼은 미국의 참전은 피할 수 없는 일이라고 오래 생각해왔다.[65] 당장은 상황이 절망적으로 보여도 독일·이탈리아·일본 추축국 동맹이 패배할 것이라는 희망을 가질 수 있었다. 해리먼은 하와이가 공격당한 것은 분명 무서운 재앙이지만, 미국이 참전하지 않으면 전 세계적인 살육과 파괴가 더 심해질 것이라고 생각했다. 캐슬린은 무슈에게 이런 현실을 암울하게 전하며 "나를 더 행복하게 한 사건이 있었는지 모르겠어요"[66]라고 썼다.

처칠 가족과 해리먼 부녀는 그토록 놀라운 경험을 같이 나누며 친밀한 관계를 맺어갔다. 하지만 수상 관저와 백악관 사이를 중재하는 해리먼의 역할은 복잡해졌다. 해리먼은 공식적으로 미국의 국익을 대변해야 했지만, 때로 자신의 직업적 우선순위가 불분명할 때가 있다는 것을 발견했다. 1941년 여름 처칠은 해리먼에게 자신의 개인 사절로 중동 지역의 보급 상황을 시찰하고 와달라는 부탁을 했다. 캐슬린은 아버지가 "이렇게 흥분한 모습"[67]을 본 적이 없다고 생각했다. 기술적으로 보면 보급품 수요를 파악하는 일은 해리먼이 맡고 있는 무기대여법의 넓은 범위 안에 들어왔지만, 그는 루스벨트가 아니라 처칠의 사절로 시찰을 하게 된 것이다. 이집트 카이로의 연합군 사령부에 근무하고 있던 랜돌프 처칠이 해리먼의 안내를 맡았다. "저는 해리먼에게 대단한 인상을 받았고, 아버지께서 왜 그를 그렇게 존경하는지를 이해하게 됐습니다"[68]라고 랜돌프는 처칠에게 썼다. "그는 내가 가장 좋아하는 미국인이 되었습니다"라고 쓴 랜돌프는 좀 더 당돌한 자신의 관측도 편지에 담았다. "그는 자신이 R(루스벨트)보다는 아버지께 더 봉사한다고 여기고 있습니다"라고 은밀하게 말했다. "나는 아버지 주변 사람들 중 가장 객관적이고 영민한 그를 늘 옆에 가까이 두시기를 바랍니다." 해리먼은 한 번도 공개적으로 자신이 루스벨트보다는 처칠에게 더 충성한다고 말한 적은 없지만, 두 가족은 가능한 모든 방법으로 서로 깊게 엮였다. 직업적으로나 사교적으로뿐만 아니라 남녀관계에서도 그랬다.

캐슬린이 런던에 도착한 지 얼마 되지 않아 해리먼은 업무차 출장을 가게 되었다. 캐슬린이 런던 사람들은 이미 익숙해진 야간 공습에 아직 적응하지 못했다고 생각한 해리먼은 그녀를 혼자 런던에 두고 떠나는 것이 마음에 걸렸다.[69] 자신이 잦은 출장으로 집을 비우기 때문에 캐슬린에게 같이 지낼 친구가 있으면 좋겠다고 생각했다. 당시 파멜라는 폭격에 가장 취약한 도체스터 호텔의 꼭대기 층에 살고 있었다. 그러나 그녀는 경제적 문제로 거기에 살 수밖에 없는 상황이었다. 만일 파멜라가 해리먼 부녀의 집으로 이사하면 위험도 피하고 공습 중 캐슬린도 돌봐줄 수 있었다. 해리먼은 두 여인이 주말을 같이 보낼 수 있도록 서리Surrey에 시골 별장도 마련해주었다. 파멜라는 주중에 아들 윈스턴을 안전하게 이곳 보모에게 맡길 수도 있었다. 캐슬린은 아버지의 이런 조치를 선의의 표현으로 생각했다. 파멜라 같은 사람에게 보살핌을 받다니! 캐슬린은 마치 "최고의 암소"[70] 대우를 받는 것처럼 느꼈다.

그러나 얼마 지나지 않아 캐슬린은 아버지의 의도가 완전히 이타적이지는 않다는 것을 알아차렸다. 해리먼은 런던에 도착한 지 2주 후 체커스 저택의 저녁 식사 자리에서 파멜라를 처음 만났다.[71] 고전적인 미인은 아니었지만 동그란 얼굴에 붉은 머리를 한 파멜라는 생명력과 성적 매력을 발산했다. 랜돌프 처칠은 첫 데이트 때 그녀에게 프러포즈했다. 그리고 불과 3주 후인 1939년 10월 두 사람은 결혼했다. 1년 뒤 그녀는 아들을 낳았다. 많은 영국 여자들이 파멜라의 위치에 갈 수만 있다면 무엇이라도 할 수 있었을 것이다. 그러나 파멜라는 처칠 시대 다음 세대의 부인이자 엄마가 되는 것 이상을 지향했다. 19세기에 살았던 그녀의 조상 제인 딕비Jane Digby처럼 그녀는 남자들이 저항할 수 없는 매혹적인 여자가 될 수 있다고 생각했다. 딕비는 영국 귀족부터 바바리아 왕, 그리스 왕, 시리아 왕에 이르기까지 수많은 애인을 거느리고 있었다. 파멜라는 만나는 사람 모두, 특히 모든 남자를 그 방에서 가장 멋진 사람으로 느끼게 만들어주는 대단한 재능을 가지고 있었다.[72] 애버럴 해리먼도 예외가 아니었다.

애버럴은 49세, 파멜라는 21세였지만, 두 사람은 보자마자 서로에게 끌렸다. 검은 머리, 그을린 피부에 유연하고 운동선수 같은 체구를 한 애버럴은 어디를 가도 눈에 띄는 남자였다. 그는 런던에서 돈이 가장 많은 미국인이었다. 그는 일부러 젠체하지 않고 조용히 사려 깊게 말했다. 그의 과묵함은 냉담한 인상을 주었지만, 그의 매력을 한층 더 돋보이게 했다. 그는 단호하게 진지했고, 그가 가끔 짓는 빛나는 미소는 한없이 매력적이었다.[73] 그는 수백만 달러의 비즈니스 거래나 크로켓 경기 등 무슨 일을 하든 성공을 거두는 사람이었다.[74] 그는 한마디로 파멜라가 이제까지 본 남자 중에 "가장 멋진"[75] 사람이었다.

첫 만남 직후 애버럴과 파멜라는 나중에 캐슬린이 《뉴스위크》에 모욕적인 기사를 쓴 레이디 캐번디시 아델Adele, Lady Cavendish을 위한 도체스터 호텔 만찬에 같이 참석했다.[76] 거나한 식사가 끝나자 갑자기 분위기가 바뀌었다. 지금까지의 런던 공습 중 최악의 폭격이 이들 주변에 떨어지기 시작했다. 곧 런던 전체가 불길에 휩싸였다. 마치 브로드웨이 42번가의 뉴욕 대형 천막 공연장에서 펼쳐지는 지옥 연출 같았다. 불빛이 밤하늘로 치솟아 올랐고, 대낮처럼 너무 밝아서 사람들은 바깥 전경을 훤히 볼 수 있었다. 오후 9시부터 새벽까지 런던 중심부로 폭탄이 쏟아져 내렸다. 세인트 폴 성당, 의사당, 대영제국박물관이 다 눈에 들어왔다. 옥스퍼드 거리에서는 셀프리지 백화점의 팜코트 레스토랑이 불길에 휩싸였다. 위험한 꼭대기 층에 있던 파멜라는 해리먼의 3층 방으로 피난을 왔다. 런던 대공습의 끔찍한 분위기에 던져진 뭇 남녀처럼 두 사람은 서로 꼭 껴안고 밤을 보냈다. 다음 날 애버럴은 뉴욕에 있는 부인 마리에게 런던의 공습 상황을 설명한 편지를 썼다. "말할 필요도 없이 나는 잠을 제대로 자지 못했어요"[77]라고 그는 애매하게 태연한 설명을 늘어놓았다.

한 달 뒤 캐슬린이 런던에 도착했을 때 애버럴과 파멜라의 관계는 확고해졌고 어느새 공공연한 비밀이 되었다. 전에 영국 물자조달 장관이었다가 캐나다의 영국 신문 재벌이 된 처칠의 친구 비버브룩 경은 파멜라의 연애를 자신의 이익에 맞게 이용했다.[78] 그는 랜돌프의 빚을 대신 갚아주었고, 그 대가로 파멜라는 전쟁에 대한 미국의 태도를 알 수 있는 핵심 소스인 해리먼과의 대화 내용을 그에게 알려주었다. 사라와 다이애나 처칠, 그리고 다이애나의 남편인 덩컨 샌디스도 이 관계를 알았지만, 랜돌프는 모르고 있었다.[79] 해리먼의 중동 방문을 안내한 후 랜돌프는 아내에게 이렇게 썼다. "그는 아주 매력적인 사람이오. (…) 당신에 대해 좋은 얘기를 하더군. 나는 진지한 라이벌을 만난 것 같소."[80]

처칠과 클레먼타인이 파멜라와 해리먼의 우정이 어디까지 발전했는지를 알고 있었는지는 분명하지 않다. 처칠은 딱 한 번 뭔가 알고 있는 듯 말한 적이 있었다. "사람들이 너와 해리먼의 관계에 대해 이러쿵저러쿵 말이 많은 것 같구나"[81]라고 처칠은 파멜라에게 말했다. 그녀는 사람들이 말하는 것은 입방아에 불과하다며 이 말을 부정했다. 그러자 처칠은 "나도 그렇게 생각한다"라고 말하고 이 일을 더 문제 삼지 않았다.

많은 사람들이 두 사람의 관계에 대해 수군대는 상황에서 캐슬린도 곧 이 관계를 알게 되었다. 그녀는 파멜라에게 자신이 알고 있다고 정확히 말한 적이 없었다. 하지만 단둘이 있게 되었을 때 캐슬린은 친구 파멜라에게 단도직입적으로 말했다. "잘 알겠지만 난 완전히 바보는 아니야."[82] 파멜라는 아무것도 모르는 척하려고 했지만 캐슬린은 그냥 넘어가려 하지 않았다. 캐슬린은 상황을 파악하고 있었지만 누구에게도 이에 대해 말하지 않기로 했다. 그녀는 실용적이고도 사무적인 냉정한 태도로 이 상황을 바라보았다. 이 자질은 해리먼에게 물려받은 것이었다. 해리먼은 부인인 마리를 배신하고 있기는 했지만, 그녀는 캐슬린의 계모였다. 캐슬린은 새엄마와 친했지만 허물없는 정도는 아니었다. 마리도 문학 에이전트 마크 해나,[83] 음악단장 에디 두친Eddy Duchin[84]을 비롯한 여러 남자를 만난다는 소문이 있었다. 캐슬린이 사실을 있는 그대로 말하면 아버지의 명성에 해를 끼칠 뿐이었다. 이 문제는 캐슬린 자신의 이익과도 관련이 있었다. 캐슬린이 런던에 처음 왔을 때 미국 정부가 그녀가 오래 머물도록 허용할지는 불분명했다. 미국이 중립을 유지하는 상황에서 인명 희생을 최소화하기 위해 런던에 가장 필수적인 인원만 파견하는 것이 현명했다. 그녀는 기자라는 합법적인 신분으로 왔지만, 런던의 상황이 더 위험해지면 그녀는 귀국해야 할지도 몰랐다. 그녀의 친구들은 캐슬린이 "모험"을 즐기기 위해 런던에 갔고, 식상하면 곧 돌아올 것이라고 생각했다.[85] 그러나 무슈에게 쓴 것처럼, 캐슬린은 "그럴 의도가 전혀" 없었다.[86] 해리먼이 런던에서 일하는 동안 캐슬린은 그의 옆에 있기로 작정했다. 짐을 싸서 뉴욕이나 선밸리로 돌아가지 않으려면 그녀는 아버지에게 없어서는 안 될 존재가 되어야 했다. 아버지의 사생활을 덮어주는 것은 그렇게 하는 데 필요한 방법이었다. 캐슬린은 파멜라에게 "나는 집으로 돌아갈지, 여기 계속 머물면서 아버지를 보호해야 할지 결정해야 했어. 나는 계속 머물면서 아버지를 보호하는 게 중요하다고 결론 내렸어"[87]라고 말했다. 캐슬린은 아버지와 파멜라의 관계를 받아들였고, 불편한 감정이나 도덕적 거리낌을 마음에서 털어내고 계속 자기 길을 가기로 했다.

1942년 봄, 해리먼 부녀는 도체스터 호텔에서 나와 그로브너 광장Grosvenor Square에 있는 미국 대사관 옆 아파트로 이사했다. 파멜라도 이들과 같이 이사했다. 당분간은 그런 상황이 모두에게 아무 문제도 없었다. 그러나 여름이 되어 랜돌프가 휴가를 얻어 런던으로 돌아오자, 세 사람은 파멜라의 흔적을 지우기 위해 재빨리 움직였다. 가정의 평화를 유지하기 위해 사라 처칠이 해리먼 부녀의 아파트로 들어오고 자신의 아파트를 파멜라와 랜돌프가 휴가 기간 동안 사용하도록 해주었다.[88]

파멜라가 해리먼과 특별한 관계라는 소문은 결국 북아프리카에 있는 랜돌프의 귀에도 들어갔다.[89] 랜돌프는 파멜라에게 몹시 화가 났고, 친구라고 믿었던 해리먼에게도 격노했다. 당분간 랜돌프와 파멜라는 처칠 수상에게 당혹스러운 상황을 만들지 않기 위해 겉으로는 행복한 모습을 유지했다. 그러나 두 사람의 결혼 생활은 사실상 끝이 났다. 랜돌프는 현역으로 복귀했고 이혼 문제는 나중으로 미루어졌다. 애버럴은 몇 달 후 워싱턴에 불려갔고, 루스벨트는 그를 소련 대사로 임명하겠다는 의사를 밝혔다. 불편한 감정에 부닥쳤을 때 늘 그랬듯이, 애버럴은 캐슬린에게 편지를 보내 자신과 파멜라의 관계를 정리하는 것을 도와달라고 했다. "파멜라가 다시 자리 잡도록 도와

줘. 불쌍한 사람이야"[90]라고 그는 캐슬린에게 썼다. "그녀는 힘든 상황에 처했지만, 나는 그녀가 자기 본능을 따르면 올바른 결정을 내릴 것이라고 확신한다고 전해다오." 그는 캐슬린에게 이 편지를 태워버리거나 금고에 보관하라고 지시했다. 1943년 10월 해리먼 부녀는 모스크바로 갔다. 그러나 그 전에 해리먼은 파멜라에게 자신의 포드 승용차를 넘겨주고 그로브너에 새 아파트를 얻어주었다.[91] 그리고 그는 파멜라가 매년 3천 프랑의 수당을 받을 수 있도록 신중하게 처리했다.[92] 그 기간은 무기한이었다. 캐슬린은 이 조치를 상세히 몰라도 기본적인 내용은 알고 있었다.[93]

이후 파멜라는 긴밀한 관계에 대한 끝없는 욕망을 채우려는 듯 부유하고 권력 있는 연인들과 계속 관계를 이어갔다. 해리먼과의 관계가 끝나기도 전에 시작한 관계들도 있었다. 그녀는 몇몇 영국인에게 관심을 보이기는 했지만 특히 런던으로 쏟아져 들어오는 미국인들을 좋아했다. 그녀의 연인 리스트에는 제임스 루스벨트의 전 부인인 베치 쿠싱Betsey Cushing과 결혼한 자크 휘트니Jock Whitney도 포함되어 있었다. 휘트니는 해리먼이 떠난 후 런던에서 가장 부유한 미국인이었다. 휘트니의 처남이자 CBS방송 설립자인 빌 페일리Bill Paley, 미 육군 항공대 사령관 프레더릭 앤더슨 장군, 파멜라에게 홀딱 반한 영국 공군사령관 찰스 '피터' 포털도 그녀의 애인이 되었다.

놀랍게도 파멜라와 캐슬린은 우정을 유지하며 런던과 모스크바에서 정기적으로 서신을 교환했다. 수백 페이지에 달하는 편지가 두 사람 사이에 오갔다.[94] 어떤 때는 캐슬린의 편지 아랫부분에 애버럴이 자신의 추신을 적어 넣기도 했다. 애버럴과 파멜라는 직접 편지를 교환하기도 했다. 수많은 애인이 있었지만 파멜라의 마음 한쪽에는 늘 애버럴이 있었다. 냉정한 애버럴도 그녀를 잊을 수는 없었다.

두 사람이 헤어진 지 1년 반이 지났지만 파멜라에 대한 기억은 애버럴의 마음속에 계속 맴돌았다. 그동안 애버럴은 동유럽을 향한 스탈린의 의도와 루스벨트가 품은 소련 지도자와의 관계에 대한 순진한 믿음 때문에 마음의 짐이 점점 더 무거워졌다. 사라, 처칠과의 재회는 파멜라에 대한 기억을 불러일으켰다. 그러나 파멜라의 다른 연인인 프레더릭 앤더슨과 피터 포털도 영국 대표단 군사 고문으로 얄타에 도착했다.

캐슬린은 자신의 가장 친한 친구에 대한 아버지의 감정을 잘 알고 있었다. 그녀는 파멜라에게 보내는 편지에 두 사람의 관계를 드러내놓고 언급한 적이 한 번도 없었고, 간접적으로 언급한 적도 거의 없었다. 그러나 캐슬린은 얄타에서 처음으로 보낸 편지 끝부분에 부녀가 얄타로 떠나기 직전에 나눈 얘기를 언급했다. 늘 그렇듯이 밤늦게 해리먼은 억눌러왔던 감정을 털어놓았다. "어느 날 밤 아빠와 나는 몇 시간이나 앉아서 너와 아빠, 마리에 대한 얘기를 나누었어"[95]라고 그녀는 파멜라에게 썼다. "아빠는 자신이 어디에 있는지 깊이 생각하는 것 같았어. 전쟁이 계속되고 삶이 너무나 불확실한 동안 그는 결정을 내릴 수 없을 거야." 그녀의 아버지가 품은 연정은 전쟁 중 스치고 지나간 숱한 만남처럼 보였지만, 아직 끝난 게 아니었다.

7장

1945년 2월 3일

애버럴 해리먼이 밤늦도록 개인적인 회동을 갖는 동안 리바디아 궁전에서는 애나 루스벨트가 1층의 긴 홀을 가로질러 갔다. 그녀의 구두가 반질반질하게 닦인 조각 마루에 닿을 때마다 발자국 소리가 울렸다.[1] 아버지가 자는 동안, 그녀는 아버지의 오랜 친구이자 자문인 해리 홉킨스를 찾아가고 있었다.

애나는 홉킨스를 특별히 좋아하지는 않았지만, 지금은 그 사람 때문에 짜증이 났다. 저녁 식사 후 스테티니어스는 애나를 불러 세웠다.[2] 스테티니어스는 다음 날 회담 준비를 위해 와병 중인 특별보좌관 홉킨스의 방에 갔다 온 후였다. 루스벨트의 정책에 대해 홉킨스보다 더 잘 알고 있는 사람은 없었다. 두 사람이 이야기를 나누는 동안 스테티니어스는 애나의 스카치위스키 병이 홉킨스의 방에 있는 것을 발견하고 그것을 챙겨 나왔다. 그는 주인에게 이 술을 돌려주었지만, 그 내용물은 약간 줄어든 상태였다.

스카치 문제를 떠나 스테티니어스는 애나에게 조용히 말하기를 홉킨스의 건강 상태가 많이 걱정된다고 했다.[3] 홉킨스는 몹시 상태가 안 좋았다. 그는 지난 24시간 동안 앓고 있고, 회복될 기미가 보이지 않았다. 스카치위스키도 도움이 되지 못했다. 밤사이에 기력을 되찾지 않으면 그는 회담에 참석할 수 없었다. 그렇게 된다면 큰 문제였다. 루스벨트는 얄타에 국무부 전문가를 거의 데려오지 않았다. 유럽 국장인 프리먼 매슈스와 스테티니어스의 보좌관인 와일더 푸트, 그리고 떠오르는 스타이지만 아직 상대적으로 덜 알려진 앨저 히스가 전부였다. 히스가 맡은 임무는 국제평화기구와 관련된 일을 도와주는 것이었다. 그는 대표단에 뒤늦게 합류했다. 루스벨트가 유럽과 극동 담당 차관보인 지미 던을 데려오기를 거부한 후 그 대신에 히스가 선발되었다. 루스벨트는 워싱턴에서 가장 보수적인 성향의 부처인 국무부를 별로 좋아하지 않았다. 던은 "늙은 하녀들old maids", "아첨꾼들cookie-pushers", "동성애자들pansies"[4]이라고 홉킨스가 늘 부르는 국무부 관리들보다도 루스벨트의 역정을 불러일으켰다. 유럽과 일본의 외교 정책에 대한 최고 전문가의 한 사람인 던은 크렘린의 의도에 대해 깊은 의구심을 가지고 있었다. "나는 지미 던을 데려가지 않을 거야. 그는 일을 엉망진창으로 만들 테니까"[5]라고 루스벨트는 스테티니어스에게 말했다.

스테티니어스는 국무장관직을 수행한 지 두 달밖에 안 되어서 전문가들의 도움이 절실히 필요했다. 히스는 전형적인 미국인의 매력을 풍기는 젊은이로 프랭크 시나트라와 나비넥타이를 맨 젊은 교수를 합쳐놓은 듯했다. 그는 하버드대 법대를 졸업한 후 대법관 올리버 웬들 홈스 2세의 보좌관으로 일했고, 우드로 윌슨 대통령의 사위를 위해 일한 경험도 있었다. 스테티니어스는 그가 보좌진에 큰 도움이 될 것이라고 생각했다. 그러나 이들 중 누구도 홉킨스처럼 대통령에게 영향을 미칠 수 없었다. 홉킨스는 루스벨트가 자신의 카리스마를 외교 정책의 가장 큰 무기로 확신하고 잘못된 방향으로 빠져들 때 그를 다시 다독거려 생산적인 토론을 하게 만들 수 있는 인물이었다. 애나는 이틀간 잠을 제대로 못 잤지만,[6] 홉킨스가 "프리마돈나"[7]가 되어야 한다고 생각하며 그의 건강 상태를 살피기 위해 홀을 가로질러 갔다.

리바디아 궁전의 흐릿한 불빛 속에서도 해리 홉킨스를 본 사람이라면 스테티니어스의 말이 과장이 아님을 알 수 있었다. 밤새 비행하고 먼 길을 차로 이동한 것은 누구에게도 편하지 않았다. 그러나 홉킨스만큼 여행하며 고역을 치른 사람은 없었다. 대통령의 오랜 보좌관인 그는 1939년 위암 진단을 받고 위의 4분의 3을 잘라내는 수술을 한 후 소화에 큰 문제를 안고 있었다. 음식물을 잘 소화하지 못하고 영양분을 제대로 섭취하지 못하는 그는 이질에 자주 걸렸다. 기름진 음식을 먹거나 술을 마시면 특히 더 그랬다. 홉킨스는 1월 21일부터 루스벨트의 특사로 출장을 다녔다. 그는 처칠을 만나기 위해 런던으로 날아간 데 이어 자유 프랑스의 지도자 샤를 드골과 교황을 만나러 파리와 로마를 방문했다. 그런 다음 몰타에서 동료들과 합류했다. 크림반도로 오는 여정 동안 그의 질환은 자주 재발했다. 미국 대표단이 사키 비행장에 도착했을 때 그는 너무 좋지 않은 상태가 되어서 대통령을 기다리지 않고 바로 리바디아 궁전으로 가도록 스테티니어

스가 조치했다.[8]

한번은 한 기자가 홉킨스가 마치 "고된 하루 일을 마친 잘 먹지 못한 말"[9] 같다고 쓴 적이 있었다. 이불을 덮고 침대에 누워 있는 그는 유난히 초췌하고 파리해 보였다. 그리넬대학 시절부터 학우들로부터 "홀쭉이Skinny"[10]라고 불린 그는 늘 여윈 모습이었다. 최근에 그는 거의 피골이 상접한 모습이 되었다. 그의 턱살은 축 처지고 가느다란 갈색 머리털은 점점 빠져 대머리가 되었다. 그는 체중이 너무 줄어 눈알이 이상할 만큼 커다래 보였고,[11] 긴 내복을 입었는데도 줄무늬 파자마가 한없이 헐렁해 보였다.[12] 그가 아직 살아 있다는 사실 자체가 의사들의 예상을 뒤엎은 것이었다. 의사들은 암 진단 이후 그가 오래 살지 못할 것이라고 말했다. 그러나 그는 혈장 이식 수술을 받고, 메이오 클리닉에서 정기적 치료를 받으며 오로지 의지의 힘으로 5년을 더 살아남았다. 그는 금방이라도 쓰러질 듯한 역용 말workhorse 같아 보여도 아마 그의 정신이 그를 놀라운 속도로 앞으로 나아가게 만드는 것 같았다. 그는 전쟁 기간 동안 루스벨트를 대신해서 런던, 모스크바, 파리, 로마를 돌아다녔다. 전쟁이 지속되는 한 그는 너무 바빠서 죽을 수가 없었다. 그는 열두 살 먹은 딸 다이애나에게 이렇게 편지를 썼다. 만일 그에게 무슨 일이 일어나면 엘리너 루스벨트가 다이애나의 보호자가 되어 "좋은 교육을 받게 해주고, 돈도 조금 줄 것"[13]이라고 했다. 그는 물려줄 유산이 거의 없었지만 딸에게 유언장을 남겼다.

애나는 홉킨스의 방에 갔을 때 그가 "마음 졸이고"[14] 있는 모습을 보았다. 홉킨스는 침대에 누워 있던 지난 48시간 동안 생각을 곱씹을 시간이 충분했다. 그는 지금 일어나고 있는 일에 전혀 만족하지 않았다. 얄타회담 준비 과정에서 런던과 워싱턴 사이에 오간 너무 간결한 의견 교환 때문에 처칠은 영국과 미국 동맹의 힘에 대해 의구심을 가졌다.[15] 홉킨스는 런던에서 며칠을 보내며 처칠이 가진 이러한 우려를 덜어주려고 노력했다. 그러나 홉킨스의 노력은 별 결실을 거두지 못한 것 같았다. 몰타에서 친목 교제 외에는 처칠과의 만남을 거부한 루스벨트는 홉킨스를 파견하여 전달했던 선의의 가치를 스스로 평가 절하했고, 하루 만에 오랜 친구인 홉킨스의 신뢰성을 추락시켜버렸다. 홉킨스의 방문은 루스벨트의 진지한 약속을 전달하는 신호였다. 루스벨트는 진주만 기습 와중에 홉킨스를 처칠에게 파견했다. 당시에는 홉킨스 자체가 대통령의 분신이었다. 그러나 지금 그의 말이 어떤 가치가 있는지 생각하면 격세지감이었다.

거의 15년간 루스벨트와 홉킨스는 서로에게 떼어놓을 수 없는 존재였다. 두 사람은 어울리지 않는 한 쌍을 이루었다. 루스벨트는 뉴욕의 귀족 출신이었고, 홉킨스는 시골인 아이오와 출신의 존재감 없는 인물이었다. 워싱턴 엘리트 중 많은 사람들이 홉킨스가 알렉산드라 황후를 홀린 라스푸틴처럼 어떤 방법으로든 루스벨트를 홀렸을 거라고 의심했다.[16] 그러나 서로의 모든 차이를 뛰어넘어 두 사람은 대공황 시기에 미국에 대한 진보적인 비전을 공유하며 하나가 되었다. 두 사람의 관계는 1931년 루스벨트가 뉴욕 주지사, 홉킨스가 루스벨트의 임시긴급구제위원회 멤버였을 때에 형성되었다.[17] 홉킨스는 루스벨트를 따라 워싱턴 정가로 와서 뉴딜 정부에서 여러 역할을 맡은 다음 최종적으로 상무장관에 임명되었다. 홉킨스의 두 번째 부인 바버라가 1937년 유방암으로 사망한 후 두 사람은 더욱 가까워졌다. 바버라는 다섯 살 된 다이애나, 그리고 이혼으로 끝난 홉킨스의 첫 결혼에서 얻은 스물세 살, 열여섯 살, 열두 살짜리 아들 세 명을 남기고 죽었다. 1940년 홉킨스가 상무장관직에서 물러나 루스벨트의 특별보좌관이 되었을 때, 루스벨트는 그에게 어린 다이애나를 데리고 백악관으로 들어와 살라고 청했다. 아내가 없는 홉킨스는 유모들에게 딸을 맡기고 늘 루스벨트 옆에 머물며 그를 위해 모든 것을 헌신했다. 두 사람은 매일 밤 루스벨트의 서재에 틀어박혀 깊은 대화를 나누었다.

1942년 홉킨스가 《하퍼즈 바자*Harper's Bazaar*》의 매력적인 편집장 루이즈 메이시를 해리먼의 집에서 만나게 되면서 두 사람 사이에 틈이 벌어지기 시작했다.[18] 홉킨스와 메이시는 바로 사랑에 빠져 7월에 백악관에서 조촐하게 결혼식을 올리고 부부가 되었다. 루스벨트는 홉킨스에게 새 부인, 딸과 함께 계속 백악관에 살라고 했지만, 홉킨스는 결혼생활에서 행복을 찾으면서 루스벨트와 보내는 시간이 적어졌다. 한결같이 헌신하는 홉킨스의 우정을 당연시하던 루스벨트는 그로부터 자신이 멀어지고 있다고 느꼈다. 홉킨스와 엘리너 루스벨트의 우정도 스트레스가 되었다. 엘리너는 자신이 보기에 물질적 관심이 너무 큰 메이시를 경멸한다는 사실을 감추지 않았다. 백악관은 새로 결혼한 홉킨스 부부에게 편하지 않은 장소가 되어버렸다.

1943년 12월 비좁은 공간이 너무 불편해진 홉킨스 가족은 조지타운 지역의 N스트리트에 자신들의 집을 마련해서 나가기로 했다.[19] 그다음 해에 줄곧 홉킨스는 루스벨트의 특별보좌관 역할을 수행했지만 두 사람 사이의 거리는 점점 멀어졌다. 이렇게 된 데는 지독히 나쁜 운도 부분적으로 영향을 주었다. 그 전해에 행복하게 생활한 홉킨스는 1944년 전반기에 여러 불행한 일이 닥쳤다. 그의 막내아들 스티븐이 태평양 전선에서 사망했고 홉킨스의 건강도 급격히 악화되었다. 홉킨스는 너무 아파서 그해 상반기 여섯 달을 요양하며 보내야 했다.[20] 그는 해군병원에서 치료받다가 햇살 좋은 마이애미로 갔고 메이오 클리닉에서 또 한 번의 수술을 받은 후 웨스트버지니아의 유황천인 화이트 설퍼 스프링스로 갔다.

원치 않았지만 어쩔 수 없이 백악관에서 멀리 떨어져 있었던 그 여섯 달은 우정을 유지해주던 공유된 경험을 상실하는 시간이었다. 홉킨스는 지난 10년간 대통령 옆에서 역사적 사건들을 목격했다. 하지만 그는 연합군이 로마에서 거둔 승리를 축하하던 6월에 워싱턴에 있지 못했고, 노르망디 상륙 작전 전날 밤 루스벨트와 함께 기도하지도 못했다. 루스벨트는 두 사람의 우정을 의식적으로 망가트릴 의도는 없었지만, 홉킨스가 돌아왔을 때에는 레이히 제독, 전쟁동원부 장관 번스, 재무장관 헨리 모건소가 그의 자리를 차지하고 있었다. 루스벨트의 관심은 동쪽으로 옮겨 가고 있었다. 대영제국이 쇠락하는 상황에서 루스벨트는 강대국으로 새롭게 떠오르는 소련과의 우호적 관계가 전후 세계질서 형성에 큰 영향을 미칠 수 있다고 생각했다. 그러나 홉킨스는 이에 대해 회의적 생각을 가지고 있었다. 소련과의 관계는 루스벨트가 기대하는 것처럼 우호적으로 전개될 수 없었다. 그는 개인적으로 여전히 처칠에 대한 큰 존경심을 가지고 있기도 했다. 영국은 더 이상 과거와 같은 강대국의 지위를 유지할 수는 없지만, 영미 동맹은 계속 중요한 가치를 가지고 있었다.

몰타로 향하는 배에서 루스벨트는 애나에게 홉킨스에 대해 다소 경멸적인 말을 했다.[21] 그는 홉킨스가 다가오는 3국 정상회담에 대해 기자들과 이야기하면서 자기 의견을 마음대로 표현한다고 비판했다. 홉킨스는 3국 회담에 대한 질문이 나오면 철저히 보안을 지키기로 약속했었다. 로마에서 나온 보도에는 "한때 '전쟁 승리 우선' 정책을 확고히 신봉했지만 (…) 지금은 전쟁이 종결될 때까지 평화 문제를 기다릴 수 없다고 확신한다"[22]고 한 홉킨스의 말이 인용되었다. 연합국이 "10년을 연구하더라도 세상에서 얄타보다 더 나쁜 장소를 선택할 수는 없을 것이다"[23]라는 처칠의 불만을 홉킨스가 그대로 전달한 것도 루스벨트의 기분을 몹시 상하게 했다.

홉킨스는 친절하게 굴 기분이 아니었다. 그가 너무 아파서 얄타에서의 첫 저녁 만찬에 빠진 것은 아마 모두에게 이익이 되었을 것이다. 애나가 그의 침대 옆에 서 있는 지금, 그는 장황하게 불평을 쏟아냈다. "대통령은 내일 아침 처칠 수상을 만나셔야 합니다"[24]라고 그는 주장했다. 루스벨트는 몰타에서 처칠과 의미 있는 대화를 나눌 기회를 의도적으로 피했지만, 다음 날 두 사람 중 누구라도 스탈린을 만나기 전에 둘이 만나 "사전 협의"를 하는 것은 꼭 필요했다. 그렇게 하지 않으면 영국 측과 미국 측에 모두 문제가 생길 수 있었다.

홉킨스는 여전히 워싱턴에서 영향력이 가장 강한 사람이었지만, 애나는 쉽게 동요되지 않았다. 애나는 천성적으로 자기주장을 내세우는 사람이 아니었다. 그녀는 그렇게 배우며 자랐다. 어렸을 때 애나는 할머니인 사라 델라노 루스벨트Sara Delano Roosevelt와 엄마인 엘리너 사이의 권력 투쟁 한가운데에 있곤 했다. 엘리너는 엄마 노릇하기가 쉽지 않다고 느꼈고, 할머니 사라는 엘리너의 양육 방식을 비판했다. 심지어는 애나의 남동생 제임스에게 "네 엄마는 널 낳기만 한 거야. 내가 네 엄마보다 더 엄마 같을 거야"[25]라고 말하기도 했다. 나중에 엘리너가 정치 활동에 적극적으로 참여하자, 할머니는 애나에게 수시로 그녀의 엄마가 애나와 함께 있지 않고 정치가들과 시간을 보낸다고 말하며 질투를 유발하곤 했다.[26] 애나는 열여섯 살이 되어서야 스스로 자리를 찾아야 한다고 생각했다. 그러지 않으면 그녀는 늘 할머니가 갖고 노는 "공"이 될 수 있었다.[27] 애나는 이제 자신의 주장을 내세울 상황을 맞았다. 홉킨스의 장광설에 짜증이 난 그녀는 지난 몇 달간 아버지가 처칠을 멀리하는 데 사용한 논리를 동원했다. 그녀는 홉킨스에게 그런 회동이 "우리의 러시아 친구들에게 불신을 불러일으키지 않을까요?"[28]라고 물었다.

홉킨스는 전혀 그렇게 생각하지 않았다. 그는 애나의 논리를 조금도 받아들이지 않았다.

애나는 만일 그렇다면 스테티니어스나 그의 영국 상대인 앤서니 이든과 협의하면 되지 않느냐고 홉킨스에게 제안했다.[29] 그녀는 세 사람이 전략을 짜서 루스벨트와 처칠에게 전달할 수 있고, 그러면 충분하다고 말했다.

홉킨스는 결코 동의하지 않았다. 외무장관들끼리 논의하는 것은 적절하지 않았다. 그는 두 정상이 반드시 만나야 한다고 생각했다.

애나는 처칠과의 만남을 피하게 하려고 아버지를 적극 돕고 있다는 것을 인정하지는 않았다. 설사 그녀가 홉킨스에게 털어놓더라도, 몸이 아프면서도 집요하게 일에 나서려는 이 사람이 처칠이 얼마나 사람 진을 빼는지에 공감하리라고 기대할 수 없었다.

애나가 홉킨스의 주장을 루스벨트에게 전달하지 않기로 한 배경에는 아버지의 건강에 대한 염려나 스카치위스키 병에 대한 불만 이상의 것이 있었다. 레이히, 번스, 모건소 같은 사람만이 홉킨스의 뒤를 이어 루스벨트의 가장 가까운 측근이 되기 위해 경쟁하고 있지는 않았다. 애나도 이 자리를 차지하려는 경쟁에서 다크호스였다. 1943년 12월 21일 홉킨스 가족이 조지타운의 새 집으로 이사한 날 애나는 아이들을 데리고 4주의 휴가를 보내기 위해 시애틀을 떠나 루스벨트가 있는 하이드파크의 저택으로 왔다.[30] 크리스마스 휴가 중 애나는 아버지에게 정성과 관심을 쏟아부으며 홉킨스가 비운 자리를 메웠다. 루스벨트는 함께 앉아 시간을 보내며 대화를 나누고, 그를 편하게 해주는 것 외에는 관심이 없는 사람이 바로 옆에 있다는 것이 더할 나위 없이 좋았다. 루스벨트는 애나가 휴가를 더 연장하도록 요청했다. 한 달이 지난 후에도 그녀는 계속 그의 곁에 남았다. 루스벨트가 백악관으로 돌아오자 애나도 백악관으로 와서 홉킨스가 오랜 시간 개인 공간으로 차지했던 공간인 링컨 침실을 사용했다. 이런 상황이 전개된 것은 아이러니였다. 루스벨트가 소아마비에 걸렸을 때 애나는 열다섯 살이었다. 그때 루스벨트의 최측근 정치 참모였던 루이스 하우Louis Howe가 맨해튼에 있는 루스벨트 집으로 이사 왔다.[31] 애나의 침실을 하우에게 제공하는 바람에 애나는 중요하지 않은 손님들이나 하인들이 쓰던 4층에 있는 후미진 방을 써야 했다. 하우는 10년 전에 죽었지만, 이제 애나는 복수할 수 있게 되었다. 아버지의 정치 동료들은 너무나 자주 그녀의 자리를 빼앗았다. 3월이 되자 이런 상황이 정리되었다. 애나는 시애틀로 돌아가지 않았다.

그해에 홉킨스가 점점 밀려나는 대신 백악관과 아버지에 대한 애나의 영향력은 꾸준히 커졌다. 홉킨스가 요양하다가 돌아왔을 때 애나와 홉킨스의 관계는 갑자기 긴장 상태에 빠져들었다. 홉킨스가 보기에 애나는 아버지를 너무 보호하려고 애썼다.[32] 반대로 애나는 홉킨스의 월권이 아버지를 짜증 나게 한다고 생각했다.[33] 애나는 홉킨스가 스스로 건강을 챙기지 않아서 이질에 걸리는 것이라고 냉담하게 말했다. 애나는 루스벨트에 대한 홉킨스의 충성에도 의구심을 가졌다. 홉킨스는 전쟁 중 처칠을 방문하면서 진정한 우애를 쌓았고, 애나는 두 사람의 밀접한 관계를 우려했다. 그녀는 해리 홉킨스가 루스벨트 진영을 벗어나 1940년 대선에 직접 출마할 것이라고 추측하기도 했다.[34]

미국 대표단이 얄타로 출발할 준비를 하는 동안 애나는 재빨리 홉킨스의 자리를 대신했다. 이는 루스벨트의 측근뿐 아니라 일반 대중이 보기에도 너무나 분명했다. 루스벨트의 대통령 4기 취임식을 앞두고, 미국 전역 신문에 〈워싱턴 회전목마〉라는 칼럼을 쓰며 문제를 자주 일으키던 기자이자 평론가인 드루 피어슨은 다음과 같이 기고했다. "집권 4기에 들어서는 시점에서 대통령에 가장 가까운 사람은 더 이상 해리 홉킨스가 아니고, 예쁘장하고 활력 있는 딸인 애나 보티거이다. (…) 그녀는 단지 안주인 역할만 하는 게 아니라 아버지의 가장 가까운 측근이자, 친구이고 자문역이다. 점점 더 인사 문제와 중요한 정책을 다루는 개인적 보고는 애나의 손을 거쳐 대통령에게 전달된다. 백악관 집무실에서 면담을 진행하면서 때로 대통령은 전화기를 들어 관저에 있는 딸을 찾아서 일의 진행 상황을 물어보곤 한다."[35] 그 전에 대통령이 제일 먼저 전화를 거는 사람은 홉킨스였다. 10년간 아무 때나 루스벨트를 만날 수 있었던 홉킨스는 이제 자신의 가장 가까운 친구를 보려면 애나를 거쳐야 했다.

신체적으로나 정치적으로 많이 약해진 홉킨스는 이런 상황에 지쳐버렸다. 그의 짜증은 동맹국들을 다루는 데 있어 잘못된 판단을 하는 루스벨트에게 직언하지 않는 애나에게 일부 향했다. 그러나 애나는 루스벨트에 대한 그의 초조함을 투사하는 대리인에 지나지 않았다. 루스벨트는 자신이 피하고 싶은 어렵고 중요한 대화에서 자신을 보호하는 데 애나의 정치적 경험 부재를 이용하고 있었다. 홉킨스는 그런 대화를 하는 것이 미합중국 대통령의 의무라고 생각했다.

병을 앓지 않았다면(그리고 술에 덜 취했더라면) 자제할 수 있었겠지만 홉킨스는 애나에게 화를 냈다. 그는 차갑게 비꼬며 말했다. "프랭클린 루스벨트는 이 자리를 원했어요. 이제 좋든 싫든 그는 이 일을 해야 합니다."[36]

만일 홉킨스가 애나를 설득하려고 했다면, 루스벨트가 직무를 제대로 수행하고 있는가에 대한 질문은 최악의 접근법이었다. 애나는 홉킨스의 말이 너무나 "모욕적"[37]이라고 생각했다. 그녀는 자신이 할 수 있는 최선책은 "아침에 루스벨트와 이 문제를 논의하는 것"[38]이라고 말했다. 그러고는 안녕히 주무시라는 인사를 하고 그를 비참한 상태에서 잠들도록 내버려두었다.

자신의 방으로 돌아온 애나는 홉킨스와의 퉁명스러운 대화를 곱씹어보았다. 스테티니어스와 대통령 주치의 브루엔은 홉킨스의 상태가 정말 좋지 않다고 그녀에게 말해주었다. 그건 분명한 사실이었다. 그러나 그의 병은 신체적인 데 국한되지 않은 것 같았다. 그녀는 "내가 보기에는 분명히 그의 정신이 제대로 작동하고 판단이 옳은 것 같지 않았다"라고 일기에 적었다. "아니면 내가 단지 해리가 얼마나 영국에 우호적인지 제대로 파악하고 있지 못한 것일 수도 있다"라고 그녀는 파격적인 결론을 내렸다.

† † †

리바디아 궁전의 마지막 불빛이 꺼지고 미국 대표단이 오래 기다리던 깊은 잠에 빠진 사이, 전보가 회신되지 않은 채 방치되었다. 이 전보는 영국 주재 미국 대사 길버트 위넌트가 보낸 것이었다. 이번 회담에 참여하지 못한 위넌트는 2천 마일이나 먼 곳에 있었지만, 자신처럼 무시될 수 있는 한 나라 국민의 권리를 옹호하기 위해 최선을 다하고 있었다. 폴란드가 독립국가로 남는 것이 얄타에 모인 연합국에게 가장 중요한 문제임에도 불구하고 폴란드에서는 단 한 명의 대표도 회담에 초대받지 못했다. 지난 4년간 망명정부 대표자들과 꾸준히 교류해온 위넌트는 런던에 망명 중인 합법적인 폴란드 정부를 지지했다. 오전 9시 30분 그는 폴란드 망명정부 수상 토마시 아르치셰프스키Tomasz Arciszewski가 얄타로 보내는 긴급 전문을 발송했다.

아르치셰프스키는 전문에 이렇게 적었다. "대통령 각하, 지금 이 시간 많은 나라의 운명이 당신과 처칠 수상의 손에 달려 있습니다. 전 세계가 이 중요한 회의가 (…) 미래의 평화를 만들어내는 결과를 가져오고, 많은 나라에 양심과 언론의 자유 그리고 공포와 결핍으로부터의 자유를 가져오기를 기대하고 있습니다. 나는 이 핵심적인 자유가 위대한 미국과 영국의 민주주의 편에서 불굴의 의지로 투쟁을 전개해온 우리 국민들에게도 부여될 것으로 굳게 믿고 있습니다."[39]

폴란드 국민들은 나치독일이 자국을 침공한 1939년 9월 이래 용감하게 나치에 맞서 투쟁을 전개해왔다. 그러나 폴란드가 독립국가로 남아 있을 권리를 부정하는 것은 나치독일이 아니었다. 소련군이 베를린을 향해 서쪽으로 진격해 오면서, 아르치셰프스키는 해방자가 되어야 할 소련 군대가 폴란드 지하저항군을 체포하고 추방시키고 있다는 정보를 받아왔다. 나치와 소련 사이의 불가침을 약속한 몰로토프-리벤트로프 비밀협약은 이미 휴지 조각이 된 지 오래였지만, 폴란드는 적들이 맺은 협약이 아직 살아 있고 유효한 또 다른 현실 같았다. 만일 미국과 영국이 지금 폴란드의 주권을 보장해주지 않으면, 나치와 치열하게 싸워온 폴란드 병사들의 희생뿐 아니라 나치독일에 맞선 영국의 선전포고가 모두 헛수고로 돌아갈 수 있었다.

폴란드인들은 자랑할 게 많았다. 폴란드 조종사들은 영국 본토 공중전에서 영국 공군과 힘을 합쳐 싸웠고, 이들이 없었다면 영국은 나치 수중에 떨어질 수도 있었다. 폴란드 병사들은 몬테카시노Monte Cassino 전투[*]에서 승리할 때 독일 방어선을 용감하게 돌파했다. 폴란

• 몬테카시노 전투는 1944년 전반 로마 점령을 위해 독일군과 연합군이 공방전을 벌인 전투이

드 수학자들의 소중한 기여 덕분에 해독할 수 없을 것 같던 독일군 암호가 해독되었다. 지하저항군은 폴란드에 계속 남아 있었고, 이들은 죽음을 앞에 두고도 사기가 꺾이지 않았다. 폴란드가 미래에도 독립국으로 남아 있을지는 지금 전혀 보장할 수 없는 상황이었다. 폴란드 지도자들은 자신들을 잊지 말아달라고 부탁하는 것 외에 할 수 있는 일이 없었다.

다. 독일군은 로마 남쪽 구스타브 방어선과 몬테카시노 수도원이 있는 산악을 견고하게 방어했고, 연합군은 여러 차례 공격했지만 방어선을 뚫지 못했다. 5월 폴란드 여단의 공격으로 방어선이 무너지면서 연합군은 북진하여 로마를 점령할 수 있었다. 이 전투에서 독일군이 2만여 명의 사상자를 낸 데 비해 연합군은 약 5만 5000명의 사상자가 발생했다. 2차 세계대전 영웅인 재미교포 김영옥 대령도 이 전투에 참가했다.

2부

"마치 … 회담은 다른 일보다
중요하지 않은 것 같군요"

8장

1945년 2월 4일

처칠 부녀가 보론초프 궁전에 도착했을 때 사라는 이곳이 기괴한 취향을 지닌 귀족 마음에 들도록 건설되었다고 생각했다. 다음 날 아침이 되어서야 사라는 여러 건축 양식이 뒤죽박죽된 것을 제대로 이해할 수 있었다. 이 궁전은 마치 완전히 다른 두 건물, 즉 스코틀랜드 귀족 저택과 인도 뉴델리의 자마 마스지드Jama Masjid 모스크를 대형 트럭에 싣고 과속으로 달려와 충돌시킨 것 같았다.¹ 그러나 뒷면의 이슬람 양식으로 지어진 부분은 인상적인 광경을 연출했다. 거대한 베란다가 넓은 석조 계단으로 이어지는데, 그 계단은 관목이 덮인 비탈길로 내려가다가 아래 테라스에 이르렀고, 그 아래에는 흑해의 파도가 밀려와 부딪치고 있었다.

이 궁전의 신기한 건축 양식과 배경을 이루는 산악 지형은 방문자들에게 강한 인상을 주었지만, 사라는 주변 환경에서 무언가 빗나간 것이 있다고 생각했다. "이곳에는 멋진 경관과 계곡이 있는 것이 사실이에요. 하지만 전체 풍경은 마치 아름다움의 조건을 모두 갖췄지만 매력이 없어서 사람을 감동시키지 못하는 여자 같은 느낌이 들어요."[2] 사라는 엄마에게 이렇게 적어 보냈다. 사라는 무시무시한 산악과 위태롭게 매달린 바위들은 따뜻한 겨울 햇볕 아래에서도 "짓누르는 듯하고 불길한" 인상을 준다고 생각했다. "모든 것이 너무 커서 나는 빨려들 것 같아요. 나는 이런 것이 싫어요!!"

흑해 연안의 아름다움에서 뭔가 적대적인 것을 느낀 사람은 사라가 처음이 아니었다. 한때 얄타에 거주했던 안톤 체호프는 반세기 전에 자신의 단편소설 《개를 데리고 다니는 부인》에서 얄타는 오랜 기간 "연애 상대를 정복하는 것 (…) 빠르고 덧없는 사랑, 알지 못하는 여인과의 로맨스"[3]의 전설과 관련되어 있다고 썼다. 하지만 그런 은밀한 관계와 비밀스러운 열정은 바닷가에 면한 정원을 뒤덮고 있는 손에 잡히지 않는 어색한 공기를 흐릿하게 만드는 신기루였다. 이 극작가는 신비스러운 거리를 두고 "사이프러스 나무로 덮여 있는 마을은 죽음과 같은 분위기를 가지고 있었다"라고 서술했다. "아래서 울려 올라오는 단조로운 깊은 바다 소리"는 사람의 마음을 "우리를 기다리는 영원한 잠"에 이르게 한다고 썼다. 체호프가 느꼈고, 지금 사라가 느끼고 있는 손에 감지되는 불안은 흑해 자체에서 뿜어 나오고 있는지도 모른다. 수뢰가 여기저기 떠다니는 흑해에는 해저를 덮고 있는 유황 진흙으로 인해 생명체가 거의 살고 있지 않았다.

사라가 보론초프 궁전에서 불안한 힘에 대해 깊이 생각하는 동안, 캐슬린과 애나는 좀 더 다급한 문제를 해결해야 했다. 리바디아 궁전 정원에서 소련 경비병들이 이들을 검문하고 있었던 것이다. 회담

전에 미 해군 선발대는 얄타에 오는 모든 미국 대표들에게 "일반 공지 사항"을 작성해서 배포했다. 선발팀은 먼저 모든 사람에게 다음 사항을 각별히 주의시켰다. "소련에 머무는 동안 여러분은 소련 정부의 손님이다."[4] 그 문서에는 우선 중요한 조건을 상기시킨 후 루블 환율이라든가, 중요한 서류를 태울 소각기가 있는 장소, 맥주를 사 먹을 수 있는 곳 등 유용한 정보가 나열되어 있었다. 맥주는 매일 정오부터 오후 2시, 5시부터 7시까지 구내식당이 문을 열고 있는 동안 살 수 있었다. 가장 중요한 문제는 대표들이 소련 경비병을 어떻게 대해야 하는가에 관한 것이었다. 리바디아 궁전 주변에는 수많은 경비병이 배치될 테고, 어떤 상황에서도 직급이나 업무의 시급성을 떠나 모든 미국 대표는 경비병이 러시아말로 "도큐멘트*dokument*", "프로푸스크*propusk*", "부마기*bumagi*"라고 하는 신분증명서를 요구하면 절대 이 요구를 무시해서는 안 되었다. 경비병은 이에 대한 "엄명"을 받았기 때문에 즉시 신분증을 보여주어야 했다(안내서는 이 "엄명"이 무엇을 의미하는지는 밝히지 않았다). 그리고 미국 대표들은 경비병들에게 호의로라도 담배, 사탕, 선물을 주어서는 안 되고 사진을 찍어서도 안 되었다. 이를 어겼다가는 불쌍한 경비병들이 "최고의 형벌"을 받을 게 분명할 뿐 아니라 미국 대표들도 "대단히 위험할 수" 있었다.

캐슬린이 애나와 브루엔(대표단 중 드물게 40세가 안 된 의사)에게 궁전 정원을 산책하자고 제안했을 때, 이 경고를 시험해볼 생각은 전혀 없었다. 이 궁전에서 시작될 회담의 첫 전체회의를 몇 시간 앞두고 루스벨트는 드디어 사전 협의를 위해 자신의 참모들을 태양의 방Sun Room으로 불러 모았다.[5] 루스벨트는 해리먼, 군사령관들, 스테티니어스, 국무장관의 두 부하인 프리먼 매슈스, 앨저 히스와 함께 앞으로 며칠간 제기될 가능성이 가장 큰 일련의 주제에 대해 협의했다. 캐슬린과 애나, 브루엔은 자신들이 그 자리에 있을 필요가 없다는 것을 알았다. 이 자유 시간을 이용해 세 사람은 잠시 운동하러 정원으로 나간 것이었다. 그러나 이들의 계획은 수포로 돌아갔다. 이들이 25피트(7.6미터)를 갈 때마다 무장한 경비병[6]이 이들을 세우고 미국 신분증과 소련 측이 발행한 흰색의 통행증을 보여줄 것을 요구했다.[7] 그때마다 캐슬린은 자신들이 단지 아침 산책을 하는 중이라고 러시아어로 설명했다. 그녀는 손님들을 해변까지 데려가 검은 자갈이 깔린 해변을 보여주고 싶었지만, 경비병은 그곳에 접근할 수 없다며 그들을 막았다. 가끔 물에 떠내려온 지뢰가 해안까지 밀려온다는 경비병들의 말은 구실에 지나지 않는 것 같았다. 얄타 마을도 명확한 이유 없이 봉쇄되었다. 세 미국인은 우리에 갇힌 것 같았다. 넓고 공기도 좋은 데다 즐거운 장소지만 갇힌 것은 분명했다. 궁전 마당 주변에도 볼 것이 많았다. 그중에서도 캐슬린은 황후의 내실로 이어지는 라스푸틴의 계단을 꼭 보여주고 싶어 했다.[8] 미국 대표단은 현재 황후의 방을 쓰고 있는 킹 제독을 놀려댔다.[9] 성격이 "악어거북snapping turtle"[10] 같은 그는 이런 놀림을 썩 재미있어하지는 않았다.

두 미국 여인은 그 전날 저녁을 같이 먹었지만, 이날 궁전 정원을 산책하면서 서로를 잘 알게 되었다. 캐슬린은 애나가 얄타에 온 것을 고마워했다. 해리먼이 아무리 캐슬린을 데려오고 싶어 했어도, 단지 대사의 딸에 불과한 사람이 수상의 딸과 함께 안주인 역할을 하는 것은 부적절했을 것이다. 애나가 대표단의 일원으로 왔기 때문에 캐슬린도 "와서 머물며 '쇼'에 기여할 수 있게 된"[11] 것이다. 지금까지는 핵심 인물뿐 아니라 쇼도 괜찮았고 주연 배우들도 실망하지 않았다. 루스벨트는 몹시 피곤했지만, 자신을 존경하는 사람들과 저녁 식사를 함께 하는 동안 생기를 되찾았다. 캐슬린은 언니에게 "루스벨트는 상당히 매력적이야. 말을 건네기가 편하고, 멋진 유머 감각을 가지고 있어"[12]라고 썼다. 확실히 애나도 아버지처럼 천성적으로 붙임성이 있었다. 캐슬린은 아이가 셋인 38세 엄마가 "상당히 재미있다"고 생각했다. 애나는 캐슬린과 같은 언어를 쓰는 데다 외국 대사의 어린 딸도, 미국 기자가 돈을 대고 붙인 동료도 아니었다. 그런 여성을 친구로 옆에 두게 되다니 큰 위안이 아닐 수 없었다. 애나는 랜돌프 처칠이 난데없이 몰타에 나타난 얘기를 들려주었고, 캐슬린은 지체 없이 이 사실을 파멜라 처칠에게 편지로 알렸다.[13]

캐슬린은 전혀 알아채지 못했지만, 애나는 새 친구 캐슬린이 느끼는 것만큼 호감을 갖고 있지는 않았다. 두 사람은 서로를 안 지 열여덟 시간밖에 안 되었지만, 애나는 지금 궁전 정원을 안내하고 있는 자신감이 넘치는 해리먼 대사의 딸에 대한 확고한 의견을 갖게 되었다. "나는 캐슬린을 좋아하지만, 사라만큼은 아니에요"[14]라고 애나는 남편에게 썼다. "캐슬린은 자존심이 대단해요. 내가 보기에는 따뜻한 인간미가 부족한 것 같아요."

짧은 시간의 만남치고는 다소 가혹한 평가를 내렸다고 할 수 있지만, 이런 평가에는 캐슬린의 성격보다는 애나의 불안한 마음이 투영

되어 있었다. 객관적으로 말해서, 무장한 경비병들에게 정면으로 맞서는 아름답고 능력 있는 데다 똑똑한 처녀를 질투할 이유는 없었다. 루스벨트 가문은 미국에서 역사적인 귀족 가문이었고, 해리먼 가문은 20세기 미국의 거칠 것 없는 대담함을 구현한 집안이었다. 해리먼 가문의 이러한 자질은 루스벨트 집안을 3대째 초조하게 만들었다. 아버지, 할아버지와 마찬가지로 캐슬린도 독립적이고 거칠 게 없었다. 그녀는 시도하는 일마다 성공을 거두었다. 모스크바에 도착한 지 얼마 되지 않아 캐슬린은 모스크바 슬라롬slalom 스키 대회[15]에 참가하기로 결정했다. 그녀는 한때 1940년 동계 올림픽에 미국 국가대표로 참가하는 것을 생각하기도 했지만 그 올림픽은 전쟁 발발로 취소되었다. 그녀는 모스크바의 레닌언덕에서 힘 안 들이고 몇 번 스키를 타본 것 외에는 1941년 런던을 떠난 후 스키화를 신어본 적이 없었다. 그녀는 자신의 스키 장비는커녕 스키복도 없었다. 그녀는 성인 남자가 입어도 충분할 만큼 커다란 해군 스웨터를 빌려 입고 낡은 스키 바지를 핀으로 고정한 채 시합에 나서서 소련의 최고 여성 스키어들과 경쟁해 3등을 차지했다. 소련 선수 상당수는 소련 적군 소속이었다.

그에 비해 애나는 10대 시절부터 자신의 어머니처럼 자신감이 부족해 고충을 겪었다.[16] 애나는 지난 봄 백악관으로 들어올 때 어머니가 자신 때문에 밀려났다는 느낌을 받지 않도록 어머니의 동의를 받아야 했다. 더 중요한 것은 캐슬린에 비교하면 애나가 외부인이이라는 점이었다. 애나는 캐슬린보다 열한 살이나 더 나이를 먹었고 분명히 대통령의 영애였지만, 신참에 불과했다. 3국의 모든 고위 대표들은 캐슬린이 런던과 모스크바에서 보낸 시간 덕분에 캐슬린을 잘 알고 존중했다. 이들은 자연스럽게 캐슬린을 회담의 중요 인사로 여겼다. 의전 순위로 보면 이 지위는 애나가 누려야 했다. 아무도 악의는 없었지만 이번 회담은 애나가 최초이자 실질적으로 유일하게 최고의 의전 대우를 받을 수 있는 기회였다. 그녀는 인내심을 가지고 이 기회를 기다렸다. 애나는 늘 남동생들과 엄마, 할머니와 많은 정치 참모들 뒤에 서 있었다. 그녀는 가족과 아버지의 측근 그룹, 특히 아버지로부터 인정받기 위해 그토록 오래 기다렸지만, 지금 여기에는 자신보다 더 밝게 빛나는 다른 사람이 있었다.

예상 밖의 취재원으로부터 캐슬린에 대한 특종을 얻은 것은 작은 위안이 되었다. 그 특종을 제공한 사람은 다름 아닌 해리 홉킨스였다. 아침에 루스벨트의 건강을 체크하러 가기 전에 애나는 홉킨스의 방에 들렀다. 그녀는 전날 밤 홉킨스와의 갈등에 마음이 불편했고, 이를 해결할 필요가 있다고 생각했다. 홉킨스는 애나가 "루스벨트를 구하기 위해 너무"[17] 애쓴다고 생각했다. 이제 애나는 자신이 능력 이상으로 국사에 관여한다고 홉킨스가 생각하게 만들기보다 "그 방향으로 가는 자신의 입장을 더 강화하기로" 결정했다.

다행히도 홉킨스는 많이 진정되었고, 화해를 원하는 그녀의 시도에 "호의적으로 반응"[18]했다. 애나를 적으로 보기보다는 동지로 인정한 그는 사랑스럽고 다재다능한 캐슬린에 대한 풍문을 전해주며 화해의 손길을 뻗쳤다. "홉킨스는 그녀가 프랭클린 주니어(애나의 남동생인 프랭클린 델라노 루스벨트 2세)와 약 1년 반이나 2년 전에 진지한 로맨스를 가졌었다고 말해주었어요"[19]라고 그녀는 남편에게 썼다. 짙은 금발과 활짝 웃는 미소가 매력적인 프랭클린 2세는 네 남동생 중 가장 인물이 뛰어났다(그만이 유일하게 턱 모양도 아버지와 닮았다). 그는 또한 듀폰가의 상속녀인 에델 듀폰Ethel du Pont과 결혼한 상태였다. 홉킨스는 캐슬린과 프랭클린 2세의 짧고도 뜨거운 로맨스는 그가 해군 업무로 런던을 방문한 1942년 6월에 일어났다고 애나에게 말해주었다.[20] 당시 해리먼과 캐슬린은 영국에 근무하고 있었다. 이 로맨스는 사람들이 괜히 떠드는 입방아가 아니었다. 홉킨스는 자신이 "두 사람 사이에 오가는 편지를 전달했기 때문에"[21] 이 로맨스가 진짜임을 알았다. 아마도 캐슬린은 사람들이 자신의 로맨스를 믿기를 바라면서도 그 마음을 솔직하게 표현하지는 않았던 것 같았다.

리바디아 궁전 정원을 둘러보는 동안 캐슬린은 애나가 자신에 대해 어떻게 생각하는지를 알지 못했다. 애나가 자신을 아주 좋아하진 않는다는 것을 설사 알아차렸더라도 캐슬린은 크게 신경 쓰지 않았을 것이다. 런던에서 일할 때도 《국제뉴스서비스》의 편집진 중 한 사람인 이네스 로브가 캐슬린을 단 두 번 만난 후 그녀에 대해 혐오감을 가진 적이 있었다. 이네스는 캐슬린이 자신의 기삿거리를 훔쳐간다고 생각하고 그녀를 해임시키려고 여러 번 시도했다. 이네스의 연극 같은 행동에도 캐슬린은 조금도 동요하지 않았다. 캐슬린은 언니에게 이렇게 적어 보냈다. "나는 여자들이 질투를 하는 건 너무 바보 같은 짓이라고 생각해."[22]

9장

1945년 2월 4일

몰로토프가 사키 비행장에서 처칠과 루스벨트에게 스탈린이 아직 크림반도에 도착하지 않았다고 말한 것은 거짓말이었다. 소련의 공산당 서기장은 방탄 열차를 타고 이미 모스크바에서 내려와 코레이즈 궁에 들어와 있었다.[1] 이 궁전은 최근에 수리되었다. 라브렌티 베리야의 철저한 감독 아래 일꾼들은 2미터 두께의 콘크리트 천장이 있는 방공호를 건설했다.[2] 이 방공호는 500킬로그램짜리 폭약의 직격탄도 견딜 수 있었다. 코레이즈 궁에서 스탈린은 몰로토프가 전화로 전하는 보고를 통해 동맹국 대표단의 도착 상황을 세심히 모니터할 수 있었다. 그는 몇 명의 의사를 몰래 사키 비행장에 보내서 루스벨트의 상태를 관찰하며 루스벨트가 건강이 많이 나빠졌다는 소문을 확인하게 했다.[3] 이들은 소문이 맞다고 보고했다.

오후, 방문객들이 잠에 곯아떨어지고 숙소에 자리를 잡고 나서야 스탈린은 드디어 모습을 드러내기로 했다. 스탈린의 일정은 처칠 수상이 머물고 있는 보론초프 궁전을 방문하는 것으로 시작되었다. 영국 대표단은 스탈린이 오후 3시에 찾아올 것으로 예상하고 있었다. 그때까지 시간이 좀 남아 있다고 생각한 사라는 자기 방으로 가서 잠시 숨을 돌리기로 했다.[4] 그러나 서방 방문자들을 당황하게 만들기로 작정한 듯 스탈린은 일찍 도착했다. 영국 대표단은 그를 맞이하기 위해 현관에 도열할 틈도 없었다. 사라는 스탈린이 입장하는 순간을 완전히 놓치고 말았다. 처칠은 간신히 시간에 맞춰 그를 맞았다.

스탈린이 처칠을 방문한 것은 대체로 의례적인 목적에서였다. 당서기장 스탈린이 주인으로서의 의무를 충실히 수행한 것이다. 그는 공식적으로 영국 대표단의 크림반도 방문을 환영했다. 스탈린이 방문하는 동안 처칠은 자신이 자랑스럽게 여기는 전쟁상황실Map room을 보여주었다. 전쟁상황실은 군사작전의 추이를 보여주는 역동적인 중추였다. 원래 전쟁상황실은 독일군의 공습에도 끄떡없는 영국 재무부 건물 지하 깊은 곳에 위치한 영국 전쟁내각실Cabinet War Rooms의 일부였다. 처칠의 보좌진은 처칠이 출장 중에도 연합군의 진격 상황을 모니터할 수 있도록 이동 가능한 전쟁상황실을 만들었다. 처칠이 스탈린에게 전투 지도들을 보여주는 동안 두 사람은 독일군 전력이 급격히 붕괴하고 있는 독일 전선의 전반적 전황에 대해 "서로 의견이 일치하는 대화"[5]를 나누었다. 그러나 두 사람은 정치적 성격이 강한 주제에 대해서는 논의를 피했다. 반시간 후 스탈린은 영국 대표단에게 작별을 고하고 자신의 두 번째이자 좀 더 중요한 방문을 위해 길을 나섰다.

겉으로는 의례적 방문이었지만, 해리먼이 몰로토프와 합의하여 오후 4시 리바디아 궁전에 마련한 루스벨트와 스탈린의 회동은 아주 다른 성격을 띠었다. 스탈린은 외무장관 뱌체슬라브 몰로토프와 통역 블라디미르 파블로프를 이 회동에 데려왔지만, 루스벨트는 해리 먼이나 국무장관 스테티니어스도 배석시키지 않고 통역인 칩 볼런만 자리에 앉게 했다.[6] 루스벨트는 처칠에게 말한 것처럼 자신이 개인적으로 스탈린과 상당히 친하다고 생각했기 때문에 국무부의 누구로부터도 방해받지 않기를 원했다.

처칠과 마찬가지로 루스벨트도 스탈린과 논의할 몇 가지 군사적 문제가 있었다. 그러나 루스벨트는 이 문제를 논의하는 것을 3국 합참 지휘관들이 참석하는 오후 5시 회의까지 미루기로 했다. 루스벨트는 사적인 긴밀한 회동에서는 다른 의제를 스탈린과 논의하고 싶어 했다. 처칠이 전후 세계에서 소련이라는 악마가 부상할 것을 예상한 데 반해, 루스벨트는 서방 연합국과 소련이 공동의 적과 싸우기 위해 연합했다는 사실을 잊지 않았다. 그는 이 적이 미국과 소련을 계속 연합하도록 만드는 힘이라는 것을 스탈린에게 상기시켰다. 얄타로 오는 길에 본 크림반도의 파괴적 상황이 독일인에 대한 그의 복수심을 더욱 고조시켰다고 애나에게 말한 것은 지금 스탈린에게 말하기 위한 예행연습이었다. 그는 이 말을 거의 그대로 반복한 뒤 스탈린이 다시 한 번 "5만 명의 독일 장교를 처형하겠다는 건배사를 제안"[7]하기를 바란다고 말했다. 독일군 수뇌부 5만 명의 장교를 처형하겠다는 말은 스탈린이 테헤란회담에서 한 말이었다. 처칠은 가해자들이 아무리 사악해도 이런 유혈에 대해서는 강력히 반대했다. 당시 스탈린은 농담으로 한 말이었다고 넘어갔지만, 처칠은 "그 말이 정말 농담이고, 뒤에 숨어 있는 의도는 없는지 확신"[8]하지 못했다.

암묵적으로 스탈린이 처칠의 반대를 떠올릴 수 있게 공동의 적에 대해 다시 한 번 강조한 다음 루스벨트는 처칠이 있는 자리에서는 이 야기할 수 없는 "무언가를 서슴없이"[9] 말하겠다고 했다. 영국인들은 "특이한 사람들이라 자신들이 케이크를 다 차지하고 또 그것을 다 먹어치우고 싶어 한다"고 루스벨트는 스탈린에게 말했다. 지난 2년 간 영국은 장차 독일의 공격을 막는 울타리로서 "인위적으로 프랑스를 강대국"으로 만들려고 한다고 미국인들이 확신하게 만들었다. 전쟁이 종결되고 미군이 본토로 돌아가면 영국은 다시 프랑스에 대한 "정치적 통제권"을 확보할 수 있게 될 터였다. 영국이 이렇게 하는 방법 중 하나는 전쟁 후 프랑스인들이 독일 행정구역 하나를 차지하고, 영국이 재빨리 이를 통제하는 것이라고 루스벨트는 말했다. 루스벨트는 프랑스가 1940년 경황없이 몰락한 다음 전장에서 나치독일군을 물리치는 데 한 일이 거의 없기 때문에 점령 구역을 차지할 권리가 없다고 생각했다. 그는 프랑스에게 점령 구역을 제공할 이유가 있다면 그것은 단지 "호의"라고 농담했다.

스탈린은 전후 프랑스가 통제하는 독일 점령 구역 문제는 신중한 고려가 필요하다는 데 동의했지만, 이 문제를 더 논하지는 않았다. 오후 5시가 거의 다 되어서 두 지도자는 이런 선에서 대화를 마쳤다. 루스벨트는 자신이 원하는 바를 얻었다. 그는 스탈린에게 중요한 신호를 보낸 것이다. 즉 이번 회담에서는 미국이 영국과 굳게 손잡고 같이 가지는 않겠다는 것이었다. 미국과 소련은 영국을 배제하고도 자기들만의 협상을 할 수 있었다.

† † †

오후 5시 직전 3국 대표들이 전체회의를 진행하기 위해 리바디아 궁전에 도착하기 시작했다. 이 회의는 앞으로 8일간 연합국 지도자들과 참모들이 진행할 3국 간 회담의 첫 회의였다. 리바디아 궁전 옥상에서는 기관단총을 든 소련 경비병들이 보초를 서고 있었고, 보론초프 궁전과 코레이즈 궁전에서 오는 대표단을 제외하고는 누구도 주변 길을 지나다닐 수 없었다.[10] 스탈린은 몰로토프와 함께 번쩍거리는 단추가 달린 제복을 입은 경비병들을 거느리고 회담장에 도착했다.[11] 3국의 장군들과 제독들도 곧 현관 앞에 도착했다. 이들은 현관 앞에 처량하게 옮겨 심어진 두 종려나무 화분을 지나 리바디아 궁 현관홀로 들어서서 유럽의 군사 문제에 대한 논의를 시작하기 위해 자신들의 정치적 상대들과 만났다. 3국의 합참 수뇌부가 한자리에 모인 것은 테헤란회담 이후 처음이었다. 프랑스와 벨기에 북부의 아르덴 저항선이 돌파된 상태에서 아이젠하워 장군이 지휘하는 미영 연합군은 서쪽으로부터 베를린을 향해 빠르게 진격하고 있었다. 소련군은 베를린에서 불과 40마일 떨어진 오데르강을 건넌 상태였다. 유럽에서의 전쟁을 끝내고 태평양 전선에서 극복해야 할 복잡한 정치 문제가 있었지만, 그 자리에 모인 최고위 지휘관 모두는 각자의 군대가 베를린에서 만나기 전에 혼란을 극복할 합동 전략을 실행하는 것이 무엇보다 중요하다는 데 이견이 없었다.

사라가 처칠과 함께 리바디아 궁전에 도착했을 때, 짧은 모피 코트 차림의 애나가 현관에서 누구보다도 먼저 이들을 맞았다.[12] 루스벨트가 안에서 휠체어에 앉아 기다리는 동안 애나는 아버지의 대리인으로서 차에서 먼저 내린 사라에게 인사했다. 그런 다음 애나는 아버지가 하듯이 처칠과 힘찬 악수를 나눴고, 처칠 부녀의 뒤를 이어 도착한 앤서니 이든 외무장관과도 악수를 나눴다. 영국 대표단은 늘 지도자를 수행하는 경호요원이 많은 미국 대표단과 소련 대표단에 비해 규모가 작았다.[13] 처칠을 수행한 제복을 입은 두 명의 수행원은 바로 다른 일행 속으로 사라졌다.[14] 모든 사람이 실내로 들어오자, 애나는 사라를 불러 자기 옆에 서게 한 다음 사진사들 중 로버트 홉킨스로 하여금 이 역사적 만남을 촬영해 스냅사진에 담게 했다. 두 명의 영국 사진사, 열여섯 명의 미국 사진사, 서른 명이 넘는 소련 사진사들이 조금이라도 더 좋은 자리를 차지하기 위해 서로 몸을 밀치고 있었다. 이들이 터뜨리는 플래시는 지도자들을 향한 서로의 촬영을 방해했다. 애나는 남편에게 보낼 몇 장의 스냅사진을 따로 찍었다.[15] 바로 옆에서 캐슬린과 국무장관 스테티니어스가 즐겁게 이야기를 나누고 있었다.[16]

모든 손님이 코트와 모자를 벗고, 필요한 사진 촬영이 끝나자 대표들이 무도회장으로 들어왔다. 그곳으로 들어가기 전에 처칠은 자신을 바라보는 사라에게 다가가 희망과 염려를 동시에 표현하며 눈썹을 치켜올렸다. 처칠은 딸의 팔을 잡으며 확신을 주었다.[17] 최고 지도자들과 대표들은 무도회장으로 들어섰다. 새하얗게 칠해진 그 방에는 커다란 원형 테이블과 의자들이 임시로 놓여 있었다. 사진사들이 마지막으로 사진 몇 장을 찍은 다음 거대한 이중문이 닫혔다. 이제 회담이 본격적으로 시작되었다.

† † †

닫힌 문 뒤에서는 스물여덟 명의 남자가 테이블 주변 각자의 자리에 앉아 있었다. 루스벨트의 통역인 칩 볼런은 회색 양복과 흰색 셔츠를 말끔하게 차려입었지만, 마라톤 같은 회의에 임할 준비가 되어 있었다. 볼런과 그의 영국·러시아 파트너인 아서 버스와 블라디미르 파블로프는 번역사translator라기보다는 전문통역사interpreter라고 불렸다.[18] 번역이 과학이라면 전문통역은 예술이었다. 전문통역은 여러 언어에 능숙할 뿐만 아니라 배우의 역할까지 수행해야 했다. 이 직업에는 한 언어를 다른 언어로 옮기는 것보다 훨씬 많은 일이 포함되었다. 전문통역사는 말에 담긴 의도까지 통역해야 했고, 어떤 단어는 강조하고 어떤 단어는 의미를 축소하면서 목소리의 음조와 변화에도 맞춰야 했다. 이들은 통역을 맡긴 사람이 생각을 모으거나, 의미하는 바를 정확히 표현할 단어를 찾으려고 잠시 쉴 때, 또는 의도적으로 의미를 흐리거나 시간을 벌려고 머뭇거릴 때 직감적으로 이해해야 했다. 볼런에게 오늘은 마라톤이라기보다 바이애슬론 경기였다. 해리 홉킨스는 볼런에게 두 번째 과제를 맡겨 통역사의 일을 훨씬 어렵게 만들었다. 의지의 힘으로 병상에서 일어나 회담에 참석한 홉킨스는 루스벨트가 정말 중요한 회담의 기록을 남기지 않곤 한다는 것을 기억했다.[19] 홉킨스는 볼런에게 통역 외에 영어를 러시아어로 옮기면서 꼼꼼하게 회담 기록을 작성하도록 지시했다.

볼런은 속도와 정확성이 필요한 두 과제를 수행할 준비를 하면서 연필과 종이를 가지고 루스벨트의 바로 왼쪽 옆에 앉았다.[20] 그러나

이 자리는 그에게 배정된 자리가 아니었다. 그는 통상적으로 통역이 앉는 루스벨트 바로 뒷자리에 앉아야 했다. 볼런은 이 사실을 의식하지 못했던 것 같다. 그러자 애버럴 해리먼 대사가 앉을 자리가 없어졌다. 볼런이 종이를 챙기는 동안 해리먼은 이런 상황에 신경 쓰지 않는다는 듯이 손 하나를 더블브레스트 주머니에 찌른 채 방구석에 있는 의자를 끌고 왔다. 그는 뒷줄 의자 사이에 자신의 자리를 만들어, 테이블에 붙어 앉은 자신의 파트너인 아치볼드 클라크 커 영국 대사, 표도르 구세프 대사와 대조를 이루었다(피터 포털은 런던을 떠나온 후 줄곧 파멜라 처칠에게 쓴 30페이지가량의 편지에서 자신의 연적戀敵을 "불쌍한 애버럴"[21]이라며 신랄하게 묘사했다).

스탈린은 테헤란회담에서 그랬던 것처럼 루스벨트에게 개회를 부탁했다. 이를 기꺼이 수락한 루스벨트는 "회의가 편안한 분위기에서 진행되어 각자 솔직하고 자유롭게 의견을 나누기를 바랍니다"[22]라는 말로 회의를 시작했다. 루스벨트가 말을 끝내자 볼런은 그의 말을 러시아어로 옮겼다. 회의 중 통역은 명확한 전달을 위해 동시통역이 아닌 순차통역으로 진행되었다. 이로 인해 대화는 두 배의 시간이 걸렸다. 루스벨트가 말한 선의와 낙관주의에 고무된 분위기에서 최근 소련군이 동부 전선에서 거둔 승리에 대한 안토노프 장군의 브리핑이 이어졌다. 그 뒤를 이어 미국 합참의장인 조지 마셜 장군이 서부 전선의 작전 상황을 설명했다. 그는 영미 연합군이 3월 1일경 라인강을 건널 수 있을 것으로 예상한다고 말했다. 이 보고에 스탈린은 만족을 표했고, 처칠도 분위기가 "아주 좋았다"[23]고 회고했지만, 영국 해군 사령관인 커닝엄 제독은 마셜 장군이 영국의 군사작전 보고까지 해버린 데 다소 화가 났다.[24] 이후 세 시간 동안 세 통역은 각국 합참의장들과 정부 수뇌들이 베를린 진격을 앞두고 논의한 기술적이고 전술적인 사항을 통역하느라 진땀을 흘렸다.[25] 군사 지휘관들은 다음 날 회의에서 논의해야 할 합동 계획의 세부 사항을 걸러냈다.

논의가 진행되는 동안 스탈린은 소련군의 월등한 화력을 증명하는 통계같이 소련의 군사력에 대해 짧은 질문이나 강조를 하는 것 외에는 거의 말을 하지 않았다. 그는 휴회에 들어가기 전 할 말이 있다고 나섰고, 파블로프가 스탈린의 생각을 영어로 통역하기 시작했다. 스탈린은 말을 알아듣기 어려운 사람이었다. 처칠의 통역관 아서 버스는 영어를 사용하는 먼 하일랜드에서 온 스코틀랜드 사람이었는데, 그가 보기에 스탈린은 강한 조지아 억양으로 말했다.[26] 스탈린은 참지 못하고 자신의 통역들이 바로 그의 말을 전하도록 채근했다. 다행히 파블로프는 모욕을 당하고도 자제력을 발휘하며 통역을 해나갔다. 그런데 이번에는 스탈린이 중대한 발언을 하면서 자제하는 모습을 보였다. 그는 동부 전선에서 펼친 소련 적군의 겨울 공세는 테헤란에서 연합국이 합의한 사항의 결과가 아니라고 말했다. 그의 주장에 따르면 그 공세는 오히려 동맹국들에 대한 소련 측의 선의와 헌신의 표시였다. 스탈린은 자신의 상대들에게 다만 "공식적인 의무를 이행하는 것을 넘어 동맹국들에 대한 도덕적 의무라고 생각하는 바를 수행하는 소련 지도자들의 정신"[27]을 강조하고 싶어서 이런 발언을 하는 것임을 분명히 말했다.

스탈린의 말을 들은 처칠은 우호적이지만 뼈가 있는 답변을 했고, 이 내용을 버스가 제대로 포착해서 통역하기를 바랐다. 처칠은 동부 전선에서 겨울 공세를 펼치도록 "영국도 미국도 스탈린 원수와 협상하려고 시도하지 않은 이유는 소련 측이 옳은 일을 할 것이라고 믿고 있었고, 자신들이 스탈린과 러시아 국민들을 신뢰했기"[28] 때문이라고 말했다.

볼런은 회의록을 기록하면서 공식적인 발언 외에 자신의 개인적 의견을 적어놓았다. 얄타에서 루스벨트의 통역관으로 일하게 되었지만 볼런은 미 국무부 내 몇 안 되는 최고 소련 전문가 중 한 사람이었다. 그는 1930년대에 모스크바의 미국 대사관에서 근무했다. 볼런은 러시아 사람들, 정부와 폭넓게 접촉했고, 워싱턴의 누구보다도 러시아어와 문화에 정통했다. 그는 루스벨트가 희망하는 대로 "좋은 느낌의 시대an era of good feeling"[29]가 지평선에 떠오르고 있다고 절대 생각하지 않았다. 영국과 미국이 프랑스에서 제2전선을 형성하기 전 거의 3년 동안 소련의 적군이 나치독일의 침략에 정면으로 맞선 것은 사실이었다. 그러나 소련이 치른 희생은 이타적이라고 보기 어려웠다. 스탈린은 동맹국에 대한 "도덕적 의무감"에서 그랬다고 주장할 수 있지만, 자신의 이익에 부합되지 않는 순간 스탈린은 자기 길을 가는 데 조금도 주저하지 않을 것이 분명했다.

전날 저녁 볼런은 조지 케넌이 보낸 날카로운 내용의 전문을 받았다. 10년 이상 볼런의 친구이자 동료인 조지 케넌은 지금 모스크바에서 해리먼을 대리해 대사관을 지키고 있었다. "나는 이 전쟁의 현실을 잘 이해하고 있다. 그리고 … 러시아의 전쟁 노력이 뛰어나고 효과적이라는 것도 알고 있지만, 러시아는 중부 유럽과 동부 유럽에서 상당 부분 다른 국민들의 희생을 바탕으로 자신들의 보상을 챙길 것이 분명하다"[30]라는 말로 케넌은 전문을 시작했다. 그런 다음 그는 주의를 기울이라고 경고하는 말을 이어갔다. "전쟁이 진행되는 동안 전후의 현실이 형성되는 것은 분명하지만, 우리는 일관되게 … 소련 팽창의 한계를 규정짓는 것을 거부해왔다."[31] 그가 보기에 소련군이 이미 점령한 지역에 대한 어떠한 협상도 아무 의미가 없었다. 미국은 역시 지금은 유럽을 영향권sphere of influence으로 나누어 시간과 노력을 절약해야 했다. 케넌은 현 시점에서 영토에 대한 협상은 "말이 이미 달아난 다음에 말 우리의 문을 닫으려는 시도에 불과하다"라고 주장했다.

이론적으로 볼런은 여기에 이견이 없었다. 루스벨트가 스탈린과의 관계를 아무리 낙관적이고 순진하게 생각하고 있더라도 소련 측은 서방에 의미 있는 어떤 양보도 할 가능성이 없었다.[32] 그러나 볼런은 루스벨트가 세계에서 가장 강력한 민주주의의 지도자이기 때문에 시도할 의무는 있다고 주장했다.[33]

† † †

전체회의 참석자들이 이중문 안에 격리되자 홀은 갑자기 이상할 정도로 조용해졌다. 때때로 러시아 급사들과 영국 외무성의 직원들이 발걸음 소리를 죽이며 무도회장으로 들어가 음료수 잔을 치운 뒤 새로운 찻잔을 가지고 들어갔다.[34] 이들은 너무 조용히, 조심스럽게 드나들어서 마치 무도회장 뒤에서 중환자를 돌보는 사람들을 방해하지 않으려는 것처럼 보였다.

사라와 캐슬린은 전체회의가 끝나고 저녁 늦게 시작될 만찬 때까지는 아버지로부터 호출될 염려가 없어서 편하게 쉴 수 있었다. 두 친구는 1943년 가을 이후 만나지 못했기 때문에 자신들만의 저녁 식사를 학수고대하고 있었다. 캐슬린이 "아이들 파티"[35]라고 이름 지은 저녁 식사에는 애나와 런던에서 온 오랜 친구들이 같이 하게 되어 있었다. 그 친구들 중에 파멜라 처칠의 옛 애인 프레더릭 앤더슨도 포함되어 있었는데 그는 그날 밤 공식 만찬에 초대받지 못했다. 선발팀의 누군가는 2층에 자신들만의 영화관까지 마련해놓았다.[36]

그사이 애나는 아버지의 부관으로서 골치 아픈 일을 처리하고 있었다. 그녀보다 어린 사라와 캐슬린이 잠시 쉬는 동안, 애나는 "안절부절못하고"[37] 있었다. 그날 저녁 루스벨트는 영국과 소련 대표들을 위해 공식 만찬을 주최했다. 이번에도 루스벨트는 초청하고 싶은 사람들을 애나에게 알려주지 않았다. 소련 대표들이 포함된 오늘 만찬에서 애나는 혹시 누군가를 누락하지 않도록 각별히 신경을 써야 했다. 그녀는 캐슬린에게 도움을 청할 수도 있었다. 캐슬린은 그녀보다 어렸지만 소련 사람들을 초청한 외교 공식 만찬을 치른 경험이 많았다. 하지만 애나는 고집스럽기는 해도 스스로 문제를 해결하기로 했다.

전체회의가 시작되기 전 해리먼은 애나가 만찬 초청 명단을 놓고 끙끙대는 모습을 보았다.[38] 그는 이런 상황에서는 사전 준비 없이 만찬 명단을 만드는 것이 정상이라고 그녀를 안심시켰다. 다시 한 번 해리먼은 애나가 루스벨트를 염려하게 만들지 않도록 그녀를 돕겠다고 나섰다. 해리먼은 회의 중간 휴식 때 자신이 주의를 기울여 짠 초청 명단을 가지고 나와서 애나에게 넘겨주겠다고 약속했다. 거의 세 시간 반의 논의가 마무리되고 회의가 끝났을 때 해리먼은 자신이 만든 명단을 가지고 이중문 뒤에서 나왔다. 그는 애나에게 자리 배치에 대한 조언을 해주고, 루스벨트의 보좌관인 리그던 중위에게 좌석표에 정확한 이름을 써 넣는 것을 돕도록 시켰다.

애나가 좌석 명단을 다 만들었을 때 무도회장의 이중문이 열리고 그날의 논의를 마친 회의 참가자들이 하나씩 쏟아져 나왔다. 이들은 주변을 돌며 대화를 계속했고, 일부는 만찬 준비를 위해 몸단장을 하러 갔다. 바로 그때 주치의인 브루엔이 급한 전갈을 가지고 애나에게 다가왔다. 애나는 제임스 번스의 방으로 바로 달려가야 했다. 브루엔은 막 그 방에서 빠져나왔지만, 불쌍한 파 왓슨, 의사 매킨타이어, 해군 제독 윌슨 브라운은 방에서 빠져나오지 못하고 있었다. 번스는 "역정을 내며" 루스벨트가 주최하는 만찬에 참석하지 않겠다고 소동을 피웠다.[39] 퀸시호를 타고 항해하는 동안 루스벨트의 건강 상태에 대해 집요하게 질문했던 그는 지금은 마치 얄타에서 애나의 시간을 비참하게 만들기로 작정한 것 같았다.

"역정이란 말은 아주 부드럽게 표현한 거예요!"[40] 번스의 방에 도착한 애나는 그렇게 생각했다. "그의 눈에서는 불길이 쏟아져 나오고 있었어요!" 번스는 권력을 휘두르는 데 익숙해져 있었다. 대법관으로 잠시 일한 그는 사우스캐롤라이나 상원의원이었다. 번스는 1943년 전쟁과 관련된 모든 부처의 활동을 조정하기 위해 만든 특별 부서인 전쟁동원부의 장관이었다. 이 직책 덕분에 번스는 워싱턴에서 폭넓은 권력을 누렸다. 많은 사람들이 그를 "보조 대통령Assistant

President"이라고 불렀다. 전쟁과 관련된 모든 고위급 회의에 참석해 온 그는 그날 저녁 열린 첫 전체회의에 당연히 참석해야 한다고 생각했다. 그러나 루스벨트는 민간 참석자 수가 최소한으로 제한되어야 스탈린이 좀 더 자유롭게 군사 문제에 대해 얘기할 수 있다고 생각했기[41] 때문에 번스를 전체회의에 부르지 않았다. 결국 루스벨트는 그를 안쓰럽게 생각해서 오후 6시에 회의장에 오도록 조치했다. 그러나 애나는 번스가 "문밖에서 45분간 가만히 기다렸지만 (…) 아무도 그를 부르지 않았다"[42]는 이야기를 들었다. 마음이 상하고 당황한 그는 민간인인 해리 홉킨스가 회의장에 들어간 데 몹시 화가 났다. 자존심이 상한 데 대한 보복으로 그는 루스벨트가 주최하는 만찬에 절대 참석하지 않기로 결정한 것이다. 그는 회담 자체를 그만두고 돌아간다고 위협하기까지 했다.[43]

번스는 명목상 전쟁동원부 장관으로서 얄타에 왔지만 루스벨트는 오랜 친구인 그를 회담 외곽 궤도에 머물게 했다. 축 처진 눈과 처량한 표정에 머리가 하얗게 센 그는 루스벨트의 오랜 동지였고, 전형적인 노련한 원로 정치인의 역할을 하는 듯 보였다. 1944년 대통령 선거에서 루스벨트는 헨리 월리스 대신 해리 트루먼을 러닝메이트로 삼아 선거를 치렀다. 번스를 얄타에 초청한 것은 그때 루스벨트가 그를 소홀히 대우한 데 대한 일종의 위로의 제스처였다. 번스가 이 회담에 직접적으로 공헌할 가치는 거의 없었고, 애나는 그의 무례한 행동이 정말 우습다고 생각했다. 그녀는 아버지의 주의를 끌려고 경쟁하는 아첨꾼들의 이런 철부지 같은 행동을 혐오했다. 번스가 역정을 낸 것은 그날의 두 번째 에피소드였다. 그날 애나는 아버지를 성가시게 하지 않을 다섯 명과 함께 하는 아버지와의 점심 식사 자리를 마련했다.[44] 그런데 초대받지 못한 레이히 제독이 가족 같은 분위기의 점심 식사에 갑자기 끼어들어 오며 애나의 계획을 망쳐버렸다. 애나는 급히 그의 자리를 만들었지만, 레이히는 자신이 원래 초청 명단에 없었다는 데 이미 기분이 상해 있었다. 몹시 화가 난 애나는 일기에 "어떤 사람들의 감정은 아주 세심히 돌보아야 한다"[45]라고 적었다. 회담에 참석한 대표들은 야망, 재능, 개성 덕분에 그런 자리에 올랐고 대부분 자신의 중요성에 집착하고 있었다. 번스가 가장 전형적인 예였다. 해리 홉킨스와 마찬가지로 번스는 "진짜 프리마돈나"[46]처럼 행동한다고 애나는 생각했다.

20분 넘게 애나와 번스는 논쟁을 벌였다. 애나는 번스가 루스벨트의 만찬에 참석해야 한다고 주장했고, 번스는 계속 거부했다. 이 소동을 듣고 애버럴 해리먼이 들어와 애나를 거들었지만 번스는 고집을 꺾으려 하지 않았다. 이 논쟁은 완전히 "난장판"[47]이 되었다. 애나는 몇 번이나 "당신이 만찬에 오지 않는다고 신경 쓸 사람 아무도 없어요!"라고 소리치고 싶었지만 가까스로 평정을 유지했다. 그녀는 번스가 만찬에 오길 루스벨트가 바란다는 것을 알고 있었기 때문이다.

마지막으로 애나는 터무니없는 호소를 하기에 이르렀다. 루스벨트는 숫자 13을 싫어했다. 만약 번스가 가지 않으면 만찬 참석자 수가 악마의 수로 남을 것이었다. 이렇게 되면 루스벨트는 "몹시 화를 낼 것"이고 그렇게 되면 그건 모두 번스의 잘못 때문이었다.

무슨 이유에서인지 번스는 생각을 바꾸었다. 드디어 그는 고집을 꺾고 식당으로 갔다. 잠시나마 임무에서 해방된 애나는 사라, 캐슬린, 그리고 캐슬린이 "불러 모은"[48] 40세가 안 된 장군들이 있는 곳으로 갔다. 젊은 장군 중에는 앤더슨 말고도[49] 그의 미 육군 항공대 동료로 캐슬린이 "멀뚱이 투 스타a swell 2 starer"라고 부르는 로런스 쿠터도 있었다.[50] 애나는 "아이들 파티"가 거의 끝난 후 왔지만, 영화 상영 시간에는 늦지 않았다.

그날 밤 애나는 루스벨트가 잠들기 전 그를 만나러 갔다. 만찬은 성황리에 끝났다. 루스벨트의 요리사들은 캐비아, 철갑상어와 맛의 균형을 맞춰줄 닭고기, 야채, 마카로니를 준비했고,[51] 모두가 그날 저녁 만찬에 만족한 듯이 보였다.[52] 번스는 특히 아주 "멋진 건배사"[53]를 했다.

기분이 좋으면서도 다소 놀란 애나는 아버지에게 잘 주무시라는 인사를 하면서 번스의 철없는 행동에 대해 함구했다.[54] 이전에 수도 없이 그래왔던 것처럼 그녀는 그를 화나게 할 수 있는 일들을 사전에 깨끗이 정리했다. 루스벨트는 가장 가까운 사람들 사이에 일어난 일을 전혀 모르는 채 아주 좋은 기분으로 잠이 들었다. 그러나 애나가 예상한 대로, 얼마 안 가서 번스의 이야기는 아주 재미난 이야기로 발전하게 된다.

10장

1945년 2월 5일

"만일 엄마가 아침 7시 반에 이곳의 침실 복도를 본다면, 세 명의 원수元帥가 물 한 양동이를 얻으려고 줄 서 있는 광경을 볼 수 있을 거예요. 어떤 원수는 물을 받아 오지 못하기도 해요."[1] 사라는 엄마에게 이렇게 편지를 썼다. 보론초프 궁전의 화장실 사정은 리바디아 궁전처럼 심각했다. 영국 대표단 전체가 쓸 수 있는 화장실은 네 개에 불과했다.[2] 그중 하나만이 수세식이었고, 이 화장실은 수상에게 배정되었다.

매일 아침 군사령관들은 각자 부관을 보내 자기 대신 줄을 세워 위신을 지켰다. 날이 갈수록 점점 더 이른 시간에 줄이 만들어졌다. 공군 원수 피터 포털은 화장실을 확보하는 자신만의 방법이 있었다. 포털의 세례명은 찰스 프레더릭 앨저넌이었다. 그런데 어찌된 영문인지 그는 '피터'라는 별명이 생겨 계속 사용하게 되었다. 오토바이광이었다가 1차 세계대전 중 공군 파일럿이 된 그는 불손한 유머 감각을 가지고 있었다. 그는 누군가 화장실을 너무 오래 쓴다고 생각할 때면 자리에서 뛰어올라 화장실 문 위 틈으로 안을 들여다보고 누가 무례를 범하는지 알아낸 후 그의 이름을 부르며 나오기를 재촉했다.[3] 그러면 얼마 안 있어 드레싱가운을 걸친 원수가 당황해서 물방울을 뚝뚝 떨어뜨리며 뛰쳐나와 자기 방으로 가곤 했다. 만일 이런 전법이 먹히지 않으면 그는 문고리를 힘차게 당기고 안으로 쳐들어갔다.[4]

캐슬린은 영국 대표단을 맞기 위해 수리 중인 보론초프 궁전을 가본 다음 파멜라에게 만일 화장실 문제가 정말 급하면 남자들은 목욕탕만큼이나 큰 샴페인 냉장실로 달려가 샤워할 것이라고 농담했다.[5] "아빠는 아주 자상하셔서 나에게 화장실을 같이 써도 된다고 하셨어요"[6]라고 사라는 엄마에게 적어 보냈다. 그러나 "전반적인 목욕 문제"는 "심각하다"고 썼다. 해충 문제도 마찬가지였다. 처칠은 아침에 다리 이곳저곳을 해충에게 물린 채 잠자리에서 일어났다.[7]

리바디아 궁전에서는 혼란한 상황을 정비하기 위해 각 대표는 화장실 아홉 개 중 한 곳을 배정받았고, 건물 밖에 임시 화장실이 설치되었다.[8] 그러나 이것만으로는 궁전 내부와 옥외 시설에 머물고 있는 100명이 넘는 대표단에게 충분하지 않았다. 싱크대, 변기, 욕조가 각기 다른 방에 있었다. 침실의 요강을 쓰지 않고 밖으로 나와 긴 화장실 줄에 선 사람들은 이른 아침부터 환한 복도에서 즉석 미팅을 가졌다.[9] 대표들은 일단 화장실 안에 들어가도 문제가 남아 있다는 것을 깨달았다. 러시아 급사들은 프라이버시에 신경을 쓰지 않았다. 객실 청소를 맡은 여자 종업원들은 손님이 욕조에 있을 때도 전혀 신경을 쓰지 않고 들락거렸다.[10]

사람들의 생명에 가장 기본적인 기능 수행조차도 얄타에서는 위험이 따르는 것 같았다. 마시는 물도 안전하지 않았다. 대표들에게는 생수나 광천수가 제공되었다. 대표들은 생수가 좀 더 안전하다는 말을 듣기는 했지만,[11] 회의적이었다. 광천수가 더 현명한 선택 같았다. 그러나 광천수에는 천연 완화제인 황산마그네슘이 함유되어 있었다.[12] 화장실이 부족한 상황을 고려해 대표들은 이 문제에 대해 심사숙고했다. 결국 대표들은 박테리아와 기생충이 숨어 있을지도 모를 생수 대신 위험한 요소가 이미 잘 알려진 광천수를 택했다.

발길을 돌릴 때마다 대표들은 호화로움과 원시성의 극적인 대비를 발견하지 않을 수 없었다. 아침 화장실 전투를 마친 대표들은 모스크바 최고의 호화 호텔인 메트로폴호텔과 내셔널호텔 종업원들이 가져오는 아침 식사를 대접받았다. 이 식사는 매력적이지만 어딘가 미심쩍은 데가 있었다. 우선 러시아식 코스로[13] 코티지 치즈처럼 늘 나오는 얇게 저민 차가운 고기, 염소젖으로 만든 치즈, 사워크림이 발라진 응유 케이크가 나왔다. 그다음은 러시아인들이 생각하는 미국식 아침 코스로, 위테나 시리얼과 뜨거운 버터와 마늘을 이용해 창의적으로 요리한 위트 크림이 나왔다. 대표들 중에는 모험심을 발휘해 새로운 음식을 먹어보는 사람들도 있었지만, 레이히 제독은 그러지 않았다. "의사소통이 안 되는"[14] 종업원이 서빙을 하자 레이히는 언어장벽을 극복하기 위해 적극적인 몸짓 언어를 쓰며 큰 소리로 말했다. 그가 원한 음식은 단지 달걀, 토스트, 커피였다. 15분 후 이 종업원은 캐비아, 햄, 훈제 생선과 보드카가 담긴 쟁반을 가져왔다. "하나님 맙소사!" 졸도할 지경에 이른 레이히는 이렇게 소리쳤다. "영어를 할 줄 아는 사람 좀 데려오세요!" 점심은 조금 나았다. 세네 가지

코스 중 두 코스는 어김없이 러시아식 흑빵과 캐비아, 다양한 양배추 수프가 나왔다.

애나, 캐슬린, 사라는 좀 더 조용하고 친밀한 분위기 속에 진행되는 아버지들의 점심 식사 자리를 같이 했다. 처칠의 점심은 미국인들이 부르듯이 "브런치"[15]에 가까웠다. 다우닝가의 수상 관저에서 오는 긴급한 외교 행랑은 자정이 넘어서야 도착했기 때문에 처칠과 사라는 보통 새벽 2시가 넘도록 잠자리에 들지 않았다. 그 결과 처칠은 아침 늦게 일어나 오전 11시 반에야 첫 식사를 했다. 그는 저녁 식사 때까지 아무것도 먹지 않으며 전체회의가 시작되기 전까지 오후 내내 일했다.

루스벨트의 점심 식사는 파티에 가까웠다. "체커스 저택 사람들과 먹던 것에 비하면 이 식사는 너무 달랐어"[16]라고 캐슬린은 파멜라에게 썼다. 캐슬린이 기억하는 체커스 저택에서의 저녁 식사 때는 전쟁의 흉보가 다른 모든 대화를 덮어버렸고, 처칠은 그 주제를 끝없이 되씹었다. 루스벨트의 식사는 대조적이었다. "대통령은 아주 매력 있고, 어떤 주제에 대해서든 부담 없이 얘기해. 전쟁 이야기는 가벼운 주제가 아니면 식사 대화에 끼어들지 못해. 회담 이야기도 잠깐 등장하기는 하지만 주로 미국 정치, 친구 얘기를 하고, 모든 사람이 즐거운 얘기를 주고받았어." 루스벨트의 점심 식사 자리에는 뉴욕주의 민주당 지도자이자 루스벨트의 정치 자문역인 에드 플린("즐거운 여행"차 회담에 온 것처럼 보였다), 파 왓슨(정말 친절한 사람이지만, 얄타에서도 대통령의 말동무로 머물렀다), 레이히 제독, 그리고 캐슬린이 보기에 "아주 자존심 강하고 고루한" 공보 비서 스티브 얼리 등 캐슬린이 "같이 어울리는 사람"이라고 칭한 이들이 동석했다. "이들의 아침 경쟁을 보면 아주 재밌어"라고 캐슬린은 파멜라에게 썼다.

처칠과 루스벨트, 그리고 그들의 "수행원들"이 도착한 후 분위기는 황제 가족이 다시 한 번 얄타에 온 것 같았다. 그들이 부르기만 하면 러시아 종업원들이 달려와 온갖 시중을 들어주었다. 1867년 미국 작가 마크 트웨인은 동료 미국 항해자들과 함께 세계 여행을 하던 중 얄타에 들러 알렉산드르 2세를 알현한 적이 있었다. 러시아를 방문한 다음 트웨인은 다음과 같이 결론지었다. "러시아 사람들은 마음이 담긴 말과 표현으로 정중함을 가득 채워 자신들의 진지성을 신뢰하게 만든다."[17] 78년이 지나고 두 차례의 세계대전과 혁명을 겪은 후에도 이런 성향은 거의 변하지 않았다. 러시아인들의 손님 환대는 대단해서 어떤 때는 불편함을 느낄 정도였다. 끊임없이 제공되는 캐비아를 먹으면서 사라는 레몬이 캐비아와 같이 나오면 좋겠다는 말을 무심히 했다. 특별히 누군가에게 한 말이 아니었지만 다음 날 레몬 나무가 갑자기 온실에 나타났다.[18] 피터 포털은 보론초프 궁전 식물원에 있는 거대한 어항을 보고 감탄했다.[19] 그 안에는 다양한 식물이 서식하고 있었지만 물고기는 없었다. 그는 이 말을 동료들에게 농담으로 했는데, 얼마 후 황금잉어 떼가 어항 안에서 행복하게 돌아다녔다. 누군가 사라와 포털의 얘기를 엿들은 것 같은데, 누가 어떻게 그랬는지는 알 수 없었다.

서방에서 온 손님들을 가장 황당하게 한 것은 "침대 보온 기구bed warmers"[20]를 제공하겠다는 소련 측의 제안이었다. 사려 깊은 제스처처럼 들렸던 이 제안은 뜨거운 물이 담긴 병이나 전기담요, 아니면 뜨거운 돌로 채워진 구멍 뚫린 옛날식 금속 박스를 말하는 것이 아니었다. 침대 보온 기구란 대표들이 데리고 잘 수 있는 젊은 러시아 여성을 의미했다. 애나는 이 사실을 알게 되었을 때 크게 놀라지는 않았다. 그녀는 소련 사회에서 여자들이 차지하는 낮은 지위를 알고 있었다. 하지만 불편하지 않을 수 없었다. 다행히도 이 제안을 받아들인 사람은 아무도 없었다.

2월 5일 회의는 불가피한 혼선이 다소 있었지만 기대 속에 시작되었다. 오후 전체회의는 리바디아 궁전에서 열렸지만, 매일 열리는 군사회담, 외무장관회담은 세 궁전을 돌아가며 열렸다. 정오에 영국 합참 지휘관들이 전날 전체회의에서 진행된 미국·소련 대표들과의 논의를 이어가기 위해 코레이즈 궁에 도착했다. 그러나 이들이 정문에 도착했을 때 비밀경찰 경비원들은 이들을 안마당으로 들여보내지 않았다. 피터 포털, 앨런 브룩 육군 원수, 앤드루 커닝엄 제독, 해럴드 알렉산더 육군 원수, 헤이스팅스 '퍼그' 이즈메이 장군은 영국에서 처칠 다음으로 가장 유명한 이름과 얼굴들이었다. 그러나 비밀경찰 경비원은 이들이 누구인지 전혀 모르는 눈치였다. "한참 여기저기 전화한"[21] 다음에야 경비병들은 문제를 해결하고 이들을 안으로 들여보냈다. 한편 미국 대표들도 아침에 자신들만의 낭패를 겪었다. 이들은 보론초프 궁전을 잘못 찾아간 다음 반시간 늦게 회담장에 도착했다.[22] 우여곡절 끝에 3국 합참 지휘관들은 업무에 들어가 세 시간 반 동안 회의를 하며 육상, 공중, 해상에서의 군사작전 조율을 논의했다.[23]

화기애애한 분위기는 오후 1시 반에 열리는 외무장관과 대사들 회의로 이어졌다.[24] 이 회의는 최고위 외교 정책 전문가들과 외무부 관리들이 날마다 갖는 회담의 첫 회의였다. 애버럴 해리먼은 회의 중에 한 가지 발표를 했다. 그는 조금 전 더글러스 맥아더 장군의 군대가 마닐라에서 일본군을 패퇴시켰다는 보고를 받았다고 공표했다. 연합군이 3년간 필리핀을 점령하고 있던 일본군을 격퇴해 결정적 타격을 날린 것이다. 러시아식 관습에 따라 승리의 축배가 몇 차례 돈 다음 회의가 속개되었다.

분위기는 아주 유쾌했지만 해리먼은 승리에 고양된 협조의 분위기가 오래갈 거라고 믿지 않았다. 소련 측의 협상 전략은 해리먼이 이미 잘 알고 있는 패턴을 따랐다. 처음에 소련 측은 과도할 정도로 다정하고, 친절하고 협조적이며, 특히 중요성이 크지 않은 문제에 대해서는 더욱 그랬다.[25] 두 번째 단계에서 분위기는 급격히 바뀐다. 자신들이 중요하게 생각하는 문제에 대해서는 철저하게 자신들의 입장을 고수한다. 이들은 지금까지 자신들이 얼마나 상대의 입장을 배려했는가를 강조하면서 특정한 입장을 굽히기를 거절하고 무뚝뚝하고 거칠게 나오며 심지어 적대적 태도도 보인다. 그러나 협상이 끝날 때쯤이면 다시 유쾌한 친근감을 보이고 동맹의 힘과 협력 정신에 대한 건배를 거듭하며 축제 같은 분위기로 손님을 보낸다. 소련 대표들은 이런 협상 전술의 대가이고 필요할 때마다 이를 동원했다. 테헤란회담에서도 마찬가지였고, 이 자리에서도 분명히 또 그럴 것이었다.

그날 오후 전체회의를 위해 리바디아 궁전으로 떠나기 전, 보론초프 궁전에 있던 처칠과 사라는 겨울 해가 비치는 바다를 좀 더 잘 내려다보기 위해 테라스로 걸어 내려갔다.[26] 날씨가 너무 따뜻해서 사라는 코트를 안에 두고 왔다. 그녀는 소중한 의복 배급 쿠폰을 군복 아래 입는 따뜻한 내복을 구하는 데 다 쓴 것을 후회했다. 이곳의 기온은 습기 찬 추위와 안개 때문에 떨어야 했던 메드멘햄 공군기지와 완전히 달랐다.[27] 그곳에서 그녀는 발에 동상이 걸려 고생했었다.[28] 처칠과 사라는 걸어 내려가다가 군 최고 지휘관 세 사람을 만났다.[29] 앨런 브룩, 해럴드 알렉산더, 피터 포털은 코레이즈 궁에서 군지휘부 회의를 마치고 돌아오는 길이었다. 이 세 명의 군인도 함께 테라스로 갔다.

테라스 끝에 서서 바다를 내려다보던 다섯 사람은 놀라운 광경을 발견했다. 번들거리고 기름져 보이는 회색 바다 밑에서는 대학살이 진행 중이었다.[30] 이들 바로 아래 보이는 물고기 떼는 두 세력의 공격을 받고 있었다.[31] 물속에서는 알락돌고래 떼가 이들을 공격하고 있었고, 위에서는 수백 마리나 되는 갈매기가 달려들고 있었다. 공격자들 입장에서는 성대한 잔치판이었다.

사라는 이 광경을 보면서 물고기들이 멀리 흩어져서 목숨을 구하기를 바랐다. 그러나 살육이 계속되는 동안 물고기들은 더욱 서로에게 밀착했다. 마치 수송선단을 공격하는 U보트처럼 돌고래들은 계속 물고기들을 공격했고, 하늘을 빙빙 도는 갈매기들은 고공에서 직각으로 하강하며 물고기를 낚아챘다. 그러나 물고기들은 더욱 밀착한 대형을 유지했고, 이들의 많은 숫자만이 유일한 방어책이었다. 이들은 집단 전체를 방어하기 위해 많은 수를 희생시키고 있었다.

살육은 계속되었다. 돌고래와 갈매기의 식욕은 끝이 없는 것 같았다. 사라는 공포와 경이로움으로 이 광경을 지켜보았다. 실망스럽게도 군 지휘관들은 그녀의 놀라움에 공감하지 못했다. 포털은 돛단배를 타기에 얼마나 좋은 날씨인지를 느끼며 몽상 중이었고,[32] 영국 왕실조류보호협회 부회장인 브룩은 갈매기들과 함께 물고기 공격에 가담한 오리, 아비새, 가마우지의 모습에 감탄하며 서 있었다.[33]

사라는 브룩을 돌아보며 그를 몽상에서 깨웠다. 그녀는 "흩어지지 않는 물고기들이 너무 바보 같아요."[34]라고 소리쳤다.

브룩은 이 생각에 반대했다. "아니에요. 물고기들은 같이 뭉쳐 있는 게 훨씬 안전해요."[35]

브룩의 말을 들은 처칠은 바로 대화에 끼어들었다. 그는 사라의 말에 전적으로 동의했다. 물고기들이 자신의 운명을 집단이 결정하도록 놓아두는 것보다, 각자 자신의 생명을 구하기 위해 공격적 자세를 취하는 것이 훨씬 낫다고 그는 말했다. 각 물고기의 가치는 옆의 물고기보다 더 못하거나 더 크지 않기 때문에 그랬다. 그는 "평소 냉정하게 판단하는"[36] 브룩이 새들에 대한 사랑 때문에 "심한 편견을 갖게 되었다"고 조롱했다.

사라와 처칠은 곧 안으로 들어가 리바디아 궁전까지 타고 갈 차를 기다렸다. 브룩은 계속 새들의 모습을 감상하며 서 있었는데, 사라의 마음은 충격적인 장면에 머물렀다.

예전에 사라는 한 사람의 운명을 점치기 위해 손금을 보았다. 지금 그녀는 진정한 조짐을 발견한 것 같았다. 유럽의 운명을 둘러싸고 점점 커져가는 이념 분열, 즉 유럽 대륙이 집단적 체제를 선호하는 소련의 비전대로 갈지 아니면 자치를 중시하는 서방의 신념대로 갈지가 소름 끼치는 생태계 투쟁에 그대로 반영된 것 같았다.

† † †

오후 4시 스물세 명의 대표들은 리바디아 궁전 무도회실에 환상 산호초처럼 놓여 있는 회의 테이블에 둘러앉았다. 휑한 석조 벽난로에서 자작나무 장작이 활활 타올라 실내를 따뜻하게 했다.[37] 이 온기가 없었다면 차갑고 딱딱하며 황량한 공간이 커다란 묘실처럼 삭막했을 것이다. 다시 한 번 해리 홉킨스는 몸을 추슬러 회의에 참석했다. 오늘은 해리먼이 자기 자리를 제대로 확보했다.

지난 며칠간 놀랄 정도로 초췌한 모습을 보였던 프랭클린 루스벨트는 오늘은 훨씬 나아 보였다.[38] 그의 마음은 날카롭고 기민했으며 혈색이 돌아와 그의 얼굴에는 이전처럼 생기가 돌았다. 오늘은 루스벨트에게 아주 중요한 날이 될 터였다. 전날 논의는 군사적 문제에 집중되었었다. 지금은 이들 앞에 놓인 지정학적 문제를 조심스럽게 짚고 넘어가야 할 시간이었다. 첫 전체회의 때와 마찬가지로 루스벨트가 개회를 했다.

그는 세계 구석구석의 여러 문제를 다루고 싶지만 오늘은 "독일의 미래에 논의를 집중하자"[39]며 말을 시작했다. 전날 그는 스탈린과의 개인 면담에서 이 문제를 언급했다. 그때 루스벨트는 독일을 세 부분으로 나눈 지도를 스탈린에게 보여주었다. 지도에는 남쪽의 미국 지역, 서쪽의 영국 지역, 동쪽의 소련 지역이 표시되어 있었고, 소련 지역의 중심에는 베를린이 굵은 펜으로 동그라미 표시가 되어 있었다.

베를린은 3국이 공동으로 관리할 것이었다.

스탈린은 즉시 발언하며 루스벨트의 말을 막았다.[40] 루스벨트는 전날 개인 면담 이후 스탈린이 자신과 의견이 같을 것으로 짐작했지만, 스탈린은 다른 사람의 의제를 따르지 않고 자신의 의제를 내세우며 대화를 다른 방향으로 이끌었다. 스탈린은 독일을 연합국 점령 지역으로 나누는 것만으로는 부족하다고 주장했다. 1차 세계대전 후 승전국들은 자신들이 독일을 부활시켰다고 생각했지만 이들의 판단은 명백히 잘못된 것이었다. 그는 이번에는 독일이 다시 일어나 무력을 행사하지 못하도록 완전히 분할해야 한다고 주장했다.

독일 분할 문제는 테헤란회담에서 처음 제기되었다. 당시 루스벨트는 이 문제를 검토할 가치가 있다고 생각했었지만, 이번 회담에서 다룰 문제는 아니었다. 루스벨트는 독일을 더 작은 여러 국가로 분할하는 입장을 고수하는 대신, 주의를 다른 곳으로 전환해 대화를 다시 평온한 분위기로 돌려놓았다. 그는 40여 년 전 자신이 학생 때 유럽을 여행했던 얘기를 꺼냈다.[41] 그는 가정교사와 함께 자전거를 타고 독일 농촌 지역을 여행하며 행복한 시간을 보냈다. 당시 독일은 지금과 아주 다른 나라였다. 제3제국도 없었고, 각자 지방 정부를 가진 소국들의 느슨한 연방이었다. 루스벨트가 시적인 감상에 빠져 이야기하는 동안, 소련 대표들은 마치 살짝 노망이 든 친척이 몽상에서 벗어나기를 기다리는 듯 무표정하게 그를 바라보았다.[42] 처칠은 시가를 만지작거렸고 이든은 먼 곳을 응시했다. 루스벨트가 현란한 외교 수사를 구사하는 중인지 아니면 정신이 나간 것인지 아무도 확실히 알 수 없었다.

루스벨트가 알고 있다시피 독일 분할에 대한 처칠의 입장은 뚜렷했다. 미국은 종전 후 유럽 대륙 문제의 영향을 직접적으로 느끼지 못했지만, 영국은 그렇지 않았다. 테헤란회담에서 처칠은 독일을 여러 소국으로 분할하는 것을 고려할 용의가 있었지만 그 후 세력 균형이 동쪽으로 기울었다. 유럽은 소련의 점증하는 영향력에 대항할 세력이 필요했다. 재건되고 통일된 독일이 궁극적으로 이 역할을 맡아야 했다. 처칠은 이런 생각을 아직 혼자만 간직하고 있었다. "8천만 명의 운명을 좌우하는 일을 (…) 80분간의 고려만으로 결정할 수는 없습니다."[43] 그는 자신의 의견을 이렇게 표현했다. 처칠은 독일 각 지역의 역사, 문화, 경제를 철저히 연구하지 않고, 독일을 두 개, 세 개, 네 개, 다섯 개 또는 그 이상의 소국으로 분할하는 데 동의할 수 없다고 했다. 그는 이런 문제를 오랜 기간 연구하기 위해 특별위원회를 설치해야 한다고 생각했다. 게다가 독일의 무조건 항복 후 독일을 분할하겠다는 계획을 연합국이 공표한다면, 독일인들은 결정적 전투 후에도 강력하게 저항할 가능성이 컸다.

처음에 스탈린은 독일 분할에 대한 거래를 강하게 밀어붙일 작정인 것 같았지만 지금은 한 걸음 뒤로 물러났다. 진정한 의도를 감추기 위해 중요한 문제를 불분명하게 만들고 사소한 문제를 부각하는 것은 소련의 복잡한 협상 전술의 섬세한 가식의 일부였다. 독일을 약화시키는 것은 소련의 미래 안보를 위해 매우 중요한 문제였지만, 소련 국경에 가까운 국가들이야말로 스탈린의 더 큰 관심사였다. 만일 스탈린이 소련의 최우선 과제인 것처럼 보이는 문제에 대해 선의를 보이면, 처칠과 루스벨트는 나중에 이에 상응하는 양보를 해야 할 터였다. 스탈린은 바로 그 지점에서 가장 중요한 양보를 얻어내야 했다. 스탈린은 처칠에게 "상세한 계획을 수립하느라 수상이 겪을 어려움을 완전히 이해했다"[44]고 말했지만, 그들이 "원칙적으로 독일이 분할되어야 한다는 데" 동의한다면 자신도 이를 수용할 수 있다고 말했다. 외무장관들이 처칠이 말한 의제를 검토할 위원회를 구성할 수 있었다. 그런 상황에서 스탈린은 독일 분할에 대한 조항을 독일의 최종 항복 조건에 추가하기만 하면 만족하겠다고 말했다. 루스벨트와 처칠은 이에 동의했다.

그날 회담은 시작이 썩 좋지는 않았지만 루스벨트는 이제 자신이 통제권을 확보할 기회라고 생각했다. 그는 다시 점령 지역 문제로 논의를 되돌렸다. 프랑스는 어떻게 할 것인가? 루스벨트는 프랑스를 포함시키는 데 관심이 없었고, 특히 프랑스 지도자를 연관시키는 데는 더 그랬다. 루스벨트는 드골 장군이 거만하고 거슬리는 사람이라고 생각해서 그가 얄타회담에 초청되지 않도록 손을 썼다. 드골은 자신이 제외된 데 격노했고,[45] 루스벨트의 특사인 해리 홉킨스가 몰타에 오는 길에 그를 만났을 때 이러한 분노를 숨기지 않고 표현했다. 루스벨트는 전적으로 반대하지는 않았지만 프랑스에게 점령 지역을 주고 싶지 않았다. 그는 더 큰 이슈를 염려하고 있었다. 만일 프랑스가 점령 지역을 갖게 되면 분명히 드골은 독일 부흥을 관리하는 독일 통제위원회에도 자리를 갖고 싶어 할 텐데, 루스벨트는 드골이 여기에 참여하는 데 반대했다. 그러나 프랑스 문제는 더 넓은 함의가 있었고, 이것이 루스벨트가 전날 개인 면담에서 스탈린에게 이 문제를 거론한 이유 중 하나였다. 스탈린의 반응은 루스벨트가 중요하게 생각하는 문제인 세계평화기구와 대일전 참전에 대해 스탈린이 협력할 의사가 있는지를 알려주는 전조로 받아들일 수 있었다.

그러나 예상한 대로 스탈린은 프랑스에 점령 지역을 내주는 데 강력히 반대한다고 다른 지도자들에게 말했다.[46] 그는 프랑스에 대해 아주 좋지 않은 감정을 가지고 있었다. 그가 생각하기에 프랑스는 너무 약했고, 전쟁에 기여한 바가 거의 없었다. 1940년 프랑스가 거의 하룻밤 사이에 붕괴하는 바람에 독일은 자신들의 자원을 축적해서 1941년 소련을 공격할 수 있었다. 스탈린은 이 사실을 잊지 않았다. 그리고 프랑스가 점령 지역을 갖게 되면, 네덜란드나 벨기에 같은 작은 나라들도 점령 지역을 요구할 가능성을 우려했다.

프랑스는 스탈린에게 대수롭지 않았지만 처칠에게는 매우 중요했다. 루스벨트처럼 처칠도 거만하고 "냉정한"[47] 드골을 전혀 좋아하지 않았다. 영국은 망명 중인 드골을 보호해주었지만 드골은 자신이 "영국의 꼭두각시가 아니라는 것"[48]을 프랑스 국민에게 보여주기 위해 처칠에게 온갖 무례를 저질렀다. 그러나 처칠은 독일의 오랜 적국인 강력한 프랑스가 새로운 독일 국가를 관리하고 세력 균형을 서방에 유리하도록 유지하는 데 일익을 담당해야 한다고 확신했다. 이러한 처칠의 확신은 루스벨트가 미국의 여론은 종전 후 2년 이상 미군이 유럽에 주둔하는 것을 원하지 않는다고 갑자기 발표하면서 더욱 강화되었다.[49]

처칠과 스탈린은 프랑스에게 점령 지역을 제공하고 연합국 독일통제위원회에 참가하도록 허용하는 문제를 놓고 논쟁을 벌이기 시작했다. 처칠은 자신의 의견을 굽히지 않았고 스탈린도 뒤로 물러나지 않으려 했다. 논쟁이 격화될 기미를 보이자 해리 홉킨스는 몸을 기울여 루스벨트에게 쪽지를 건넸다. 거기에는 프랑스에게 "점령 지역은 약속"하고 "독일통제위원회에 대한 결정은 뒤로 미루세요"[50]라고 적혀 있었다. 루스벨트는 홉킨스가 제안한 대로 했다. 그러자 처칠과 스탈린은 자신들의 외무장관들이 별도 회의에서 이 문제를 계속 논의하게 하는 데 동의했다.[51]

세 지도자가 프랑스에 대한 견해를 교환하는 동안, 소련 외무차관인 이반 마이스키는 자신이 말할 수 있는 때를 기다리며 조용히 자리에 앉아 있었다. 마이스키의 참석이 이례적인 일은 아니었다. 몰로토프와 달리 회의에서 그는 스탈린을 대신해서 말하지는 않았고, 스탈린을 위해 통역하는 경우가 더러 있었다. 그러나 그는 전날 전체회의에도 참석했기 때문에 회의장에 있는 사람들에게 이미 친숙한 얼굴이었다. 그는 1932년부터 1943년까지 런던에서 영국 주재 소련 대사로 일했다. 그는 영어를 거의 완벽하게 구사했고, 영·소 협력에 대한 기대가 런던에서 꽃피던 시절 처칠, 이든과 공적으로든 사적으로든 친밀한 관계를 형성했다.[52] 고분고분해 보이는 마이스키를 메신저로 삼으면 논란이 많은 요구라도 좀 더 우호적으로 받아들여졌다.

마이스키는 회의 참석자들에게 소련이 독일군에 의해 다른 어느 나라보다도 큰 피해를 입은 사실을 상기시키고 어떤 식으로든 이에 대한 보상이 필요하다고 말했다.[53] 그는 공평성과 미래 유럽의 안보를 위해 독일 중공업 시설을 해체해서 상당 부분을 소련으로 이전하는 것이 옳다고 주장했다. 그는 소련이 이번 전쟁을 일으킨 국가로부터 산업 물품과 다른 자산 형태의 현물 지급을 통해 100억 달러를 받을 권리가 있다고 말했다.

테이블 맞은편에 앉아 있던 애버럴 해리먼은 이 말에 깜짝 놀랐다. 오랫동안 해리먼은 서방 연합국이 구체적인 배상 액수의 보장은 유사하게라도 절대 해서는 안 된다고 주장해왔다.[54] 소련 측은 이러한 결정을 배상액 협상에 용의가 있다고 해석하고 이 금액을 앞으로의 협상에서 출발점으로 삼을 것이 분명했다. 그런데 지금 마이스키는 엄청난 금액을 요구하고 있는 것이다. 이 엄청난 금액은 한 달 전 몰로토프가 요구한 금액을 훨씬 초과하는 것이었다. 몰로토프는 해리먼에게 전후 미국이 60억 달러의 차관을 제공하고, 이 금액을 연리 2퍼센트 이자로 30년에 걸쳐 상환하는 안을 제안했었다.[55] 이 금액을 이용하여 미국으로부터 산업 장비와 건설 자재를 20퍼센트 할인된 금액으로 구입하겠다고 했다. 해리먼은 몰로토프가 정상적 비즈니스 관행을 이해하지 못한다고 생각하고 이 제안을 무시했지만, 그가 이 안을 제기한 방식에 대해 우려했다. 몰로토프가 소련은 이러한 전후 차관이 앞으로 두 나라 사이의 협력에 아주 중요하다고 생각한다고 설명했기 때문이었다.

1차 세계대전 후 독일에 부과한 막대한 배상액은 독일에서 걷잡을 수 없는 인플레이션을 일으켰을 뿐 아니라 세계 경제 자체를 거의 붕괴시키며 엄청난 반발을 불러일으켜 또 한 번의 세계대전이 일어나도록 일조했다. 이 문제에 대해서는 해리먼이 나서지 않더라도 처칠과 루스벨트도 같은 의견을 가지고 있었다. 또 다른 세계적 붕괴를 막기 위해 두 지도자는 독일로부터 전쟁배상금을 받는 문제에 신중을 기했다. 처벌을 위한 경제 조치는 해결책이 될 수 없었다. 역사를 보면 독일 경제의 부흥이 장기적으로는 모두에게 도움이 될 것이라는 게 분명했다. 두 사람은 소련이 나치독일에 의해 가장 큰 물리적 손해를 입었다는 사실을 인정했지만, 연합국의 배상금 요구는 분명히 독일 경제 그리고 잠재적으로 유럽 경제를 황폐하게 만들 것이었다. 그렇게 되면 8천만 명의 굶주리는 독일인을 누가 먹여 살릴 것인가?[56]

"말이 마차를 끌게 하려면 적어도 말에게 사료는 줘야 합니다."[57] 처칠은 스탈린에게 자신의 의견을 말했다.

"독일 사람이 먹을 식량은 있어야겠지요. 그러나 당신이 보지 않을 때 그 말이 돌아서서 당신을 걷어차지 않도록 조심해야 합니다."[58] 스탈린은 이렇게 응수했다.

루스벨트는 정치적 조정의 대가였지만, 처칠도 그에 못지않게 책략에 능하고 경험이 많은 적수였다. 영국에서 근무하면서 마이스키는 처칠이 뛰어난 배우라는 것을 알아차렸다. 처칠은 전후 연합국 간에 우의를 유지하는 것에 대해 고상한 어조로 발언을 이어갔다. 그는 마이스키에게 영국은 "소련이 최대한 빨리 상처를 치유하도록 모든 노력을 기울일 것"[59]이라고 강조했다. 스펜서-처칠 가문의 스펜서 후손들은 여러 세대에 걸쳐 창의력과 예술적 능력으로 이름을 떨쳤고, 처칠 수상은 조상들로부터 이런 능력을 물려받은 것 같았다. 코번트 가든의 주연 배우처럼 그는 진정한 눈물을 흘리며 "시인이 영감에 압도되듯이 격렬한 감정"을 주체하지 못하는 연기를 할 수 있었다. (이러한 연극적 영감은 사라의 가족생활에 늘 있었기 때문에 그녀가 직업으로 연기를 택한 것은 조금도 이상한 일이 아니었다.) 그러나 열정에 사로잡혀 한 약속은 지키기 어렵다는 것을 처칠도 알고 있었다. 처칠은 영국이 전후 소련의 회복을 위해 힘닿는 대로 모든 일을 하겠다고 말할 수 있지만, 연합국이 마이스키가 제안한 금액을 보장하지는 않을 것이라고 단언했다. 그 대신에 처칠은 외무장관회의에서 배상 문제를 다룰 위원회를 소집할 것을 제안했다.[60] 다시 한 번 스탈린은 마지못해 이에 동의했다.

† † †

저녁 식사 전에 캐슬린과 사라, 애나는 전체회의가 끝나기를 기다리며 무도회장 밖 홀에서 기다리고 있었다. 오후 8시가 지나자마자 문이 열리고 남자들이 질서정연하게 걸어 나왔다. 그런 모습을 봐서는 회의가 생산적으로 진행되고 무사히 끝난 것 같았다. 하지만 스탈린은 예외였다. 캐슬린은 소련 당서기장이 "나오자마자 뛰어가는"[61] 모습을 보았다. 네 시간이나 이어진 회의에 많은 찻잔과 물병이 드나들었고, '강철 사나이'를 뜻하는 이름을 가진 스탈린도 생리적 욕구는 참을 수 없었다. 누군가 스탈린에게 화장실을 가리켰는데, 그는 들어갔다가 곧 나왔다. 그곳에는 세면대만 있었고 변기는 없었다. 근처에 있는 다른 화장실은 처칠이 먼저 사용하고 있었다. 해리먼을 수행해 내려온 미국 대사관의 서기관 한 명이 스탈린의 문제를 알아차리고 정중하게 그를 안내하며 긴 홀을 지나 다른 화장실로 갔다.

갑자기 무도회장 앞에서는 소동이 벌어졌다. 화장실을 오가는 혼란 속에 스탈린의 비밀경찰 경호원 두 명이 스탈린을 시야에서 놓친 것이다. 이들의 목숨이 눈앞에서 왔다 갔다 했다. 스탈린을 잃어버린 경호원들에게는 큰일이 아닐 수 없었다. "큰 혼란이 일어났어. 모든 사람이 서로 속삭이며 뛰어다녔어." 이 광경을 재미있게 지켜본 캐슬린은 파멜라에게 이렇게 적어 보냈다. 스탈린의 경호원들은 마르크스 형제들Marx Brothers의 영화*에 나오는 깡패들처럼 여기저기를 뛰어다녔다. "이들은 미국 사람들이 스탈린을 납치하는 묘기를 부렸다고 생각한 것 같아"라고 캐슬린은 썼다.

몇 분 후 스탈린이 다시 나타났다. 질서가 금세 바로잡히면서 이 짧은 희극은 막을 내렸다. 소련 대표들과 영국 대표들은 리바디아 궁전 현관 앞에 대기하고 있는 차를 타러 느긋하게 걸어 나갔다. 그러고는 사라가 "우리lairs"[62]라고 부른 각자의 숙소로 돌아가 저녁을 먹었다.

---

* 다섯 명의 형제가 출연하여 열세 편의 코미디 영화를 찍었고, 이 중 〈오리 수프〉와 〈오페라의 밤〉은 당대 최고의 코미디 영화로 꼽혔다.

11장

1945년 2월 5일

외모로 보면 이오시프 스탈린은 1억 7천만 명의 인구를 거느린 지배자는커녕 한 국가의 지도자처럼도 보이지 않았다. 키가 160센티미터 남짓한 그의 외모는 사진보다 훨씬 덜 위압적이었다. 사진사들은 시점을 낮게 잡고 촬영해서 그가 실제보다 크게 나오게 했다. 이것은 영리한 환상조작이었다. 해리 홉킨스는 1941년 스탈린을 처음 만났을 때 받은 인상을 소련의 독재자는 "미식축구 코치가 이상적인 태클 선수로 여길 정도로 땅에 바짝 붙었다"[1]라고 적었다. 스탈린은 평범한 옷을 입었는데, 가슴에 단 소련 영웅 훈장을 빼고는 아무 장식도 없는 회색의 소련 원수 군복이었다. 그의 왼팔은 오른팔보다 짧았다. 그의 손은 어렸을 때 입은 부상으로 쪼그라들었다. 모스크바에 와서 그를 처음 만난 캐슬린 해리먼은 다음과 같이 회상했다. "스탈린은 얼굴에 마마 자국이 있고, 눈은 황색이었으며 파이프담배를 피워서 치아가 볼썽사나웠다."[2] 캐슬린은 그의 "팔자 콧수염은 양옆이 다듬어져 보기 흉한 치아를 가려주었다"라고 적었다. 그의 행동도 그리 인상적이지 않았다. "그는 악수도 힘없이 했다. (…) 때로 그는 상대방의 눈을 바로 보았지만, 어떤 때는 그러지 않았다."그녀는 애버럴에게 들었던, 어린 시절 애버럴이 아버지에게 자주 들었다는 다음과 같은 말을 기억했다. "힘차게 악수하지 않고 눈을 똑바로 쳐다보지 않는 사람은 절대 믿지 마라."

개인적으로 만나보면 스탈린은 1936년부터 1938년 사이 진행된 대숙청 때 수백만 명의 동포를 죽인 무자비한 독재자라기보다는 소박한 조지아 사람이고, 연합국 지도자들처럼 딸을 가진 평범한 아버지라고 생각하기 쉽다. 스탈린에게는 네 명의 자식이 있었다. 첫 결혼에서 얻은 유일한 자식인 야코프는 독일군의 포로가 되었다가 1943년 의문스러운 상황에서 사망했다. 콘스탄틴은 그가 결코 자식으로 인정한 적이 없는 혼외 자식이었고, 바실리는 소련 공군 대령이었다. 마지막으로 막내이자 유일한 딸인 스베틀라나가 있었다. 열아홉 살인 그녀는 모스크바에서 남편인 그리고리 모로조프와 살고 있었는데, 첫 아이를 임신한 상태였다.

처칠, 루스벨트, 해리먼과 달리 스탈린은 딸과 정치 생활을 논의한 적이 없었고, 스베틀라나를 알타에 데려올 생각도 없었다. 스탈린은 딸에게 영어를 공부하도록 격려했는데, 영어는 국제회의에서 그에게 하나의 자산이 될 수 있었다. 그는 미국 서부영화를 즐겨 보면서[3] 익힌 "당신이 그렇게 말했어You said it"[4] 같은 표현 몇 가지 외에는 영어를 할 줄 몰랐기 때문이다. 그러나 그는 스베틀라나가 외국인과 어울리도록 허용한 적이 거의 없었다. 그녀는 외부 사람들에게는 신비에 싸인 인물이었다. 캐슬린은 모스크바에 있는 동안 스베틀라나를 만난 적이 없었다. 윈스턴 처칠은 스탈린의 딸을 직접 만난 몇 안 되는 서방 사람 중 하나였다. 1942년 처칠은 모스크바를 방문했을 때 스탈린의 다차(시골 저택)에서 딸을 소개받았다. 그날 밤 스탈린은 "눈을 반짝거리며"[5] 스베틀라나를 소개했는데, 처칠은 마치 그가 "보다시피 우리 볼셰비키도 가족생활을 하고 있습니다"라고 말하는 것 같다고 생각했다. 사라 처칠과 마찬가지로 스베틀라나는 붉은 머리를 한 예쁜 처녀였다. 처칠은 스베틀라나가 "수줍어"하면서도 "의무적으로" 아버지의 뺨에 입을 맞추던 것을 기억했다. 그녀는 스탈린이 처칠과 잡담하는 동안 스탈린 옆에 있었는데, 스탈린은 그녀가 저녁식사를 같이 하게 하지는 않았다. 짧막하고 일방적인 대화를 하는 동안 스베틀라나는 처칠의 말을 다 알아들었지만, 너무 긴장해서 그의 말에 답하지는 않았다. 처칠은 스베틀라나에게 붉은 머리를 한 자기 딸이 영국 공군으로 복무하고 있다는 얘기를 해주었다. 이 얘기는 분명 스베틀라나에게 강한 인상을 남겼을 것이다. 이 회동 얼마 후 스베틀라나는 사라에게 브로치를 선물로 보냈다.[6] (사라는 이 브로치를 얄타로 가져와서 연합국의 우의의 상징으로 옷에 달고 다니려고 생각했지만 서둘러서 짐을 싸느라 이 브로치를 잊고 말았다. 그녀의 언니 다이애나가 이 브로치를 찾아 처칠이 서신을 받아보는 수상관저 외교행낭 편에 보냈다.)

스베틀라나의 어머니이자 스탈린의 두 번째 부인인 나제즈다 알릴루예바는 스베틀라나가 겨우 여섯 살이었을 때 사망했다. 스베틀라나는 엄마가 맹장염이나 수술 후유증으로 죽은 줄 알고 자랐다. 그러나 진실은 더 암울했다. 나제즈다는 모젤 권총을 자신의 가슴에 발사해 자살했다.[7] 스베틀라나는 열여섯 살이 되어서야 엄마가 어떻게 죽었는지를 알았다. 시간이 지나면서 스베틀라나는 공적, 사적 생활에서 보인 아버지의 잔학성과 잔인함 때문에 어머니가 우울증에 빠졌고, 결국 스스로 목숨을 끊었다고 생각했다. 얼마 있지 않아 스베틀라나 자신도 아버지와 갈등을 겪게 되었다. 열여섯 살 때 그녀는 스무 살이나 나이가 많은 유명한 러시아 유대인 극작가 알렉세이 카플레르와 사랑에 빠졌다. 스탈린은 둘의 관계를 인정하지 않고 카플레르에게 시베리아 강제노동수용소 10년 형을 선고했고, 스베틀라나는 큰 상처를 받았다. 모스크바대학 학생이던 열일곱 살 때 그녀는 동급생인 그리고리 모로조프와 결혼함으로써 아버지에게 반기를 들었다. 카플레르와 마찬가지로 모로조프도 유대인이었다. 스탈린은 이 결혼에도 반대했고, 사위와의 만남을 거부했다.[8]

스탈린은 좀처럼 딸에게 관심을 보이지 않았고, 관심을 보일 때면 딸과 그녀가 사랑하는 사람들을 악의를 가지고 대했다. 그러나 어찌됐든 스탈린은 스베틀라나가 불행을 자초했다고 확신하게 했다. 그는 스베틀라나가 자신이 "나쁜 딸"[9]이라고 생각하게 만들었다. 그녀는 자신이 "딸이라기보다는 이방인"이라고 느꼈다. 이런 환상, 거짓, 악의의 거미줄에 갇힌 스베틀라나는 자신의 아버지를 "외로운 영혼"으로서 용서하고, 자신은 아버지에게 사랑을 제대로 보여주지 못한 딸이라고 자책했다.*

---

* 1963년 스베틀라나는 회고록을 썼고, 이 원고는 인도 대사 카울이 국외로 반출하여 《친구에게 보내는 20통의 편지》라는 제목으로 서방에서 출간되었다. 그녀의 회고록은 스탈린이 저지른 죄악의 상당 부분을 베리야의 책임으로 돌리고 있다.

스탈린은 자식 중 누구도 얄타에 데려오지 않았지만, 그의 최측근인 라브렌티 베리야는 아들을 데려왔다. 비밀경찰의 수장이고, 얄타를 정치인들이 모여 회의할 수 있는 장소로 변모시킨 베리야는 20만명의 크림타타르를 독일군에게 협력했다는 혐의를 씌워 강제로 이주시킨 장본인이었다.* 베리야는 아들 세르고를 얄타로 데려왔는데, 세르고는 이미 가족의 사업에 참여하면서 훈련이 된 사람이었다.

스탈린은 건강이 위태로워질 수 있다고 주치의들이 염려하기 때문에 소련을 떠날 수 없다고 루스벨트와 처칠에게 말했다. 하지만 외국여행을 거부한 진짜 이유는 차르들과 마찬가지로 스탈린도 안전 문제에 집착했기 때문이었다. 그는 모스크바를 거의 떠나지 않았고, 움직일 때면 엄청난 경호 인력이 그를 수행했다. 그러나 스탈린이 자신의 안전을 의지한 것은 소련 어디에나 있는 막강한 적군이 아니었다. 적군은 모든 곳에 존재하고 권위가 있어 보였지만, 장군들이 상상하는 만큼 힘이 강하지는 못했다. 캐슬린이 모스크바에 도착한 지 일년도 안 되어 깨달은 것처럼 소련군은 "NKVD(비밀경찰)에 대한 질투심이 대단"[10]했다. "이곳에서 진정한 권력을 가진 것"은 비밀경찰이라고 캐슬린은 언니에게 보내는 편지에 적었다.

NKVD**는 사찰 업무와 소련의 감옥·강제수용소 관리를 위해 창

---

* 1944년 5월 소련군이 크림반도를 탈환하자 스탈린은 크림타타르가 독일 점령부대를 돕거나 독일군에 편입되어 싸웠다는 죄명을 씌워 5월 18일 18만여 명의 크림타타르인을 우즈베키스탄과 러시아 연방공화국 내의 우르무르트 자치공화국과 마리 자치주로 강제 이주시켰다. 1991년 우크라이나 독립 이후 상당수의 크림타타르가 귀환하여 다시 고향에 정착했다.
** NKVD는 KGB의 전신인 내무인민위원회*Narodnyi komissariat vnutrennikh del*의 약자이다. 1934년 비밀경찰 OGPU의 업무가 NKVD로 이관되면서 무소불위의 보안·권력기관이

설된 후 스탈린 치하에서 공포를 자아내는 엘리트 권력기관으로 변모했다. 이 기구는 비밀경찰과 암살실행기관이 되었다. 비밀경찰은 정치적 반대자나 소수민족 전체를 인민의 적으로 만들어 제거했다. 전쟁 중에 일부 특별 부대는 전선에 배치되었지만, 대부분의 요원들은 국내 보안 문제에 집중했다. 이오시프 스탈린을 보호하는 것이 NKVD의 가장 중요한 임무였다.

비밀경찰은 1200명의 요원, 120명의 오토바이 병력, 연합국 VIP를 경호하는 50명의 경호원 외에 얄타에 4개 연대 병력을 배치했다.[11] 그래도 부족하다고 생각한 비밀경찰은 600명의 병력과 요원을 추가로 배치하여 이 지역을 순찰하도록 했다. 코레이즈 궁전, 리바디아 궁전, 보론초프 궁전을 이중 경비선이 둘러쌌고, 해가 진 다음에는 세 번째 경비선이 추가되었다.

소련 관료들 중 가장 눈에 띄는 몰로토프, 비신스키, 마이스키와 달리 스탈린은 베리야를 노출시키지 않았다. 그는 회담 중 모습을 드러내지 않고 숨어 있었다. 만일 서방 외교관들이 45세의 비밀경찰 수장이 리바디아 궁전 근처를 어슬렁거리는 모습을 보았다면, 그가 누구인지 알아보지 못했을 것이다. 언뜻 보면 베리야는 전혀 눈에 띄는 인물이 아니었다. 스탈린이 독재자처럼 보이지 않는 것처럼 베리야의 외모는 그의 권력욕과 폭력성을 착각하게 만들었다. 그는 키가 작고 뚱뚱하며 대머리에 병색이 있는 듯한 외모를 하고 있었다. 둥근

되었으며 1930년대 중반 이후 스탈린의 숙청을 담당하며 악명을 떨쳤다. 소련의 보안기관은 Cheka-OGPU-NKGB-NKVD-MGB-KGB로 이어졌으며 KGB는 소련 해체 후 연방보안부와 해외정보부로 나뉘었다.

렌즈가 있는 작은 코안경을 콧등에 걸치고 있는 그의 모습은 죽음과 파괴를 기꺼이 수행하는 폭압자라기보다는 지식인 같은 인상을 풍겼다. 스탈린과 마찬가지로 그도 조지아의 가난한 집안 출신이었다. 어려서 그는 건축가가 되고 싶었지만, 권력의 유혹에 이끌려 소련 비밀경찰의 원조인 체카Cheka에 가담했다. 그곳에서 뛰어난 조직자이자 경영자로 인정을 받고, 가학적인 잔혹성으로도 이름을 떨쳤다. 스베틀라나는 베리야에 대해 "그는 수완 있는 궁정 가신의 현대적 표본이다. 동양의 배신, 아첨, 위선의 화신으로, 속이기 쉽지 않은 사람인 우리 아버지마저 홀리는 데 성공했다"[12]라고 묘사했다. 베리야의 부하 중 한 명은 그가 가장 친한 친구라도 죽일 수 있는 사람이라고 생각했다.[13] 1938년 비밀경찰 수장이 되자 베리야는 이 조직에서의 업무 경험과 잔학성을 이용해서 산업시설을 전쟁물자 생산 시설로 바꾸는 일부터 "인민의 적"[14]과 타타르인, 체첸인, 잉구쉬인Ingush, 칼미크인Kalmyks, 메스케티안 투르크인Meskhetian Turks 같은 특정 소수민족을 강제 이주시키는 일을 (죽음으로 몰아넣는 일도) 기꺼이 수행했다. 베리야의 지휘하에 비밀경찰은 소련 병사들 뒤에서 감시하며 전선 뒤에 남은 이탈자와 탈영병을 체포하고 사살했다.

베리야는 정치권력에 대한 욕망 외에 성욕도 강했다. 그는 사무실에 섹스 기구, 포르노 사진부터 여성 속옷, 성적 고문 도구까지 보관했다.[15] 베리야는 중독된 사람처럼 여성들을 강간했다. 그의 동료들이 그가 욕보인 여자들 수를 기록해보았는데 어떤 기록에는 서른아홉 명이었고, 다른 기록에는 백 명 가까이 이르렀다. 확실한 숫자는 아무도 몰랐다. 그는 비밀경찰이 수감한 가족의 석방을 청원하러 온 여자를 욕보였고, 거리에서 무장한 패커드 지프에 여자를 납치해 와서 강간하기도 했다. 그는 욕망을 채우고 나서 이 여인들을 죽이거나 체포하거나 강제노동수용소로 보냈고, 그러지 않은 여인들은 집으로 돌려보내면서 기이한 기사도를 발휘해 꽃다발을 선사했다.

스무 살 먹은 세르고 베리야도 아버지처럼 얄타의 은밀한 장소에 숨어서 일했다. 그는 조용한 방에 몇 시간이고 앉아서 프랭클린 루스벨트가 하는 모든 말을 도청했다. 세르고 베리야는 소련 측이 설치한 도청장치를 운영하는 팀의 핵심 인물이었다. 처음에는 테헤란회담에서 활약했고, 지금은 얄타에서 그 역할을 하고 있었다. 아버지와는 달리 세르고는 성격이 악하다고 알려져 있지는 않았다. 그는 오히려 레닌그라드 군사학교에서 전자학에 조예가 깊은 조용한 학생이었다. 어려서부터 세르고를 알고 있던 스탈린은[16] 테헤란회담 때 같이 와서 일하도록 직접 부탁했는데,[17] 그는 루스벨트의 대화를 도청하는 중요한 일을 맡았다. 테헤란에서 수행한 뛰어난 업무 능력 덕분에 그는 얄타에도 차출되었다. 라브렌티 베리야는 조지아어와 러시아어밖에 못했지만 세르고는 영어와 독일어도 할 수 있었다. 게다가 그는 아버지보다 훨씬 매력이 많았다. 크렘린 이너서클의 막강한 권력자들의 딸들 중 일부는 그를 흠모했고, 스베틀라나도 그러했다.[18]

미국 측과 영국 측은 소련의 도청 가능성을 알고 사전에 금속탐지기를 동원해 도청장치를 수색했지만, 소련 도청장치 중 상당수는 금속제가 아니어서 찾아내지 못했다. 소련 측은 도청장치 외에 150~200미터 거리에서 말소리를 포착하는 방향 마이크directional microphones를 설치했다.[19] 연합국 대표들은 정원에 모여 사적인 대화를 나누곤 했는데, 정원에도 도청장치가 숨겨져 있었다. 정원에서는 휠체어를 탄 루스벨트가 잘 정비된 산책로만 이용하게 만들어 루스벨트를 도청장치가 있는 곳으로 자연스럽게 인도하고, 그의 모든 움직임을 감시했다. 도청팀이 모든 대화의 녹취록을 만들어 안토노프 장군에게 넘기면, 그는 이 중 중요한 내용을 요약해 스탈린에게 보고했다.[20] 이런 방법으로 스탈린은 각 회의가 시작되기 전에 서방 지도자들의 의중을 상세히 들여다볼 수 있었다.

도청은 매력적인 일이 아니었다. 소련 측은 세르고와 여성 요원이 많이 포함된 도청팀[21]에 미국과 영국 경호팀이 파티를 즐기고 남긴 음식을 넉넉히 주었다.[22] 세르고와 동료들이 도청한 대화 중 상당 부분은 레몬이나 금붕어에 대한 악의 없는 불평처럼 재밌거리에 지나지 않았지만, 이들이 엿들은 일부 대화는 아주 중요했다. 이들이 수행하는 일은 그럴 만한 가치가 있었다. 헤드폰을 머리에 낀 세르고는 루스벨트가 사키 비행장에 도착한 순간부터 그의 대화를 도청했다. 성능이 좋은 방향 마이크를 이용해 세르고는 비행장에서 루스벨트와 처칠이 나눈 대화를 엿들었다.[23] 세르고는 루스벨트가 처칠과 어떤 의미 있는 대화도 하고 싶어 하지 않는다는 것을 의기양양하게 보고했다. 루스벨트의 참모와 수행원들이 그에게 경의를 표하며 깍듯이 대하는 모습을 관찰한 세르고는 미국 대통령과 그의 정치적 감각에 대한 존경심을 품게 되었다. 이것은 몰로토프가 강경한 해리먼에 대해 갖게 된 존경심과는 달랐다. 그러나 세르고는 처칠에게는 이런 평가를 하지 않았다. 그는 처칠을 "꼬리를 살랑거리는 불쌍한 강아지"[24]에 비교했다. 세르고는 루스벨트가 처칠과 영국인들에 대해 차갑게 말하는 것을 엿들었다. 열렬한 반제국주의자인 루스벨트는 종전 후 대영제국이 필연적으로 와해되기를 바란다고 말하기도 했다.[25] 이런 말을 들은 세르고는, 자신의 말이 도청되는 것을 감지한 루스벨트가 종전 후 협력 관계를 오래 지속하고 싶다는 진지한 의사를 소련 측에 전달하기 위해 이런 말을 했다고 확신했다. 루스벨트의 말이 약삭빠른 정치적 전략이었든 아니면 단지 부주의하게 내뱉은 말이었든 세르고는 그의 말을 똑똑히 엿들을 수 있었다.

† † †

도청과 같은 소련 비밀경찰의 노력은 보안에 대한 소련의 편집증을 드러내는 지나친 희극처럼 보였지만, 그 손아귀에 걸려든 사람들에 대한 비밀경찰의 위협은 무서울 정도로 실제적이었다. 아버지를 따라 얄타에 온 세 딸 중 캐슬린만이 자신들이 얼마나 위험에 처할 수 있는지를 짐작할 수 있었다. 비밀경찰이 소련의 진정한 권력기관이라고 언니에게 썼을 때, 캐슬린은 그 힘이 어디까지 미치는지 어렴풋이 알고 있었다. 그러나 그 힘은 캐슬린이 한동안 제대로 이해하지 못할 만큼 너무나 충격적이었다.

캐슬린과 애버럴이 모스크바에 온 지 세 달이 된 1944년 1월, 애버럴은 신경 쓰이는 정보를 보고받았다. 나치독일군을 모스크바에서 서쪽으로 250마일 떨어진 스몰렌스크 서쪽으로 완전히 몰아낸 소련 측은 이 지역에서 독일군이 저지른 잔학행위를 파악하기 위해 조사위원회를 파견하기로 결정했다. 소련 측은 그 지역에서 기괴한 반인

륜적 범죄 행위의 흔적을 발견했다고 주장했다. 그것은 폴란드 장교 수천 명이 매장된 대규모 무덤이었다. 1941년부터 이 지역을 점령한 독일군이 1941년 늦여름 폴란드 장교들을 처형하여 이곳에 매장했다는 것이었다. 그 장소는 한때 소풍 장소로 사람들이 찾던 염소언덕이라고 불리는, 스몰렌스크에서 10마일 떨어진 곳에 있는 카틴Katyn 숲이었다.

나치독일은 자신들이 1년 전에 이 무덤을 발견했다고 주장했다. 독일 측의 설명에 따르면 독일군은 소련군과 동부 전선에서 전투를 벌이던 1943년 봄 카틴 숲에서 이상한 것을 발견했다. 새로운 소나무가 줄지어 심어진 땅 밑에 1940년부터 모습이 보이지 않던 폴란드 장교들의 시신이 묻힌 대규모 무덤이 있었다. 나치독일은 이것을 연합국 사이에 분열을 조장하는 기회로 이용했다. 이들은 자신들이 발견한 것을 공표하면서, 이것을 소련 측의 책임으로 지적하며 영국과 미국이 소련을 비난할 것으로 기대했다. 소련 측은 나치의 주장을 부인하고, 오히려 그 책임을 나치에게 돌려 나치독일군이 소련으로 진격한 사이 폴란드 장교들을 살해했다고 주장했다. 자신들의 무죄를 증명하기로 작정한 소련 측은 외교부 출입 외국 특파원단을 현장에 보내 증거를 직접 보여주기로 했다. 그들은 기자들이 현장을 보면 분명히 소련의 설명이 맞다는 것을 알게 될 것이라고 자신했다.

소련 측의 초청은 특파원에게만 국한된 것이었지만, 해리먼 대사는 직접 자기 사람을 보내 그 과정을 관찰하고 보고하기를 바랐다. 만일 그가 미국 의사나 의료 관계자를 현장에 보내 독자적으로 정보를 파악하게 할 수 있게 허락해달라고 요청했다면, 그의 요청은 거절

당할 것이 분명했다.[26] 그는 자신이 믿을 수 있으면서, 소련 측이 거부하지 않을 사람이 필요했다. 그는 스물여섯 살 먹은 딸에게 도움을 청했다.

미국 대사의 딸이고 모스크바 외교 사회에 잘 알려진 캐슬린은 취재단에 포함되는 것을 거부당할 가능성이 거의 없었다. 런던에서 종군기자로 일한 캐슬린은 이미 부상당한 병사와 신체를 절단당한 병사들을 숱하게 보았기 때문에 학살 광경을 보고도 어느 정도 무감각할 수 있었다. 그녀는 취재단 중 유일한 여자였지만 미국, 영국, 스페인, 체코슬로바키아, 심지어 폴란드의 기자들까지 포함된 열일곱 명의 기자단 멤버들하고도 친분이 있었다.[27] 해리먼은 소련 당국에 캐슬린과 그녀를 수행할 대사관 직원 존 멜비를 취재단에 포함시켜달라고 요청했고, 이 요청은 수락되었다.

캐슬린은 이 중요한 과제에 열성을 보이며 매달렸다. 모스크바에 도착한 후 캐슬린은 늘 일에 바빴다. 외교관, 대사관 안주인, 홍보 담당 직원, 통역의 역할을 동시에 수행한 캐슬린은 피곤한 줄 모르고 일했다. 그녀는 전쟁정보부와 국무부에서 새 직원이 올 때까지 인력이 부족한 대사관에 필요한 역할을 기꺼이 맡아서 수행했다.[28] 그러나 그녀가 하는 일은 정신적으로 자극을 주는 것은 아니었고, 그녀는 모스크바를 둘러싼 환상도로 너머에 있는 광경을 보고 싶었다.* 이제 그녀는 무언가 중요한 일을 하고, 러시아를 크렘린의 그림자 아래서

---

* 모스크바에 주재하는 외교관들은 모스크바 반경 30킬로미터 이내에서만 자유롭게 이동할 수 있었고, 그 외의 지역을 방문하려면 소련 정부의 허가를 받아야 했다. 미국도 이에 상응하는 조치로 소련 외교관의 행동반경을 주재 지역 30킬로미터 이내로 제한했다.

가 아니라 그대로 볼 수 있는 기회를 갖게 되었다.

캐슬린, 존 멜비와 기자들을 태운 기차가 모스크바를 출발했다. 스몰렌스크는 불과 250마일 떨어져 있었지만, 그곳까지 가는 데 열여덟 시간 이상이 걸렸다.[29] 철로의 많은 부분이 파손되어, 기차가 다닐 수 있는 철로에 열차들이 몰려 정체가 심했다. 전방으로 보급품을 실어 나르는 기차들이 우선적으로 통과해야 했기 때문에 캐슬린이 탄 기차는 화물열차가 지나가기를 기다리며 폭격을 받아 무너진 기차역에서 몇 시간씩 대기하곤 했다. 러시아는 1월에 특히 해가 짧아서 캐슬린 일행은 대부분 어둠 속에서 이동하느라 시골 지역을 제대로 보지 못했다.

스몰렌스크에 도착한 기자단은 충격적인 광경에 맞닥뜨렸다. 이곳의 파괴적 상황은 독일 공군의 공습을 받은 런던을 어린애 하나가 짜증을 내서 어지럽힌 유아원처럼 보이게 할 정도였다. 이 작은 러시아 도시에 서 있던 8000여 개의 건물 중 파괴되지 않고 남아 있는 것은 300개에 불과했다.[30] "폭격을 맞은 영국 도시들과 비교할 때 스몰렌스크는 완전히 생명체가 죽고 사라진 곳처럼 보였어."[31] 그녀는 파멜라에게 이렇게 썼다. 전쟁 전 이곳에 살던 주민의 6분의 1만이 남아 있었다. 이들은 붕괴된 건물 잔해를 피난처로 삼아 근근이 하루하루를 살아가고 있었다. 유일한 생명의 신호는 "1층 창문 밖으로 삐져나온 연통에서 나오는 연기"뿐이었다.

스몰렌스크에서 캐슬린과 기자단은 독일인이 생각하기에도 긴 직함을 가진 안내인의 안내를 받았다.[32] 그의 직함은 '독일 파시스트들의 포로가 된 폴란드 장교들을 총살한 상황을 확정하고 조사하는 특별위원회의 서기'였다. 스몰렌스크를 보여준 다음 그는 서방 기자들을 차에 태워 서쪽으로 30분 정도를 이동해 갔다. 거기에는 최근에 심어진 소나무 잡목림이 있었다.[33] 소련 측의 본격적 "쇼"가 이제 시작된 것이었다.[34]

차에서 내린 기자들은 코를 찌르는 냄새에 거의 숨을 쉴 수 없었다.[35] 겨울 소나무밭의 신선한 향기 대신 시신이 썩는 냄새가 공기를 채웠다. 소련 당국은 일곱 기의 거대한 무덤을 파헤쳤고 이미 700구 이상의 시신을 화장했다.[36] 소련 관리들이 캐슬린에게 말한 것처럼 이 얼어붙은 땅 밑에는 많게는 1만 5000구의 시체가 묻혀 있었다.

캐슬린은 "성형 수술이 화상을 입은 영국 공군 조종사들에게 마술과 같은 일을 하다"[37] 같은 기사를 썼기에 아마도 애버럴은 그녀가 이런 끔찍한 광경에도 놀라지 않을 것이라고 생각했을 것이다. 이 기사에서 캐슬린은 비행기가 화염에 싸여 추락할 때 심한 화상을 입고 신체 일부를 절단한 조종사들에 대해 서술했다. 그녀의 기사는 다음과 같았다. "지난 9월 나는 롱아일랜드 해변에서 일광욕하다가 트랜지스터 라디오를 통해 영국의 전황 소식을 전해 들었다. 먼 곳의 목소리가 자신의 조국을 지키기 위해 싸우다 불이 붙어 추락하는 전투기 조종사들에 대해 들려주었다. (…) 미국에서는 더 이상 소식을 듣지 못했다." 영국에서 그녀는 이 생존자들을 만났다. 독자들의 섬세한 감정을 자극하지 않기 위해 그녀는 낙관적으로 접근했고, 흉터가 진 얼굴에 보이는 "그들의 눈에 비친 희망"을 강조했다. 그러나 언니 메리에게는 완전히 망가진 얼굴과, 손이 남아 있더라도 손가락이 안으로 구부러들고 서로 엉겨 붙은 부상병들에 대해 사실대로 적었다.

"귀가 없고, 눈이 없거나, 코가 거의 사라진 스물한 살 청년에게 말을 걸기는 쉽지 않았어. 우리가 느끼는 것을 그는 알아차릴 수 없는 거야."[38] 그녀는 언니에게 이렇게 썼다.

애버럴도 캐슬린보다 훨씬 어렸을 때 참혹한 광경을 본 적이 있었다. 당시 열세 살이었던 그는 러일전쟁 직후 아버지를 따라 일본을 여행하고 있었다.[39] 그는 격렬한 시위 한가운데 갇힐 뻔했다. 그는 화가 난 일본 군중이 아버지 친구 두 명의 머리에 돌을 막 던지는 광경을 보았다. 그들은 러시아와 일본의 평화협상을 중재한 시어도어 루스벨트가 일본에 불리한 입장을 취하고 부당한 대우를 했다고 생각했다. 그 방문 때 애버럴은 화가 난 폭도들이 강화회담에 참가했던 일본 정부 각료 한 사람의 집을 불태워버리는 것을 보았다. 그 사람은 집 뒤 담장을 넘어 간신히 탈출했다.

그러나 애버럴은 사업가 정신을 가진 사람이었다. 그는 신뢰할 만하고 존중할 만한 증인이 필요했고, 딸이자 동료인 캐슬린은 그가 가장 믿을 수 있는 사람이었다. 캐슬린을 현지에 파견하는 데는 한 가지 이점이 더 있었다. 대사의 딸이 풍기는 권위 덕분에 그녀의 보고는 중요하게 다루어질 수 있었다. 그러나 그녀는 미국 정부의 공식 대표가 아니고 미국 정부를 대신해서 말할 수도 없었다. 만일 그녀의 보고가, 루스벨트의 주요 목표 중 하나인 소련과의 관계에 악영향을 미칠 가능성이 있으면, 해리먼과 루스벨트 정부는 적절히 이를 부인하며 손실을 감당할 수 있었다.

무슨 생각을 했건 간에 애버럴은 자신의 딸을 도저히 상상할 수 없는 공포의 현장에 보낸 것이다. 캐슬린은 소련 측이 오렌지색 모래와 흙을 파낸 구덩이 옆에 섰다. 각 구덩이는 대략 가로세로 25피트 (7.6미터)에 3~10피트(0.9~3미터) 깊이로 파여 있었다.[40] 아래를 내려다본 그녀는 마치 잘 쌓은 장작처럼 6~8구의 시신이 가지런히 쌓여 있기도 하고, 어떤 곳에는 되는 대로 시체들이 쌓여 있는 것을 보았다.[41] 이 시신들은 "부패 정도가 다양"[42]했고, 이미 오래전에 죽은 것이 분명해 보였다.[43]

뒤이어 안내자는 캐슬린, 존 멜비, 기자들을 따뜻한 텐트로 이끌었다.[44] 그곳에서 열한 개의 팀으로 구성된 의사들이 매일 160구의 시체를 해부하고 있었다. 테이블 위에는 수백 구의 시신이 놓여 있었다. 의사들은 저마다 발견한 것을 대사의 딸에게 보여주고 싶어 했다.[45] 그래서 캐슬린은 해부된 시체를 다른 어느 기자들보다도 많이 볼 수 있었다. 그중 하나가 마음에 유독 강한 인상을 남겼다. 캐슬린은 그 의사에 대해 메리와 파멜라에게 적어 보냈다. "챙이 달린 흰색 모자에 하얀 앞치마, 고무장갑을 착용한 주방장 같았어. 기꺼이 그는 우리에게 얇게 자른 폴란드인의 뇌를 보여주었는데, 그 뇌는 분석을 위해 저녁 식사 접시 같은 것 위에 가지런히 놓여 있었어."[46] 의사들의 설명에 따르면 시신들은 잘 보존되어 있었다. 폴란드 제국의 독수리 문장이 달린 군복의 푸르스름한 회색도 아직 알아볼 수 있었다.[47] 영하의 날씨 속에서도 부패는 진행되었다. 의사들은 카틴 숲에서 발견된 흙 속의 부패 정도를 감안하여 시신에 남아 있는 근육의 색깔과 머리카락의 양을 보면 이들이 죽은 지 2년이 채 되지 않았음을 알 수 있다고 했다.[48] 그래서 의사들은 나치가 주장하듯이 4년 전에 소련군이 이들을 죽였을 가능성은 없다고 결론지었다. 그런 다음 의사들은 폴란드 장교들이 처형된 방식을 설명해주었다. 두개골마다 뒷면 아랫부분에 총알구멍이 있었다. 그곳에 남은 화약 연소 흔적은 아주 가까운 거리에서 이들이 처형당했음을 보여주었다. 일부 두개골에는 앞이마에 두 번째 총알구멍이 나 있었다.

다음으로 안내자는 시신의 주머니에서 나온 증거들을 보여주었다. 소련 측의 설명에 따르면, 이들을 매장하기 전에 독일군은 이들의 귀중품과 개인 물품을 다 압수했지만 일부 편지와 영수증을 빠뜨렸다.[49] 이 증거물에는 1940년 6월부터 1941년 6월까지 날짜가 적혀 있었다.

마지막으로 서방 기자단은 증인들의 말을 듣기 위해 근처 다차로 안내되었다. 방 안은 더웠고, 이 장면을 찍는 영화촬영기의 눈부신 조명이 증인들의 얼굴을 비췄다.[50] 캐슬린과 기자들은 증인 다섯 명의 이야기를 들었다. 한 소녀는 독일군이 이 지역을 점령했을 때 이 다차에서 일하고 있었다고 말했다. 그녀는 몇 번에 걸쳐 인근 숲에서 간격을 두고 발사되는 총성을 들었다고 증언했다. 다른 증인은 독일군 게슈타포 장교와 나눈 대화에 대해 말했다. 그 독일 장교는 이렇게 말했다고 했다. "폴란드인은 해악을 끼치는 열등 민족이다. 그래서 폴란드 국민은 거름으로만 사용할 수 있고, 독일인들이 거주하는 레벤스라움Lebensraum*을 넓히는 데만 사용할 수 있다."[51]

- 레벤스라움Lebensraum은 독일어에서 '생활'을 뜻하는 '레벤leben'과 '공간'을 뜻하는 '라움raum'이 합쳐져 만들어진 말로 국가나 민족이 생활과 생존을 위해 필요한 공간적 범위를 뜻하는 지정학의 용어이다. 히틀러의 나치정권은 이 개념을 폴란드, 러시아, 우크라이나 등 동유럽 국가들을 정복하여 독일인의 새로운 생활영역으로 만들고, 원주민인 슬라브족 주민들은 이를 위해 노력해야 한다고 주장했다.

캐슬린은 증인들의 말이 "암기한 듯 술술 나온다"[52]고 느꼈다. 기자들이 질문하려고 하자 소련 측이 마지못해 용인했지만 증인들은 "위원회가 제지할 때까지 주저하고 말을 더듬는 모습"을 보였다.

자정이 되자 위원회와 기자단 사이의 좋은 분위기는 "사라졌고" 소련 측은 모스크바로 돌아가는 기차가 정확히 한 시간 이내에 출발한다고 "불쑥 발표"했다. 방문자들은 서둘러 차에 태워져 기차역으로 갔고, 기차는 바로 출발했다.

모스크바로 돌아오는 기차 안에서 캐슬린은 나치독일군이 범죄를 저질렀다는 소련 측 주장을 따져보았다. 캐슬린은 부검 정보를 판단할 의학적 지식이 없어서[53] 의사들 주장의 진위를 판단할 방법이 없었지만, 그들의 말을 객관적인 과학자들의 말로 받아들일 수밖에 없었다.

만일 폴란드 장교들이 여름에 처형당했다면 왜 겨울 코트와 긴 속옷을 입고 있었는지가 이상했다.[54] 그러나 소련 측은 늦게는 1941년 여름까지 날짜가 적힌 편지들을 이들의 시신에서 발견했다. 이 증거물은 소련 측이 심어놓았을 수 있지만, 시신에서는 분명히 오래전에 묻힌 듯 썩은 냄새가 났다.[55] 폴란드 장교들이 처형된 방식도 고려해야 했다. 이들은 머리 뒤에 총알을 한 발씩 맞고 처형되었다. 이것은 당시 캐슬린이 "전형적인 독일식"[56]이라고 믿었던 효율성을 보여주었다. 다음 해 여름인 1944년 8월 서방 기자들은 소련군이 폴란드 루블린 외곽에서 발견하고 해방시킨, 말할 수 없을 정도로 끔찍한 마즈다넥Majdanek 집단수용소를 방문하고 모스크바로 돌아왔다. 그때서야 캐슬린은 독일인들이 집단처형에 훨씬 잔혹한 방법을 썼다는

것을 알았다.[57]

캐슬린이 미국 대사관저인 스파소하우스에 돌아오자 애버럴은 그
녀에게 현지에서 본 것과 이러한 관찰을 통해 내릴 수 있는 결론에
대해 보고서를 쓰라고 말했다.[58] "러시아인들이 보여준 증거는 몇 가
지 점에서 불완전하고, 그 증거는 형편없이 조합되었으며, 기자들에
게 독자적으로 취재하고 확인할 기회를 주지 않으려고 쇼가 미리 준
비되었음이 명백하다"[59]라고 그녀는 보고서에 썼다. "조사위원회와
증인들이 제공한 증언은 상세했고, 미국 기준으로 보면 너무 사소한
것들이었다. 소련 고위 관료들이 사실이라고 말했기 때문에 우리는
그들의 말을 그대로 받아들여야 했다. 그럼에도 폴란드 장교들이 독
일군에 의해 처형되었다는 것이 내 의견이다"라고 그녀는 논지를 전
개했다. "이 추론을 뒷받침하는 가장 설득력 있는 증거는 처형이 진
행된 깔끔한 방식이었다"라고 그녀는 결론 내렸다. 애버럴은 캐슬
린이 발견한 것이나 해석한 것을 반박하지 않았다. 그 정보는 애버
럴 자신이 믿고 싶은 것이 사실임을 뒷받침하고 있었다. 그는 모스크
바에 온 지 3개월밖에 안 되었고, 루스벨트가 바라는 대로 소련 측과
건설적 관계를 만들어가고 싶었다. 그는 캐슬린의 보고를 워싱턴의
국무장관에게 직접 전달했다.[60] 캐슬린의 관찰과 요약은 국무부 공
식 기록의 일부가 되었다.

한 가지 문제가 있었다. 캐슬린의 오판이었다. 기자가 갖게 마련인
회의적 태도로 그녀는 전쟁 초기 소련 정권의 의도에 대해 늘 의구심
을 가지고 있었다. 그녀의 아버지와 그의 동료들이 똑같은 태도를 보

이기 훨씬 전부터 그랬다. 그러나 많은 사람들처럼 그녀도 스탈린의 기만술에 속아 넘어가고 말았다. 캐슬린은 자신이 속았다는 것을 언제 확실히 알았는지 말한 적이 없었다. 그러나 8년 후 미 하원 청문회에서 그녀는 자신이 그날 카틴 숲에서 잘못된 결론을 내렸다고 공개적으로 인정했다.

나치독일은 "치료할 수 없는 사람들"을 안락사 시킨 것부터 수백만 명의 유대인을 학살한 것에 이르기까지 반인류적인 범죄를 수없이 저질렀지만, 카틴 숲 학살은 이들이 저지른 범죄가 아니었다. 1939년 9월 몰로토프-리벤트로프 상호불가침 밀약을 맺은 소련과 독일은 폴란드를 침공해 둘로 나누어 가졌다. 소련 적군은 수천 명의 폴란드인을 포로로 잡았다. 군인, 지식인, 귀족 등 소련의 지배에 저항할 수단이나 의지를 가진 사람은 모두 체포되었다. 그토록 많은 "국가의 적"을 잡아 가둔 소련 지도자들은 아주 좋은 기회가 왔다고 보았다. 이들은 폴란드 지배계급을 척결하면 전쟁이 끝난 후 이 나라를 더 쉽게 통치할 수 있었다. 스탈린은 이 과업을 비밀경찰에게 맡겼다. 그는 베리야에게 명령하여 비밀경찰들을 파견해 2만 1857명의 폴란드 장교, 정치 지도자, 지식인 엘리트를 처형하도록 했다.[61] 비밀경찰 요원 세 명이 하룻밤에 250명을 처형하는 임무를 맡았다.[62] 이들은 각 포로의 뒤통수에 총을 발사해 폴란드인들을 처형했다. 이들은 독일제 발터 권총을 사용하여 살인을 책임질 다른 희생양을 만들었다. 이 처형으로 폴란드 장교단이 제거되었고 그들 중 절반이 무덤 속에서 썩어갔다. 이 정도의 대형 범죄가 오랫동안 비밀로 남아 있을 수는 없었다. 폴란드 장교들 절반 정도가 사라졌다는 소문이 돌기 시작했다. 소련 측은 애매한 설명만 내놓았다. 이 장교들이 스몰렌스크 인근의 "건설 사업에 투입되었다"[63]든가, 시베리아로 보내졌으나 이후 종적이 사라졌고, 아마도 국경을 건너 만주 지역으로 탈출한 것 같다는 식의 설명이었다.

1943년 가을 소련군은 스몰렌스크 지역에서 독일군을 몰아내자마자 자신들이 저지른 일을 은폐하는 일에 나섰다. 이들은 무덤을 다시 파고 증거를 바꿔놓았다. 이들은 1939년부터 1940년까지 날짜가 적힌 편지를 1941년 날짜가 적힌 편지와 영수증으로 바꿔놓아 나치가 범죄를 저질렀다는 움직일 수 없는 증거가 되게 만들었다. 이른바 증거가 이렇게 제시되었지만 런던의 폴란드 망명정부는 소련 측 설명에 대해 회의적이었다. 런던의 폴란드 망명정부가 적십자가 주도하는 독자적 조사 수행을 요구하자, 소련 측은 폴란드 정부 측과 관계를 끊고 이들의 요청은 "조사 코미디"[64]라고 일축했다. 소련은 폴란드인들이 독일 편을 들고 있다고 비난했다.

소련의 주장은 차치하고, 영국과 미국은 이미 동맹국인 소련이 거짓말을 하고 있다는 것을 보여주는 많은 증거를 입수했다. 애버럴이 캐슬린을 보내 카틴 숲에서 벌어진 잔학행위를 직접 보고 오도록 하기 전부터 그랬다. 캐슬린이 내린 결론은 서방 연합국이 믿고 싶어했던 거짓말을 뒷받침하는 데 도움을 주었다. 서방 연합국은 영미 연합군이 서부 전선에서 독일군에게 공격을 가하기에 충분한 준비를 할 동안 소련이 동부 전선에서 독일 공격의 예봉을 막아주기를 간절히 바랐다. 서방 측은 엄청난 도덕적 딜레마에 빠졌다.[65] 그것은 독일에 대항하는 투쟁에 소련의 기여가 절실하게 필요한 상황에서, 스탈린을 소외시키는 것을 회피할 것인가 아니면 서구 민주주의의 도덕적 원칙을 준수하여 이 협력 관계가 위험에 빠지도록 할 것인가의 딜레마였다.

엄청난 불만과 주저함 끝에 영국 정부와 미국 정부는 소련의 주장을 반박하지 않기로 선택했다. 런던의 폴란드 망명정부와 함께 일하는 관리들은 이런 결정의 위선을 가장 예민하게 느꼈다. 폴란드 망명정부 담당 영국 대사인 오언 오말리Owen O'Malley는 앤서니 이든 외무장관에게 이렇게 썼다. "마치 살인자가 자신이 살해한 사람들의 시체를 은폐하기 위해 작은 침엽수 이파리를 사용하는 것처럼, 우리는 사실상 연합국 간의 표면적인 단합과 독일에 대한 러시아의 영웅적 투쟁의 중요성을 유지하기 위해 부득이하게 영국이라는 선의의 이름을 사용했다."[66] 그러한 결정 자체가 마음에 걸리기는 했지만, 전쟁에서 승리하는 것이 무엇보다 중요했기 때문에 처칠과 루스벨트는 소련과의 미래의 동맹을 보호하는 것 외에 다른 선택을 할 수 없었다. 영국과 미국인들이 소련인들이 저지른 잔혹행위를 아무리 혐오한다 할지라도, 나치독일을 물리치는 일이 가장 중요했다. 처칠이 루스벨트에게 결론적으로 이렇게 말한 것처럼. "이 고통스러운 세상에서 이것 말고 어떤 다른 희망을 가질 수 있겠는가?"[67]

12장

1945년 2월 6일

애나는 아침 8시에 잠에서 깨어 소련 병사들과 미 해병이 경비를 서고 있는 긴 홀을 지나 캐슬린과 같이 쓰는 화장실로 걸어갔다. 회담이 3일째에 접어들면서 그녀는 루틴을 만들었다. 먼저 그녀는 "이틀마다 한 번씩"[1] 하기로 정한 목욕을 한 다음 커피, 오렌지 주스, 삶은 달걀로 아침 식사를 한다. (그녀는 매일 나오는 캐비아를 안 먹으려고 필리핀 요리사 한 명에게 아침 식사를 준비해 방으로 가져다달라고 부탁했다.) 그런 다음 그녀는 홉킨스, 해리먼, 공보 비서 스티브 얼리의 방을 차례로 돌면서 밤사이 일어난 일에 대한 뉴스, 그날의 어젠다에 대한 예상, 날마다 열리는 외무장관 회담에 대해 얻을 수 있는 정보를 모았다. "가라지와 알곡을 분리해서"[2] 그녀는 자신이 생각하기에 아버지가 알아야 할 것을 브리핑해서 그가 아침마다 맞아야 할 방문객의 수를 줄이려고 노력했다. 그러나 이것만이 다가 아니었다. 이 부녀는 둘 다 유머 감각이 풍부했다. 애나는 기막히게 남의 흉내를 잘 냈다.[3] 특히 젠체하는 사람들의 표현, 억양, 독특한 제스처를 그대로 따라 했다. 이것은 아버지로부터 물려받은 재능이었다. 루스벨트도 조심스럽게, 가끔 남의 흉내를 냈다고 알려져 있다. 또한 애나는 아버지가 잡담을 좋아한다는 것을 알고 있었다. 그래서 애나는 귀를 활짝 열고 하루의 시작을 가볍게 하기 위해 "아버지가 재미있어하고 흥미로워할 온갖 가십"[4]을 수집했다.

알타에서의 아침은 여유롭게 시작되는 법이 없었다. 특히 오늘 아침 애나는 아침을 느긋하게 먹을 시간이 없었다. 오늘은 연합국에게 분수령 같은 날이 될 가능성이 컸다. 3거두는 드디어 평화 진작을 위해 나라들을 연합할 국제기구를 구성하는 문제를 논의할 예정이었다. 이 프로젝트는 루스벨트가 큰 열정을 가지고 추진해온 것이었다. 그러나 3거두는 폴란드의 주권 문제도 논의해야 했다. 바로 이 문제 때문에 1939년 9월 영국이 독일에 선전포고해야 했던 것이다. 그때로부터 5년 반이 지난 지금, 1939년에 가졌던 우려를 더 이상 미룰 수 없게 되었다. 폴란드는 지렛목이나 마찬가지였다. 연합국들이 이 문제를 어떻게 다루느냐에 따라 세계가 평화로운 미래로 향할 수도 있고, 갈등을 더 초래할 수도 있었다.

이렇게 중요한 날 아버지 옆에 남아 있고 싶었지만, 애나는 루스벨트를 돌보는 일을 의사 매킨타이어와 브루엔에게 맡겨야 했다. 사람들은 세 딸을 "작은 세 사람Little Three"[5]이라고 불렀다. 이들은 흑해 연안의 역사적인 도시를 같이 방문하기로 약속했고, 애나는 여기에서 낙오되고 싶지 않았다.

애나는 여기저기를 오가며 정보를 얻고, 대표단의 잡다한 일을 챙기고, 그날에 대한 아버지의 전망을 귀담아 듣고, 아버지를 위해 비망록 노트를 만들어 머리맡에 남겨놓고,[6] 그날 오후에 있을 처칠과의 점심 식사 준비를 감독하며 "아침 내내 미친 듯이 일했다".[7] 이날 오찬은 얄타에 도착한 후 두 지도자가 가지는 첫 개인 면담 자리였다. 홉킨스와 번스가 그 자리에 배석할 것이고, 영국 측에서는 알렉산더 카도건이 배석하기로 되어 있었다. 해리먼도 가장 최근의 정보를 전하기 위해 그 자리에 있을 예정이었다.[8] (필요한 경우 그는 참석자의 자존심을 통제하는 일도 도울 수 있었다.) 드디어 아침 10시 반 애나는 일을 마치고 캐슬린, 사라와 같이 길을 나설 수 있었다. 세 딸과 경호원인 가이 스패먼Guy Spaman이 소련 운전사가 모는 차에 올라탔다. 겨울 코트로 몸을 감싼 세 여인은—사라는 다시 공군 복장인 더블브레스트, 애나는 무난한 트위드 코트, 캐슬린은 멋진 모피 칼라가 달린 모직 코트 차림이었다.[9]—추위 속에 세 시간에 걸친 여행에 나섰다. 이들은 크림반도의 남부 해안을 달려 세바스토폴을 방문하기로 했다.

세바스토폴은 일직선으로는 얄타에서 50마일밖에 떨어져 있지 않았지만 거기까지 가기 위해 운전수는 이들이 얄타로 올 때 경험했던 것처럼 도로가 파괴된 일부 구간을 지나야 했고, 때로 머리가 곤두서는 절벽 모퉁이를 돌아서 가야 했다. "정말 험난한 길이었어요"[10]라고 사라는 엄마에게 썼다. 이 길은 산봉우리와 기복이 심한 숲에 덮인 산악지대 계곡을 뚫고 만들어졌다. 잔뜩 겁에 질린 캐슬린은 이 길을 찍은 사진을 스크랩북에 보관했다. 이 한 장의 사진에서 그녀는 산을 뱀처럼 뚫고 지나가는 열다섯 개나 되는 급커브 길을 셀 수 있었다.[11] 가는 길에 이들은 수백 대의 독일 탱크가 파괴된 채 방치되어

녹슬고 있는 바이다르 협곡Baydar Gap을 지나갔다.¹² 이 탱크들은 지난해 봄에 독일군이 공세를 펼 때 소련군이 파괴한 것이었다. 아직 많은 탱크에 전사한 독일군 시신이 남아 있었다. 소련군은 이 잔해를 치울 시간이나 없었거나 그 일을 할 몸이 멀쩡한 인력이 없었다.

길을 가는 동안 운전사는 수도 없이 길을 잘못 들었다. 길을 물어볼 행인도 없는 황량한 산악도로에서 이들은 쉽게 길을 잃었다. 마침내 이들은 길을 제대로 찾아서 주도로 옆에 있는 작은 마을로 들어섰다. 곧 무너질 것 같은 이 마을에도 외국 방문객들에게 친숙한 것이 있었다. 처음에는 알아차리지 못했지만 이들은 영국의 초등학생도 아는 장소에 들어간 것이다. 발라클라바Balaklava라는 이름 자체가 전설의 향기를 풍겼다. "짐작컨대 넌 영국 역사를 다시 찾아보지 않아도 될 거야."¹³ 캐슬린은 계획에 없던 모험에 대해 파멜라에게 이렇게 적어 보냈다. 급격한 경사면 사이 좁고 긴 계곡에 자리 잡은 발라클라바 마을은 영국군이 유명한 전투를 치른 장소였다. 아마도 이 전투는 1815년 웰링턴 장군이 나폴레옹을 격파하고 승리를 거둔 워털루 전투 다음가는 전투였다. 워털루가 승리의 상징으로 불멸의 명성을 갖게 된 반면, 발라클라바는 패배와 용맹스러운 이들의 죽음으로 기억되는 곳이었다.

전투에서 흘린 붉은 피는 운명처럼 크림반도를 가로질러 흘렀다. 유럽의 강대한 제국들은 크림반도에서 충돌했다. 이들은 19세기에 처음 충돌한 후 20세기에도 맞붙어 싸우며 세력 균형을 자국에 유리하게 움직이려고 필사적으로 노력했다. 러시아는 강대국이 될 수 있는 땅, 자원, 인구를 가졌지만, 작은 영국을 세계에서 가장 강한 제국이 되도록 만들어준 혜택이 결여되어 있었다. 그것은 바다로의 접근성이었다. 북쪽으로는 얼음에, 남쪽으로는 사막과 산악에, 동쪽으로는 일본 해군력에 갇혀버린 러시아가 지중해와 대서양으로 나갈 수 있는 유일한 접근로는 흑해였고, 이곳은 국력을 국경 너머로 뻗칠 수 있는 핵심 지역이었다. 크림반도를 방어하고 부동항을 지키는 것은 한 세기가 넘는 오랜기간 동안 러시아인들에게 아주 중요한 전략적 의미를 가졌다. 그리고 러시아가 그토록 원하는 바다로 접근할 수 있는 길을 막는 것이 적국들의 전략 목표가 되었다.

전선에서 구호 활동을 했던 플로렌스 나이팅게일의 선구적인 노력과 종군기자와 사진기자의 출현을 가져온 크림전쟁은 1853년부터 1856년까지 영국·프랑스·오스만튀르크 연합군과 러시아군 사이에 벌어졌다. 러시아가 점점 영역을 확대하고 강성해지자 영국과 프랑스는 이 떠오르는 제국을 봉쇄하고 국제적 세력 균형을 유지하려고 노력했다. 2년 반 동안 이들은 러시아 제국의 서부 변경에서 전투를 벌였고, 가장 결정적인 전투가 크림반도에서 벌어졌다.

크림전쟁은 1854년 10월 25일 아침에 벌어진 재앙 때문에 영국의 문화적 기억에 영원히 각인되었다. 그날 영국 경기병輕騎兵 670명이 계곡에 있는 러시아 포병대를 공격했다. 천둥 같은 굉음과 혼란 속에서, 후퇴하는 오스만튀르크군의 대포를 확보하라는 영국 사령관의 지시는 러시아 포병대로 진격하라는 명령으로 잘못 이해되었다. 자멸을 초래하는 명령이 아닐 수 없었다. 경기병들이 탁 트인 계곡을 가로질러 돌격하자 러시아 포병대가 수확기로 곡식을 베듯이 병사들에게 공격을 퍼부었다. 경기병의 40퍼센트 이상이 무모한 공격 속에 부상을 입거나 전사했고 결국 후퇴할 수밖에 없었다. 전투는 20분도 안 되어 끝나버렸다. 지휘관들은 실추된 명예를 결코 되찾지 못했지만, 기병대 병사들은 6주 뒤 영국에서 국가적 영웅이 되었다. 영국 계관 시인인 앨프리드 테니슨 경은 사람들의 뇌리에서 사라지지 않을 시를 써서 죽음을 무릅쓰고 용기를 발휘한 기병대원들을 기렸다. 테니슨이 쓴 시는 전 세계에서 암송되었고, 경기병들은 거의 신화적 존재가 되었다.

돌격하라, 기병대여!
낙담한 병사가 있었던가?
병사들은 누군가 큰 실수를
저질렀다는 것을 알지 못했다.
그들의 의무는 명령에 토를 달거나
이유를 묻는 것이 아니라
명령을 수행하여 죽음을 맞는 것이었다.
죽음의 계곡을 향하여
600명의 기병이 달려갔다.

런던의 유명한 해로스쿨Harrow School과 샌드허스트 육군사관학교에서 공부한 많은 학생들처럼 윈스턴 처칠도 테니슨의 〈경기병대의 돌격〉이라는 시를 어려서부터 알고 있었다.[14] 제국의 영웅들에게서 영감을 받아 처칠도 쿠바, 인도, 수단의 전장에서 용맹스럽고 종종 무모한 군사적 모험을 한 것이 틀림없다. 그중에서도 남아프리카의 보어에서 포로수용소를 탈출하여 정글에서의 추격을 따돌리고 자유를 찾은 것이 가장 유명하다.

그의 딸과 두 미국 친구가 발라클라바를 바라보는 동안, 테니슨의 시가 이들의 마음을 가로질러 갔을 것이다. 죽음의 계곡은 이제 전쟁의 상흔을 입은 크림반도의 다른 계곡과 전혀 달라 보이지 않았지만, 수세기에 걸쳐 일어난 무모한 희생을 떠올리게 했다. 가장 최근에 벌어진 살육의 흔적이 사방에 남아 있었다. 폭탄으로 땅이 움푹 파여 있었고,[15] 옛날 대포의 현대화된 화신인 독일군의 대전차 대포가 널려 있었다.[16] 바퀴 달린 마차에 실려 이동하면서 돌격해 오는 소련군에게 빗발치듯 총알을 퍼붓던 이 무기들은 고물상의 고철처럼 구부러지고 불구가 된 채 방치되어 있었다. 추락한 전투기 잔해 옆에는 무덤이 하나 만들어져 있었다.[17] 가장 최근에 벌어졌던 크림반도의 마지막 전쟁에서 희생된 병사의 해골도 간간이 눈에 띄었다.

여인들이 전쟁의 흔적을 바라보는 동안 운전수는 차의 방향을 다시 확인했다. 얼마 지나지 않아 그는 간선도로로 돌아가는 길을 찾았고, 이들은 발라클라바의 유령들을 뒤로 한 채 세바스토폴까지 가는 여정의 마지막 구간을 달렸다.

크림반도 남서쪽 끝에 자리한 만에는 강물이 바다로 흘러드는 어귀에 자연적인 항구가 형성되었다. 바로 그곳에 위치한 세바스토폴은 예카테리나 2세 때 이후 러시아 해군의 중요한 전략 항구였다. 이곳에서 가장 중요한 곳은 군사지휘관이자 정치인이었던 그리고리 포템킨Grigory Potemkin이 건설한 요새다. 세바스토폴 시내에 도착해 차에서 내렸을 때 사라, 캐슬린, 애나는 통상 항구에서 볼 수 있는 번화한 생활의 흔적을 거의 찾을 수 없었다. 이들이 바라보는 곳마다 수북이 쌓인 폐허만 눈에 들어왔다.

발라클라바와 마찬가지로 세바스토폴도 크림전쟁 중에 점령되었다. 1854년 겨울 세바스토폴이 포위당했을 때 레프 톨스토이는 26세의 포병 장교였다. 나중에 그는 이 도시에서의 기억을 토대로 단편소설 시리즈를 썼는데 그의 작품에서 이 도시는 "온갖 우여곡절과 전쟁으로 인한 궁핍을 겪은"[18] 곳으로 서술되었다. 그 후 90년이 지났지만 아무것도 변하지 않은 듯했다. 이번에는 독일군과 그 동맹군이 1941~1942년 세바스토폴 포위 때 이 항구도시에 첫 공격을 가했다. 이 작전은 독일군이 모스크바 외곽까지 진격해 소련을 침공한 바르바로사 작전의 일환이었다. 이 도시는 1944년 4월과 5월 소련군이 독일군을 몰아내는 과정에서 두 번째 타격을 입었다.

세바스토폴 태생인 현지 소련 해군부대 사령관이 기다리고 있다가 세 딸에게 이 도시를 안내했다. 고위급이 중요한 방문객을 안내하는 것은 제정러시아 시대까지 거슬러 올라가는 러시아 관행이었다. 1839년 러시아를 여행한 프랑스 귀족 마르키스 드 퀴스틴Marquis de Custine은 다음과 같은 기록을 남겼다. "궁전을 보고 싶어 하면 시종이 따라붙는데, 당신은 그가 감탄하는 모든 것에 감탄해야 한다. 군영을 보고 싶어 하면 장교, 어떤 때는 장군이 당신을 안내한다. (…) 요새의 사령관, 총독이 직접 보여주기도 하지만 이러한 안내는 오히려 실상을 정중하게 감추는 것이다. 그들은 당신이 원하는 것을 절대 거부하지 않지만, 어디든 당신을 따라다닌다. 정중한 안내를 구실로 당신을 계속 감시하는 것이다."[19]

이 해군 사령관은 이 도시를 가장 좋은 모습으로 방문객에게 보여주고 싶었을지 몰라도, 한때 거대한 항구도시였던 이곳이 더 이상 러시아 문명의 빛나는 전범이 아니라는 사실을 은폐할 수는 없었다. 사실상 모든 건물이 전투로 파괴되었다. 캐슬린은 세바스토폴에 있던 수천 채의 건물 중 지붕이 남은 건물은 여섯 채에 불과하다고 파멜라에게 썼다. 형체를 알아볼 수 없게 파괴된 것은 건물만이 아니었다. "동상들도 박살났어. 포격 연습 목표였거든."[20]

캐슬린은 이미 기차를 타고 혼자 얄타로 오는 동안 파괴된 수십 마을을 포함해 유령도시가 된 곳을 수없이 보았기에 세바스토폴을 어느 정도 냉정하게 볼 수 있었다. 그러나 애나는 다소 충격을 받았다. 아마도 애나는 남편에게 편지를 쓰면서 캐슬린이 봤다고 말한 것을 되풀이하고 있었을 것이다. "독일군은 도시 전체에 여섯 채의 건물만을 남겨두었어요."[21] 이미 재건 작업이 한창인 몰타 외에 애나가 크림반도에 오기 전까지 본 전쟁의 흔적은 뉴스나 사진을 통해 본 것이 전부였다. 그녀는 남편에게 이렇게 썼다. "여보, 나는 크림반도의 절반도 보지 못했지만, 이런 미친 짓과 같은 파괴가 가능하다는 것을 믿을 수 없어요. 아무것도 남아 있지 않아요. 고립되고 길에서 벗어나 있는 농가와 축사마저 모두 사라졌어요."[22] 애나의 눈에는 그것이 너무나 악의적이고 자원을 낭비하는 것으로 보였다.

사라는 런던 대공습 기간을 견뎌냈고, 영국 공군에서 항공정찰사진을 분석하면서 황폐해진 도시 사진들을 숱하게 보았지만, 세바스토폴의 처참한 광경과 인명 피해에 깊은 충격을 받았다. 기자였던 캐슬린과 신문 편집자였던 애나는 직업을 수행하며 쌓은 경험 덕분에 비극을 보도할 때 냉정한 거리를 유지하는 능력을 어느 정도 갖게 되었다. (피터 포털은 캐슬린에게 편지를 쓰면서 현실에 대한 그녀의 냉정한 태도에 대해 말한 적이 있다. "내 생각에 저널리즘은 그렇게 섬뜩한 일에 대한 좋은 훈련이에요.")[23] 아니면 단순히 사라가 친구들보다 표현력이 강했을 수도 있다. 캐슬린과 애나의 편지에는 전쟁 파괴의 범위가 신문처럼 상세히 서술된 반면 사라의 서정시적 관찰에는 감정의 무게가 실려 있었다. 사라가 세바스토폴에 대해 엄마에게 쓴 서술은, 아버지 처칠의 설득력 있기로 유명한 산문과 인간 감정에 대한 날카로운 인식을 떠올리게 한다.

사라는 물리적 파괴에 충격을 받았지만 현지 주민들의 낙관적인 태도에도 놀랐다. "안내자는 마치 폐허가 없는 것처럼 우리를 이 동네 저 동네로 안내했어요.[24] '아주 멋진 교회죠'라고 그가 말하면 우리는 포탄 자국을 보고 '아, 그래요' 하며 머리를 끄덕였어요. 그는 '세바스토폴은 아름다운 도시입니다'라고 말했어요. (…) 우리는 쓰러진 나무와 포탄 자국이 난 광장의 처참한 광경에 할 말을 잃었죠." 사라는 엄마에게 이렇게 썼다. 이들에게 파손된 가옥, 기념비, 교회, 공원을 연이어 보여준 다음 해군 장교는 걸음을 멈추고 사라에게 물었다. "세바스토폴이 마음에 드세요?" 사라는 잠시 생각에 잠겼다. 뭐라고 말할 수 있을까? 그는 그녀의 주저함을 불만족의 표시로 받아들였고, 그의 표현은 맥이 빠졌다. 그를 안심시키려고 사라는 서둘러 세바스토폴이 정말 아주 많이 마음에 들지만, 전쟁이 이 도시에 남긴 상처 때문에 슬프다고 말했다. "그러나 어쨌든 그렇게 말한 건 잘못한 거예요. 그는 진정 사랑하는 사람을 보듯 세바스토폴을 바라보았어요. 엄청난 물리적 비극을 겪고도 변함없는, 꺾이지 않는 사람을 보듯이 그는 그 도시를 보고 있어요." 사라는 편지를 이어갔다.

자신들의 도시에 남은 것을 변함없이 사랑하는 현지 주민들에게 감동을 받는 한편, 사라는 집과 생활을 잃은 사람들 때문이 아니라 아무 동정도 못 받는 또 다른 사람들 때문에 가슴이 무너지는 것 같았다. 시찰이 끝날 무렵 일행은 루마니아 전쟁포로들이 늘어선 "무질서한 줄"[25]을 보았다. 크림반도 작전에는 루마니아의 3군과 4군이 독일군과 함께 참전하여 세바스토폴을 점령하기 위해 소련군과 전투를 벌였다.[26] 1944년 소련군이 세바스토폴을 탈환했을 때 루마니아군은 독일군만큼 많은 희생을 치렀다. 2만 6000명의 루마니아 병사가 전사하거나 부상을 입거나 실종되었다. 전쟁포로들은 운이 좋아 목숨을 건졌지만, 곧 자신들도 전사하는 게 더 나았을 거라고 생각하게 되었다. 소련군은 이들을 강제노동대로 조직했다. 미국 대표단이 얄타에 도착하기 전 캐슬린이 미리 그곳에서 현장 준비를 할 때 루마니아 노동대 일부가 리바디아 궁전에 파견되어 독일군이 남긴 폐허 더미를 치우는 작업을 했다.[27]

세바스토폴에 남은 이 사람들은 자신들이 파괴하려던 도시를 재건하기 위해 등골이 빠지게 일해야 했다. 캐슬린은 이들이 여러 거리와 건물을 오가며 폐허의 "돌 하나하나"[28]를 치우는 모습을 보았다. 이 초췌한 포로들은 음식을 배급받으려고 줄 서 있었다. 바짝 마른 말이 끄는 수레 위의 양동이에 이들에게 나눠줄 보잘것없는 음식이 담겨 있었다. 사라는 이 모습에 주목했지만, 양동이에 담긴 음식 찌꺼기가 사람이 먹을 음식과 거리가 먼 것인지 확인할 수는 없었다. 이 사람들은 분명 기아에 허덕이고 있었다. 사라는 포위 상태에 있는 것이 어떤 느낌인지 알았고, 아버지와 나눈 대화와 자신의 업무를 통해 전쟁으로 인한 인명 희생의 규모를 잘 인식하고 있었다. 그러나 1만 피트 상공에서 찍은 사진으로 보는 폭격을 당한 공장이나 대중교통 라인은, 5년간 지상에서 벌어진 전투의 결과를 직접 자기 눈으로 보는 것과는 비교가 되지 않았다. "영화에서 이처럼 절망적인 사람들이 줄 서 있는 모습을 보았지만, 현실에서는 정말 참담해요"[29]라고 사라는 엄마에게 썼다. 적에 대한 동정심에 있어서 사라는 아버지와 닮은 점이 많았다. 길고도 잔인한 보어전쟁이 끝날 무렵 당시 25세에 불과했던 처칠은《모닝 포스트》에 기고한 글에서 이렇게 썼다. "현명하고 바른 길은 저항하는 사람들을 마지막까지 모두 패퇴시키는 것이다. 그러나 항복하고자 하는 사람들에게 용서와 우애도 포기해서는 안 된다. (…) 여기에 '명예로운 평화'를 향한 지름길이 있다."[30] 분명히 소련 측은 이런 관점을 공유하지 않았다.

캐슬린은 전쟁포로들의 참혹한 상황에 고뇌하는 사라에 대해 파멜라에게 썼다. "내 생각에 사라는 이들의 처참한 상황에 다소 겁먹은 것 같았어."[31] 캐슬린이 동정심이 없는 것은 아니었다. 그녀는 이미 이런 광경을 여러 번 보았다. 그녀가 다소 능글맞게 기록한 것처럼, 그녀의 관점에서 보면 루마니아 포로들은 자신들의 힘든 임무를 가능한 한 천천히 수행함으로써 적에게 수동적으로 저항하는 것을 보여주기라도 하듯 "다소 느긋하게" 행동하고 있었다. "내가 보기에 이들은 절대로 최악의 상황에 있는 것은 아니었어"라고 캐슬린은 첨언했다. 1년 전 카틴 숲에서 목격한 것이 아직 그녀 머릿속에 맴돌고

있었다. 캐슬린이 감정을 떨쳐버리는 것을 배운 반면 사라의 성격에
는 그런 냉정함이 없었다.

　캐슬린이 세바스토폴에서 사라를 관찰한 내용에 대해 파멜라에게
전한 편지에는 두 사람이 각자 친구와 시누이에 대해 공유하고 있던
좀 더 넓은 의견이 반영되어 있었다. 시간이 갈수록 두 사람은 사라
가 아버지에게서 물려받은 아주 깊은 감정과 강한 충성심을 가졌다
는 것을 알게 되었다. 그들은 사라의 이타심과 진정한 영혼의 관용
을 제일 먼저 알아차렸다. 파멜라의 남편인 랜돌프가 북아프리카에
서 돌아왔을 때 사라는 파멜라가 애버럴 해리먼과 어떤 관계를 가졌
는지를 떠나, 올케의 결혼 생활과 모든 관련자들의 명성을 구하기 위
해 자기 아파트를 파멜라에게 주고 임시로 해리먼 가족의 집에 들어
왔다.[32] 오빠인 랜돌프는 쉽게 사랑하기 어려운 사람이었지만, 사라
는 자신의 모든 사랑을 오빠에게 주었다. 랜돌프는 한번은 아버지와
합참 장군들이 있는 자리에서 술에 취해 그를 진정시키는 사라의 뺨
을 때리기도 했다.[33] 캐슬린과 파멜라는 사라의 사랑과 낙관주의가
언제나 보답을 받지는 못하며, 심지어 그녀를 가장 사랑한다는 사람
들로부터도 보상받지 못한다는 것을 알고 있었다.

† † †

아버지를 많이 닮았기 때문에 사라는 자신의 생을 개척하고, 아버지
의 명성을 떠나 자신의 이름을 알리고자 필사적으로 노력했는지도
모른다. 젊었을 때 처칠은 뛰어난 사람이 되고 싶은 강한 열망을 품

었다. 그는 전장에서도 이 목표를 추구하며 군인이자 종군기자로서 대영제국이 세계 곳곳에서 제국주의적 충돌을 일으키는 모든 기회를 이용해 목숨을 건 모험을 했다. 이런 모험은 보상을 가져왔다. 그는 스물다섯 살 때 남아프리카의 포로수용소를 극적으로 탈출한 다음 국가적 영웅이 되었다. 사라는 아버지를 사랑했지만 자신이 태어난 안락한 환경에서 벗어나 스스로 무언가를 이루고 싶은 갈망이 컸다.

아버지와 마찬가지로 사라도 영리하고, 능력이 많고, 우아했다. 오빠인 랜돌프가 아니라 사라야말로 처칠의 뒤를 이어 정치를 할 재목이었다. 그러나 1930년대에는 아무리 좋은 가문에서 태어나도 여자가 정치를 한다는 것은 거의 상상할 수 없는 일이었다. 몇몇 예외는 있었다. 1919년 미국 태생의 낸시 애스터Nancy Astor가 남편의 의석을 이어받아 최초의 하원의원이 되었다. 그 후 20명의 여자가 의회에 들어오기는 했지만, 그런 일은 거의 혁명적 개념으로 남았다. 사라와 같은 배경을 가진 여자들은 외교, 의학, 법률 부문에서 경력을 쌓기 위해 대학 학위를 받는 것도 권장되지 않았다. 그래서 사라가 자신을 둘러싼 세계를 보았을 때 그녀에게는 단 한 가지 길만이 열린 것 같았다. 그것은 연극이었다.

극도로 수줍음을 타는 사람에게 연극은 잘 맞지 않는 것 같았다. 그러나 열일곱 살에 파리에서 학교를 마친 사라는 "상류층으로 이루어진 사교계 생활은 (…) 나에게 충분하지 않다"[34]고 절실히 느꼈다. 사라는 가족의 허락을 받고 유명한 댄스학교에서 수업을 받고 있는 한 소녀를 알았다. 그 소녀의 할아버지가 처칠과 그의 부인에게 사라가 그녀와 같이 댄스학교에서 공부하는 것을 허락하도록 설득했다.[35]

열한 살 때 사라는 가족의 시골 집, 차트웰 아래 계곡에서 사촌들과 장님놀이를 한 적이 있었다.[36] 그 집은 언덕 꼭대기에 있었고, 돌담을 경계로 잘 다듬어진 잔디밭과 가파른 들판이 자리하고 있었다. 언덕은 장소에 따라 12~20피트(약 3.7~6미터)의 높이였다. 장님 순서가 되어 돌담 위에 올라간 사라는 뒤쪽 들판에서 사촌들이 부르는 소리를 들었다. 그녀는 경사가 완만한 곳의 돌담을 따라 끝까지 뛰어가면 그들을 뒤쫓을 수 있었다. 하지만 그렇게 하면 사촌들이 다 사라진 뒤가 되기 때문에 그녀는 충동적인 행동을 했다. 그녀는 돌담에서 "닌자처럼 점프"[37]해서 들판으로 떨어졌다. 그녀가 뛰어내린 높이는 1층집 정도였다. 그녀는 다쳤지만 부상이 그렇게 크지는 않았다. 어깨 근육을 다치는 데 그쳤지만 그녀는 자칫했으면 다리가 부러질 뻔했다. 이런 경험에도 불구하고 사라는 자신이 잘 모르는 대상에 정면으로 달려드는 용감하고 때로는 무모하기까지 한 충동을 잊은 적이 없었다. 이것은 아버지로부터 물려받은 기질이었다. 그녀는 세상에서 자신만의 위치를 굳히기 위해 필사적으로 노력했다. 연기와 댄스의 문이 조그만 틈을 보이자, 사라는 문 뒤에 있는 것을 찾아 주저 없이 돌격했다.

다시 한 번 그녀는 거칠게 땅에 떨어졌다. 재능이 부족해서가 아니었다. 그녀의 첫 공연에 대해 신문들은 찬사를 쏟아냈다. 처칠도 그녀의 야망을 꺾지 않았다. 그러나 사라는 무조건 지원해주어야 할 두 사람으로부터 혹독한 비판을 받았다. 바로 어머니와 남편이었다.

처칠의 부인인 클레먼타인은 엄마 역할을 하는 데 어려움을 느꼈다. 그녀는 힘든 성장 과정을 거쳤고, 산후 우울증을 자주 겪었다. 그녀는 남편을 헌신적으로 내조했지만 아내와 엄마의 역할을 동시에 수행하는 것을 힘들어했다. 그녀는 자주 몇 주씩 가족을 떠나 쉬면서 "고도의 정신적 피로"[38]를 풀곤 했다. 그녀는 맏딸 다이애나를 출산한 다음 신생아 돌보는 일을 남편에게 맡기고 쉬러 떠났다.[39] 처칠은 공적인 의무를 수행하기 위해 가족을 떠나는 일이 잦았지만, 그런 위치에 있는 다른 아빠들보다 훨씬 세심한 주의를 아이들에게 기울였다. 그는 직접 아기들 목욕을 시키기도 했다.[40] 클레먼타인이 자주 집을 떠나 있는 것은 자녀들에게 좋지 않은 영향을 미쳤고, 특히 사라에게 그랬다. 사라는 켄트에 있는 기숙학교에서 지낼 때 "사랑하는 엄마, 너무 보고 싶어요"[41], "엄마가 오기만 바라고 있어요. (⋯) 제발 오세요. 학교에서 아무리 잘해줘도 난 엄마가 오는 게 더 좋아요"[42]라고 쓰면서 엄마가 찾아오거나 집에 돌아갈 날을 손꼽아 기다렸다. 하지만 그녀는 거의 항상 실망했다.

사라는 엄마를 무척 사랑했지만, 클레먼타인은 당돌한 딸을 이해하기 어려워했다. 사라가 연기를 직업으로 택하자, 그녀는 사라가 연기에 "재능과 심지어 적성"[43]을 갖고 있지 못하다는 생각을 거침없이 표현했다.

사라는 연극학교에 들어간 지 얼마 되지 않아 그녀가 참여한 공연의 스타인 빅토르 올리버와 사랑에 빠졌다. 카리스마가 넘치는 오스트리아 유대인 음악가이자 희극배우인 올리버는 사라보다 열여덟 살 연상이었고, 이혼 경력이 있었다. 그것도 한 번이 아니고 두 번일 가능성이 컸다. 사라가 사랑을 쉽게 찾은 것은 아니었다. 사라는 만나는 남자들을 아버지와 비교하며 그들이 너무 따분하다고 느꼈다.

그녀는 잠시 동안 딕 시프생크스Dick Sheepshanks와 데이트하기도 했다. 명문 이튼학교와 케임브리지를 졸업한 그는 로이터 기자로 일하고 있었는데, 급진적이고 좌파적인 시각을 가지고 있었다. 두 사람의 관계는 시프생크스가 스페인 내전을 취재하러 떠나면서 끝났다. 그곳에서 그는 차를 타고 가다가 포탄이 차에 떨어지는 바람에 사망했다.[44] 차에 동승했던 다른 영국 기자인 킴 필비(나중에 소련 간첩으로 드러났다)는 살아남았다. 시프생크스가 눈살을 찌푸리게 할 만한 급진적인 젊은이였다면 올리버는 완전히 다른 유형이었다. 1935년 크리스마스 직전 사라가 올리버와 결혼하겠다는 의사를 밝히자 가족들은 크게 놀랐다. 그러나 클레먼타인은 스키 여행을 취소할 정도로 놀라지는 않은 것 같았다. 그녀는 처칠에게 가족의 위기를 알아서 해결하게 하고 휴가를 떠났다. "여기서 나는 이 위기를 벗어나기 위해 아무 일도 하고 있지 않아요. 그렇지만 사라는 당신의 의견과 당신이 그녀와 그녀의 문제에 쏟는 시간과 정성에 훨씬 주의를 기울일 거예요."[45] 그녀는 오스트리아에서 처칠에게 편지를 적어 보냈다.

처칠은 사라가 결혼을 재고하도록 최선을 다했다. 그는 만일 독일과의 전쟁이 벌어지고 올리버가 오스트리아 국적을 포기하지 않으면 사라는 "적과 결혼하는"[46] 셈이 된다고 설득했다. 가족들이 '당나귀'라는 별명을 붙여준 사라는 어느 모로 보나 아버지만큼 고집이 셌다. 사라는 태어나 처음으로 아버지와 정말 안 맞는다고 느꼈다. 그녀는 뉴욕으로 도망쳐서 올리버와 살았다.

두 사람은 런던으로 돌아와 같이 연기를 했다. 그러나 사라의 행복은 곧 사라졌다. 사라의 야망을 지원하기보다 올리버는 그녀에게 도움을 주겠다면 그녀의 연기를 비판했다.[47] 그는 곧 필리스 루케트라는 이름의 10대 소녀를 발굴하여 그녀의 경력에 도움이 되도록 그녀를 입양하자고 제안했다.[48] 올리버와 필리스가 실제로 깊은 관계였는지는 알 수 없지만, 이 일은 사라가 배신감을 느끼기에 충분했다.

1940년 4월 어느 오후, 배스 지역의 연극 순회공연을 하던 사라는 잠시 머리를 식히러 영화관을 찾았다. 영화가 시작되기 전에 뉴스가 나왔는데, 사라는 스크린에서 자신을 쳐다보는 아버지의 얼굴을 발견했다. 지난 몇 년 동안 처칠은 영국 국민들에게 독일의 공격 위험을 경고했었다. 처음에는 아무도 그의 말을 진지하게 들으려 하지 않았고, 그를 공연히 소동을 일으키는 사람으로 대했다. 이제 영국 국민들은 그가 선견지명을 가지고 영불해협 너머 유럽 대륙에서 벌어지는 위험에 대해 단도직입적으로 말할 용기를 가진 사람이라는 것을 알았다. 사라는 감정이 북받쳐 올랐다. "극장을 휩쓴 환호와 흥분 속에 (…) 나는 아빠의 딸이라는 것에 말할 수 없는 자부심을 느꼈어요."[49] 그녀는 처칠에게 편지를 보냈다. "이런 말을 아빠에게 절대 하지 않았다는 게 갑자기 생각났어요. 부끄럽고 확실하지 않아서였지만요. 내가 '얼마나' 아빠를 사랑하는지, 내가 사랑하는 사람들에게 다소 고통을 안겨주기는 했지만, 내가 선택한 직업이 언젠가 아버지의 이름에 걸맞게 되도록 얼마나 노력하고 있는지 말씀드리고 싶어요." 그녀는 이렇게 고백했다. 그로부터 한 달 후인 1940년 5월 10일 사라가 그토록 사랑하는 아버지는 영국 수상이 되었다.

사라는 자신의 길을 가려고 오랫동안 노력했지만, 가족에게서 떨어져 나와 형성하기 시작했던 그녀의 정체성은 하루아침에 사라져버렸다. 거리에서 마주친 사람들은 그녀에게 달려와 악수하며, 독일 침략에서 영국을 구할 사람의 딸을 보았다는 사실에 흥분했다.[50] 한동안 그녀는 연극에 집중하려고 했지만, 그녀가 아무리 노력해도 사람들은 그녀를 어느 정도 성공한 배우 사라 올리버로 보지 않았다. 이제 그녀는 윈스턴 처칠의 딸인 사라 처칠이었고, 앞으로도 그렇게 될 수밖에 없었다. 그녀는 아버지의 세계를 거부하려고 한 적은 없었다. 오히려 아버지의 세계가 그녀에게 닫혀 있었다. 그러나 갑자기 그녀는 그 세계의 중심으로 떠밀려 들어갔다. 이제 연극은 잠시 손을 놓아도 되었다. 다시 한 번 사라는 지체 없이 결정을 내렸고, 이번에는 좋은 결정을 내렸다. 그녀는 군에 입대하기로 했다.

여성항공대에 입대해 메드멘햄 공군기지에 근무하면서 사라는 목적의식과 소속감을 가지게 되었고 자신의 역량을 뽐낼 기회를 얻었다. 처음에 그녀가 소대장으로 근무한 지 6개월이 지난 후 처칠은 그녀를 좀 더 위신이 높고 많은 사람들이 원하는 폭격기항공사령부로 전근시키려고 했지만 사라는 이를 거부했다. 난생처음으로 사라는 자신이 소중한 존재라고 느꼈다. "메드멘햄 공군기지에서 사람들은 내가 그들에게 유용한 사람이 될 수 있다는 것을 믿게 해주었어요"[51] 라고 그녀는 말했다. "자신이 하는 일에 흥미를 느끼는 것이 얼마나 행복한지 아빠는 모르실 거예요." 그녀는 마치 처칠이 자기 딸이라는 이유만으로 그녀가 일하며 느끼는 관심과 자부심을 빼앗아 가서는 안 된다는 듯 그에게 말했다.

물론 처칠은 사라가 자랑스러웠다. 그는 자부심이 넘쳐나고 있었다. 그래서 사라가 북아프리카 침공 계획을 자신보다 더 정확히 알고 있다는 사실을 영국을 방문 중인 엘리너 루스벨트에게 자랑한 것이다. 그때 처칠은 민방위부대에 입대해 하이드파크에서 대공對空 화기 사수로 근무하는 사라의 여동생 메리에 대해서도 자랑했다. "네 누이동생들은 가장 힘든 길을 택해서 갔다. 우리는 그 애들이 아주 영웅적이라고 생각한다."[52] 처칠은 북아프리카에 근무하는 맏아들 랜돌프에게 이렇게 적어 보냈다.

그러나 사라는 사랑과 연기에서 겪은 실망을 떨쳐버리고 계속 앞으로 나아가려면 먼저 자신에 대한 자부심을 회복해야 했다. 사라는 집으로 보내는 편지에 이렇게 썼다. "군인은 바보 같을 정도로 자기 군복과 그것이 상징하는 모든 것을 자랑스러워해요. (…)그런 자부심은 천천히 고통스럽게 생겨요."[53] 사라는 "다시 숨 쉬기 시작하는" 자신을 발견했다.

하지만 예전의 어두운 구름이 여전히 사라를 찾아내곤 했다. 그녀가 방송으로 내보내는 음악은 그녀의 감정을 반영했다. 글렌 밀러나 베니 굿맨의 빅밴드재즈는 밝고 활기차 보여도, 단조의 긴장 위에 연주되는 곡조는 아직 풀어야 할 문제가 많은 상황을 말해주는 듯했다. 아버지의 위치 때문에 사라와 올리버의 이혼은 큰 스캔들이 되지 않을 수 없었다. 두 사람은 간간이 공적인 자리에 같이 모습을 나타냈다. 사라를 만난 직후 캐슬린은 언니에게 사라가 "지독하게 불행하지만 (…) 아버지 때문에 올리버와 관계를 이어갈 배포가 있는 것 같았어"[54]라고 썼다. 가끔 올리버는 메드멘햄 공군기지로 사라에게 전화를 걸어 그녀가 자기 자신을 위해 만들어놓은 행복으로 가득한 작은 세계를 침범했다. 그럴 때면 사라는 조심스럽게 슬픔을 견디려고 애썼지만, 때로 눈물이 뺨을 타고 흘러내려 책상 위에 놓인 종이에 얼룩을 만들며 그녀의 마음을 드러냈다.[55]

"다른 사람들처럼 나도 그녀가 때로 아주 행복하지는 않다고 생각해요. 하지만 그녀는 쉽게 포기하지 않고, 종국에는 모든 일이 잘될 것이라고 확신하는 그런 사람이에요."[56] 파멜라는 해리먼에게 보내는 편지에서 시누이인 사라에 대해 이렇게 적었다. 양차 세계대전 중 파멜라를 포함한 많은 젊은이들이 하루하루를 세상의 마지막 날인 듯 신나게 보냈지만, 사라는 "자신이 믿는 것을 참고 기다리기를 싫어하지 않는 듯" 보였다. 파멜라는 자기 성찰의 시간이 드물었지만 "난 그녀에게 배워야 할 거야"라고 결론 내렸다.

전쟁 동안 사라는 업무를 완수하고 아버지와 더 깊이 연결될 수 있었지만, 아직도 무언가 부족한 것이 있었다. 그때 사라는 길버트 위넌트를 만났다. 영국 주재 미국 대사인 위넌트는 해리먼 부녀처럼 체커스 저택에 자주 초대되는 손님이었고, 처칠의 전시戰時 서클의 격의 없는 멤버였다. 뉴햄프셔 주지사를 두 번 역임한 공화당원인 위넌트는 1941년 조지프 케네디(존 F. 케네디 대통령의 아버지—옮긴이)의 뒤를 이어 영국 대사가 되었다. 케네디는 독일의 유화 정책을 열렬히 지지했고, 자신의 명성과 부에만 신경 쓰는 것처럼 보였다. 하지만 한때 교사로 일했던 위넌트는 케네디와 정반대였다.

매력이 넘치는 해리먼과 달리 52세의 위넌트는 별로 잘생긴 얼굴이 아니었다. 그는 따뜻하고 매력 있는 사람이었지만 우수가 그의 주변을 맴도는 듯한 분위기를 풍겼다. 그래서 캐슬린 해리먼은 그가

"자신이 순교자로 죽을 이유를 찾는다면"[57] 더 행복했을 것이라고 말하기도 했다. 캐슬린은 잘 몰랐지만 위넌트는 자기만의 짐을 지고 있었다. 위넌트의 부인인 콘스턴스는 런던을 떠나 뉴햄프셔로 돌아갔고, 두 사람의 결혼 생활은 무너지고 있었다. 얼마 후 위넌트는 아들 존 길버트 위넌트 2세가 B-17 폭격기를 몰다가 격추되면서 독일군에 포로로 잡힌 것을 알게 되었다. 독일군은 그를 유명한 포로로 분류하여 경비가 가장 삼엄한 콜디츠 성에 가두었다.[58]

아마도 이런 우수와 연약함 때문에 사라 처칠과 길버트 위넌트가 서로 끌리게 되었을 것이다. 위넌트는 빅토르 올리버보다도 나이가 많았지만, 사라가 편하게 느끼는 정치계에 속해 있었다. 곧 은밀한 로맨스가 시작되었다. 처칠은 전에는 사라의 연애 문제까지 상담해주던 아버지였지만, 사라는 위넌트에 대해서는 아버지에게 말할 수 없었다. 대사를 맡고 있는 위넌트는 엄밀히 말해서 처칠과 루스벨트를 공식적으로 이어주는 사람이었고, 사라가 아버지에게 둘의 관계를 사실대로 털어놓았다가는 그의 입장이 난처해질 수 있었다. 윈스턴 처칠이 눈치챘으면서도 내색하지 않았던 파멜라 처칠과 애버럴 해리먼의 관계처럼, 위넌트를 향한 사라의 애착은 "아버지가 의심하면서도 말하지는 않는" 연애[59]가 되었다.

그 대신 사라는 엄마에게 이 사실을 털어놓았다. 클레먼타인은 사라의 지난 로맨스에 별 관심을 보이지 않았고, 빅토르 올리버가 극작가이자 사교계 여인인 노엘 카워드와 만난다는 가십을 무심코 말하기도 했었다.[60] 그러나 사라가 나이 들면서 클레먼타인은 이전과 다른 방식으로 딸을 대할 줄 알게 되었다. 언제나 잘 용서하고 잘 잊는 사라는 엄마와의 따뜻하고 사랑스러운 우애를 발견했다. 클레먼타인이 위넌트를 굉장히 존경하는 것도 모녀 관계를 좋게 하는 데 도움이 되었다.

"엄마는 지금 우리 대사님과 데이트하나요?"[61] 사라는 얄타에서 장난치듯이 클레먼타인에게 편지를 썼다. "만일 그렇다면, 잠시만 멈추시고 그에게 내 사랑을 전해주세요. 그렇게 하시겠죠?"

사라와 처칠이 얄타에 가 있는 동안 위넌트는 클레먼타인을 두 번 방문했다. 두 번째 방문 때 그는 차를 몰고 인근 농장으로 그녀를 데려가서 오랫동안 함께 산책했다. 클레먼타인은 이 개인적인 기회를 이용해서 자신의 딸에 대한 위넌트의 의중을 떠보기로 했다. 전쟁 중의 로맨스도 로맨스지만, 그녀는 사라의 감정과 평판을 보호할 필요가 있었다. 그녀는 은근슬쩍 그의 "개인적 일"[62]이 어떤 상태인지를 물었다.

"괜찮을 겁니다"[63]라고 그는 그녀를 안심시켰다. 전쟁이 끝나자마자 위넌트는 부인과 이혼했다.

나중에 클레먼타인은 위넌트와 나눈 대화에 대해 막내딸 메리에게 이렇게 썼다. "사라는 그 사람이 나에게 한 얘기를 모르고 있어. 나는 그렇게 될 거라고 생각하고 있었어. 나이 차이가 많이 나는 것만 빼면, 두 사람은 정말 잘 어울려."[64] 전쟁 중에는 아무것도 확실한 게 없었지만, 클레먼타인은 조심스럽게 딸에게 찾아올 행복에 대해 낙관적인 생각을 가졌다. 전쟁이 끝날 때까지 사라도 위넌트도 자유로운 몸이 될 수 없었지만, 이번에는 사라가 속한 정치계에 있고 그 세계에서 차지하는 사라의 위치를 이해하고 높이 생각해주는 사람과 함께였다. 사라는 자신이 마땅히 받아야 할 사랑이 돌아올지도 모른다고 기대했다. 파멜라가 예리하게 관찰했듯이, 사라는 동맹국에 의해서든 적군에 의해서든 전쟁으로 삶이 산산조각 난 사람들에 대해 더 많은 희망을 가진 것처럼 전쟁이 끝날 것을 기다리면서 더 많은 기대를 가졌다. 사라는 번번이 감정에 충실하다가 실망했지만, 천성이 그러했고 다른 식으로는 느낄 수 없었다.

이런 능력은 그날 세 여인에게 세바스토폴을 보여준 소련 해군 사령관도 가지고 있었다. 사라와 그 사령관은 한때 존재했던 것과 앞으로 다시 존재할 것을 희망적으로 바라보았다. 지금 세바스토폴이 처한 상황은 미래에 대한 희망을 잃고 과거를 애도할 만한 충분한 이유가 되었지만, 해군 사령관은 그런 식으로 미래를 생각하지 않았다. 세 여인이 세바스토폴을 떠나기 전 그는 시내를 바라보면서 천천히 사라에게 이렇게 말했다. "우리는 모든 것을 다시 건설할 겁니다. 5년 안에요. 아시겠어요? 세바스토폴을 다시 방문하시면 그때도 제가 다시 안내해드리겠습니다."[65] 사라는 그러겠다고 약속했다.

† † †

세 딸이 탄 차는 다시 어둠을 뚫고 산길을 따라 세 시간을 달렸다. 때로는 절벽에서 얼마 떨어지지 않은 곳을 지나기도 했다. 그러고 나서 저녁 7시가 다 되어서야 세 딸은 지치고 몸이 언 상태로 얄타에 돌아왔다. 리바디아 궁전에 돌아온 캐슬린과 애나는 그날 본 고통스러운 광경을 잠시 잊었다. 그러나 사라는 세바스토폴과 굶주리는 전쟁포로의 광경을 마음에서 털어내려는 듯 그날 밤 늦게까지 자리에 앉아 엄마에게 긴 편지를 썼다.

가슴 섬뜩한 경험은 그 전날 아버지와 나눈 대화를 다시 떠올리게 했다. 전날 수상관저에서 온 외교행낭의 문서들을 다 읽고 처칠에게 잘 주무시라는 인사를 하러 갔을 때 처칠은 침울한 분위기에 싸여 있었다. 전후 독일 처리에 대한 그날 낮의 토론이 그에게 1차 세계대전 후의 상황에 대한 가슴 아픈 기억을 되살리게 했을지도 모른다. 아니면 지난 5년간의 참혹한 전쟁이 그를 짓눌렀을 수도 있다. 잠들기 직전 처칠은 사라에게 조용히 말했다. "역사의 어느 순간에도 세계가 겪는 고통이 이렇게 크고 광범위했던 적은 없었다고 생각한다. 오늘 밤 어느 때보다도 많은 고통을 뒤로 하고 해가 지는구나."[66]

감정을 말로 다 옮길 수 없었던 사라는 전에 없던 짤막한 표현을 엄마에게 썼다. 그녀가 표현하려 했던 것은 단지 그녀가 말하지 않은 것으로만 암시될 뿐이었다. "나는 지난 며칠간 러시아에서 그런 고통을 조금 보았어요."

캠포벨로섬에서 세 살의 애나를 안고 있는 루스벨트,
1909년. (FDR Library)

1932년 대통령 선거 운동중 프랭클린, 애나, 엘리너 루스벨트. (FDR Library)

근위대 행진을 관람하는
윈스턴, 클레먼타인, 네 살의
사라 처칠, 1919년. (Alamy)

차트웰의 벽돌을 쌓는 윈스턴과 열세 살의 사라, 1928년. (Alamy)

모스크바 대사관에 부임하는 길에 중간 경유지인 테헤란에 도착한 애버럴 해리먼과 딸 캐슬린, 1943년.
(U.S. Army Corps of Engineers)

선밸리에서 애버럴 해리먼, 1930년대.
(Library of Congress)

메드멘햄 공군기지에서 항공사진 판독 소대장을
했던 사라 처칠 올리버, 1943-1945년.
(Churchill Archives Center)

얄타회담 기간에 루스벨트가 머물렀던 리바디아 궁전에 있는 차르의 침실. (Newberry Library)

몰타 발레타항의 퀸시호에서 대화를 나누고 있는 애나, 사라, 프랭클린 루스벨트, 그리고 처칠, 1945년 2월 2일. (FDR Library)

퀸시호에서 대화를 나누고 있는 프랭클린 루스벨트와 윈스턴 처칠. (FDR Library)

프랭클린 루스벨트가 얄타로 가기 위해 탑승했던 C-54기(일명 신성한 암소). (United States Air Force Website)

크림반도에 도착하는 연합국 대표들을 영접하기 위해 사키 공군기지에 도열해 있는 소련군 의장대, 1945년 2월 3일.
(Library of Congress)

리바디아 궁전, 1945년 2월. (Newberry Library)

크림반도 흑해 전경. (Library of Congress)

프랭클린 루스벨트와 해리 홉킨스, 1938년 9월. (Library of Congress)

파멜라 처칠, 1938년 6월 18일. (《Tatler Magazine》)

프랭클린 루스벨트와 스탈린이 1차 전체회의 시작 전 리바디아 궁전에서 만나는 모습, 1945년 2월 3일. (Newberry Library)

존 길버트 위넌트. (Library of Congress)

병색과 피로가 완연한 루스벨트가 회의실로 사용된 리바디아 궁전 무도회장에서 처칠과 만나는 모습. (Newberry Library)

이오시프 스탈린과
딸 스베틀라나, 1930년대 초.
(Getty Images)

라브렌티 베리야. (Literaturuli Sakartvelo)

1차 전체회의 시작 전 사라 처칠과 담소하는 윈스턴 처칠. 뒤에는 영국의 해럴드 알렉산더 원수(왼쪽), 캐슬린 해리먼과 에드워드 스테티니어스(중앙), 로버트 홉킨스(오른쪽)가 보인다. (Newberry Library)

리바디아 궁전에서 세 딸들-사라, 애나, 그리고 캐슬린. (FDR library)

얄타 마을의 선전 광고판을 바라보는 애나와 캐슬린, 1945년 2월 10일. (FDR library)

3거두의 공식 사진촬영 시간, 1945년 2월 9일. (Library of Congress)

해리먼에게 이오시프 스탈린이
선물한 두 마리 말 중 하나와
함께 있는 캐슬린, 1946년.
(Motimer family)

프랭클린 루스벨트는 1945년 3월 1일에
얄타회담에 대해 보고하기 위해
의회 연설을 했다. 그가 앉아서
연설한 것은 처음이었다.
(FDR library)

1945년 4월 17일 윈스턴과 사라가 런던
세인트 폴 대성당에서 프랭클린 루스벨트의
추모예배를 마치고 떠나고 있다.
(Dave Bagnall Collection)

13장

1945년 2월 6~7일

다음 날 캐슬린 해리먼은 건물 밖 차가운 돌 위에 앉아 다리 위에 펜과 종이를 올려놓고 편지를 쓸 준비를 했다. 그녀가 서둘러 파멜라에게 편지를 쓰는 동안 사이프러스 나무들이 그녀를 가려주며 다소의 사생활을 보호해주고 있었다. 그날 캐슬린의 친구이자 파멜라의 연애 상대 중 하나인 미 공군의 프레더릭 앤더슨 장군이 다음 날 얄타를 떠나는데 군사 검열을 피할 수 있게 우편배달부 역할을 해주겠다고 말했다.[1] "나는 정원에 나와 햇볕이 내리쬐는 분수대에 앉아 있어. 여기가 유일하게 바람 한 점 없는 곳이야. 조금 불편한 자리지만 햇볕을 놓치기는 싫어"[2]라고 캐슬린은 친구에게 썼다. 모스크바에서 긴 겨울을 보낸 후 캐슬린은 어두움이라면 이제 지겨웠다. "애버럴과 스테티니어스는 소련인들과 회의하고 있고, 오늘 이들은 큰 소년들(처칠, 루스벨트, 스탈린)과 다시 회동할 거야."

캐슬린은 파멜라에게 편지를 쓰면서 세세하게 설명하지 않은 적은 별로 없었다. 세바스토폴에서 돌아온 후 캐슬린은 회의 진행 상황에 대해 아버지와 얘기할 기회를 간신히 잡았다. 루스벨트는 아직 소련과의 정책에 대한 문제를 애버럴과 상의하지 않았지만 애버럴은 다른 역할을 맡아 요긴하게 움직이는 데 아무 문제가 없었다. 매일 오전 열리는 스테티니어스와 다른 외무장관들과의 회의, 처칠·루스벨트와의 점심 식사, 오후의 전체회의, 전체회의 후 미국 대표단 진영의 대책 회의, 대통령 딸이 필요로 하는 개인적 도움을 모두 처리해야 하는 애버럴은 대표단 전체를 통틀어 가장 바쁜 사람이었다. 전날 저녁 세 여인이 세바스토폴에서 돌아온 후 루스벨트는 애버럴에게 다른 대표단을 찾아가는 야간 임무를 부과했는데, 캐슬린은 아직 애버럴과 그 얘기를 나누지 못했다. "이제 정치 문제에 대한 논의가 시작될 모양인가 봐. 내가 짐작할 수 있는 바로는, 지금까지 각자 의견을 개진했지만 이견을 해소하는 큰 과제는 아직 시작되지 않았어"[3]라고 그녀는 파멜라에게 썼다.

아마 캐슬린은 보안을 염려하여 자신이 아는 것을 축소해서 얘기했을 것이다. 모호하기는 했지만 그녀의 서술은 대체로 옳았다. 리바디아 궁전 무도회장의 닫힌 문 뒤에서 진행된 지난 이틀 동안의 논의 중 치열한 논쟁의 불꽃이 일기는 했지만, 그렇게 큰 의견 충돌이 일어난 것은 아니었다. 3월의 베를린 진격을 위한 연합국들의 군사작전 조율도 매우 중요했지만, 독일 부흥과 배상금 문제는 복잡한 해결책을 요구하는 과제를 던져놓았다. 그러나 이런 의제들은 구체적이고 기본적으로 거래가 가능한 것이었다. 이런 문제들에 대해 토론과 협상을 벌이고, 최종적으로 타협안을 만들어내면 되었다.

그러나 캐슬린, 사라, 애나가 세바스토폴에 갔던 2월 6일, 세 연합국 지도자와 참모진은 실존적인 문제에 착수했다. 이제, 어떻게 효율적으로 전쟁을 끝낼 것인가가 아니라, 어떻게 지속적인 평화를 보장할 것인가의 문제를 풀어야 했다.

프랭클린 루스벨트는 세계 평화의 기간이 짧아도 된다고 생각할 정도로 순진하지는 않았다. 반세기도 되지 않는 기간 동안 두 차례의 세계대전이 일어났다. 그가 생각하기에 이제 연합국들은 현대사에서, 특히 유럽에서 가장 오래도록 평화를 보장할 수 있는 유일무이한 기회를 마주하고 있었다. 2월 6일 이에 대한 논의가 시작되자 루스벨트는 "세계의 모든 나라가 앞으로 최소한 50년간 전쟁을 없애고 (…) 50년간 평화롭기를 바라는 공동의 소망을 가지고 있다"[4]라고 열변을 토했다. 그는 이런 일이 "실현 가능하다"고 주장했다.

루스벨트가 보기에 평화의 씨앗은 1차 세계대전 후 결성된 우드로 윌슨 대통령의 국제연맹에서 뿌려졌다. 그러나 관료주의적 비능률이 만연하고 미국이 고립주의로 후퇴하는 바람에 국제연맹은 실패로 끝났다. 그 씨앗은 그동안 잠자고 있었지만, 올바른 조건에서 보호되면 다시 자라나 번성할 수 있었다. 서로에게 세계 평화를 굳게 약속하는 지속적인 국가들 간의 기구는 루스벨트 외교 정책의 최고 업적이 될 수 있었다. 그가 보기에 이 문제는 다른 모든 전후 문제보다도 중요했다. 이러한 국제기구의 후원 아래 모든 분쟁이 중재되고 평화적으로 해결될 수 있었다.

1944년 초가을 미국·영국·소련·중국 대표들은 워싱턴에 있는 덤버턴 오크스 저택에 모여 기초계획을 짰다. 이 세계기구는 초기에는

1942년 1월 독일에게 선전포고한 연합국 국가들인 국제연합헌장 서명국들로 이루어졌다. 이 기구 안에서 큰 국가든 작은 국가든 모두가 총회에서 한 표의 투표권을 갖지만, 평화는 덤버턴 오크스 회담에 참석한 세계 4강대국에 달려 있었다. 이 국가들은 안전보장이사회의 상임이사국이 될 예정이었다. 덤버턴 오크스 회담에서 4강대국은 이러한 조직을 구성하는 데 원칙적으로 동의했다. 그러나 안전보장이사회가 폭력행위나 전쟁으로 발전될 수 있는 분쟁, 특히 강대국들 간의 분쟁을 해결하는 표결 방법에 대해서는 아직 합의에 이르지 못한 상태였다. 루스벨트는 평화를 보장하기 위해 안전보장이사회의 표결은 만장일치여야 하고, 따라서 상임이사국은 다른 국가들에 거부권을 행사할 수 있어야 한다고 믿었다. 이러한 투표 구조는 얄타에서 결정되어야만 했다. 그는 전쟁이 끝나기 전에 국제기구에 대한 연합국의 완전한 약속이 이루어져야 한다고 생각했다. 그러지 않으면 국제연맹의 실패를 반복할 가능성이 컸다. 전후의 무관심과 고립주의가 빠르게 국제 협력 정신을 대체할 수 있었다.

처칠은 이 평화기구에 반대하지 않았지만, 루스벨트보다는 훨씬 적은 기대를 하고 있었다. 이 기구는 아마 약소국 사이의 분쟁은 중재할 수 있겠지만, "강대국 사이의 분쟁을 제거"[5]할 수 있으리라고 생각하지는 않았다. 그는 루스벨트에게 "그런 일은 외교의 기능으로 남게 될 것입니다"라고 대답했다. 덧붙여 그는 약소국들에게는 이 기구가 "이 끔찍한 전쟁이 반복되는" 위험으로부터 후손들을 보호해준다기보다 "세 강대국이 세상을 지배하려는 것"으로 보일 수 있다는 점이 우려된다고 말했다.

2월 6일 오후가 될 때까지 스탈린은 이 문제에 대해 강력한 의견을 내지 않았다. 그는 지난해 12월 미국 측 제안서의 사본을 받았지만 아직 제대로 검토할 시간이 없었다고 주장했다. 스탈린이 생각하기에는 표결 절차 같은 세부적인 문제보다 훨씬 시급한 문제가 있었다. 스탈린, 루스벨트, 처칠이 각 국가의 수장으로 남아 있는 한, 그는 세 강대국 사이에 전쟁이 일어나지 않을 것이라고 확신했다. 그러나 10년 후 세 지도자가 다 사라지면 각국이 어떻게 앞으로 50년의 평화를 보장한다는 말인가?

세 국가의 단합이 당연히 "우리의 첫 목표"[6]라고 루스벨트는 대답했다. "만일 불행하게도 강대국 사이에 이견이 발생하면, 어떤 표결 절차가 채택되더라도 이 사실이 세상에 완전히 알려질 것입니다. (…) 안전보장이사회에서의 완전하고도 우호적인 토론은 절대 단합을 저해하지 않습니다. 오히려 그 반대로 강대국들이 서로에게 가지고 있는 믿음을 보여주는 데 이바지할 것입니다."

자신의 논점을 예시하려는 듯 루스벨트는 새로운 논의 주제, 즉 2월 6일 논의할 두 번째 의제를 제안했다. 이 주제는 세 지도자들의 입장이 가장 첨예하게 갈리는 이슈였기 때문에 루스벨트가 과감한 전략을 취한 것이었다. 세 지도자는 그때까지 이 주제에 대한 논의를 피해왔지만, 이것은 1939년 유럽에서의 전쟁 선언을 촉발한 바로 그 문제였다. 폴란드의 운명이 이 결정에 달려 있었다.

지리적 위치만 봐도 폴란드는 존립이 위태로울 수밖에 없었다. 폴란드의 국가적 정체성은 오데르강과 비스와강 사이의 기름진 평원에서 배양되었지만, 폴란드 국민들은 5세기 동안 두 적국 사이에서 톱질을 당하는 듯한 고통을 겪어왔다. 폴란드는 많은 군주제의 화신들과 민주적 화신들이 다스리는 가운데 동쪽의 러시아와 서쪽의 독일 사이에서 끊임없이 선로를 바꿔왔다. 처음에는 이웃 공국들의 형태로, 다음에는 왕국들이, 그리고 마지막으로 제국들이 저마다 폴란드의 국경 지대를 끝없이 갉아먹었다. 몇 번에 걸쳐 이 적대적인 이웃 국가들은 폴란드를 완전히 삼켜버렸다. 나폴레옹전쟁 이후 비엔나회의에 모인 유럽 정치가들이 폴란드를 부활시키고 국가적 생명을 새로이 불어넣어 주었지만, 이웃 국가들이 금방 폴란드를 다시 삼켰다. 1918년부터 1939년까지 폴란드인들은 자랑스럽게 폴란드 제2공화국 국기를 휘날렸지만, 1939년 8월 23일 독일과 소련이 침공하여 폴란드를 다시 한 번 분할했다. 제3제국 외무장관인 요아힘 폰 리벤트로프와 지금 스탈린 오른쪽에 앉아서 쉬지 않고 담배를 피워대는 돌처럼 무표정한 얼굴[7]의 뱌체슬라프 몰로토프[8]가 중립조약이라는 미명하에 폴란드를 분할하는 비밀협약을 맺었다.

폴란드의 미래에 대한 논의는 두 방향으로 진행되었다. 먼저 역사적으로 수없이 영토 변경을 겪은 폴란드가 어느 영토까지 진정으로 주권을 주장할 수 있는가, 그리고 지금 어디에서 이 국경을 확정해야 하는가의 문제였다. 1943년 테헤란회담에서 세 연합국 지도자들은 잠정적으로 커즌 라인Curzon Line을 국경선으로 정하는 데 동의했다. 이 선은 1차 세계대전 중 영국 외무장관이었던 커즌 경이 폴란드와 소련의 경계선을 대략 그어 제안한 것이었다. 루스벨트와 처칠은 스탈린이 '관용의 표시'[9]로 이 선에서 조금 벗어나는 것을 동의해, 소련이 우크라이나공화국의 일부로 주장하고 폴란드인들이 다수 거주하는 르비프Lviv(폴란드어로 르워우Lwów, 러시아어로 르보프Lvov)를 폴란드 영토로 인정해주기를 바랐다. 그러나 이것은 헛된 꿈이었다. 커즌 라인이 새로운 국경선이 되면 소련은 양 대전 사이 폴란드 제2공화국이었던 영토에서 상당 부분을 할양받을 수 있었다. 그 대가로 연합국은 폴란드가 동부 독일 지역, 잠재적으로는 서쪽으로 오데르강과 나이세강까지 새로운 영토로 보상받아야 한다고 제안했다. 그러나 이 방안이 실현되면 상당수의 독일인이 이주하고, 이 국경을 경계로 폴란드인과 독일인의 적대 관계가 계속될 가능성이 컸다.

이 국경선 못지않게 중요한 문제가 있었다. 한 나라가 발전하려면 주권을 가져야 한다. 1940년 이후 영국과 미국이 승인한 폴란드의 합법정부는 런던에서 망명정부 형태로 유지하고 있었다. 전쟁의 종결은 대부분의 유럽인들에게 갈등의 종말을 의미했지만 폴란드인들에게는 문제가 계속 이어질 상황이었다. 독일 점령군에 맞섰던 1944년 바르샤바 봉기로 부푼 희망은 산산조각이 났다. 이제 폴란드의 동부 접경 국가가 제기하는 위협은 암울한 현실이 되었다. 소련군이 나치독일군을 대체했고 그러는 와중에 소련이 지원하고 통제하는 공산주의자들이 만든 새 정부가 등장했다. 지금 스탈린은 루블린에 근거지를 둔 이 정부를 서방 연합국들이 합법정부로 승인해주기를 원하고 있었다. 폴란드 수상이 작성하고 위넌트가 보낸 전보는 이 주장에 강력하게 반대하고 있었다.[10] 그러나 그 전보는 아직 답장을 받지 못했다. 여태껏 얄타에서는 미 국무부 관리인 프리먼 매슈스와 앨저 히스만이 이 전보를 읽었는데, 두 사람은 폴란드에 대한 논의가 진행되는 동안에는 답장을 보낼 필요가 없다고 결정했다. 답장은 없었지만 루스벨트와 처칠은 루블린 정부가 조직된 후 이 정부에 대한 승인을 완강히 거절해왔다. 영국은 폴란드의 주권을 지키기 위해 전쟁 선포를 했다. 두 서방 지도자는 모든 국민이 자치권을 향유해야 한다고 함께 맹세했으며, 루블린 정부를 승인하는 것은 이에 대한 위선이었다. 그러한 결정은 소련에게 오랜 적국 폴란드의 운명에 대한 전권을 위임하고, 민족자결 사상을 웃음거리로 만들 것이었다.

다시 한 번 루스벨트는 영국과 소련 사이의 중재자 역할을 맡고 나섰다. 그는 폴란드 문제에 있어 미국은 거리가 멀다는 이점이 있어서 유럽 간의 이견을 해소하는 데 도움을 줄 수 있을 것이라며 말을 시작했다.[11] 이들은 우선 모두가 대략적으로 동의할 수 있는 문제부터 논의하기로 했다. 그것은 커즌 라인으로 폴란드 동부 국경이 적절히 정해질 수 있다는 것이었다.

그러나 처칠은 이 문제부터 논의하기를 원하지 않았다. 국경 문제에 대한 오랜 토론은 본질적인 문제를 뒤로 미룰 수 있었고, 이 문제에 대해 루스벨트가 질질 끄는 태도를 더는 감내할 수 없었다. 처칠은 문제의 핵심으로 바로 들어가고 싶었다. 사실 영국은 동부 국경으로서 커즌 라인을 지지했다. 무엇보다도 영국인들이 그 경계선을 만들었다. "그러나 나는 특정한 국경선보다 폴란드의 독립된 주권과 자유에 훨씬 많은 관심을 가지고 있습니다. (…) 이것이 우리가 독일과 전쟁을 벌인 이유입니다. 폴란드는 해방되어야 하고 주권국가가 되어야 합니다. (…) 폴란드를 자유로운 독립국가로 만들지 않는 어떤 해결책에도 나는 절대 만족할 수 없습니다."[12] 그는 힘주어 열변을 토했다. 이것은 그가 소련에 어떤 적개심을 가지고 있어서라기보다는 단지 원칙의 문제라고 그는 강조했다. 폴란드 국민들은 자유롭고 제약을 받지 않는 선거를 통해 자신들의 정부를 선택할 수 있어야 했다. 그리고 폴란드 국민들의 의지를 합법적으로 대변하는 사람들로 구성된 과도정부가 세워져야 했다. 폴란드는 "자기 집안의 주인이고, 자기 영혼의 선장이 되어야 한다"[13]고 그는 설파했다.

폴란드의 주권을 명예의 문제로 생각해서 이를 지키려는 처칠의 감정은 진실한 것이었다. 그러나 그의 입장은 전략의 문제였다. 그는 소련이 동유럽 전체를 장악하도록 방치할 수 없었다.

세 번째 전체회의에서 스탈린은 앉아서 다른 사람들의 주장을 듣는 동안 조용히 자기 앞에 놓인 종이에 뭔가를 끄적였다.[14] 스탈린의 낙서는 악명이 높았다. 그와 함께 회의해본 적이 없는 캐슬린 해리먼 같은 사람들도 스탈린의 이 버릇을 알고 있었다. 애버럴은 캐슬린에게 설명하기를,[15] 스탈린은 자신이 좋아하는 방향으로 토론이 진행되면 미소를 지으며 붉은 색연필로 부드러운 형체를 그리고, 화가 나면 마치 펜 끝에서 늑대나 여우가 튀어나올 듯이 적대적 태도로 낙서를 휘갈긴다고 했다.[16] 2월 6일 오후, 그는 평소보다 힘차게 낙서하고 있었다.

보통은 스탈린의 압력에 못 이겨 몰로토프가 줄담배 피우던 것을 멈추고, 어떤 주제에 대해서든 자동적으로 나오는 소련의 고집스러운 태도를 보여주었다. 그러나 지금은 스탈린이 낙서를 멈추고 자리에서 일어나 발언하기 시작했다. "처칠 수상은 영국에게 폴란드 문제는 명예의 문제라고 말했습니다"[17]라고 그는 말을 시작하고 파블로프가 통역하게 했다. "러시아에게 이것은 명예의 문제가 아니라 안보의 문제입니다. (…) 지난 30년 동안 두 번이나 폴란드는 우리의 적 독일이 소련을 침공하는 통로가 되었습니다. 이렇게 된 것은 폴란드가 약하기 때문입니다. 폴란드가 강해지고 힘이 세지는 것은 폴란드뿐만 아니라 러시아에게도 이익입니다. (…) 이것은 소련에게는 단순히 명예의 문제가 아니라 죽느냐 사느냐의 문제입니다." 이 말을 하면서 그는 자신의 주장을 강조하려는 듯 의자 뒤에서 왔다 갔다 했다.[18]

그는 계속 말을 이어갔다. "사람들은 나를 보고 독재자라고 하지만, 나는 폴란드인을 제외하고 폴란드 정부를 구성하지 않을 만큼의 민주적 감정은 충분히 가지고 있습니다."[19] 그러나 런던에 망명 중인 폴란드인들은 이성적이지 않다고 스탈린은 주장했다. 그들은 루블린 정부를 "도둑들", "반역자들"이라고 공개적으로 비난하고 있었다. 어떻게 이 두 집단이 화해를 이룰 수 있겠는가?

이 회담에서 볼 수 없었던 속도로 과묵한 조지아인의 입에서 말이 쏟아져 나왔고, 그는 말을 멈출 생각이 없는 것 같았다. 파블로프가 스탈린의 열변을 통역하는 동안 시간이 흘러갔다. 해리 홉킨스가 시간을 확인하고 몸을 숙여 루스벨트에게 쪽지를 건넸다. "각하, 스탈린이 말을 끝내면 오늘 회의를 종료하고 이 문제를 내일 다시 논의하자고 하는 것이 좋겠습니다. 지금 벌써 7시 15분입니다."[20] 토론은 분명히 나쁜 방향으로 진행되고 있었고, 모든 사람이 내일 좀 더 냉정한 머리로 다시 이 문제에 임할 필요가 있었다.

그러나 스탈린은 말을 멈추지 않았다. 그는 런던에 있는 폴란드인들에게 한 가지 더 유감이 있었다. "군인으로서 나는 소련 적군에 의해 해방된 나라에 요구합니다. 후방에서 내전이 없어야 할 것입니다."[21] 그는 발언을 계속했다. "적군 병사들은 새 정부가 질서를 유지하고 자신들을 등 뒤에서 쏘지 않는 한 정부의 형태에는 무관심합니다." 그의 말에 따르면 루블린 정부는 비교적 질서를 잘 유지해왔다. 그러나 이 말은 런던의 폴란드 망명정부에는 적용될 수 없었다. "런던의 폴란드인들은 폴란드 내 지하저항군의 지휘부를 자처하고 있지만 (…) 이 저항군은 많은 악행을 저질렀습니다. (…) 이들은 우리 병사 212명을 죽였습니다. 이들은 무기를 탈취하기 위해 우리 보급기지를 공격했습니다. 우리는 그들의 일부를 체포했는데, 만일 그들이 우리의 후방을 계속 교란하면 우리는 군법대로 이들 모두를 사살할 것입니다. (…) 우리는 우리의 후방이 평온하기를 원합니다. 후방에서 평화를 유지하는 정부를 우리는 지원할 것입니다. (…) 우리는 다른 방법이 없습니다."

스탈린이 더 말하기 전에 루스벨트가 재빨리 끼어들어 오늘의 회의를 종료할 것을 제안했다.

그러나 마지막 말을 해야겠다고 작정한 처칠은 회의가 끝나기 전 한 가지를 더 강조했다. "나는 영국과 소련이 폴란드 내에 각각 다른 출처의 정보를 가지고 있고, 다른 사실을 취득하고 있다는 점을 회의 기록에 남기고 싶습니다"[22]라고 그는 말했다. 한동안 영국 측은 폴란드 내에 정보요원들을 보유하고 있었다. 이들이 보고한 정보에 따르면 소련군은 서쪽으로 진격하면서 술을 마시고, 약탈하고, 의심할 여지 없이 강간을 저질렀다.[23] 처칠과 루스벨트는 동맹의 유지를 위해 그동안 덮어두었던 카틴 숲 대학살에 대한 정보를 절대 잊을 수 없었다. 처칠은 다음과 같이 말했다. "우리가 잘못 알고 있는 것일 수도 있지만, 루블린 정부는 폴란드 국민의 3분의 1도 대표하지 못하고 있습니다. 나는 폴란드 문제 전체의 영향에 대해 크게 염려하고 있습니다. 소련군을 공격하는 자는 당연히 처벌받아야 합니다. 그러나 루블린 정부가 폴란드 국민을 대표할 권리가 있다고 생각하지 않습니다."[24] 그가 말을 마치자, 적대적 기운이 마치 라디오의 잡음처럼 탁탁거리며 회의장 분위기를 어둡게 했다.

사람들이 회의 테이블을 떠날 채비를 하면서 의자가 뒤로 밀리고 웅성거림이 시작되었지만, 루스벨트는 한 번 더 발언하기로 했다. 그날의 토론을 넓은 맥락에서 보고, 가벼운 말로 정회를 선언하려는 의도였다. "폴란드는 지난 500년간 갈등의 진원지였습니다"[25]라고 루스벨트는 말했다. 처칠은 이렇게 응수했다. "더욱더 우리는 이 갈등에 종지부를 찍기 위해 우리가 할 수 있는 최선을 다해야 합니다."

2월 6일 밤, 루스벨트는 그날의 회담에 불만이 많았다.[26] 저녁 식사 후 애나가 남편과 아이들에게서 받은 편지를 읽고 있는 동안,[27] 루스벨트는 칩 볼런에게 자신의 명의로 스탈린에게 보내는 편지를 받아 적도록 했다.[28] 그는 지난 3년 반 동안 스탈린과 형성한 우애적 관계를 이용하여 그로 하여금 타협안에 합의하게 할 여지가 있다고 생각했다. 그런 다음 루스벨트는 해리먼으로 하여금 자신의 편지를 가지고 2월 3일 밤에 갔던 길을 따라 먼저 보론초프 궁전으로 가게 했다.[29] 그곳에서 해리먼은 루스벨트의 편지를 처칠과 이든에게 보여주었다. 영국 측은 편지의 내용과 어조에 대체로 동의했지만, 이든은 이 편지가 "충분히 강경하지 않다"[30]고 생각했다. 그래서 편지의 일부 수정을 제안했다.[31] 해리먼은 수정된 편지를 가지고 리바디아 궁전으로 돌아왔다. 루스벨트는 이든의 제안을 모두 받아들였고, 이 편지를 지급至急 전보로 스탈린에게 보냈다. 이 편지의 최종 문안은 다음과 같다.

존경하는 스탈린 원수,

나는 오늘 오후 우리 회의에 대해 많은 생각을 했고, 지금 내 마음속에 있는 것을 가장 솔직하게 말씀드리려고 합니다. 폴란드 문제에 대해 세 강대국의 마음이 합치되지 않는 것에 나는 크게 염려하고 있습니다. (…) 당신이 한 정부를 지지하고, 우리와 영국이 런던에 있는 정부를 인정하여 전 세계에서 우리 모두의 평판이 나빠지고 있는 것 같습니다. 확신하건대, 이런 상태가 계속되어서는 안 되고, 만일 그렇게 될 경우 우리 국민들은 우리 사이에 있지도 않은 분열이 있다고 생각할 것입니다. 나는 우리와 소련 사이에 균열이 생기면 절대 안 된다고 생각합니다. 우리의 이견을 좁힐 방법이 분명히 있을 것입니다.[32]

그런 다음 루스벨트는 다음과 같은 해결책을 내놓았다. 그는 교회와 학계 인사들을 포함해 국가 내의 존경받는 폴란드 지도자 두세 명뿐만 아니라, 루블린 정부의 대표 몇 명을 얄타에 오게 해서 루블린 정부와 런던 정부 간의 중재자 역할을 맡기자고 제안했다. 만일 이들이 소련의 이익에 절대 "적대적"이지 않은 확장되고 대의성이 있는 임시정부를 구성하는 데 합의할 수 있다면, 미국과 영국은 폴란드의 선거를 관리하게 될 이 "새 임시정부로 승인을 이전할" 의사가 있었다. 루스벨트는 다음과 같이 편지를 끝맺었다. "나는 이것이 전쟁의 타격으로부터 자유롭고 민주적인 폴란드가 새로이 나타나기를 원하는 당신의 바람에 완전히 부합될 것이라고 생각합니다."

알타에 도착한 첫날 밤 코레이즈 궁으로 가서 회담 첫날의 의제를 조율하고 루스벨트와 스탈린의 개인 면담을 합의했던 것처럼, 해리먼은 자신이 크게 믿지는 않지만 바꿀 힘도 없는 전략을 전달하러 한밤중에 다시 길을 나서야 했다. 루스벨트는 편지에서 그간 미국이 소련과 쌓아온 우호관계와 루스벨트가 스탈린과 개인적으로 맺은 관계에 모두 호소했다. 해리먼은 오랫동안 개인적 관계들의 힘을 믿었는데, 그러한 관계들이 지정학적 문제의 결과를 결정해서가 아니라 지정학적 문제에 영향을 미칠 수 있는 힘을 가졌기 때문이었다.[33] 처칠과 루스벨트의 관계는 확실히 영국과 미국의 '특별한 관계'에 영향을 미쳤다. 그러나 모스크바 대사관에서 해리먼의 차석을 맡고 있는 조지 케넌이 그 주 초반에 소련 대표단의 개인적 약력에 대한 보고서를 보내라는 요청을 받았을 때, "(소련 관리에 관한 한) 개인적 관계에 대해 아무것도 할 수 없고 어떤 말도 할 수 없으며, 공식적 업무 수행을 벗어나 행동하거나 말하는 것은 외국 정부의 이익을 위해 행동하는 것과 같다고 간주된다"[34]라고 답했다. 스탈린이 루스벨트와의 관계를 유지하는 것을 좋아할 수는 있지만, 해리먼은 스탈린에 관한 한 우호적인 이웃들은 아무 문제 제기를 하지 않고 항상 개인적 우정을 내세운다는 것을 알고 있었다. 그는 스탈린이 "폴란드를 완전히 지배해서 그들이 다시는 독일이 러시아를 침공하는 통로로 이용되지 않게 만들어야 한다고 확신한다"[35]는 것을 알았다. 루스벨트의 호소는 스탈린이 이웃 국가를 소련에 동조시키기 위해 취하는 행동을 완화하는 데 아무 효과가 없을 것이었다. "전쟁을 불사하는 것" 외의 어떠한 유인책도 그것을 바꿀 수 없었다.

† † †

그날 한밤중 외교는 이렇게 걱정으로 가득 차 있었다. 다음 날 오후 캐슬린이 리바디아 궁전 정원에서 분수에 앉아 파멜라에게 편지를 쓰는 동안, 사라 처칠은 보론초프 궁전을 산책하고 있었다. 테라스에는 사진사들이 대규모로 몰려 나와 있었다.[36] 3국 대표단은 현지 시각 4시 30분에 동시에 각국에서 회담 개최를 공표하고, 회담의 목적을 설명하는 공동 기자회견문을 발표하기로 막 합의했다.[37] 대표단과 함께 얄타에 온 촬영팀은 기자회견이 끝나는 대로 각 숙소에 머물고 있는 회담 참가자들과 주변 정경을 촬영하기 위해 바로 행동에 돌입했다. 회담 진행에 대한 정보가 공표되면 메드멘햄 공군기지에서는 더 이상 사라가 아파서 자리를 비웠다고 위장할 필요가 없었다. 사라는 엄마에게 편지를 보내, 사라의 사정을 감추고 있는 공군기지의 친구에게 누군가가 전화를 걸어 더 이상 "요새를 지킬"[38] 필요가 없다고 말해달라고 부탁했다.

테라스에서 사라는 영국 공군 사령관 피터 포털을 만났다.[39] 그는 처칠의 군사 보좌관 퍼그 이즈메이 장군, 미국 공군 대표 로런스 쿠터 장군과의 회의를 위해 보론초프 궁전에 남아 있었다. 나머지 장군들은 열성적인 아마추어 역사학자 앨런 브룩의 안내를 받아 지도, 나침반, 전쟁사 책들을 가지고 발라클라바를 시찰하러 갔다.[40] 사라는 포털 장군을 만나면 언제나 즐거웠다. 동시대의 누군가가 "화강암 같고 무자비한 사람"[41]이라고 평하기도 했지만, 포털은 화장실을 너무 오래 쓰는 사람을 위협하면서 즐거움을 찾은 데서 알 수 있듯이 "대단한 개성"과 "재미있고도 신랄한" 유머 감각을 가진 사람이었다. 그는 프랑스 위그노에 기원을 두었다고 알려진 유서 깊은 명문가 출신이었다. 그는 너무 큰 코만 빼면 잘생긴 얼굴이었는데, 사람들은 그의 코가 가문의 내력 때문에 그렇게 크다고 설명하곤 했다. 옥스퍼드의 크라이스트 처치 칼리지를 졸업한 그는 1940년부터 영국 공군 지휘관으로 복무했고 1942년에 가장 중요한 영국 기사 훈장 중 하나인 배스 대십자 훈장을 조지 왕으로부터 수여받았다. 포털은 처칠의 전시 회담에 빠지지 않는 멤버였고, 사라와 마찬가지로 테헤란회담에도 참석했다. 포털과 사라는 런던에서 서로를 알고 지냈다. 포털은 처칠의 정치 모임에 늘 참여했고 파멜라와 사랑에 빠진 남자들 중 한 명이었다. 영국 공군에 대한 헌신 외에도 그는 예술에 일가견이 있었는데, 사라는 그 점을 높이 평가했다. 사라는 런던에서 열린 콘서트에 그를 초청해 함께한 적도 있었다.[42]

사라는 엄마에게 쓴 편지에서 말한 것처럼 캐슬린, 애나와 함께 보내는 시간을 즐겼고, 두 여인이 "아주 친절하고 상냥하다"[43]고 생각했지만, 같은 나라 사람인 포털과 함께 있는 것이 어쩐지 더 친숙하고 편했다. 포털은 52세였고, 영국 공군 산하에 영국 여성항공대가 있었기 때문에 엄밀히 따지면 그는 그녀의 상관이었다. 하지만 그는 온갖 재미있는 가십거리를 가진 아주 즐거운 동료이자, 그녀가 회담에서 "친구"[44]로 여기기에 가장 가까운 사람이었다. 두 사람이 잠시 발걸음을 멈추고 잡담을 나누자 촬영기사들은 이들을 열심히 찍었고, 포털은 곧 사라와 함께 런던에서 개봉할 영화에서 주연을 맡는 거냐고 농담했다.[45] 두 사람의 대화는 곧 현지의 관광명소로 옮겨 갔다. 두 사람 모두 높이가 천 피트나 된다는, 캐슬린이 크림반도 안내책자에 썼던 놀라운 우찬수 폭포를 아직 보지 못했다. 그들은 처칠이 오후에 열릴 리바디아 궁의 회담에 사라를 데려가지 않으면 지프를 타고 폭포를 보러 가기로 했다. 사라는 포털과 작별 인사를 나눈 뒤 산책을 계속했다. 그녀는 보론초프 궁전의 '모스크' 쪽, 커다란 사자 조각상이 양옆에 서 있는 넓은 계단을 내려가 바닷가로 갔다.

사라는 아직 해안을 가까이에서 보지 못했다. 그래서 그녀는 회담 대표들과 촬영기사들을 피할 수 있는 조용한 틈을 이용해 물가를 살펴보기로 했다. 태양이 밝게 빛났지만 바다는 "하얀 얼룩이 진 성난 듯 강렬한 파란빛"[46]이었다. 해변을 따라 파도가 "가장자리에 있는 거대한 바위들 사이에서 소용돌이치며 아우성치고" 있었다. 이렇게 잠깐 혼자서 산책하는 동안 그녀는 무언가가 자신을 짓누르는 느낌을 받았다. 아버지의 부관으로서 사라는 얄타에서 일어나는 사건들, 특히 화려한 행사와 환경 뒤에서 벌어지는 개인적인 사소한 일들을 가족 기록자로서 적어나가야 한다는 것을 알고 있었다.[47] 처칠 가족은 자신들이 역사에서 차지할 위치를 잘 알고 있었다. 처칠은 1차 세계대전 때도 그랬던 것처럼 이 전쟁의 역사를 쓰고 있는 것이 분명했다. 출판사들의 회고록 집필 제안은 전쟁이 발발한 지 불과 4주 후인

1939년 9월 29일부터 쏟아져 들어왔다.[48] 클레먼타인도 전쟁 후에 문학을 추구할 생각을 어느 정도 갖고 있었다. 그녀는 자녀들이 쓴 편지를 다시 타자로 치게 해서 자랑스럽게 가족, 친구들과 돌려 보곤 했다. 클레먼타인은 사라의 편지가 특히 "매혹적이고 재미있다"[49]고 생각했다. 그 편지는 "아주 높은 수준의 문학적 편지와 겨룰 수 있는 정도"라고 처칠에게 말하곤 했다. 클레먼타인은 가족들의 편지를 목록으로 만들어 가족 서재에 잘 보관했다. 그녀는 전쟁 중 받은 사라와 여동생 메리의 편지를 너무 좋아해서 언젠가는 "내 딸들로부터 온 편지"[50]라는 제목으로 책을 낼 생각도 했다.

그러나 지금 사라는 자신이 보낸 편지 하나에 대해 양심의 부담을 느끼고 있었다.[51] 그것은 그녀가 얄타에 도착한 날 엄마에게 쓴 편지였다. 그녀는 바보같이 너무 경솔했었다. 몰타에 도착한 미국 대표단을 보고 그녀는 루스벨트가 아프거나 아니면 처칠을 무시한다고 썼고, 미국의 새 국무장관은 그렇게 영민해 보이지 않는다고 썼다. 그리고 루스벨트는 자신의 오랜 최측근인 해리 홉킨스에게 이제껏 보지 못한 거리를 두고 있고, 길버트 위넌트만이 유일하게 신뢰할 수 있는 미국인이라고 썼다. 영국 측은 전쟁 중에 편지행낭을 분실한 적이 결코 없었지만,[52] 혹시라도 그 편지가 담긴 행낭을 실은 비행기가 런던으로 가다가 추락해서 그녀의 편지가 엉뚱한 사람의 손에 들어가면 큰일이었다. 미국 측이 사라의 경솔한 의견을 처칠의 의견으로 해석하면 처칠에게 큰 낭패를 안겨줄 수 있었다. 현재 회담이 진행되는 상황에서 이런 불미스러운 일은 처칠이 쏟아온 모든 노력을 위험에 빠뜨릴 수 있었다.

사라는 엄마가 그 편지를 누군가에게 보여주기 전에 받을 수 있도록 급히 편지를 썼다. "엄마, 다시 고민이 생겼어요. 엄마는 제 고민이 무엇인지 아실 거예요! 제발 지난 편지에서 제가 사람들을 평가한 페이지 전체를 지워주세요. 제가 받은 인상이 엄마 외의 사람에게 절대 알려지지 않아야 해요." 클레먼타인은 물론 문제가 될 만한 내용을 다른 사람이 읽게 하지 않을 정도의 센스는 있었다. 그러나 사라는 여전히 염려가 되었다. "엄마도 알겠지만 제가 아주 잘못한 일이에요. 이 시점에서 그런 편지를 쓴 것은 현명치 못했어요."[53]

사라는 산책에서 돌아왔을 때 처칠이 그날 오후 그녀를 리바디아 궁전으로 데리고 가고 싶어 한다는 것을 알았다. 사라가 세바스토폴을 보러 간 전날 처칠은 사라 없이 회담장에 갔다. 스탈린은 자신이 만든 긴장 국면을 더욱 확대하는 것 같았고, 아직까지 루스벨트의 편지에 답이 없는 것을 보니 오늘도 어제와 다를 바 없을 듯했다. 처칠은 사라가 있어야 안심이 되었다. 처칠이 느끼는 부담에 대해 얘기할 필요는 없었다. 여성항공대에서 일한 경험과 아버지 심리에 대한 직관적 이해만으로도 사라는 자신이 알아야 할 것을 다 알아차렸다. 처칠은 이런 그녀의 능력 때문에 그녀를 회담장으로 데려온 것이다.

그녀는 포털을 찾아가 폭포 구경은 다음 기회로 미루어야겠다고 말했다.[54] 오후 3시 반에 사라와 처칠은 패커드 지프에 올라타고 30분을 달려 미국 대표단의 본부로 갔다. 오늘은 루스벨트가 제안한 국제평화기구와 폴란드인들의 운명에 대해 이틀째 토론하는 날이었다. 차가운 바람이 동쪽에서 불어왔다.[55] 그러나 오후 햇볕이 따스하게 내리쬐며 "최고의 장면"[56]을 만들어 이들의 마음을 긍정적으로 바꾸려는 것처럼 보였다. 바다에 일렁이는 파도에 햇볕이 너무 강렬하게 내리쬐어서 사라는 눈을 깜박거려야 했다.

처칠은 차창 밖으로 주변을 "무심하게" 쳐다보며 조용히 앉아 있었다. 잠시 후 그는 사라에게 얼굴을 돌려 헛기침을 하며 이렇게 말했다. "하데스의 리비에라야!●"[57] 사라는 이 말이 현재 상황을 완벽하게 정리한다고 생각했다.

† † †

캐슬린은 2월 7일자의 긴 편지를 이제 마무리하고 프레더릭 앤더슨이 런던으로 이 편지를 가져가서 파멜라에게 전해주기를 바랐다. 그러나 저녁 식사 후 그날 밤 그녀는 파멜라에게 전할 회담에 대한 구체적인 뉴스를 들었다. 회담의 진정한 전환점이 있었다는 소식이었다. "대단한 환희가 있었어"[58]라고 캐슬린은 친구에게 썼다. 그날 오후 회담에 돌파구가 열렸다. 지난해 여름 워싱턴 덤버턴 오크스에서의 회담, 여러 달에 걸친 서신 교환, 그리고 얄타에서 이틀에 걸친 토론 끝에 드디어 "엉클 조(스탈린)에게 덤버턴 오크스를 팔았어"라고 캐슬린은 썼다.

루스벨트가 구상한 평화기구에 대한 합의를 가로막는 가장 큰 요

● 하데스(그리스어: Ἅιδης, 영어: Hades)는 그리스 신화에 나오는 죽음과 지하세계를 관장하는 신으로, 로마 신화에서는 플루톤(플루토), 디스 파테르, 오르쿠스 등에 해당한다. 리비에라는 프랑스 남부에서 이탈리아까지의 해안도로로, 크림반도 남부해안 전경은 지중해 연안과 자주 비교된다.

인은 스탈린과 몰로토프가 소련을 구성하는 열여섯 공화국 하나하나가 총회에서 한 표씩을 가져야 한다고 주장한 것이었다. 그날 오후 협상에서 몰로토프는 과감하게 그 숫자를 2 또는 3으로 축소했다. 그는 우크라이나와 벨라루스가 전쟁에서 너무 많은 희생을 치렀다고 말했다. 이 두 소련 공화국이 투표권을 가지고 국제기구에 창립 멤버로 참여하는 것이 "당연히 정당하다"[59]고 그는 주장했다. 결국 영연방 국가인 캐나다도 별도의 투표권을 갖게 되었고, 처칠은 아직 영국 식민지로 남아 있는 인도도 투표권을 갖게 하려고 노력했다. 영국과 미국 측이 몰로토프의 제안을 수용할 의사를 보이자 스탈린은 미국 측이 제안한 평화기구의 안전보장이사회 표결 원칙을 받아들였다.

스탈린과의 협상에서 성공을 거둔 루스벨트는 그날 저녁 식사 때 최고의 기분이었다. 레이히 제독이 루스벨트의 성공을 공식적으로 발표했다. 캐슬린이 "빈둥거리며 늘어지게 얘기하는"[60] 버릇이 있다고 평한 제임스 번스도 이 분위기를 망치지 못했다. "신이시여, 나를 미국 정치에서 구하소서!"라고 캐슬린은 번스를 비꼬며 파멜라에게 편지를 썼다.

이렇게 승리를 거두면서 스테티니어스와 그의 부하인 앨저 히스는 봄이 지나기 전에 새 국제기구가 출범할 날짜와 장소를 선택하는 행복한 과제를 맡았다. 루스벨트는 잠시 후 업무를 마무리하고 쉬러 들어갔다. 그러나 미국 대표들은 들뜬 분위기를 계속 이어가고 싶어 했다. 리바디아 궁전에는 바가 없었고, 식당도 문을 이미 닫은 상태였다.[61] 그러나 다행히도 많은 대표들이 스스로 준비해온 술과 음식이 있었다. 캐슬린은 프레더릭 앤더슨과 같은 가까운 친구 몇 명을 방으로 초대해서 음료를 즐기고 대화를 계속하기로 했다. 그러나 캐슬린의 방이 파티 장소라는 소문이 금방 퍼졌다. 그녀가 미처 손을 쓰기도 전에 "한 떼가 모여"[62] 그녀의 침실을 술집으로 만들었다.

캐슬린은 지금까지 협상 테이블에서 미국 대표단이 거둔 성공은 아버지 애버럴의 노력에 힘입은 바가 크다는 것을 느끼지 않을 수 없었다. 그녀는 얄타의 미국 대표단과 영국 대표단에 속한 친구들 사이에 "스파이 체계"[63]를 만들어 보안 규정이 허락하는 한도 내에서, 닫힌 문 뒤의 상황을 파악했다. 그녀의 요원들은 해리먼 대사의 업적을 그의 매력적이고 예쁜 딸에게 열심히 전달했다. "너도 상상이 가겠지만 애버럴이 투수 역할을 맡았고 지금까지 들어온 보고는 아주 고무적이야"라고 그녀는 파멜라에게 자랑했다.

캐슬린이 아버지에 대해 자부심을 갖게 된 것은 상대적으로 최근의 일이었다. 그녀는 자라면서 아버지가 부자이고, 잘생기고, 재능이 많다는 것을 알았지만, 런던에서 함께 일하고 나서야 아버지가 훨씬 큰 능력을 가지고 있다는 것을 알았다. "나는 어제 저녁 도착했어. 하지만 이미 아빠가 어떤 사람인지 깨닫기 시작했어"[64]라고 캐슬린은 4년 전 독일군에 공습당한 런던에서 첫 밤을 보낸 후 언니 메리에게 썼다. "아빠는 사람들이 기댈 수 있고, 믿을 수 있는 무언가를 상징하고 있고, 모두가 아빠를 아주 신뢰해. (…) 모든 사람이 아빠를 사랑해." 루스벨트는 해리먼을 자신의 '파견관Expediter'으로 런던에 보냈다. 그 자리는 역할이 뚜렷이 정의되지는 않았지만 중요한 직책이었고, 애버럴의 직책이 대사로 바뀐 후에도 여전히 그를 정의해주는 것 같았다. 그러나 러시아에서는 상황이 달랐다. 소련 측은 고집이 완강했다. 캐슬린은 애버럴이 밤늦게 대사관저로 돌아올 때 낙담한 모습을 자주 보았다. 합의에 도달하게 하려는 그의 노력은 걸핏하면 좌절되었다. 그가 런던에서 발휘했던 것과 같은 영향력을 쌓기까지는 시간이 걸렸다. 캐슬린은 긴 러시아의 겨울이 지나면 그가 다시 한 번 그런 위치에 도달할 수 있기를 희망했다.

아마도 캐슬린이 풀어놓은 스파이들은 능력이 좋지 않았거나 아니면 해리먼의 딸에게 환심을 사려고 협상 테이블에서 발휘한 해리먼의 위용을 과장해서 전한 것일 수도 있다. 아니면 캐슬린이 아버지에게서 자기가 보고 싶은 것만 보았을 수도 있다. 이유 여하를 떠나서, 런던에 있던 파멜라는 피터 포털로부터 완전히 다른 보고를 받았다. 포털은 전날 이렇게 썼다. "유감스럽게도 여기 있는 우리 대표들의 일반적 의견은 A(애버럴을 뜻함)가 러시아인들로부터 큰 성공을 거두지 못했고, 이로 인해 그가 염려하고 있다는 것입니다. 그는 내가 지난번 보았을 때보다 분명히 늙어 보였습니다. 그가 하는 일은 90퍼센트가 초조함이고, 10퍼센트가 실망인 것 같습니다. 그가 안쓰러워 보입니다."[65] 영국 공군 사령관인 포털이 파멜라를 사이에 둔 연적에게 진심으로 동정심을 느꼈는지는 파멜라가 해석할 문제였다. 그러나 포털은 한 가지는 분명히 느꼈다. 해리먼은 서방 세계에서 가장 수완이 좋은 사업가 중 한 명이지만, 모스크바에서 일하고 있는 이 미국인은 스탈린이 자기 길을 고집할 때는 그의 상대가 되지 못했다.

해리먼의 잘못으로 그렇게 된 것은 아니었다. 그는 질 수밖에 없는 게임을 하고 있었다. 그는 수완 좋은 사업가에다, 카드 판에서도 능숙한 기술을 구사했지만, 늘 엄청나게 불리한 상황에서 게임을 해야 했다. 그 이유는 스탈린이 미국과 영국이 가지지 못한 혜안을 가질 수 있는 원천이 있었기 때문이다. 그것은 진짜 스파이였다.

거의 10년 동안 소련은 영국의 보안기관인 M15와 M16, 그리고 외무부에 스파이를 침투시켰다. 이들 중 가장 유명한 스파이는 '케임브리지 5인방'으로 알려진 킴 필비, 도널드 맥클린, 가이 버지스, 앤서니 블런트, 존 케언크로스였다. 모두 케임브리지대학 졸업생인 이들은 부유하고 능력 있지만 이념적으로 경도된 신사 스파이gentlemen-spies였다. 이들은 영국 정보기관에서 경력을 쌓으면서 수천 종의 서류를 소련 측에 넘겼다.[66] 이 중에는 폴란드 문제에 관한 영국의 전략에 대해서도 상세한 서술이 있었다.[67] 워싱턴의 영국 대사관에 근무하던 맥클린은 소련의 가장 큰 첩보 성과인 맨해튼 프로젝트에 대한 정보를 넘겼다. 영국과 미국이 합동으로 원자탄을 개발하는 이 계획은 워낙 보안이 철저해서 부통령인 해리 트루먼도 이를 알고 있지 못했다. 이에 대비해서 영국의 해외정보기관인 M16이 소련에 잠입시킨 스파이의 전체 숫자는 제로였다.[68] 영국 정보부는 소련에서의 모든 스파이 활동을 중지시켰다. 동맹국을 염탐하는 것은 문명국이 할 짓이 아니었기 때문이다.

소련은 워싱턴에서도 정부 기관에서 떠오르는 스타 중 공산주의에 동조하는 사람을 찾아내 포섭하여 영국에서와 유사한 스파이망을 가동했다. 이들의 노력은 기대하지 않은 큰 성과를 거두었는데, 자신들이 포섭한 국무부 관리 한 명이 얄타에 온 미국 대표단에 포함되었기 때문이다. 그 주인공은 앨저 히스였다.

케임브리지 5인방처럼 더할 나위 없는 이력에 보타이를 매는 40세의 엘리트는 배신자처럼 보이지 않았다. '알레스'라는 암호명을 가진 히스는 최소한 국무부에 들어온 1936년부터 비밀리에 소련군 정보부GRU를 위해 일했다. 이에 대한 경고가 없지도 않았다. 6년 전인 1939년에 미국인 소련 스파이였다가 공산주의에 등을 돌린 휘태커 체임버스가 국무부 고위 관리인 애돌프 벌Adolf Berle에게 접근해 히스가 정체를 감추고 있다는 사실을 경고했다.[69] 체임버스는 히스가 오랜 기간 지하 공산주의 조직의 일원이었고 소련 스파이로 일하고 있다고 알려주었다. 그는 이 사실을 확실히 알고 있었다. 왜냐하면 바로 그가 히스를 조종했기 때문이었다.

그러나 이 정보에 소홀했거나 진위를 의심했기 때문이었는지 벌은 이 사실을 상부에 보고하지 않았다. 히스는 국무부에서 계속 승진해서 국무장관의 보좌관이 되었다. 그는 보안자료 접근권을 이용하여 수많은 자료를 복사해 모스크바로 보냈다. 그가 기밀자료에 접근할 권한이 커지면서 소련 측에서의 가치도 커졌다. 루스벨트에게 중요한 의견을 개진하는 스테티니어스 같은 사람들과 지근거리에 있는 히스는 영향력 있는 비밀요원으로 활동하기에 좋은 여건을 가지고 있었다. 그의 교묘하면서도 영향력 있는 제안은 토론과 결정의 방향을 소련에 유리하게 바꿀 수 있었다. (소련 측은 해리 홉킨스가 루스벨트의 사망에 대비해 계획을 세우고 있다는 것을 알았다면 분명히 두 배로 흥분했을 것이다. 홉킨스는 루스벨트가 사망할 경우 1944년 대통령 선거에 출마해 자신이 승리하면 히스를 국무장관으로 임명하려고 했다.)[70] 얄타에서 히스는 지속적으로 스테티니어스와 회동하며 세계평화기구에 대한 토론 준비를 도왔고, 오찬을 겸해 열리는 외무장관 회담은 물론 거의 모든 전체회의에 참석했다. 전체회의 때면 히스는 루스벨트 뒤에 조용히 앉아서 모든 발언을 적어나갔다.[71] 그의 기록은 칩 볼런이 기록한 것과 더불어 얄타회담에 대한 미국 대표단의 공식 기록에 포함되었다.

얄타에 왔을 때 히스는 소련군 정보부만을 위해 일하고 있었지만, 회의가 진행되면서 소련의 더 막강한 정보기구인 NKGB*Narodny komitet Gosudarstvennoi Bezopasnoti*의 주목을 받게 되었다.[72] 명칭은 비슷했지만 NKGB는 베리야가 이끄는 NKVD와 완전히 구분되었다. NKVD가 국내 보안 문제를 담당하고 있는 데 반해, NKGB는 국내와 해외에서 정보 수집과 방첩 활동을 수행하고 있었다. 히스가 루스벨트 대표단 일행으로 얄타회담에 참석하면서 그의 존재 가치는 더욱 중요해졌고, NKGB는 히스를 활용할 필요가 있다고 보았다. 소련은 루스벨트의 세계평화기구 내의 정보가 필요했다. 히스야말로 이 정보를 얻어내는 데 적임자였다.

† † †

스파이 활동은 여러 형태로 전개된다. 얄타에 온 모든 사람은 체류기간 내내 철저한 감시를 받았다. 영국은 소련에는 스파이를 한 명도 보내지 않았지만, 그렇다고 철저하게 관찰하는 사람이 없었던 것은 아니다. 처칠의 주치의인 모런 경은 몰타에 도착한 후 기회가 있을 때마다 프랭클린 루스벨트를 세심하게 관찰하여 일기에 기록했다.[73] 사려 깊게 선별되어 교묘하게 편집된 신문 사진만 보고 루스벨트의 건강 상태를 진단하기는 어려웠지만, 영국에서는 그의 건강이 악화되고 있다는 소문이 돌았다. 1944년 11월 4선 선거에서 승리한 날 밤 같은 경우 루스벨트는 완전히 녹초가 되었지만 사진으로는 최상의 모습을 보여주었다. 그는 더할 나위 없이 에너지가 넘쳐흘러 보였고, 4선 임기 중 미국을 이끌어나가는 데 아무 문제가 없어 보였다. 그는 너무 생동감이 넘쳐서 《시애틀 포스트 인텔리전서》의 애나의 동료이자 저명한 스포츠 담당 기자인 로열 브로엄은 "챔피언은 이전의 펀치를 그대로 가지고 있는 것 같다"[74]라고 타전하기도 했다. 그러나 4선 대통령 취임식 등 다른 날에 루스벨트는 죽음이 멀지 않아 보였다.[75]

모런은 처칠의 주치의일 뿐 아니라 영국왕립의사협회장도 맡고 있었다. 모런은 처칠과 함께 영국을 떠나 몰타로 오기 전날 자신의 친구이자 미국의 상대역인 보스턴의 로저 리로부터 편지를 받았다.[76] 미국 의학협회장이자 전 미국의사협회장인 그는 모런에게 루스벨트의 건강 상태에 대해 들은 이야기를 전했다. 루스벨트는 그 전해 봄 울혈성 심부전 진단을 받았다고 했다. 매일매일 상태가 달랐기 때문에 환자의 외양을 보고 그 병이 얼마나 더 진전되었는지를 말하기는 어려웠다. 그러나 리가 서술한 증상을 놓고 보면 루스벨트의 병은 심각한 단계에 접어든 것으로 보였다.

의사의 관점에서 보면 루스벨트는 분명히 "병이 깊은 사람"[77]으로 보였다. "그는 뇌동맥 경화가 심각하게 진전된 환자의 증상을 여실히 보였다.[78] 그래서 나는 그가 몇 달밖에 못 살 것이라고 예상했다"

라고 모런은 그날 밤 기록했다. 의학 훈련을 받은 사람에게는 이런 상태가 분명히 보였겠지만, 의사의 진단에 따르면 루스벨트의 건강 악화는 너무 분명해서 비전문가라도 눈치 챌 수 있을 정도였다. 그러나 아직 루스벨트의 측근 중 모런이 분명히 감지한 것을 인정하는 사람은 아무도 없는 듯했다.

모런을 놀라게 한 반응을 보인 사람은 다름 아닌 애나였다. "루스벨트의 딸은 그가 정말 아프지 않다고 생각한다. 그리고 그의 주치의가 그녀의 생각을 뒷받침하고 있다"라고 모런은 적었다. "그러나 사람들은 보고 싶지 않을 때 눈을 감아버린다. 여기에 온 미국인들은 루스벨트의 생명이 얼마 남지 않았다는 것을 믿으려 하지 않는다."

14장

1945년 2월 8일

애나는 최선을 다했다. 그녀는 남편 존에게 쓴 편지에 자신이 "모든 지혜와 기지를 다 동원해서"[1] 전체회의에서 진행되는 상황을 파악하려고 노력하고 있고, 아버지 방에 "불필요한 사람들이 접근하지 못하게 하고", "꼭 필요한 사람만 가장 좋은 시간에" 아버지를 만나게 하고 있다고 적었다. 그녀는 루스벨트에게 메모를 남겨 휴식을 취하고, 처방된 음식만 먹고, 다른 사람이 처리할 수 있는 문제로 몸을 피곤하게 하지 말아야 한다는 것을 상기시켰다. 하지만 이런 메모는 아무리 많아도 결코 충분하지 않았다. 그녀는 무도회장에서 진행되는 회의를 짧게 만들 수 없었고, 그날 오후 회의를 위해 소집된 3거두 모임에 앞서 스탈린을 만나지 말라고 아버지를 설득할 수도 없었다. 애나는 회의 진행 상황을 자세히 알 수 없었다. 루스벨트는 그 전날 밤 국제평화기구 관련 논의에서 승리를 이끌어내느라 에너지를 다 써버린 것 같았다. 2월 8일 저녁 다섯 시간의 마라톤 회의가 끝나고 숙소에 돌아왔을 때 루스벨트의 혈색은 잿빛이었고 뺨은 푹 꺼져 있었다. 루스벨트의 건강은 애나가 상상했던 것보다 빨리 악화되고 있었지만, 아직도 그의 하루 업무는 끝나지 않았다. 오늘 밤은 스탈린이 코레이즈 궁에서 만찬을 주최했고, 세 딸도 이 만찬에 초대되었다.

루스벨트의 방에서 주치의 브루엔이 그를 진찰했다. 그는 창백한 루스벨트의 모습이 염려되었다. 애나와 마찬가지로 브루엔도 이날 오후 어떤 논의가 진행되었는지를 구체적으로 알지는 못했지만, 이날 "특히 고되고", "감정적으로 불안"[2]했다고 말할 수는 있었다. 루스벨트는 "크게 과로한 것이 분명"했다. 브루엔은 환자가 "아침에 일어나서부터 점심때까지 끊임없이 방문객을 맞았고 (…) 오후 휴식을 취할 시간이 없었다"라고 일지에 기록했다. 브루엔이 진찰하는 동안, 루스벨트는 그날 오후 회의에서 폴란드 문제에 대한 "논의가 진행되는 방향 때문에 걱정이 많았고 화가 났다"고 털어놓았다.

지난 이틀간 폴란드에 대한 회의는 매우 당황스러웠다. 먼저 2월 6일 밤 루스벨트가 보낸 편지에 대한 스탈린의 반응이 그랬다. 그 편지에 대한 답신은 없었다. 7일 오후 전체회의를 위해 세 지도자가 모였을 때 스탈린은 조금 전 그 편지를 받았다고 말했다. 스탈린은 "전화로 루블린 정부의 폴란드 지도자들에게 연락하려고 노력했지만"[3] 그들은 다른 일 때문에 루블린을 떠났다는 것을 알았다는 말 외에는 그 문제에 대해 거의 언급하지 않았다. 루스벨트가 얄타협상에 참가시키자고 제안한 다른 폴란드 지도자들에 대해서도 스탈린은 그들의 주소를 모르기 때문에 그들이 어디에 있는지 모른다고 말했다. 해리먼은 그가 "그럴듯한 변명"[4]을 둘러댄다고 생각했다. 하지만 누군가가 이 문제에 대해 반박하기 전에 몰로토프가 재빨리 주제를 바꾸어,

소련은 세계평화기구 조직을 지지하며 두 표나 세 표만 얻어도 만족한다고 말했다. 몰로토프는 노골적으로 의사 진행을 방해한 것이었지만, 해리먼조차도 소련 측이 "기막힌 타이밍"을 잡았다는 것을 부정할 수 없었다.

2월 8일 오후 전체회의에서는 폴란드의 자유선거를 놓고 언쟁이 계속되었다. 예상대로 처칠은 회담 참석자들이 "이 위대한 회담에서 가장 중요한 지점"[5]에 도달했다는 다소 대대적인 선언을 했다. 그는 폴란드 문제에 합의하지 못하면 "온 세계가 소련과 미국-영국 사이의 균열로 받아들일 것"이라는 확신을 거듭 표명했다. 그러한 좌절은 "이 회담을 실패작으로 낙인찍을 것"이라고 그는 주장했다. 그러자 스탈린이 과장된 제스처로 응수했다. 루스벨트는 이런 상황을 더는 참을 수 없었다.

폴란드 문제는 루스벨트가 그날 제안한 의제 중 두 번째로 무게 있는 주제였다. 그는 전체회의 전 이미 30분간 스탈린, 몰로토프, 해리먼과 같이 앉아 태평양전쟁에 대해 얘기를 나누었다.[6] 이 회동에 영국 측은 참여하지 않았다. 미국으로서는 소련이 일본에 선전포고를 한다는 보장을 받고 얄타회담을 종료하는 것이 무엇보다 중요했다. 태평양전쟁은 소모전으로 변하고 있었다. 완전한 연합국의 승리만이 일본을 무릎 꿇게 할 수 있었다. 만일 맨해튼 프로젝트가 실패하면 일본 본토에서의 승리를 위해 엄청난 전력을 투입해야 했다. 해리먼이 그 주 초 외무장관 회담에서 공표한 것처럼 최근에 맥아더 장군이 필리핀에서 승리를 거두기는 했지만, 미국 지도부가 보기에 소련의 참전 없이는 태평양 전선에서 승리하기 위해 앞으로 18개월 정도가 더 걸리고, 미군 수십만 명의 생명이 희생되어야 했다.[7] 그날 오후 루스벨트는 대일전 참전 대가로 소련이 원하는 것에 동의했다.[8] 부동항과 만주철도, 쿠릴열도와 사할린섬을 다시 소련에게 귀속시키는 조건으로 독일을 패퇴시킨 후 소련이 일본에 선전포고하는 것으로 루스벨트와 스탈린은 합의했다. 소련은 1905년 러일전쟁 후 일본이 섬들을 부당하게 차지했다고 주장했다. 중국에 직접적으로 영향을 끼치는 일이었지만 루스벨트는 중국 지도자 장제스의 동의 없이 소련의 이 요구에 동의했다. 루스벨트는 보안 유지를 위해 차후에 이를 중국 측에 통보하겠다고 말했다.

연이은 스탈린과 처칠의 전투로 루스벨트는 그나마 남아 있던 힘을 빼앗겼을 뿐 아니라 자기 진영에서의 내분에도 시달려야 했다. 이 어려움에는 전후 독일 문제에 대한 길버트 위넌트의 날카로운 어조의 전보도 포함되었다. 그 전보는 이런 서두로 시작되었다. "각하와 스테티니어스 장관, 홉킨스가 나를 이 회담에서 제외하기로 했기 때문에…"[9] 루스벨트는 63세의 나이보다 수십 년은 더 늙어 보일 수밖에 없는 상황이었다.

지금 브루엔은 루스벨트의 가슴에 청진기를 대고 폐의 소리를 듣고 있었다.[10] 액체가 흐르는 소리가 분명히 들렸다. 루스벨트의 맥박은 분당 84회, 정상으로 뛰고 있었다. 그러나 브루엔은 루스벨트의 혈압을 재었을 때 뭔가 심각하게 잘못됐음을 깨달았다.

1913년 소설 《아들과 연인》에서 D. H. 로런스는 아들이 옆에서 지켜보는 가운데 임종에 다다른 여인을 묘사했다. 그녀의 생명이 거의 다하면서 아들은 자신의 손가락을 엄마의 누런 손목에 올려놓고 맥박을 체크했다. "강한 맥박 다음에 약한 맥박이 이어지며 한 소리 다음에 그 반향이 이어졌다"라고 로런스는 썼다. 이 소리와 반향이 지금 브루엔이 듣고 있는 소리였다. "환자는 처음으로 교호맥交互脈, pulsus alternans을 보여주었다."[11] 브루엔은 환자 루스벨트의 진료 차트에 이렇게 적었지만, 환자에게 이 사실을 말해주지는 않았다.

루스벨트의 심장은 정상적 리듬으로 박동하고 있었지만, 좌심실에 액체가 쌓이면서 수축이 매번 약해졌고, 심근의 기능도 점점 약해졌다. 브루엔은 교호맥이 일시적일 수 있으며, 약 처방이나 수술로 치료될 수도 있지만 심장이 저절로 정상으로 돌아올 수도 있다는 것을 알았다. 그러나 몇 달 전에도 좌심실에 문제가 있었기 때문에 브루엔은 이 증상을 루스벨트의 건강이 악화되고 있다는 증거로 받아들였다. D. H. 로런스도 자신의 소설에서 이 증상이 생명이 다해가는 숨길 수 없는 신호라고 불길하게 서술했던 것이다.

애나는 이전에도 루스벨트의 급격한 건강 악화를 겪은 적이 있었다. 1944년 8월 애나는 루스벨트와 함께 미국 서부 지역으로 짧은 여행을 했다. 그곳에서 루스벨트는 워싱턴주 시애틀의 퓨젓사운드만 맞은편에 있는 브레머턴의 해군조선소 마당에 모인 수천 명의 노동자들에게 연설을 했다. 해군 함정 커밍스호 갑판에서 연설하는 동안 루스벨트는 가슴과 어깨의 날카로운 통증을 느꼈다.[12] 처음에는 심장마비가 찾아온 것처럼 보였지만, 브루엔은 루스벨트가 몇 달 만에 처음으로 무거운 금속 의족을 찬 채 팔로 연단을 잡고 몸을 유지하며 연설했다는 사실을 재빨리 알아차렸다. 더욱이 요동치는 배 위에서 그는 힘들게 서 있었다. 이것은 심장마비가 아니라 심장이 순간적으로 고통스럽게 수축되는 협심증angina이었다. 심전도 검사 결과 그의 진단이 사실로 드러났다. 1944년 9월 루스벨트는 또 다른 일을 경험했다. 처칠과 캐나다 총리 매켄지 킹과 가진 퀘벡회담에서 저녁 만찬 후 영화를 보는 동안 문제가 발생했다. 당시 애나는 아버지와 함께 있지 않았지만 브루엔은 함께 있었다. 영화는 국제연맹에 대한 지지를 촉구하기 위해 미국 여러 곳을 방문한 우드로 윌슨 대통령을 그렸다. 윌슨은 목적을 달성하지 못하고 워싱턴으로 귀환한 후 얼마 되지 않아 심장마비를 겪었다. "맙소사, 저런 일은 나에게 일어나지 않을 거야!"[13]라고 루스벨트는 외쳤다. 그의 혈압은 240/130까지 급격히 치솟았다.[14] 다행히 다음 날 아침 혈압은 정상으로 돌아왔다.

그러나 이번에는 상황이 달랐다. 이번 사태로 애나가 전날에야 알게 된 사실이 확실해졌다. 몇 달 전 브루엔이 전 주치의였던 로스 매킨타이어와 한 약속을 어기고 루스벨트의 건강 상태에 대해 애나에게 은밀히 털어놓았을 때 브루엔은 완전한 정보를 주지는 않았다. 그러나 얄타에서 그는 모든 사실을 털어놓았다. "나는 브루엔으로부터 이 '심장' 문제가 내가 생각했던 것보다 훨씬 심각하다는 말을 들었어요"[15]라고 애나는 존에게 알렸다. "여기서 문제를 마주하는 데 가장 힘든 점은 아무에게도 이 사실을 말할 수 없다는 거예요." 캐슬린과 사라는 자신들의 아버지에게 이 사실을 말할 게 분명하기 때문에 이를 말해줄 수 없었다. 남편에게 편지로 이 사실을 알리는 것도 큰 위험을 무릅써야 했다. 그녀는 OM이라는 별칭을 써가며 아버지의 정체를 감추어보려고 노력했다. 애나가 존에게 쓰는 암호인 OM은 Old Man이나 Oscar Man의 준말이었다. 그러나 조금이라도 센스가 있는 사람은 이 암호가 누구를 뜻하는지를 바로 알 수 있었다. "이 문장은 바로 찢어버리세요"라고 그녀는 괄호 안에 썼다.

애나는 루스벨트의 건강 상태가 악화된 데 자신도 일말의 책임이 있다고 느꼈다. 그는 홉킨스나 처칠을 만나고 싶지 않을 때는 애나가 그를 보호해줘서 기뻤지만, 그는 휴식을 취하는 대신 군중 앞에 나서는 것을 즐겼다. "아빠는 모든 일에 나서며, 그것을 아주 즐기는 것 같아요. 그러나 너무 많은 사람이 자신을 둘러싸게 해서 제시간에 잠자리에 들지도 못해요"[16]라고 애나는 존에게 썼다. 애나도 아버지가 정말 많이 아프다는 것을 믿기가 어려울 때가 있었다.[17]

루스벨트의 교호맥이 사라지기를 바라면서 애나와 브루엔이 할 수 있는 일은 그를 쉬게 하는 것이었다. 그러나 그날 밤 스탈린이 주최하는 만찬에 불참하는 것은 생각할 수 없었다. 그렇게 하는 것은 스탈린에게 모욕이 되고, 루스벨트의 건강이 악화되고 있다고 생각하는 소련 측의 추측을 확인시켜줄 뿐이었다. 루스벨트는 스탈린과의 개인적 우의의 힘을 확고히 믿고 있었고, 국무부 관료들의 방해를 받지 않는 스탈린과의 격의 없는 대화와 교섭을 통해 이 힘이 제대로 발휘될 수 있다고 생각했다. 그는 이것이 소련 측을 전후 국제사회의 일원으로 끌어들이는 가장 강력하고 유일한 수단이라고 생각했다. 오늘 만찬은 절대 놓칠 수 없는 기회였다.

아프지 않은 척 연기하는 것은 루스벨트가 능히 할 수 있는 일이었지만, 그날 밤 코레이즈 궁의 담 안에 있는 스탈린의 모든 장치와 수하들이 그를 집중적으로 살필 것이 분명했다. 교호맥이 눈에 잘 드러나지 않는 것은 다행이었다. 루스벨트의 안색은 평소보다 창백했고 기력이 소진된 모습이었지만, 열띤 회담 후 지치지 않은 사람은 없었다. 일부 사람들, 특히 영국 대표들 중 일부는 스탈린의 만찬에 초대되지 않기를 바랐다.[18] 이들은 계속 이어지는 건배와 산같이 쌓인 캐비아와 기름진 음식에 싫증이 나서 잠을 좀 더 잘 수 있기를 바랐다. 외무차관인 알렉산더 카도건은 그날 세 딸들이 초대된 것에 특히 감사했다. 30명이 앉을 수 있는 만찬 좌석 중 사라, 애나, 캐슬린이 세 자리를 차지하면서 카도건은 참석 명단에서 빠졌기 때문이다.[19] 그러나 루스벨트는 만찬을 피할 방법이 없었다.

저녁 8시 반 경호원들이 루스벨트를 차에 올라타게 했다.[20] 두꺼운 모피 코트로 몸을 감싼 애나가 루스벨트 옆자리에 앉았다. 이들이 출발할 준비가 되자, 리바디아 궁전과 코레이즈 궁 사이에는 대통령과 수행원이 탄 차 외의 모든 교통이 정지되었다.[21] 스테티니어스, 레이히 제독, 제임스 번스, 해리먼 부녀, 칩 볼런, 에드 플린이 루스벨트를 수행했다.[22] 이들은 어두운 해안 길을 따라 30분을 차를 달려 라스푸틴을 죽인 사람이 소유했던 코레이즈 궁에 도착했다. 이곳에서 러시아 곰 석상과 20코스 요리가 이들을 기다리고 있었다.[23]

그날 저녁 내내 애나는 만면에 미소를 띠고 필요한 만큼 술잔을 들고 건배를 하며 아무 일도 없는 듯 행동해야 했다. 이것은 그녀가 지난해 내내 백악관 만찬에서 하던 행동이었다. 애나는 아버지의 건강과 관련된 비밀을 지키는 것이 그와 가까이 있는 자신이 치러야 할 대가라고 생각했다. 이 비밀은 루스벨트의 동료, 참모, 동맹과 잠재적인 적들에게만이 아니라 루스벨트에게 가장 큰 사랑을 쏟고 있는 사람들에게도 지켜져야 했다.

루스벨트가 자신의 건강에 대해 걱정하고 있는지, 만찬에 신경을 곤두세우고 있는지는 애나도 알 수 없었다. 루스벨트가 브루엔의 진찰로부터 무언가 알아차렸는지 알 수는 없지만, 그는 이에 대해 아무 언급도 하지 않았다. 애나는 아버지가 여간해서는 자신의 솔직한 감정을 그녀에게 얘기하지 않는다는 것을 잘 알았다.[24] 그녀뿐만 아니라 다른 사람에게도 그랬다. 오늘밤도 예외가 아니었다. 루스벨트는 보안을 지키기 위해 자신의 서류를 여러 비서에게 나누어 처리하게 해서 누구도 대통령 집무실에서 일어나는 일을 한눈에 다 파악할 수 없게 했다. 그는 자신도 몇 부분으로 나누어 대중에게 보여줌으로써 사람들이 자신의 전체를 파악하기 어렵게 했다. 그는 자신의 신체 마비 사실을 대중에게 감췄고, 여간해서는 휠체어에 앉은 모습을 사진 찍도록 허락하지 않았다. 미국 국민의 상당수는 그가 신체장애를 겪고 있다는 것도 몰랐다. 그는 스탈린과 나눈 대화를 처칠에게 숨겼다. 그는 브루엔과 매킨타이어에게 자신의 건강 상태에 대해 묻지 않음으로써 자신에게도 뭔가를 숨겼다. "그는 아무도 제대로 알지 못하고, 아무도 그를 제대로 알지 못해"[25]라고 애나는 1944년 여름 자신의 친구인 법무 차관보 노먼 리텔에게 말하기도 했다. "가족도 그에 대해서는 아무것도 몰라." 그해에 백악관에 들어와 살면서 애나는 이것을 더 절실히 깨달았다. 애나가 아버지에게 가까이 가려 할수록 그녀는 아버지가 얼마나 많은 것을 아주 오랫동안 숨겨왔는지를 알게 되었다.

† † †

애나가 일곱 살일 때 22세의 루시 머서라는 여인이 엘리너의 비서가 되었다. 그때 루스벨트는 해군 차관보였고, 그의 가족은 워싱턴에 거주하고 있었다. 루시는 쇠락하여 가난해진 귀족 가문 출신이었다. 한때 부유하게 살았던 그의 부모는 1893년 경제공황 때 재산을 다 날렸다. 이제 성인이 된 루시는 좋은 집안 출신의 젊은 여자가 가질 수 있는 점잖은 직업을 찾고 있었다. 엘리너는 그녀를 사회활동 담당 비서로 채용했다.

애나는 루시의 출신배경에 대해 전혀 몰랐다. 그녀는 루시가 늘 "책상에 앉아 카드에 이름 적는 일을 하는"[26] 젊은 여자로만 알았다. 어린 소녀였던 애나는 집안에 보모나 급사로 들어와 일하는 여자들을 예리하게 관찰했다. 클레먼타인 처칠과 마찬가지로 엘리너도 자식들을 돌보는 일에 익숙하지 않아 그 일을 보모에게 맡겼다.[27] 그중에는 "술병을 손에서 놓지 않고"[28] 아이들에게 호된 벌을 주는 보모도 있었다. 그 잔인한 보모는 장남인 제임스를 몇 시간 동안 다락에 가두어놓은 적도 있었다.[29] 이에 애나와 제임스는 그 보모에게 반기를 들었다. 두 아이는 3층에서 물이 가득 든 종이봉지를 행인들에게 떨어뜨리기도 했고, 만찬에 초대된 손님들이 도착하기 전 악취탄을 식당에서 터뜨리기도 했다.[30] 그러나 루시는 애나와 남자형제들을 가르치고, 돌보고, 훈육하는 일에 참여하지 않았다. 그녀는 아이 중 누구를 다락에 가둔다거나 할머니 친구들이 차를 마시러 오기 전에 애나의 머리카락을 잔인하게 잡아당기지도 않았다. 그 대신에 루시는 책상에 앉아 손님 카드에만 집중하며 일했다. 그녀는 루스벨트 가족이 갖지 못한 품성을 가지고 있었는데, 그것은 따뜻함과 친근함이었다.[31] 게다가 그녀는 미소도 잘 지었다.

애나는 루시에 대해 특별한 기억이 있었다.[32] 어느 날 루시는 애나에게 아침 인사를 하면서, 버릇없고 제멋대로 행동하는 어린애한테 말하는 게 아니라 젊은 여인이 서로 인사하듯이 대한 적이 있었다. 애나는 이때부터 루시 머서를 존경하기로 했다.

그러나 어느 날 갑자기 루시가 사라졌다. 아무도 그 이유를 설명하지 않았고, 애나도 몇 년간 그녀에 대한 얘기를 듣지 못했다.

애나는 루시 머서에게 존경할 만한 뭔가가 있다고 발견한 사람이 자기뿐이 아니라는 사실을 나중에 알게 되었다. 애나는 열여덟 살이 되던 해 여름 엄마의 사촌인 수지 패리시 집에서 테니스 주간[33]을 맞기 위해 로드아일랜드주의 뉴포트로 갔다. 이 행사는 애나가 수행해야 하는 많은 사교 활동 중 하나였다. 애나는 사교계에 발을 들여놓을 때가 되었지만, 이것을 아주 두려워했다. 사라 처칠과 마찬가지로 애나도 사교계 신참이 되는 것을 싫어했다. 그녀는 그런 자리가 어색했고 수줍음을 많이 탔다. 그녀는 의상, 춤에 아무 관심이 없었고, 짝이 될 만한 젊은이와 데이트하기도 싫어했다. 그녀는 자신이 "억지로"[34] 사교계에 발을 들여놓게 되었다고 생각했고, 이렇게 만든 할머니와 부모를 미워했다. 프랭클린과 엘리너 루스벨트는 사회적 견해와 정치적 시각이 놀랄 정도로 진보적이었지만, 이런 진보성이 딸에게는 적용되지 않았다. 엘리너의 일관성 없는 태도에 애나는 특히 놀랐다. 엘리너는 사교계에 드나드는 사람들의 바보 같은 규칙과 김빠진 행동을 끊임없이 비판했지만, 자신이 경멸한다고 말하는 그 세계로 딸을 밀어 넣었다.

애나가 사교계에 발을 들여놓으면서 느낀 불안은 또 다른 고통스러운 느낌으로 대체되었다. 사촌인 수지는 무시무시한 소문을 전해주었다. 수지는 애나에게 몇 년 전에 일어난 "끔찍한 일"[35]에 대해 들려주었다. 해군 차관보였을 때 루스벨트가 "다른 여인"[36]과 "만나고 있었다"는 이야기였다. 이 만남은 당시 "많은 사람들의 입에 오르내렸고,"[37] 사람들은 그녀가 루스벨트와 도망칠 것으로 생각했다고 했다. 그러나 "다행히도 아무 일도 일어나지 않았다". "아무 일"이란 "이혼"을 의미했다. 수지는 그 여자가 애나가 알고 있는 사람이라고 했다. 그 사람은 다름 아닌 루시 머서였다.

갑자기 애나가 혼란을 느꼈던 불편한 일들이 이해되기 시작했다. 왜 루스벨트가 해군 차관보였을 때 캠포벨로에서 가족과 보내는 시간이 점점 줄어들었는지,[38] 또 왜 대단한 애정은 아니었어도 분명 서로에게 따뜻했던 부모가 서로에게 차가워졌는지 이해가 되었다.[39] 또 엄마가 왜 갑자기 가족들의 저택에서 1마일도 더 떨어진 숲에 자신이 쓸 집을 지으려고 했는지 그 이유도 알 수 있을 것 같았다. 애나는 어떻게 해야 할지를 몰랐다. 애나는 수지 패리시가 자신에게 얹어놓은 무거운 짐을 누구에게도 털어놓을 수 없었다. 그리고 이것이 사실인지 확인도 할 수 없었다.

애나는 혼자 고민하며 몇 달간 이 비밀을 간직했지만 어느 날 엘리너와 단둘이 있게 되었을 때 모든 일이 드러났다. 엘리너는 애나 앞에서 무너졌다. 수지 패리시가 말한 이야기는 모두 사실이었다. 엘리너가 설명한 바에 따르면 루시는 1917년 루스벨트 가족을 떠난 후 해군의 여성 부문에서 새 일을 시작했고, 곧 루스벨트의 사무실에서 일하게 되었다.[40] 이것이 우연의 일치인지 아니면 누군가의 의도에 의한 것인지는 알 수 없었다. 그러나 엘리너 모르게 루스벨트와 루시는 거의 1년간 관계를 지속했다. 엘리너는 1918년 유럽 출장에서 몸이 아픈 채 귀국한 루스벨트의 여행가방에서 루시로부터 받은 연서 꾸러미를 발견하고 나서야 이 사실을 알게 되었다. 이에 격분하고 모욕감을 느낀 엘리너는 루스벨트에게 이혼하자고 말했지만 이혼은 그의 정치 경력을 망가뜨릴 게 분명했다. 루스벨트는 다시는 루시를 만나지 않겠다고 약속했다.

애나는 10대 소녀였을 때 엄마 때문에 계속 화가 나 있었다. 우선 엄마는 애나를 맨해튼에 있는 기숙학교로 보냈고 다음에는 그녀에게 사교계에 발을 들여놓으라고 했다. 그러나 엄마에 대한 서운함은 바로 사라져버렸다. 애나는 생전 처음으로 아빠가 엄마에게 입힌 상처 때문에 아빠에게 "대단히 화가" 났다.[41] 애나는 분명하게 한쪽을 편들어야 한다고 생각했다.[42] 애나는 엄마와 가까웠던 적이 없지만, 여자로서 당연히 엄마와 연대를 맺었다. 애나의 마음 한구석에는 나름대로 자신에 대한 염려도 들었다. 만일 엄마와 같은 여자가 이렇게 배신을 당하면 언젠가는 똑같은 일이 "자신에게도 일어날 수 있다"[43]는 생각이 들었다.

루스벨트는 루시를 완전히 자기 생에서 몰아내겠다고 엘리너에게 약속했지만, 이 약속을 지키지 못했다. 1920년 루시는 아이 여섯이 딸린 부유한 홀아비 윈스럽 러더퍼드Winthrop Rutherfurd와 결혼했다. 그러나 루스벨트와 루시는 때때로 편지를 교환했다. 1933년 루스벨트는 조심스럽게 손을 써서 루시가 자신의 첫 대통령 취임식에 참석할 수 있도록 했다. 1941년 러더퍼드가 심장마비를 겪자 루스벨트는 그가 워싱턴에 있는 월터 리드 육군병원에서 치료받을 수 있도록 주선해주었다. 3년 뒤인 1944년 3월 러더퍼드는 사망했고, 루시는 53세의 나이에 남편을 잃었다.

러더퍼드가 죽은 지 석 달 후 어느 날 밤 루스벨트는 애나에게 한 가지를 조심스럽게 물었다. 이때는 애나가 백악관으로 이사 들어온 지 몇 달밖에 안 된 초여름이었다. 엘리너는 하이드파크에서 거의 4주를 보내며 자신이 백악관을 떠나 있는 동안 애나가 퍼스트레이디 역할을 하도록 부탁했다.[44] 루스벨트는 "아주 가까운 친구를 만찬에 초대하려는데"[45] 애나가 어떻게 생각하는지를 물었다. 이것은 평소와 다른 질문이었다. 대통령인 그는 누가 안주인 역할을 하는가에 상관없이 자신이 원하는 사람을 누구든 초대할 수 있었다. 그러나 애나는 이 수수께끼에 싸인 초대자가 누구인지를 바로 알아차렸다. 그리고 왜 아버지가 그녀의 의사를 물어보는지도 알았다. 그가 원하는 것은 애나의 허락이 아니라 축복이었다. 그가 생각하고 있는 손님은 루시였다.

지난 20년간 루시에 대한 기억은 루스벨트 가족에게 그림자처럼 어른거렸다. 이제 애나 자신이 이 고통스럽고 오랫동안 억눌러온 기억을 마주해야 하는 상황에 처했다. 루스벨트의 외도 때문에 엄마가 겪어야 했던 고통이 다시 몰려왔고, 아버지에 대한 그녀 자신의 분노도 다시 떠올랐다. 이제 그는 애나를 아주 힘든 상황으로 몰아넣고 있었다. 그는 루시가 방문하는 것을 엄마에게 알리지 말라고 부탁하면서, 그녀에게 부모 중 한 명을 위해 다른 한 명을 속이라고 하고 있었다. 그는 애나가 외출한 날 밤 루시를 백악관에 초청할 수도 있었다. 그러나 루스벨트는 아마도 무의식적으로 부인의 신뢰를 배신하는 자신의 죄책감을 공유할 사람을 찾고 있었던 것 같다. 그러나 그때 그는 건강이 많이 좋지 않았기 때문에 이것은 "서둘러 결정해야 할 어려운 결정"이었다.[46]

애나는 가능한 상황을 냉정하게 파악하려고 했다. 그녀는 자신이 사랑하는 사람에게 문제가 일어날 때 늘 해오던 것처럼 개인적이고 감정적인 생각을 멀리했다. 애나는 결혼 생활이 완벽한 것과는 거리가 멀다는 사실을 잘 알았다. 결혼 생활은 아주 잘못되고 복잡해질 수 있었다. 그녀는 커티스 달과의 첫 결혼에서 이를 충분히 경험한 상태였다. 한번은 부부싸움 중에 커티스가 부엌칼을 애나에게 던져서 머리 위의 벽에 꽂힌 적도 있었다.[47] 애나의 형제들 결혼생활에 이미 세 번의 이혼이 있었고, 애나는 아직 커티스와 정식으로 이혼하지 않은 상태에서 존 보티거를 만나고 있었다.[48] 존을 정말 사랑하는 그녀는 이번 결혼이 성공하도록 필사적 노력을 기울였다. 하지만 그녀는 어떻게 쫓아낼지 모르는 내부의 악마와 존이 싸우고 있다는 것을 알고 있었다. 먼 곳에 배치되었을 때 보여준 초조와 우울증도 그중 일부였지만, 그런 조짐은 훨씬 이전부터 드러났다. 애나는 이런 문제를 직시하기보다는 아무 문제가 없는 것처럼 행동했다.

결혼 생활의 순결이라는 명분으로 아버지를 비판하는 것은 위선이었다. 더구나 그녀의 부모는 이미 60대였다. 아무리 자식이라도 이들에게 "그건 하지 마세요", "그 사람은 만나지 마세요"[49]라는 식으로 간섭할 수 없었다. 애나는 마치 "이들"이 그녀와 아무 관계가 없는 듯, "이들의 사생활"은 자신이 "간섭할 일"이 아니라고 마음먹었다.

그러나 아무리 애나가 이 상황을 분석적으로 생각해도, 이 문제는 감정적이고 아주 개인적인 것이었다. 아버지는 죽어가고 있고, 애나는 최악의 순간을 피하기 위해 아버지에게 평안과 안락을 주는 일이라면 무슨 일이든지 할 용의가 있었다. 루스벨트를 보면서 애나는 속으로 이런 생각을 했다. "사람들한테 둘러싸이지 않은 채로는 움직일 수 없는 한 남자가 여기 있다."[50] 아버지는 자신의 힘으로 몸을 움직이기도 힘든 사람이었다. 그는 성년이 된 후 나라를 위한 봉사에 모든 시간을 바쳤고, 전쟁 중인 나라의 수장으로서 매일매일 가장 힘든 결정을 내려야 했다. 누구의 생명을 구할 것인가? 얼마나 많은 병사의 희생을 치러야 하는가? 적국 민간인의 생명은 우리 연합군 병사의 생명과 비교하여 얼마나 가치가 있는가? 그는 이런 막중한 결정과, 저마다 자신의 문제를 해결하기 위해 그를 에워싸고 다투는 사람들의 이해관계에서 벗어나 조용한 때가 한시도 없었다. 아버지는 몸이 온전치 못하고 루시는 남편을 잃고 혼자 사는 여자였다. 두 사람의 만남은 지난날의 행복을 추억하며, 즐겁고 마음 편한 대화를 잠시 나누는 것일 뿐, 그 이상 아무것도 아니었다. 만일 이 만남이 아버지에게 즐거움 없는 세상에서 잠시라도 기쁨을 준다면 애나가 어찌 거부할 수 있겠는가?

그래서 애나는 이 만남을 주선하기로 했다. 백악관에서는 프랑스 드골 장군과의 회동이 3일간 이어졌다. 저녁 만찬은 그 회동이 끝난 7월 8일 밤으로 잡혔다. 애나는 루시가 정문이 아니라 행정부 청사에서 가까운 백악관 남서문으로 들어오도록 조치했다. 대통령이 신임하는 집사인 알론조 필즈가 저녁 식사 시중을 들기로 했다.[51] 초대 손님 명단은 대개 공표되었지만 이번에는 비공개로 했다. 엘리너는 이를 알 필요가 없었다. 애나는 죄책감을 느낄 이유가 없다고 굳게 마음먹었다.[52]

1944년 7월 8일 저녁 6시 30분 검은 승용차가 조지타운 록크리크 맞은편 Q 스트리트에 있는 4층 타운하우스 앞에 멈춰 섰다.[53] 한 남자가 안에 앉아 있었다. 밝은 갈색 머리에 푸른 눈을 가진 여자가 집에서 나와 차에 올라탔다. 이 차는 워싱턴 거리의 남동부 지역을 거쳐 NW 17번가에 있는 문을 통과해 백악관으로 들어온 후 경내의 긴도로를 지나 남쪽 잔디밭을 통과해 남쪽 현관 앞에 멈춰 섰다.

애나와 남편 존은 루스벨트의 서재에서 기다리고 있었다. 문이 열리자 휠체어에 탄 루스벨트가 들어오고 그의 옆에 루시 머서 러더퍼드가 있었다. 애나는 열한 살 때 그녀를 처음 만난 후 다시 만난 것이었다. 루스벨트는 그녀에게 편지를 쓰며 자신의 딸에 대해 언급했었다. "애나는 소중하고 멋진 사람이에요. 나는 당신이 그녀를 알게 되길 바랍니다."[54] 지금 루스벨트는 애나에게 엄마한테 큰 고통을 안겨 준 여인을 다시 소개하고 있었다.

이 만남에 대한 애나의 걱정은 순식간에 사라졌다. 루시는 애나가 기억하는 대로 매력적이고 따뜻하며 밝은 사람이었다. 그녀는 "친근"하면서도 "품위"가 있었고, "내면에서 풍겨 나오는 위엄과 차분함으로 자연스럽게 존경심을 불러일으키는" 사람이었다.[55] 그녀를 좋아하지 않을 수가 없었다. 이들이 저녁 식사를 하러 가자 루스벨트의 사촌인 데이지 서클리와 폴리 델라노가 자리를 함께 했다. 50대에 미혼인 두 여자는 언제나 같이 하기에 즐거운 사람이었고, 늘 조심스러워 믿을 수 있는 사람들이었다. 집사가 요리를 나르는 동안 대화는 "마음을 즐겁게 해주었고 유쾌"했다. 이 저녁 식사에서 문제가 될 일은 전혀 일어나지 않았다.

예전에 일어났던 모든 일에도 불구하고 애나는 루시에게 "고마운" 생각이 들었다.[56] 루스벨트에게 루시는 행복했던 날들에 대한 아름다운 추억을 대표하는 사람이었다. 그녀는 포토맥강에서 배를 타며 보낸 여름, 그리고 대공황과 전쟁, 아마도 가장 중요한, 루스벨트가 소아마비에 걸리기 전의 시간을 회상하게 해주었다. 그녀는 "조용하고 나서지 않는" 성격으로 자신에게 주의를 기울일 것을 바라지 않고 루스벨트의 이야기에 귀를 기울였다. 루스벨트 세계에 있는 사람들과 달리 루시는 루스벨트에게 아무것도 바라지 않았다. 그녀는 주는 데만 신경을 썼다. 그녀는 애나와 많이 비슷했다. 루시는 대통령직이 주는 엄청난 압박에서 자유로울 수 있는 얼마 안 되는 소중한 시간을 루스벨트에게 줄 수 있었다. 엘리너도 존경할 만한 자질이 많았지만, 애나는 안타깝게도 엄마는 "이런 것을 아빠에게 줄 수 없다"[57]는 것을 깨달았다.

엘리너는 쉴 줄 모르는 사람이었다. 그녀는 휴식을 게으름으로 생각하는 것 같았다. 심지어 루스벨트가 저녁 시간 전 30분 동안 "아이들의 시간"을 갖고 바텐더 역할을 하며 베르무트를 듬뿍 넣은 마티니를 만드는 것도 시간 낭비라고 생각할 정도였다. 엘리너는 이 시간이 끝날 무렵 들어와 마티니 한 잔을 "벌컥 마시고"[58] 나갔다. 애나는 어느 날 저녁의 에피소드를 기억했다. 엘리너가 업무 문제를 논의하러 방으로 들어왔다. 애나는 그 일에 "완전히 마음을 닫았기" 때문에 무슨 문제였는지는 기억하지 못했다. 엘리너는 서류 더미를 가지고 남편 앞에 앉아서 "프랭클린, 지금 이 문제를 논의하고 싶어요"라고 말했다. 본능적으로 애나는 생각했다. "맙소사, 아빠가 폭발하겠는걸." 큐 사인을 받은 듯 루스벨트는 폭발했다. 그는 종이 더미를 받아서는 애나에게 던졌다. 그러고는 "애야, 네가 내일 아침 엄마 문제 좀 처리해줘"라고 소리쳤다. 너무 많은 서류가 널려서 애나는 "마룻바닥을 다 다니며" 서류를 주워 모았다. 엘리너는 대단한 자제심을 가지고 자리에서 일어나 잠시 숨을 쉰 다음, "미안해요"라고 말하고 다른 사람과 문제를 논의하러 나갔다. 루스벨트는 자신의 술잔을 들어서 마시며 이야기하기 시작했다. 아무도 이 사건에 대해 얘기하지는 않았지만, 저녁 내내 긴장감이 맴돌았다.

그해 여름과 가을 내내 루스벨트는 은밀히 루시를 만났다. 때로는 그녀가 백악관으로 와서 식사하고 갔는데 그 자리에는 늘 애나나 루스벨트의 사촌인 데이지와 폴리가 함께 있었다. 아니면 루스벨트가 Q 스트리트에 있는 그녀 여동생의 집으로 가서 그녀를 차에 태우고 느긋하게 드라이브를 즐겼다. 루스벨트는 자신이 '샹그릴라'라고 부르는 캠프 데이비드에 있는 대통령 별장으로 그녀를 하루 데려가기도 했다. 경호실에서는 루시에게 "존슨 여사"[59]라는 암호명을 붙였지만, 애나는 이런 만남을 "은밀한 관계"로 여기지 않았다.[60] 사실상 애나는 두 사람을 후원하고 지지했다. 애나와 루스벨트는 루시와의 만남을 절대 "관계"라고 하지 않고 "우정"이라고만 표현했다. 두 사람의 만남을 지켜주면서 애나는 세상 누구보다도 사랑하는 아버지와 더 가까워졌다. 이 비밀을 지키는 금고가 된 애나는 아버지에게는 없어서는 안 될 존재가 되었다.

루스벨트와 애나가 얄타로 떠날 즈음에는 루시가 이미 이들의 생활에서 확고히 자리 잡은 존재가 되었다. 항해에 나선 첫날 애나는 버지니아의 해안을 항해하는 퀸시호의 갑판에 루스벨트와 나란히 앉아 있었다. 배가 앞으로 나가는 동안 루스벨트는 애나에게 해안에서 발견할 수 있는 많은 종의 새에 대해 얘기해주었다. 갑자기 그는 말머리를 돌려서 "저기가 루시가 자란 곳이야"[61]라고 너무나 자연스럽게 말했다. 루스벨트의 생일인 1월 30일, 항해 중인 배의 승무원은 그에게 아침상을 가져오면서 깜짝 생일선물을 가져왔다.[62] 그것은 루시와 사촌인 데이지가 보낸 선물이었다. 두 사람은 워싱턴의 상점을 샅샅이 뒤져 작은 선물들을 모았다. 웜스프링스의 천 냅킨,[63] 주머니에 들어가는 머리빗, 실내 온도계, 바람 속에서도 불을 붙일 수 있는 라이터가 상자 안에 들어 있었다.[64] 서로 잘 맞지 않는 조합 같았지만, 루스벨트는 즐거워했다. 그는 "이 상자를 받을 때까지"[65] 생일을 잊고 있었다고 애나에게 말했다.

이와 대조적으로 루스벨트는 엘리너로부터는 생일 축하 카드도 받지 못했고,[66] 그 대신 전 부통령 헨리 월리스가 상원에서 상무장관 인준을 받는 데 어려움을 겪고 있다는 편지만 받았다. 이것이 루스벨트가 워싱턴을 떠난 후 엘리너로부터 받은 유일한 메시지였다.

알타에 도착한 후 하루가 지나고, 또 하루가 지나고, 여러 날이 지나도록 엘리너로부터는 아무 소식이 없었다. "나는 미국을 떠나온 후 엄마로부터 편지 한 줄 받지 못했고, 아빠도 소식을 들었다고 얘기한 적이 없어요"[67]라고 애나는 2월 7일 존에게 썼다. 편지 배달에는 아무 문제가 없었다. 애나는 존에게서 오는 편지와 첫 결혼에서 얻은 자녀인 엘리와 커티스로부터 편지를 받았다. 두 아이는 각각 샌프란시스코와 위스콘신주 레이크 제네바에서 기숙학교에 다니고 있었다. 다섯 살 난 아들 자니로부터도 편지가 왔다.[68] 그는 스펠링 게임을 하고 삼촌과 함께 거인과 마녀에 대한 책을 읽으며 즐거운 시간을 보내고 있었다. 자니는 아빠를 통해 "재밌는 그림이 그려진"[69] 편지를 보내달라고 애나에게 부탁했다.

교호맥의 고통에 시달리는 루스벨트와 애나는 2월 8일 스탈린이 주최하는 만찬을 향해 출발할 때까지 엘리너로부터 한마디 안부 인사도 받지 못했다. "아주 슬픈 일이에요"[70]라고 애나는 존에게 썼다. "아빠는 자신이 한 일과 자신이 좋아하는 사람들에 대한 엄마의 태도를 놓고 불평을 쏟아놓았어요. 그럴 때 말고는 엄마 얘기를 한 적이 없어요." 루스벨트와 엘리너는 5천 마일 이상 떨어져 있었지만, 애나는 자신이 아직 두 사람 사이에서 심판 노릇을 하고 있다는 것을 깨달았다. 애나는 존에게 이렇게 적어 보냈다. "이런, 이 모든 것을 보다니 나는 얼마나 운이 좋은지요. 하지만 내 두 팔로 당신 목을 꼭 끌어안고, 당신이 나를 숨이 막히도록 꼭 껴안아준다면 얼마나 황홀할까요."

아마 애나는 부모님의 복잡한 관계를 생각하느라 감상적인 말로 편지를 마무리했을 것이다. 그녀는 존에 대한 불안감이 있었지만 자신의 결혼생활은 순탄하게 이어가야겠다고 마음먹었다. "내 사랑, 이렇게 서로 떨어져 있다는 건 말도 안 돼요." 애나는 존과 자신에게 힘을 북돋아주기 위해 사랑이 가득한 말로 편지를 채웠다. 다시 한 번, 애나는 사랑하는 사람들을 지탱해줘야 하는 부담을 지고 있었다. "나는 밤낮으로, 우리의 모든 경험과 일과 놀이에서 시차 없이 미국에 있는 것처럼 느끼기를 갈망해요. (전쟁을 치르고 있는) 이 기간이 지나고 나면 나는 세상의 그 어떤 것, 아니 모든 것보다 당신을 원해요. 가능하다면 다음 생에서도 그럴 거예요."

15장

1945년 2월 8일

캐슬린과 애버럴은 스탈린이 주최하는 만찬에 참석하기 위해 코레이즈 궁으로 차를 타고 갔다. 캐슬린은 "너무 당황스러운" 느낌이었다.[1] 그녀는 애나, 사라와 같이 만찬에 초대되었다. 그러나 만찬 직전에 그녀는 자신이 초청되었기 때문에 다른 사람들이 만찬에 초대되지 못했다는 것을 깨달았다. 캐슬린이 만찬에 초대되면서 마셜 원수나 킹 제독이 만찬에 빠져야 했다. 캐슬린은 사회적, 정치적 위계질서에 거리낌이 없기는 했지만, 미군과 해군 총사령관이 초대받지 않은 자리에 자신이 가는 것은 옳은 일이 아니었다. 캐슬린은 "공식 모임보다 오히려 사교적 모임에 초대받지 못한 사람들이 얼마나 감정과 자존심이 상하는지를" 잘 알고 있었다. 그녀는 애나를 찾아서 이렇게 말했다. "제발, 초청자 명단에서 나를 빼주세요." 애버럴도 손을 쓰려고 했지만, 애나는 명단을 바꾸려고 하지 않았다. 루스벨트는 이날 만찬이 "가족적 분위기"에서 진행되기를 바랐다. 그는 미국 측에 배정된 열 명의 초청 명단에 뉴욕주의 민주당 지도자이며 자신의 최측근 자문인 에드 플린을 포함시켰다. 플린은 얄타회담에서 맡은 공식 업무가 없었고, 회담 후 모스크바에서 진행되는 소련의 종교 상황에 대한 논의에서 가톨릭을 대표해 참석할 예정이었다. 그는 루스벨트에게 친구가 필요해서 얄타회담에 온 것 같았다. 지금까지 그는 브루엔과 같이 방을 쓰면서[2] 여기저기를 기웃거리고, 거대한 사모바르(러시아 주전자)에서 차를 따라 마시고,[3] 리바디아 궁전의 테라스에 앉아 명상하듯이 바다를 바라보았다.[4] 플린과 캐슬린이 초청되면서 마셜과 킹은 만찬에서 빠져야 했다.[5]

애버럴도 캐슬린과 마찬가지로 이런 초청 명단에 마음이 편하지 않았다. 이런 상황에 대해 마셜과 킹은 개인적으로 어떻게 느끼고 있는지 말하지 않았지만, 만일 영국과 소련 측이 군사령관들을 데려오면 상황은 이상해질 수밖에 없었다.[6] 영국과 소련은 군사령관들이 참석할 것이 분명했다. 두 사람이 탄 차가 어두운 해안도로를 달리는 동안, 애버럴은 캐슬린에게 만찬에 초대되었으니 "러시아어로 멋있게 건배사를 해야 한다"[7]고 말했다. 그는 애나와 사라가 러시아어로 건배사를 할 수 없으니 캐슬린이 "저녁 식사 티켓"을 받은 대가로 세 딸을 대표해서 건배사를 해야 한다고 말했다.[8]

캐슬린은 "가슴이 철렁하는"[9] 것을 느꼈다. "영어로 건배사를 하기도 쉽지 않은데"[10] 하고 그녀는 생각했다. 스탈린, 몰로토프, 러시아 대사들, 소련군의 군사령관들 앞에서 러시아어로 건배사를 하는 것은 "훨씬 더 겁나는" 일이었다. 그녀는 이런 생각에 긴장했지만, 차가 코레이즈 궁에 도착할 때 "좋은 생각이네요"라고 말해야 했다.

그 주에 애버럴은 코레이즈 궁을 몇 번 방문했지만, 캐슬린이 스탈린의 거처를 방문한 것은 이번이 처음이었다. 리바디아 궁전과 마찬가지로 코레이즈 궁도 러시아 건축가 니콜라이 크라스노프가 설계했다. 이 궁전은 회색 돌을 이용하여 이탈리아식으로 지어졌는데, 직사각형의 측면 건물에 녹색 정원이 내려다보이는 아치형 테라스와 창문들이 있어서 부드러운 느낌이 들었다. 이 건물은 리바디아 궁전보다 작고 친밀해서 국제적 정상회담보다는 주말 집안 파티에 적합한 장소 같았다.

안으로 들어가자, 만찬 참석 인원이 30명으로 제한된 이유를 분명히 알 수 있었다. 캐슬린은 기다란 직사각형 식탁이 식당을 거의 다 차지하고 있어서 열대 식물 화분 두 개와 장식용 대리석 벽난로가 놓인 공간밖에 없다는 것을 알아챘다.[11] 좌석은 식탁 양편에 열네 명씩 앉도록 배치되었다. 젊은 여성들은 일반적으로 소련의 정치적 만찬에 초대되지 않았기 때문에 캐슬린은 '작은 세 사람'이 어느 자리에 앉게 될지가 너무나 궁금했다.[12]

손님들이 서로 어울려 잡담을 나누는 동안, 캐슬린은 다른 대표단이 군사령관을 데려온 것을 확인할 수 있었다. 영국은 군사령관들이 모두 참석했다. 왕립영국군 총사령관인 앨런 브룩 원수, 공군 사령관 피터 포털 원수, 해군 사령관 앤드루 커닝엄 제독, 처칠의 수석 군사고문인 헤이스팅스 '퍼그' 이즈메이와 해럴드 알렉산더 원수가 만찬장에 왔다. 소련 측에서는 각각 육·해·공군 사령관을 맡고 있는 니콜라이 쿠즈네초프 제독, 알렉세이 안토노프 장군, 세르게이 후댜코프 원수가 모두 참석했다. 영국과 소련 측은 미국 측에서 군 지휘관 중 레이히 제독만이, 게다가 루스벨트의 군사고문 자격으로 만찬에 참석한 것을 의아하게 생각했다.[13] 만일 캐슬린이 영향력을 발휘할 수 있었다면 레이히 제독 대신 마셜 장군을 초대했을 것이다. 마셜은 캐슬린에게 전쟁 이야기를 재미있게 들려주어 이 회담에서 단번에 그녀가 좋아하는 참석자들 중 한 사람이 되었다.[14] 반면에 그녀는 레이히를 정말 싫어하게 되었다. 캐슬린은 전날 레이히가 프랑스인들에 대해 설명을 늘어놓았다는 얘기를 전해 들었다. "맙소사, 그는 프랑스 사람들을 미워해. 그는 미국이 유럽에서 손을 떼어야 한다는 논리를 폈는데, 내 생각에 그렇게 되면 고립주의로 돌아가는 거야. 나는 그의 생각에 조금도 동의하지 않아."[15] 캐슬린은 파멜라에게 이렇게 썼다.

애버럴은 캐슬린을 시켜 이틀 뒤 얄타를 떠나 런던으로 돌아가는 피터 포털에게 파멜라에게 보내는 자신의 편지를 전달해달라고 부탁했다.[16] 포털은 연애 문제에서 애버럴의 경쟁자였지만, 애버럴이 얼마 동안 모스크바에 머물러야 하므로 자신에게 별로 위협이 되지 않는다고 생각했다. 파멜라에게 편지를 전하는 일은 런던에서 그녀를 만날 수 있는 좋은 구실이 되었다. 문제는 애버럴이 아직 그 편지를 쓰지 않았다는 데 있었다. 애버럴은 만찬 후 편지를 써서 다음 날 아침에 전달하겠다고 했다. 그러나 만찬이 자정 전에 끝날 가능성은 없기 때문에 포털은 이 말이 지켜질 것이라고 생각하지 않았다.

캐슬린은 식당을 둘러보았다. 처칠, 스탈린, 루스벨트, 군 지휘관들, 세 명의 외무장관, 세 명의 통역, 그리고 사라, 애나, 에드 플린 외에 제임스 번스(지금은 분명 차분하고 정신을 차린 듯했다), 소련 주재 영국 대사 클라크 커, 영국 주재 소련 대사 표도르 구세프, 미국 주재 소련 대사 안드레이 그로미코, 소련 외무차관 이반 마이스키와 안드레이 비신스키도 그 자리에 있었다. 해리 홉킨스는 일찍 침실로 돌아가 만찬에 오지 않았다.

캐슬린은 손님 모두를 이미 알고 있거나 알아볼 수 있었지만, 방구석에서 왔다 갔다 하는 단 한 사람은 예외였다. 그는 아직까지 서방 사람들에게 얼굴을 보이지 않았던 NKVD 수장인 라브렌티 베리야였다. 스탈린이 드디어 그를 그늘 밖으로 나오도록 풀어준 것이다.

베리야의 존재는 소련 사람들을 공포에 떨게 하고, 그가 하는 모든 말의 의중을 추측하게 하기에 충분했다. 그가 만난 모든 사람은 과거의 어떤 일이 역모행위로 조작되고 해석되지 않을까 두려워했다. 소련 정치국의 가장 막강한 동료들도 이러한 위협을 느꼈다. 당시 우크라이나공화국의 제1서기를 맡고 있던 니키타 흐루쇼프는 베리야가 모스크바에 나타나면 "스탈린과 그 주변을 차지하고 있는 사람들의 생활이 완전히 달라진다"[17]고 말하기도 했다. 한번은 스탈린이 흐루쇼프에게 베리야는 "술을 가장 많이 마시는 사람에게 늘 공포나 경쟁을 유발한다"고 말하기도 했다. 얄타 만찬장과 같은 모임에서 술이 가져오는 효과는 스탈린에게 이롭게 작용할 터였다.

캐슬린은 베리야의 부하들 중 일부를 잘 알고 있었다. 그녀는 모스크바에서 첫 겨울을 보냈을 때, 자신의 소련 생활 적응 이야기를 처칠 수상의 아내 클레멘타인에게 편지로 적어 보냈다. 그녀는 "때로 일요일에 우리는 스키를 타러 가곤 해요"[18]라고 썼다. "여기서 '우리'는 물론 우리 둘과 남성 비밀경찰 네 명을 뜻해요. 요원 하나는 스키를 타면서 애버럴을 따라잡지 못해 고생했고, 나머지는 슬로프에서 그를 관찰할 수 있는 위치에 서 있었어요." 캐슬린은 그들이 늘 애버럴의 주변을 맴돌았기 때문에 그들을 애버럴의 "천사들"[19]이라고 불렀다. 캐슬린은 편지에 이렇게 썼다. "나는 그들이 거기 있는 게 애버럴을 보호하기 위해서인지, 사람들을 애버럴로부터 보호하기 위해서인지 모르겠어요. 아무튼 그들은 온갖 물건들을 가지고 다녀서 아주 유용해요. (…) 성냥 가지고 다니는 것을 절대 잊지 않는 것 같아요!"[20] 캐슬린은 재미있게 편지를 썼지만, NKVD를 결코 우습게 봐서는 안 된다는 것을 잘 알고 있었다.

캐슬린은 베리야가 불쑥 나타난 점이 흥미로웠다. 처음으로 베리야를 본 그녀는 그가 "작고 뚱뚱하며, 사악한 인상을 주는 두꺼운 안경을 끼고 있다"[21]라고 묘사했다. 그러나 이와 동시에 그의 모습은 "아주 친근한" 인상을 풍겼다. 캐슬린에게 베리야의 참석은 불안감을 주었지만 위협적이지는 않았다. 그녀는 보호받는 위치에 있었던 것이다. 베리야가 직접 그녀를 위험에 빠뜨릴 수는 없었다. 그럼에도 그녀는 베리야가 자신이 만난 사람 중에 "가장 무서운 사람"이라는 것을 알았다. 베리야는 소련 국민에게 심어놓은 공포심 덕에 출세했고, 이렇게 공포를 만들어냈기에 베리야, 그리고 더 나아가 스탈린과 소련 정권이 개인을 통제하고 국민들을 굴종시킬 수 있었다. 서방 사람들을 조종하는 일에서는 그 수법이 좀 더 정교해야 했다. NKVD는 처칠, 루스벨트, 해리먼을 공개적으로 위협할 수는 없었다. 소련 안에서 정적들을 다루는 체포, 비난, 증거 없는 기소와 재판 같은 수법은 당연히 쓸 수 없었다. 그러나 이런 지위에 있는 사람들을 압박할 다른 방법은 있었다.

캐슬린은 알지 못했지만 몇 주 전인 1월 애버럴은 베리야의 측근 중 한 사람인 파벨 수도플라토프와 이상한 만남을 가졌다.[22] 애버럴은 소련 외무부 미팅 중 그를 만났는데, 그는 얄타회담 준비를 맡고 있는 파벨 마트베예프라고 소개되었다. 이 만남 후 수도플라토프는 얄타회담 준비 상황을 계속 논의하기 위해 모스크바의 조지아 식당에서 오찬을 하자며 애버럴을 초대했다. 오찬 중 수도플라토프는 해리먼이 얄타회담 논의 주제, 그중 특히 폴란드 문제에 대한 미국 측의 입장을 좀 더 상세히 털어놓도록 유도했다. NKVD는 이 대화의 내용을 녹음해서 스탈린을 위해 해리먼의 심리 상태를 분석하려고 했지만, 해리먼의 속내는 거의 드러나지 않았다.

초조해진 수도플라토프는 상대를 협조하게 만드는 오래된 수법을 썼다. 아주 정중하게 이 NKVD 요원은 해리먼에게 이렇게 말했다. "따님이 모스크바에서 벌이는 모험에 좀 더 주의를 기울여야 합니다. 러시아 젊은 남자들과의 관계가 그녀를 곤란하게 할 수 있기 때문이지요."[23] 그러나 마트베예프란 이름을 사용하는 이 인물이 NKVD 요원이라는 것을 알고 있던 해리먼은 캐슬린이 소련 젊은이들과 부적절한 연애를 하고 있다는 이 암시를 무시했다. 캐슬린은 스키장이나 발레공연장에서 러시아인들을 많이 만났지만, 이들과의 관계는 전혀 문제 될 것이 없었다. 캐슬린은 언니에게 보내는 편지에서 이 사람들에 대해 농담하며 소련 관리들 중 친밀한 사람을 러시아 보이프렌드와 같은 명칭으로 부르곤 했지만 그것은 우스갯소리에 지나지 않았다. 러시아 청년들과 공개적으로 만나는 것은 그녀의 언어 습득에 도움을 주었다. 수도플라토프는 캐슬린에 대한 이 경고를 "우정에서"[24] 해주는 것이지 절대 "협박"이 아니라고 말했다. 그는 해리먼이 스탈린으로부터 "상당히 존중을 받고 있다"는 말도 했다. 그가 이런 말을 하는 "목적"은 해리먼 부녀가 "자신들의 어떤 도발도 받지 않는" 위치에 있으며, "개인적이거나 외교적인 어떤 미묘한 문제라도" 털어놓아도 된다는 것을 보여주는 데 있었다. 해리먼은 그의 말을 무시하고 얄타에 손님들을 위한 충분한 보드카와 캐비아가 준비되었는지를 되물으며, 수도플라토프가 그런 문제를 잘 챙겨야 한다면서 수다를 이어갔다. 면담이 끝날 때 수도플라토프는 차 끓이는 도구를 러시아 정부의 선물이라며 해리먼에게 내놓았고, 결국 자신의 목적을 달성하지 못하고 조용히 사라졌다.

베리야와 NKVD는 해리먼 부녀를 협박하는 데 실패했지만, 새로운 목표물과 이들을 올가미에 묶을 다양한 방법이 있었다. 베리야는 대표들과 격의 없이 얘기를 나누면서 몇 발짝밖에 떨어져 있지 않은 한 사람에게 다가갔다.

캐슬린, 애나와 마찬가지로 사라도 아버지와 함께 오후 9시 조금 전에 만찬장에 도착했다. 늘 그렇듯이 그녀는 곧게 내려온 넥타이와 반짝이는 단추가 돋보이는 푸른 장교복을 말끔하게 차려입었다. 제복 규정을 살짝 어기고 그녀는 스탈린의 딸인 스베틀라나가 선물로 보내준 브로치를 옷깃에 꽂았다.[25] 이런 작은 위반은 영국-소련 동맹에 대한 우애의 제스처로 용서받을 것이 분명했다.

캐슬린은 이런 파티에 참석하는 데 부담을 느꼈지만, 사라는 조금도 거리낌이 없었다. 사라는 아버지가 유명하고 부유하며 권력이 막강한 사람들과 만찬을 하는 모습을 옆에서 지켜보며 자라왔다. 그런 자리에는 유명한 외교관, 관리들과 T. H. 로런스 같은 중동 전문가와 무성영화 스타 찰리 채플린도 포함되어 있었다. 사라는 테헤란회담에서도 이와 유사한 만찬에 참석한 경험이 있었다. 스탈린의 만찬이 불러일으키는 흥미가 처칠과 루스벨트가 테헤란에서 주최했던 만찬의 절반밖에 안 되더라도 그녀는 초대를 거절할 이유가 없었다.

사라는 만찬이 시작되길 기다리면서 전쟁 초기 영국 주재 소련 대사였던 "아주 친절한"[26] 이반 마이스키와 잡담을 나누고 있었다. 갑자기 한 남자가 그녀 옆으로 다가오면서 대화를 나누는 사람이 두 명에서 세 명으로 늘어났다. 그는 사라 정도의 키에 코안경을 쓰고 있었고, 치아는 누런색이었다.[27] 그는 신체가 위압적이지는 않았지만 금세 대화의 분위기를 어둡게 만들었다. 사라는 이 사람이 NKVD로 개명한 OGPU의 수장인 베리야라는 것을 바로 알아차렸다.

그날 오후 회의가 진행되는 동안 사라는 처칠의 해군 보좌관 토미 톰슨, 그리고 소련 측이 통역 겸 안내자로 보낸 사람과 함께 차를 타고 안톤 체호프의 집으로 갔다. 캐슬린 해리먼도 얄타에 모든 사람이 도착하길 기다리는 동안 그 집을 방문했다. 사라와 톰슨은 '국가 운영 문화기관'[28]이라는 간판이 붙은 흰색으로 칠해진 다차로 갔을 때 이 집이 아주 낡아 보인다고 생각했다. 마당에는 잡초가 무성했고, 집 안에서는 유명한 작가의 여동생 마리아 체호바가 기다리고 있었다. 캐슬린이 방문했을 때와 마찬가지로 이 노년의 여인은 러시아 통역과 경호원이 있는 자리에서 대화를 나누는 것을 불안해하고 부담스러워하는 것 같았다. 사라는 러시아혁명 전에 프랑스어가 러시아 엘리트들의 언어였다는 것을 알고 있었다. 파리에서 학교를 다닌 사라는 뛰어난 프랑스어를 구사했다. 그녀는 체호바 여사와 바로 프랑스어로 소통하려고 했다. 다행히 통역은 프랑스어를 이해하지 못했다. 그러나 아직 공포가 깊이 자리 잡고 있는 상태에서 노인은 자신을 보호하기 위해 생긴 습관을 쉽게 없애지 못했다. 프랑스어로 대화를 나누면서도 체호바는 불안을 떨치지 못하고 행여 통역관이 알아들을까 봐 본질적인 얘기는 하지 않았다.

마리아 체호바가 보인 과묵함은 베리야와 비밀경찰이 러시아 사람들의 마음에 심어놓은 공포의 전형적인 예였다. 러시아의 가장 저명한 작가의 여동생인 존경받는 여인도 예외가 아니었다. 지금 스탈린의 스파이대장이 사라 옆에 서서 그녀가 무슨 말이라도 하기를 기다리고 있었다. 그러나 무슨 말을 할 수 있겠는가? 두 사람은 같이 대화를 나눌 주제가 전혀 없었고, 베리야는 사라가 친근하게 얘기를 나눌 수 있는 유형의 사람도 아니었다. 그녀는 어색한 침묵을 깨기에 적당한 말을 마음속으로 생각해보았다. 그녀는 영국 대표단이 러시아어 회화 책에서 배운 몇 마디 말이 생각났다.[29] 지난 며칠 동안 피터 포털은 식사 때마다 러시아어 표현을 열심히 익혔고, 사라도 그 옆에서 몇 마디를 배웠다. 다른 대화 주제를 생각해내지 못한 사라는 배운 것을 연습하기로 했다. 그녀는 배우로서 익혔던 행동을 다시 동원하고, 긴장을 떨쳐버리며 마이스키의 도움을 받아 머릿속에 떠오르는 러시아어를 몇 마디 말했다.

처음 내뱉은 "예", "아니요", "감사합니다", "부탁합니다", "들어오세요", "염려하지 마세요", "차와 커피"[30] 같은 말에 베리야는 별 반응을 보이지 않았다. 그러나 그녀는 마지막 말을 했을 때 가장 평범한 말이라도 베리야에게 하면 문제를 일으킬 수 있다는 것을 알았다. 사라가 한 마지막 말은 "뜨거운 물 한 병 얻을 수 있을까요?"[31]였다. (분명 2월에 영국이나 소련에서 흔히 할 수 있는 말이었다.)

사라는 이 말을 농담으로 했지만, 이 순진한 말에 베리야는 통통한 학자 스타일에서 자신의 정치적 목적을 달성하기 위해 호색한이 사용하는 농담을 던지는 공격자로 변신했다. 둥근 안경 너머로 사라의 붉은 머리칼과 호리호리한 몸매를 음흉하게 바라보면서 그는 다음과 같은 말을 했고, 마이스키가 이 말을 영어로 통역했다. "당신한테 그런 것이 필요한 것 같지 않네요. 당신 안에는 이미 불길이 타오르고 있어요!"[32]

사라가 이 음흉한 말에 미처 대답하지 못하는 사이에 만찬이 시작되었다. 베리야가 눈독을 들였던 운이 없는 다른 여자들과는 달리 사라는 그에게 더 말려들지 않고 구출되었다. 이런 기괴한 만남에 겁을 먹기보다 재미를 느낀 사라는 식탁 끝 좌석에 앉은 후 "눈이 반짝이는"[33] 비신스키에게 이 말을 다시 써먹었다. 사라는 비신스키가 농담을 제대로 이해하지 못할 것이라고 "확신하고" 이 말을 다시 했다. 그러자 그는 "진지하게, 전혀 놀라지 않으며" 이렇게 물었다. "왜요? 몸이 좋지 않으세요?" 사라는 자신이 농담으로 이 말을 했다는 것을 이해시키기 위해 그에게 한참 얘기해야 했다. 사라는 그가 1930년대 스탈린의 경쟁자 50명을 형장으로 보낸 스탈린의 대숙청 시기에 공개재판을 진두지휘한 소련 검찰총장이었다는 사실을 미처 알지 못했고, 분명히 이 소련 관리는 영국 유머를 이해하지 못했다.

같은 시간 그 방의 다른 쪽에서는 또 다른 공허한 대화가 진행되고 있었다. 3국 정상의 만찬이 시작되기 전 버릇처럼 소동을 일으켰던 제임스 번스는 루스벨트 대통령이 앉아 있는 자리로 다가와 서방 연합국이 새 평화기구에서 스탈린이 요구한 추가적인 두 표를 양보한 것은 "큰 실수"[34]였다고 당당하게 말했다.

루스벨트는 번스가 한 말이 귀에 들어올 리가 없었고, 사교적 만찬 자리에서는 더욱 그랬다. 그는 전 대법관의 말을 반박하며 자신은 "소련이 최종적으로 합의한 상태에서 세계평화기구에 대한 전체적 제안을 위험하게 만들고 싶지 않아서" 스탈린의 요청을 "거부하지 않았다"[35]고 말했다. 번스는 다음 날 예정된 처칠과의 오찬에 초대되었다. 그들은 번스가 우려한 문제를 그때 얘기할 수 있었지만, 루스벨트는 "이 문제를 재론하기에는 이미 늦었다"고 말했다. 번스는 식탁 끝에 있는 자기 자리로 돌아갈 수밖에 없었다.

손님들이 자리를 잡자 풍성한 코스 요리가 하나씩 나오기 시작했다. 다시 한 번 손님들에게 러시아 최고의 정찬 코스를 제공하고자 마련된 저녁 메뉴는 대단했다. 붉은 캐비아, 청어 요리, '발리크'라고 불리는 건조된 염장 생선, 차가운 돼지고기, 여러 가지 치즈, 오리 요리, 샴페인 소스를 곁들인 연어 요리, 숭어 요리, 튀긴 고등어, 양고기 케밥, 송아지 안심 스테이크, 메추라기 고기 볶음밥, 들꿩 요리, 두 가지 닭 요리, 빵가루를 묻힌 콜리플라워, 과일과 커피가 차려졌다.[36] 조지아 출신인 스탈린의 취향에 맞춰 '추르츠헬라'라고 불리는 조지아식 디저트도 나왔다. 이 디저트는 호두, 초콜릿, 건포도를 과일 주스에 담근 다음 햇볕에 말린 양초처럼 생긴 캔디였다. 주빈인 스탈린은 식탁 한가운데 앉았고, 오른편에는 루스벨트, 왼편에는 처칠이 자리했다.[37] 그 맞은편에는 세 외무장관이 자리를 잡았다. 사라는 처칠이 앉은 곳에서 조금 떨어진 자리에 앉았고, 애나도 루스벨트가 앉은 줄에 앉았다. 소련 측은 캐슬린을 사라 맞은편 칩 볼런과 안토노프 장군 사이에 앉게 했다. 애버럴 해리먼은 안토노프에서 두 자리 떨어진, 앨런 브룩 원수 옆에 앉았다.

모든 사람이 자리에 앉자 이들 앞에 놓인 잔에 보드카와 와인이 채워졌다. 이날 사회자 역할을 맡은 몰로토프는 건배사가 시작된다고 알렸다.[38] 스탈린이 일어나 자신의 왼쪽에 앉은 신사를 위해 건배사를 제의하며 만찬을 시작했다.

"나는 대영제국의 지도자이며 전 세계 수상 중 가장 용감한 분을 위한 건배사를 제의합니다. (…) 유럽 전체가 히틀러에게 무릎을 꿇었을 때도 처칠 수상은 분연히 일어나 아무 동맹도 없이 독일에 맞서 싸웠습니다. (…) 백 년에 한 번 탄생하기도 힘든 분의 건강을 위해 건배를 제의합니다."[39]

스탈린은 아주 짧은 순간 처칠과 눈을 마주쳤지만, 그의 건배사는 진실로 들렸다.[40] 사라는 전반적으로 소련 지도자가 "곰의 눈을 한 무서운 인물이었고, 그의 눈빛은 '어두운 물에 비치는 차가운 햇빛'처럼 강렬했다"[41]고 묘사했다. 그러나 스탈린이 처칠처럼 "당당하고 교묘한 대단한 유머 감각"[42]을 가지고 있다고 평했다. 그날 밤 스탈린은 "아주 컨디션이 좋은"[43] 것처럼 보였다. 사라는 그의 목소리가 "친근하고 유쾌하다"고 생각했고, 진심 어린 아량을 보여주는 듯한 그에게 감동을 받았다고 썼다.

다음으로 처칠이 일어나 스탈린의 찬사에 대한 답사를 했다. "우리는 스탈린 원수의 생명이 우리 모두의 희망과 용기에 가장 소중한 것이라고 생각합니다. 제가 드리는 이 말은 과장이나 미사여구가 아닙니다."[44] (허술하게 웨이터 복장으로 위장하고 스탈린 바로 뒤에 선 경호원도 이에 동의했음이 틀림없다.)[45] "세계 역사에는 많은 정복자들이 있었지만, 그들 중 아주 일부만이 진정한 정치가였습니다. 대부분의 정복자는 전쟁 후 이어진 갈등에 승리의 과실을 던져버렸습니다. (…) 나는 이 위대한 분과의 우정 어린 친근한 관계 속에서 좀 더 큰 용기와 희망을 가지고 이 세상을 헤쳐 나가겠습니다."[46]

처칠이 건배사를 마치자 외교관들은 자리에서 일어나 테이블을 돌아 처칠과 잔을 부딪친 후 두 번째 잔을 비웠다.[47] 이날 이어진 건배는 경의를 표하기 위해서였지만, 불쌍한 웨이터들에게는 악몽과 같았다. 이들은 음식이 식지 않도록 건배사 사이사이에 새 음식을 나르느라 고생했다. 알코올중독에서 회복 중인 에드 플린은[48] 이날 술을 건너뛰며 수많은 건배와 코스 요리의 총수를 헤아렸다.[49]

다음으로 스탈린은 오른쪽으로 몸을 돌려 루스벨트를 위한 건배사를 했다. 처칠과 마찬가지로 자신도 참전 결정이 쉽지 않았다고 스탈린은 주장했다. 영국과 소련은 "살아남기 위해 싸워"왔다.[50] 그러나 스탈린이 보기에 루스벨트는 특별한 찬사를 받을 자격이 있었다. "미국은 전쟁으로 직접적인 위험을 겪지는 않았지만", 루스벨트는 "전 세계가 히틀러에 대항하도록 이끈 기구들을 조직"해냈다. 무기대여법은 "동맹들이 히틀러에 계속 대항할 수 있도록 만든, 루스벨트 대통령의 가장 뛰어나고 핵심적인 업적 중 하나"라고 스탈린은 선언했다.

그러자 루스벨트가 자리에 앉은 채 잔을 들며 스탈린에 대한 답사를 하고 싶다는 신호를 보냈다. 스물아홉 명의 눈이 일제히 그에게 쏠렸고, 애나도 마찬가지였다. 몇 달 전 자신보다 스무 살이나 어린 토머스 듀이와 대통령 선거에서 맞붙은 루스벨트가 워싱턴주 브레머턴에서 선거 연설을 할 때, 애나는 루스벨트가 한때 자랑하던 힘과 에너지를 가지고 연설할 수 있을지 염려했다.[51] 루스벨트의 연설문을 작성한 샘 로젠먼은 아무 문제가 없을 거라고 애나를 안심시켰다. 실제로 아무 문제도 없었다. 하지만 오늘 밤 루스벨트는 멋진 연설을 하지 못할 수도 있었다. 그의 건강은 조금이라도 방심할 수 없는 상태였다.

"오늘 만찬은 가족 같은 분위기 속에 진행되고 있습니다"[52]라고 루스벨트는 말을 시작했다. 그는 이런 분위기가 "우리 세 나라 사이에 존재하는 관계"를 그대로 느끼게 해준다고 말했다.

식탁 건너편에서 그의 말을 주의 깊게 듣고 있던 캐슬린은 소련 측과 서방 대표단을 "행복한 가족"이라고 표현한 것은 좀 "과장된 표현"[53]이라고 생각했다. 그러나 루스벨트의 감정은 진심인 것 같았다.

이어서 루스벨트는 세계가 지난 3년간 상당히 변했고, "앞으로 더 큰 변화가 올 것"[54]이라는 점을 강조했다. "세 연합국 지도자는 각자 자신의 방식대로 자국민의 이익을 위해 일하고 있습니다. (…) 50년 전에는 사람들이 기회를 가질 넓은 분야가 없었고 희망도 없었지만 그 사이 많은 것이 성취되었습니다. 그러나 아직도 사람들이 기회와 희망을 갖지 못하는 분야가 많이 남아 있습니다." 그는 세 사람이 한자리에 앉은 이유는 "이 지구상의 모든 남자와 여자, 어린이에게 안전과 행복의 가능성을 주기 위해서"라고 강조했다.

캐슬린과 마찬가지로 피터 포털도 이 말에 확신이 가지 않았다. 그는 개인적으로 루스벨트의 말은 전부 "기지의 불꽃이 번뜩이지 않는 감정적인 헛소리"[55]라고 생각했다. 그러나 루스벨트가 말하고 있을 때 뭔가가 심각하게 잘못됐다고 생각한 사람은 아무도 없었다. 루스벨트 오른쪽으로 몇 자리 떨어져 앉아 있던 애나는 안도의 한숨을 쉬었다. 이번 연설은 루스벨트의 정치 경력에서 가장 멋진 연설은 아니었지만, 그는 자신의 건강에 대해 어떤 소문이 돌건, 자신이 미래의 일부가 될 의사가 있다는 것을 사람들에게 다시 확신시켰다. 그는 전쟁을 이끈 것처럼 평화도 이끌 터였다.

만찬은 계속되었다. 웨이터들은 계속 요리를 날랐고, 잔이 거듭 채워지고 건배사가 이어졌다. 플린은 자신이 헤아린 요리, 건배사의 총수를 늘려갔다. 몰로토프는 영국 군대를 위한 건배사를 해서 처칠을 흡족하게 만들었다.[56] 스탈린은 즐거운 기분을 유지하며 영국 주재 소련 대사인 표도르 구세프를 "우울한 친구"[57]라고 부르며 농담도 했다. 캐슬린은 구세프가 "간신히 자리에서 일어나" 마음에 내키지 않는 건배사를 하는 모습을 보았다.

구세프보다도 만찬에 흥미를 느끼지 못한 두 사람이 있었다. 안토노프 장군의 다른 쪽에 앉은 앨런 브룩 원수는 "갈수록 따분해졌고,"[58] 음식에 점점 짜증이 났다. 코스 요리는 그에게 올 때쯤이면 차갑게 식어 있었다. 브룩은 일단 이 만찬에 참석하고 싶은 생각이 별로 없었고, 그의 옆 배석자는 그의 유머 감각을 자극하지 않는 사람이었다. 그날 밤 그는 일기에 이렇게 적었다. "내 오른쪽에는 프랑스어만 조금 할 줄 아는 안토노프 장군이 앉았지만, 대화를 할 정도는 아니었다. 내 왼편에는 내가 싫어하고, 나를 짜증 나게 하는 해리먼이 앉았다." 레이히 제독도 썩 기분이 좋지는 않았다. 아무도 모르는 새 그는 테이블 아래에서 끊임없이 모기의 공격을 받았다.[59] 의사인 매킨타이어와 브루엔이 얄타로 오는 미국 대표들에게 전염병 예방주사를 너무 늦게 맞히는 바람에 회담 때 아무 효과도 못 내게 되었다.[60] 틀림없이 레이히 제독은 해충들이 발목을 물어뜯을 때 전염병만 옮지 않기를 기도하며 마음속으로 의사들에게 욕설을 퍼부었을 것이다.

식탁 반대편에서 애나는 비교적 조용히 앉아 있었다. 맞은편에 앉은 베리야는 그녀에게 시선을 고정했다. 애나는 입술이 두껍고 눈이 툭 튀어나온 그를 "제일 사악해 보이는 스파이"[61]라고 생각했다. 그는 애나의 잔이 늘 가득 차 있는지를 확인할 작정인 것 같았다. 곧 애나는 NKVD 수장이 자신을 "꽉 조이려고" 한다는 것을 깨달았다.

건배는 꼬리에 꼬리를 물고 이어졌고, 애나는 베리야가 계속 주시하는 가운데 남자들을 따라 술잔을 계속 들이켰다. 옆에 앉은 레이히 제독은 술을 계속 마시는 애나가 걱정되었다.[62] 그녀는 제독의 염려하는 표정을 즐겼다. 그의 염려는 전혀 쓸데없는 것이었다. 그녀는 상황을 잘 처리하고 있었다. 레이히나 베리야 모르게, 아무도 보지 않을 때 그녀는 자기 잔에 보드카가 아니라 소다수를 채웠다.

루스벨트도 술을 마시는 애나나 걱정하는 레이히가 눈에 들어왔을 것이다. 그런데 애나가 앉은 식탁 끝자리에 앉은 사람이 그의 시선을 끌었다. 식사 도중에 루스벨트는 낯선 사람이 그의 행복한 동맹 가족

사이에 앉아 있는 것을 알아챘다. 그는 스탈린에게 물었다. "그로미코 대사 맞은편에 코안경을 걸친 사람은 누구죠?"[63]

"아, 저 친구는 우리의 히믈러입니다"라고 스탈린은 통역을 통해 대답했다. 스탈린은 장난스러운 악의로 히틀러의 비밀경찰 SS의 수장에 그를 비유한 것이다.[64] "저 친구는 베리야입니다."

이런 비유에는 나름대로 진실이 담겨 있었다. 무테안경을 쓴 두 잔혹한 사람은 외모까지 닮았다고 베리야의 동료 중 한 사람이 말하기도 했다.[65] 베리야는 스탈린이 한 말을 들었지만 아무 말도 하지 않았다. 그는 단지 누런 이를 드러내며 미소를 지었다.

스탈린이 베리야를 히틀러에 비유하자 루스벨트는 순간적으로 눈에 띄게 표정이 일그러졌다. 만일 베리야가 자신의 딸을 집중적으로 관찰하고 있었다는 사실을 알았다면 더욱 그랬을 것이다.

베리야에 대한 스탈린의 말을 듣고 소련 주재 영국 대사 클라크 커는 한 가지 생각이 떠올랐다. 그는 야한 농담을 잘하기로 유명했다. 클라크 커는 베리야 옆에 앉아 있었는데, 식사를 하면서 두 사람은 물고기의 성생활에 대한 기괴하고 저속한 얘기를 계속했다.[66] 많은 건배 후 술에 취한 영국 대사는 일어나서 자신의 건배사를 했다.

모스크바의 외교가에서 클라크 커와 많은 시간을 보낸 캐슬린 해리먼은 그의 입에서 어떤 말이 나올지 거의 짐작할 수 있었다. 이 영국 대사는 "건배사 때마다 야한 말을 첨가하곤 했기"[67] 때문이다. 클라크 커는 베리야를 위해 건배하면서 "우리의 '몸'을 돌봐주는 사람을 위해 건배를 하자"고 제안했다.

그러자 처칠이 바로 자리에서 일어났다. 베리야가 저지른 범죄를 완전히 알고 있지 못했다 하더라도 처칠은 이 말이 부적절한 농담이라는 것을 깨달았다. 처칠은 식탁을 돌아 자신의 대사 쪽으로 가서 그와 잔을 부딪치는 대신, 모든 사람이 보는 앞에서 그에게 손가락을 흔들며 이렇게 말했다. "조심하게, 조심해."[68] 캐슬린을 비롯해 자리에 있던 모든 사람은 처칠의 말이 "입 닥쳐"와 마찬가지라는 것을 분명히 알았다.

모여 있는 사람들이 다음 잔을 들기 전에 처칠은 한마디 더 하기로 했다. 때때로 그의 다변의 입담은 횡설수설할 때가 있어서 통역은 그의 말을 따라가느라 진땀을 빼야 했다. 그러나 아무도 처칠처럼 위엄 있는 말로 좌중을 휘어잡지는 못했다. 처칠은 말을 시작했는데, 이번에는 냉정한 어조로 그 자리에 모인 목적을 사람들에게 일깨워주었다.

"나는 이렇게 말하고 싶습니다"[69]라고 그는 말문을 열었다. "이 전쟁을 치르는 동안, 가장 힘든 시간 중에도 이번 회담에서처럼 큰 책임을 느껴본 적이 없습니다. (…) 우리는 언덕 위에 올라 있고, 우리 앞에는 넓은 들판이 펼쳐져 있습니다. 우리 앞에 놓인 어려움을 과소평가해서는 안 됩니다. 국가들과 무기를 들고 싸우는 동지들은 지난 5년, 10년간 서로 떨어져 방황했습니다. 그래서 수백만 명의 사람들이 악순환의 구덩이에 빠지기도 했지만, 희생을 통해 다시 일어서기도 했습니다. 이제 우리는 과거 세대가 저지른 잘못을 피하고, 확실한 평화를 만들어낼 수 있는 기회를 가졌습니다. (…) 자신의 조국을 지키는 것은 영광스러운 일이지만, 우리 앞에는 더 큰 정복이 남아 있습니다. (…) 나는 평화의 챔피언인 우리의 걸출한 미국 대통령과 스탈린 원수에게 희망을 걸었습니다. 두 분은 적을 분쇄한 후 가난, 혼란, 무질서, 압제에 대한 우리의 과업을 이끌어나갈 것입니다. (…) 그러지 않으면 우리가 바다처럼 흘린 피는 아무 소용이 없고 바보 같은 짓이 됩니다. 나는 평화와 승리의 환한 햇빛을 위해 건배를 제의합니다."

캐슬린은 처칠이 건배사를 하는 동안 스탈린을 세심히 살펴보았다. 그는 저녁 내내 "마음씨 좋은 노인네처럼 미소를 띠고"[70] 만족한 표정으로 조용히 앉아 있었다. 그녀가 "전혀 상상하지 못한" 장면이었다. 스탈린이 먼저 처칠의 건배사에 답사를 했다. 처칠의 다변에 이미 익숙해 있던 손님들은 당연히 그런 건배사를 예상했지만, 이날 밤 스탈린의 건배사도 우아하고 멋있었다. 처칠조차도 스탈린이 "그렇게 아량이 넓을" 줄은 몰랐다.[71]

스탈린은 답사를 시작하면서 그 자리에 있는 사람들에게 자신을 "말 많은 노인네"[72]라고 칭했다. "그래서 말을 많이 하고 있지만 나는 우리의 동맹을 위해 건배하고 싶습니다. 우리 동맹은 서로 친근하며 의사를 자유롭게 표현하는 특성을 잃어버려서는 안 됩니다. 외교의 역사에서 우리 세 강대국처럼 자신의 의견을 솔직히 드러내는, 가까운 동맹은 없었던 것으로 알고 있습니다. 어떤 사람들은 이런 말을 너무 순진하다고 생각하겠죠."[73]

지금까지 그는 웃으면서 자애롭게 말했다. 그러나 이제 그는 조심스럽게 단어를 골라가며 말했고, 파블로프는 정확하게 이 말을 옮겼다. "동맹 안에서 동맹국들은 서로를 속여서는 안 됩니다. 이게 너무 순진한 말인가요? 노련한 외교관들은 이렇게 말할 수도 있습니다. '왜 동맹국을 속이면 안 된다는 말인가?' 그러나 순진하게도 나는 동맹국이 바보라 할지라도 속이지 않는 것이 최선이라고 생각합니다. 우리가 서로를 속이지 않기 때문에 우리의 동맹이 이렇게 확고한 것입니다. 아니면 서로를 속이기가 그리 쉽지 않기 때문인가요? 나는 우리 세 강대국의 동맹을 위해 건배를 제안하고 싶습니다. 우리 동맹이 강력하고 견고하기를, 우리가 가능한 서로에게 솔직하기를 빕니다."

스탈린은 유순해 보였을 수도 있고, 진심 어린 미소를 지었을 수도 있다. 그러나 그는 처칠이 1939년 BBC 라디오 방송에서 소련을 묘사하며 했던 말을 그대로 구현했다. "수수께끼 속에 신비로 감추어진 난제" 그 자체였다. 지금 그의 말을 듣고 있는 사람들은 그에게 유럽과 세계의 미래 평화를 맡길 수밖에 없었다. 그들이 믿고 싶은 것, 그리고 그들이 스탈린의 영혼에서 보고 싶은 것에 따라, 그의 말은 희망의 메시지가 될 수도 있고 경고의 말이 될 수도 있었다. 협력하겠다는 진짜 약속이든 아니면 위협이든 간에 그의 연설은 너무나 유창하고 교묘했다. 그에 비하면 해리먼을 협박하려던 베리야와 수도플라토프의 어설픈 시도는 바보들의 소행처럼 보였다. 루스벨트와 처칠은 스탈린을 정말 믿고 싶었다. 그들은 소련의 이중성이나 변덕스러움이 눈에 보이지 않는 더 높은 권력기관, 스탈린도 눈치를 보는 중앙정치국 탓이라고 믿고 싶었다. 그러나 서방의 누구도 이런 사정을 확실히 알 수는 없었다. 이 회담에서 성사되는 약속은 스탈린과의 동맹이 처음부터 그랬던 것처럼 결국 믿음의 도약이었다. 수수께끼처럼 복잡한 분위기는 제임스 번스가 "전 세계 모든 사람을 위해"[74]라고 건배하면서 해소되었다. 그러나 스탈린이 제기한 도전은 회담

파트너들에게 스탈린의 말을 적절히 해석하고 그에 대한 응답을 선택해야 하는 과제로 남았다.

웨이터들은 계속 러시아 최고의 음식을 날라 왔다. 요리는 식을 수밖에 없었고, 잔이 비는 족족 술이 채워졌다. 사람들은 하나 둘씩 더 이상 술을 마실 수 없게 되었다. 일부 참석자는 보드카를 화분에 몰래 쏟아 버렸다.[75] 통돼지구이 요리를 받았을 때 사라와 옆자리에 앉은 비신스키는 접시에 담긴 요리를 포크로 찔러보기만 했다. 윙크로 신호하며 그들은 애나와 함께 보드카를 광천수와 바꿔치기했다.[76] 사라와 두 여인은 잠시 잊힌 듯 아무도 신경 쓰지 않는 것 같았다. 그러나 세 번째 육류 코스가 차려질 때 스탈린이 다시 자리에서 일어나 손님들의 주의를 집중시킨 다음 정중한 선언을 했다.[77] 자신이 문명화된 사람이라는 데 대한 의심을 누그러뜨리려는 듯이(그는 딸을 학대하고, 딸이 유용해지기 전까지는 그녀를 사람들 눈에 보이지 않게 하고, 사위도 인정하지 않은 사람이었다), 스탈린은 이 자리에 참석해준 "숙녀들"[78]을 위해 건배를 제의했다.

세 딸은 자신이 목격하게 될 역사를 의식하며 얄타에 왔다. 최근 역사에서 이 세 여성만이 중요한 국제 정상회담에서 세계의 가장 강력한 지도자들과 자리를 함께 하는 영예를 얻었다. 이제 스탈린은 식탁을 돌아 자신의 잔을 세 여성의 잔과 각각 부딪치며 한 사람, 한 사람과 이들이 차지한 위치에 경의를 표했다.[79]

이 건배에 대한 적절한 답례는 자리에서 일어나 답사를 하며 건배를 제안하는 것이었다. 이 사실을 몰랐든, 아니면 너무 긴장해서 그렇게 하지 못했든 간에 사라와 애나는 의자에 앉아 꼼짝도 하지 않았다. 그러나 캐슬린은 자신이 만찬장에 초대된 빚을 갚아야 할 타이밍이라는 것을 알았다. 애버럴은 저녁 식사 내내 비교적 조용히 앉아 있었지만, 캐슬린이 부녀를 대표해 건배한다면 말릴 이유가 없었다. 식탁에서 그는 대통령을 모시는 다른 스물네 명 중 한 사람에 불과했다. 러시아말을 할 줄 아는 그의 딸의 건배는 지난 6개월간 그가 점점 잃고 있는 권위와 독립성을 다른 사람들에게 교묘하게 인식시키는 기회가 될 수도 있었다. 캐슬린은 연회에 참석한 여성들을 대표해 건배하는 것이었지만, 해리먼 부녀를 대표해 건배하는 모양새도 되었다. 해리먼은 루스벨트, 처칠과 같은 위상은 절대 차지하지 못했지만, 그 자리에 있는 다른 민간인들보다는 지위가 높다는 인상도 줄 수 있었다. 애버럴은 당연히 딸에게 몸을 숙여 "일어나"[80]라고 속삭였다.

저녁 식사 중 칩 볼런이 통역이나 기록을 하지 않는 짧은 시간을 이용해서 캐슬린은 완벽하지 않은 자신의 러시아어 문법을 그와 상의했다. 반대편에서는 안토노프 장군이 그녀가 말하고자 하는 내용에 "큰 관심을 가지고"[81] 몇 가지 제안을 해주었다. 자신의 러시아어 실력과 옆에 앉은 사람들의 도움을 받은 캐슬린은 자신이 원하는 메시지를 바르게 표현할 수 있다는 자신감이 생겼다. "이런, 맙소사."[82] 캐슬린은 여전히 긴장하고 있었다. 그러나 볼런과 안토노프가 양옆에 앉아 있고, 두 자리 건너 애버럴이 앉아 있는 상황에서 캐슬린은 "우군을 믿고"[83] 답사를 하기 위해 자리에서 일어났다.

"이 자리에 있는 세 명의 여인을 대표해 답사를 합니다."[84] 캐슬린은 러시아어로 말하기 시작했다. 그녀는 우선 "크림반도에서 보낼 우리의 편안한 일정을 위해 큰 노력을 기울인 사람들을 위해" 건배를 제안했다. 그녀는 이 작업을 직접 눈으로 보았다. 정치는 잠시 제쳐두고, 얄타에서 가장 기본적으로 필요한 것들을 준비하기 위해 소련 측이 기울인 노력은 대단했다. "독일군이 이곳에 저지른 파괴 현장을 보면서 대단한 일이 성취되었다는 것을 충분히 이해할 수 있었습니다"라고 그녀는 말했다.

캐슬린은 짧고 분명하게 자신의 뜻을 표현했다. 긴장 때문에 길게 말할 수도 없었다. 그러나 그녀의 말은 우아하고 친밀하며, 너무 정치적이지도 않아서 그녀가 회담에서 맡은 역할에 잘 부합했다. 독일군이 저지른 만행을 지적함으로써 그녀는 동맹국들의 연대를 다시 강조했다. 이것은 아주 효과적인 연성 외교soft diplomacy였다.

애나는 자기 대신 건배사를 한 여성에 대해 언급하지 않았지만, 사라는 캐슬린이 "평소 자기 능력 이상의"[85] 건배사를 했다고 생각했다. 그녀는 소련 참석자들이 캐슬린의 건배사에 "기뻐하는" 모습을 분명한 제스처로 보여주었다고 썼다.

캐슬린은 정식 외교관은 아니었지만, 이 27세의 여인은 미국 여성 누구보다도 소련의 이너서클에 접근할 수 있는 위치를 획득했다. 그녀는 분명 역사상 가장 무서운 사람들로 인식된 소련 독재자와 그의 최측근들에게 그들의 언어로, 그들의 관습에 따라, 전쟁 중 가장 중요한 모임에서, 미래의 평화가 경각에 달려 있는 상황에서 연설을 한 것이다. 그날 밤 에드 플린이 센 마흔다섯 번의 건배사 중에서 칩 볼런이 미국 공식 회의록에 남긴 기록은 여덟 개뿐이었다.[86] 이 중 여섯 번의 건배사는 처칠, 스탈린, 루스벨트가 한 것이었고, 일곱 번째는 제임스 번스가 모든 사람을 위해 한 건배사였다. 볼런이 기록으로 남긴 마지막 건배사는 캐슬린이 한 것이었다.[87]

† † †

플린이 하나하나 센 스무 가지 코스의 마지막 코스를 손님들이 먹고 치운 시각은 거의 새벽 1시였다.[88] 스탈린은 한 번 더 잔을 들어 "우리가 즐기는 동안 봉사해준"[89] 사람들을 위해 건배를 제의했고, 그는 통역인 칩 볼런, 아서 버스, 블라디미르 파블로프를 위해 건배했다. 세 통역을 대표해서 미국 측 통역이 간단하게 답사를 했다.

몇 잔의 보드카로 담력이 생긴 볼런은 자리에서 일어나 담대한 선언을 했다. "전 세계의 통역들이여, 단결하라. 당신들이 잃을 것은 당신들 보스밖에 없다."[90] 순간 방 안이 조용해졌다. 볼런이 감히 공산당 선언을 이용해 농담한 데 모두가 놀랐다. 그때 스탈린이 웃음을 터트리며 다른 사람들도 웃어도 된다는 것을 보여주었고, 식탁을 돌아서 볼런에게 와서 잔을 부딪치며 그의 "재치"를 칭찬했다.

이 농담을 돌려서 처칠은 다른 버전을 말했다. "전 세계의 통역들이여, 단결하라, 당신들이 잃을 것은 청중밖에 없다!"[91]

이 유쾌한 말과 함께 파티는 끝났다. 모두가 각자의 숙소로 돌아가 와인과 보드카로 인한 유쾌하고도 어지러운 상태에서 잠자리에 들었다. 아직 해결되지 않은 문제가 많았다. 독일통치위원회에서 프랑스의 역할, 배상금 문제, 그리고 당연히 폴란드 문제가 미해결로 남아 있었다. 그러나 만찬은 지난 며칠간 이어졌던 교착상태의 긴장을 풀어주었고, 결국에는 이견도 해소될 수 있다는 희망을 참석자들에게 주었다. 모두를 불안하게 한 베리야의 참석도 즐거운 분위기를 망치지는 못했다. 자기 방으로 돌아온 루스벨트는 애나에게 베리야는 "미국에서" 자신이 알고 있는 "거물 비즈니스맨"[92]을 연상시킨다고 말했다. (세르고 베리야가 도청하면서 루스벨트의 이 말을 자기 아버지에 대한 칭찬으로 받아들였는지는 알 수 없다.)

10마일 떨어진 곳에 있는 보론초프 궁전에서 사라는 아빠가 즐거운 기분으로 잠자리에 드는 모습을 보았다. 그날 밤, 얄타에 온 후 처음으로 처칠은 희망을 가지고 미래를 기대했다.[93] 옆방인 전쟁상황실에는 수상관저에서 온 비서들이 있었는데 그중 한 여성은 처칠이 "영광의 노래The Glory Song"[94]를 흥얼거리는 소리를 들었다고 나중에 회고했다.

16장

1945년 2월 9~10일

"로버트, 어떻게 하는 게 좋을까?"[1] 루스벨트가 물었다. 해리 홉킨스의 아들이자 얄타의 미국 대표단 공식 사진사인 스물세 살 먹은 로버트 홉킨스는 값비싼 컬러 필름을 장착한 고속 촬영 카메라의 렌즈를 통해 촬영 대상의 프레임을 잡고 있었다.

"대통령 각하, 스테티니어스 장관이 각하 뒤에 서고, 스탈린 원수 뒤에는 몰로토프, 처칠 수상 뒤에는 이든 외무장관이 서면 좋겠습니다. 나머지 참석자들은 회담의 사진 기록에 포함되도록 뒤에 서면 좋겠습니다."[2]

로버트 홉킨스는 다양한 형식의 회담 공식 사진 촬영을 준비하며 세 나라의 정치인들과 고위 지휘관들을 줄 세워 카메라 렌즈 안에 넣기 위해 애쓰고 있었다. 커다란 동양 카펫 세 장이 리바디아 궁전의 이탈리아식 정원의 장식 우물 앞에 깔렸고, 그곳에 한 줄로 늘어선 의자에 처칠, 루스벨트, 스탈린이 앉아서 다른 사람들이 뒤에서 포즈를 취하기를 기다렸다.[3] 회색 코트를 입고 러시아의 모피 모자를 쓴 투실투실한 처칠이 왼쪽에 앉았고, 루스벨트는 해군 망토를 어깨에 걸친 채 중앙에 앉아 담배를 피웠다. 겨울 코트를 입은 그의 주름 진 얼굴은 오후 빛에 밝게 드러나며 유난히 지쳐 보였다. 스탈린은 양손 을 무릎에 포갠 채 처칠 반대편에 앉았다. 옆에 통역이 없는 그는 외 로운 듯 보였다.

스테티니어스와 몰로토프, 이든이 홉킨스가 요청한 대로 세 지도 자 뒤에 섰고, 뒤에 선 나머지 사람들은 주변을 서성거리며 젊은 사 진사의 지시를 잘 따르지 않았고, 카메라 렌즈 프레임 안에 들어오 려는 노력도 하지 않았다. 2층 발코니에는 미국의 영화 촬영 카메라 들이 이 혼란스러운 상황을 찍고 있었다. 사진을 찍는 동안 대표들 은 말을 안 듣는 어린 학생들 같아 보였다. 아무도 지정된 자리로 가 라는 지시를 유심히 듣지 않았다. 사진을 찍기 위해 기다리는 사람이 너무 많아서 이들은 정원의 중심에서 뻗어 나온 바퀴살처럼 여덟 개 의 무리로 나누어졌다.

이리저리 서로 밀치기를 한 끝에 홉킨스와 소련 사진사 사마리 구 라리와 보리스 코사레프는 외무장관들과 함께 있는 세 지도자의 모 습을 사진 찍는 데 성공했다.[4] 미국 측 통역 칩 볼런, 영국 내각장관 리더스 경, 애버럴 해리먼, 영국 외무차관 알렉산더 카도건도 사진 안에 들어왔다. 각 국가 지도자 뒤에는 군 지휘관들이 차례로 늘어서 서 사진을 찍었다.[5] 의자에 앉은 루스벨트는 군 지휘관들과 농담을 하려고 했지만, 앨런 브룩 원수는 그럴 기분이 아니었다. 사진 촬영 시간은 "아무도 다양한 정치·군사 집단을 제자리에 정렬시키지 않 은, 회담 중 가장 어수선한 과정이었다"[6]라고 그는 불평했다. 무질서

로 30분을 낭비한 것이나 마찬가지였다.[7]

회담 6일째 날은 이렇게 질서가 잡히지 않고 어수선했다. 가장 중요한 문제들, 특히 폴란드의 미래를 결정할 날이 이틀밖에 남지 않았는데 의사소통이 잘못되거나 논의가 지연되어서는 안 되는 상황이었다. 우선 루스벨트는 처칠과 영미 합참 수뇌와의 협의에 30분 지각했다.[8] 그는 너무나 초췌한 모습이었다. 루스벨트의 건강 상태를 모르는 피터 포털은 전날 밤 스탈린 주최 만찬의 과음 탓에 그럴 거라고 생각했다. 이후 루스벨트, 처칠, 해리먼, 레이히 제독, 세 딸은 점심 식사를 위해 자리를 함께 했다. 이때 제임스 번스가 나타나 전날 밤 루스벨트에게 언급한 평화기구 관련 얘기를 계속하려고 했다. 그가 처칠로부터 받아낸 것은 영국은 인도가 독립적 회원으로 가입이 된다면 대영제국이 얻는 표만큼 미국이 표를 얻을 수 있도록 노력하겠다는 일반적인 동의였다.[9]

애버럴 해리먼은 스탈린의 만찬 자리에서 일어나 나올 때 평소처럼 유능한 모습을 잃지 않은 유일한 사람인 것 같았다. 루스벨트를 만나려고 리바디아 궁전에 도착한 피터 포털은 해리먼이 파멜라에게 전할 편지를 건네주자 깜짝 놀랐다.[10] 포털은 만찬에서 새벽 1시에 돌아온 해리먼이 아무리 부지런해도 몇 줄 끄적거렸을 것이라고 생각했다. 그러나 여러 페이지로 된 두툼한 편지를 건네주자 포털은 놀라지 않을 수 없었다. 해리먼은 밤새워 편지를 쓴 것이 틀림없었다.

대부분의 사진사들이 정원에 있는 사람들에게 렌즈를 맞추는 동안, 육군 홍보대의 촬영팀은 리바디아 궁을 가로질러 미국 극장에서 방영될 회담에 대한 뉴스에 첨부할 장면들을 촬영했다. 한 촬영기사는 애나, 캐슬린, 사라가 정원을 둘러싼 베란다를 거닐며 잡담하는 모습을 찍었다.[11] 이날은 추운 날이었고, 해는 구름에 가려져 있었다. 애나는 트위드 코트 대신 모피 코트를 입었고, 코트를 어깨 위에 걸친 캐슬린과 사라는 팔짱을 낀 채 추위에 몸을 떨었다. 다른 촬영기사가 미국 관람객들을 위해 캐슬린과 애나를 근거리에서 촬영했다. 자신의 행동이 촬영된다는 것을 깨달은 애나는 캐슬린에게 몸을 기울이며 재미난 광경을 같이 즐기는 모습을 보였다. 캐슬린은 활짝 웃으며 자연스러우면서도 편안하고 매력적인 모습을 보였다.

캐슬린은 활짝 웃을 만한 충분한 이유가 있었다. 그녀는 회담에서 맡은 책임을 완수했고, 침착하게 아버지와 자신을 대변했다. 그러나 애나는 그날 오후 카메라를 향해 겉으로만 웃었을 뿐이었고, 마음속에는 걱정이 넘쳤다. 애나는 공보비서 스티브 얼리부터 사진 촬영 시간까지 모든 사람과 모든 것에 짜증이 났다. 애나는 얄타회담 전부터 얼리를 시원치 않은 사람으로 생각했는데, 이번 주에 일어난 일들로 그런 확신을 굳혔다. "스티브는 일을 조직해내는 능력이 형편없어요. 그는 다른 사람에게 준비하라고 해놓고 나중에 체크하는 걸 잊어요. 그래서 그의 계획은 엉망이 돼요."[12] 애나는 편지로 존에게 이렇게 불평했다. 얼리는 회담 둘째 날 사진 촬영을 하려고 계획했으나 군사령관들에게 이를 미리 알리지 않아 아무도 나타나지 않았고, 기다리던 사람들의 시간만 낭비했다.

애나가 공보비서 때문에 짜증 내는 것은 당연했지만, 그의 무능력보다 더 신경이 쓰인 것은 회담 6일째가 되면서 자신이 점점 외곽으로 밀려나고 있다는 절박한 느낌이었다. "나는 많은 토막 뉴스를 듣기는 했지만, 중요한 얘기는 없어요"[13]라고 애나는 존에게 썼다. 애나가 참가할 수 없는 것은 전체회의만이 아니었다. "정규 회담 외에도 매일 여러 가지 '부수적' 회의가 열렸지만 나는 어떤 것에도 접근하지 못하고 문으로 흘러나오는 정보나 주워들어야 해요!" 처칠과 해리먼은 한밤중에 부녀간에 나누는 대화를 넘어 얄타에서 벌어지는 정치적 사건을 파악할 수 있게 해주었다. 이와 대조적으로 루스벨트는 훨씬 말을 아꼈다. 애나는 진행되는 사건들과 보조를 맞추기 위해 투쟁해야 했다. 그녀는 아버지의 건강을 위험하게 만들 수 있는 재앙을 없애기 위해 필사적으로 노력했지만, 의사소통이 없는 상태에서 이런 일을 하기는 너무 힘들었다. 그녀는 루스벨트를 늘 귀찮게 하는 무리에 대해 분노를 터뜨렸다. 그녀를 계속 방해하는 이런 사람들은 아무 쓸모가 없는 존재들이었다. "OM 주변에 늘 있는 사람 대부분은 엉덩이를 깔고 앉아 진 러미 카드게임이나 하며 시간을 보내요. (…) 로스 매킨타이어도 다른 할 일이 없으니까 열심히 카드게임을 하는데 (…) 내가 지난번에 쓴 일에 대해서는 걱정을 좀 해요." 애나는 루스벨트의 심장병을 암호처럼 표현하며 존에게 이렇게 썼다. 루스벨트와 함께 협상 테이블에 앉는 사람들은 조금 나았다. "우리 쪽에서 실용적인 사람은 제임스 번스밖에 없어요. 그러나 그도 보스에게 100퍼센트 충성하지는 않아요. 해리 홉킨스는 자신의 건강도 엉망이라 몸이 좋지 않을 때는 똑바로 생각도 못 해요. 그래서 그를 신뢰할 수 없어요."

애나의 걱정은 다섯 살 난 아들 자니가 며칠 감기에 걸려 열이 나고 있다는 존의 편지를 받고 더 커졌다.[14] 존은 그녀에게 걱정거리를 주고 싶지 않아서 처음에는 이 사실을 알리지 않았다. 루스벨트는 드디어 엘리너가 보낸 편지를 받았다.[15] 그래서 애나는 잠시 동안 부모의 결혼 생활에 대한 걱정은 하지 않아도 되었다.

사진 촬영이 끝난 그날 오후 애나보다 훨씬 마음이 조마조마했던 유일한 사람은 소련의 사진사 사마리 구라리였다. 그는 무의식적으로 필름을 감지 않은 채 카메라를 여는 실수를 했다. 그는 암실로 달려가서 필름이 인화되는 10분을 초조하게 기다렸다. 그는 자신의 생명이 "경각에 달렸다"[16]고 생각했다. 구라리는 세 정상의 공식 사진 촬영을 한 유일한 소련 측 사진사였다. 만일 소련의 공식 기록을 위해 찍은 사진을 망쳤다면 그는 죽은 목숨이나 마찬가지였다. 그의 생애 중 가장 길었을 10분 후 그는 올가미에서 벗어났다고 느꼈다. 인화된 사진에는 스탈린, 루스벨트, 처칠이 자신을 쳐다보고 있었다. 망가진 필름은 두 컷 다음부터였다.

사진 촬영은 오후 4시 조금 전에 끝났다. 사라는 피터 포털과 함께 오랫동안 계획했던 우찬수 폭포 구경을 하러 떠났다.[17] 뒤에 남은 두 미국 여인은 지도자들과 대표들이 전체회의를 하기 위해 다시 한 번 무도회장에 들어간 후 편지를 쓰고 산책을 했다.

처칠은 시간이 촉박한 것을 느꼈다. 승리를 거머쥔 듯했던 전날 밤의 분위기는 완전히 사라졌다. 회담 시작 때부터 루스벨트는 5~6일이면 여러 문제에 대한 합의를 이끌어낼 수 있다고 생각했다. 이미 6일이 지났고, 루스벨트는 일요일 이후까지 얄타에 있을 생각이 없었다. 이틀 뒤가 일요일이었다.

알타에서 보낸 일주일 내내 영국과 미국은 폴란드의 임시정부는 루블린 정부를 변형시킨 것이 될 수는 없다고 주장해왔다. 폴란드의 임시정부는 새로운 정부가 되어야 하고, 이들의 합의를 표현하는 공식 공동선언문에 명시적으로 그렇게 서술되어야 했다. 서방 연합국은 루블린 정부를 인정할 수 없다는 의사를 분명히 표시했다. 그러나 소련 측은 전혀 양보할 의사를 보이지 않았고, 친소련적인 루블린 정부만이 폴란드 국민이 원하는 정부라는 주장을 계속했다. 폴란드의 선거가 진정으로 자유롭고 구속이 없는 선거가 되도록 영국과 미국 대사와 언론이 선거를 참관해야 한다는 루스벨트와 처칠의 요구를 스탈린과 몰로토프는 거세게 반대했다.

스테티니어스가 그날 아침에 폴란드 문제에 대해 외무장관 회담에서 논의된 것을 보고했을 때, 진척이 거의 없는 것이 드러나자 처칠은 정회를 요구했다. 이들은 2500만 명 이상의 생명을 좌우하는 이 복잡한 문제를 풀기 위해 시간이 더 필요했다. 세 대표단이 숙의할 시간을 갖도록 루스벨트가 30분 정회 후 회의를 재개하기로 선언했다. 그러자 처칠이 "나는 시간이 더 필요합니다"[18]라며 루스벨트의 말을 막았다. "배를 항구에 정박시키기보다 며칠간 여유를 갖는 것이 나을 것입니다.[19] 물론 끝까지 항해해서 우리를 즐거운 곳에 내려줄 수도 있습니다."[20] 이렇게 말한 다음 그는 비유를 바다에서 육지로 바꾸었다. "우리는 등자에 발을 제대로 걸치지도 않은 채 말을 달릴 수는 없습니다."[21] 이 문제에 대한 그의 입장은 단호했다. 이 문제는 폴란드의 주권을 지키기 위해 참전한 영국의 자존심이 걸린 문제만이 아니었기 때문이다. 폴란드는 동유럽 전체에 대한 리트머스 시험지가 될 것이 분명했다. 만일 영국과 미국이 폴란드 정부와 폴란드의 자치를 통제하려는 소련의 노력을 막지 못하면, 소련은 자국 군대가 발을 들여놓은 동유럽 다른 모든 국가에서 똑같은 일을 할 것이 분명했다. 소련군은 해방군이 아니었다. 이들은 단지 나치독일군을 대체한 점령군이었다. 모든 비유를 포기하고 처칠은 명확하게 다음과 같이 얘기했다. "지금이 우리가 살아갈 날 중 가장 중요한 날들이 될 것입니다."[22]

그러나 루스벨트는 소련의 태도가 적대적으로 바뀌게 될 수 있는 관계를 허용하려고 하지 않았다. 대신에 그는 한 번 더 처칠의 웅변이 고조시킨 긴장을 풀려고 노력했다. "내 생각에 이것은 대체적으로 어휘의 문제입니다. 즉 바른 표현을 찾는 문제입니다"[23]라고 그는 말했다. "우리는 이전 어느 때보다도 가깝게 와 있습니다. (…) 나는 폴란드의 선거가 의문의 여지 없이 가장 중요한 문제가 되기를 바랍니다." 그는 유머를 동원해 의심의 여지가 있더라도 폴란드의 선거가 자유로워야 한다는 것을 표현했다. "나는 카이사르의 아내를 모르지만 사람들은 그녀가 결백하다고 말했습니다."[24] 그는 이렇게 농담했다.

그러자 스탈린이 냉소적으로 응수했다. "사람들이 그녀에 대해 그렇게 말했지만, 사실은 그녀도 나름대로 죄가 있었습니다."

네 시간 뒤 무도회장 문이 다시 열렸을 때 회의 참가자들은 자신들의 노력의 결과로 보여줄 게 별로 없었다. 폴란드 문제에 대한 합의는 여전히 이루어지지 않았다. 처칠은 루스벨트에게 일을 제대로 마무리하기 위해 좀 더 머물러달라고 설득하지도 못했다. 이제 시간이 거의 소진되고 있었다. 저녁 식사 후에 세 외무장관과 해리먼, 영국 외무부의 알렉산더 카도건, 소련의 안드레이 비신스키, 소련 내사 표도르 구세프, 안드레이 그로미코, 통역관들이 참여하는 회의를 별도로 갖기로 했다.[25] 밤늦게 열리는 회의에서는 해가 뜨기 전에 뭔가 진척을 이루어보려고 시도하겠지만, 몇 시간 더 시간을 갖는 것은 처칠이 얻어내지 못한 얄타에서의 며칠과 비교할 수 없었다. 그날 밤 앤서니 이든은 일기에 이렇게 적었다. "소련 측이 우리가 만든 초안을 검토조차 하지 않은 것을 발견했다. 나는 그들에게 이것을 검토하라고 말하고 영국 측의 의견을 설명했다. 나는 그들이 원하는 식으로 하느니 아무 합의문 없이 돌아가는 게 낫겠다고 생각했다."[26] 루스벨트는 이번 회담이 동방과 서방 연합국들의 결혼이 되기를 희망했지만, 그 대신에 이들은 몬터규 가문과 캐풀렛 가문*처럼 갈라질 위험에 처했다. 소련 측과 서방 연합국 측의 이견이 단순히 언어의 문제라고 말하는 루스벨트에 대해 이든은 "자신을 속이고" 있다고 평했다. 이들은 문구 일부를 바꾸어서 소련 측과 체면을 살리는 합의에 도달한 척할 수 있었다. 하지만 해리먼과 마찬가지로 이든 외무장관도 소련 측이 "전혀 움직일 의사가 없다"고 보았다.

† † †

아버지들이 회의하는 동안 사라가 캐슬린, 애나와 오후 전체를 보낸

---

* 셰익스피어의 희곡 《로미오와 줄리엣》에 나오는 숙적 가문.

지 나흘이 지났다. 영국 측과 미국 측 사이에 분열이 생기기 시작하면서 사라는 무의식적으로 여성 친구들과 시간을 보내기보다는 자신의 동료를 찾게 되었다. 그러나 군 지휘관들이 토요일인 2월 10일 아침 얄타를 떠나고 포털도 떠나자(파멜라에게 보내는 애버럴의 편지를 가지고) 사라에게는 친구가 남아 있지 않았다. 사라는 아버지와 같이 있지도 못했다. 처칠은 사라가 운전해서 리바디아 궁전으로 태워다주는 것을 좋아했지만, 오늘 오후 그는 급히 앤서니 이든과 통역인 메이저 버스를 데리고 보론초프 궁전을 떠났다. 처칠은 리바디아 궁전으로 가서 전체회의 전에 루스벨트와 협의하게 되어 있었지만, 그 대신에 스탈린과 폴란드 문제를 담판 짓기 위해 코레이즈 궁으로 달려갔다. 소련이 폴란드 정부와 선거에 대해 계속 수정안과 새로운 언어를 제시하며 결승선을 바꾸면서 세 강대국은 결코 결론에 도달할 수 없었다.[27] 특히 염려되는 점은 연합국 대사들이 선거를 감독한다는 문구를 소련 측이 삭제하려는 행태였다. 그럴 수 없다면 처칠과 루스벨트는 그 선거가 합법적으로 진행되었다는 것을 어떻게 알 수 있다는 말인가? 편의를 위해 미국 측은 합의할 의사가 있고, 대사들이 선거를 참관한다는 원칙하에 그 문안을 삭제할 수 있다는 입장으로 후퇴했다. 그러나 처칠은 이런 입장을 받아들일 수 없어서 "상당히 불유쾌한 문제"[28]를 논의하고자 루스벨트와의 면담을 보류하고 스탈린을 만나러 가는 길이었다.

처칠이 폴란드 문제를 두고 스탈린과 전투를 계속 벌이는 동안 사라는 애나와 캐슬린을 찾았다. 세 딸은 얄타를 떠날 때 아주 가까운 친구가 되지는 않았지만, 사라는 이들과 어울리는 것을 무척 좋아해서 마지막 오후를 함께 보내려고 했다. 특히 이번은 크림반도에 작별을 고하기 전 마지막 탐험이 될 것이었다. 여행의 일부로 여인들은 세바스토폴을 방문하고, 궁전을 둘러싼 정원들을 산책하고, 인근의 폭포와 체호프의 집을 방문하는 개별 여행을 했다. 그러나 이들은 아직 얄타와 그곳에 사는 사람들을 만나보지 못했다. 캐슬린과 애나는 주초에 얄타까지 걸어가 보려고 했지만, 리바디아 궁전을 지키는 경비병들이 이들을 막았다. 오늘 드디어 이들은 소련 병사 한 명이 동행하는 조건으로 리바디아 궁전 너머 마을을 찾아가는 것을 허가받았다.[29] 얄타를 떠나기 전 포털은 소련의 이런 대우를 "보호 감호"[30]라고 농담조로 말하기도 했다. 그는 소련이 제공한 공식 수행원들을 뒤에 남기고 얄타를 떠나는 것을 전혀 아쉬워하지 않았다.

사라는 미국 본부에서 애나와 캐슬린을 만났다. 애나는 다시 멋진 트위드 코트를 입었고, 핸드백을 팔에 둘렀다.[31] 퀸시호에서 썼던 모자를 다시 쓰고 손에 장갑을 긴 채 외출 준비를 한 그녀는 자신의 어머니와 많이 닮아 보였다. 사라가 군복을 입지 않았더라면 세 사람은 런던이나 뉴욕의 멋진 식당에서 점심 식사를 하려고 만난 친구들처럼 보였을 것이다. 이들은 떠나면서 로버트 홉킨스와 마지막 사진을 찍고 있는 육군홍보대 촬영기사에게 작별을 고했다. 이 촬영기사는 문을 나서는 이들의 모습을 촬영했다.[32] 애나가 중앙에 서고, 캐슬린은 그녀 왼쪽에, 사라는 약간 떨어진 오른쪽에 섰다. 촬영이 끝났다고 생각한 사라는 걸어가기 시작했다. 그녀가 뒤를 돌아보았을 때 로버트는 카메라를 꺼냈다. 그는 전날 그녀들의 아버지들과 군사·민간 참모 사진을 여러 장 찍었지만, 아직 이 여인들의 사진을 찍은 적은 없었다. 애나는 손을 내밀어 사라를 다시 그룹에 포함시켰다. 로버트는 세 딸에게 초점을 맞추고 셔터를 눌렀다.[33]

사라, 애나, 캐슬린과 마찬가지로 로버트도 얄타를 사진에 담고 싶었다. 그래서 그도 오후 소풍에 동참하기로 했다. 이들은 걸어서 얄타 마을을 둘러보았고, 소련 병사는 20보 뒤에서 이들을 따라왔다.[34] 언덕 아래로 경사진 길을 내려가면서 이들은 한때 즐거운 해안 휴양지였던 얄타의 흔적을 볼 수 있었다. 멋진 해안 산책길과 인근 언덕의 푸른 포도밭, 여름 동안 아열대성 따뜻한 바람이 불어오는 이곳을 왜 로마노프 왕가와 공산당 동지들이 모두 좋아하는지를 알 수 있을 것 같았다.[35] 그러나 세바스토폴과 마찬가지로 지금 이곳은 완전히 폐허가 되어버린, 좋았던 시절을 상기시키는 텅 빈 껍데기 같았다. 얄타는 세바스토폴처럼 큰 피해를 입지는 않았지만 몇 채의 건물만 남아 있었고, 사망자들을 매장한 장소를 표시하기 위해 세운 정교회식 십자가가 땅 위에 솟아 있었다.[36] 얄타가 입은 타격은 상당했다. 길을 따라 걸으면서 이들은 파괴된 수많은 집을 보았다. 애나는 살아남기 위해 가족 전체가 한 방에 모여 사는 모습도 보았다. 벽과 지붕의 상당 부분이 사라졌고 그곳으로 습하고 차가운 바람이 들어왔다. 얄타에는 거의 눈이 내리지 않았지만, 겨울 기온은 자주 영하 이하로 떨어졌다.

길을 한참 더 내려가니 커다란 입간판이 목조 주택 벽에 붙어 있었다. 이 입간판을 구경하는 애나와 캐슬린의 모습을 로버트가 사진 찍었다.[37] 자세히 보니 이 입간판은 모두 손으로 그린 것이었다.[38] 미국에서는 거의 반세기 동안 코카콜라나 켈로그 광고 간판이 고속도로 변에 늘어서서 탄산음료와 시리얼을 선전했지만, 여기 화가들은 그렇게 큰 포스터를 만들 수 있는 기계가 없는 것 같았다. 입간판의 왼쪽 그림은 반ᵣ스페인 파시스트 선전 만화였다.[39] 소련인들은 프란시스코 프랑코 총통과 그의 팔랑헤당을 멸시했다. 그들은 소련과 연합국에 맞선 전투에 약 5만 명의 보병 의용대를 파견했다. 이 만화는 프랑코가 무솔리니와 히틀러, 일본의 히로히토 천왕 위에 서 있는 모습을 묘사했다. 적국 지도자들은 '평화회담'이라는 글자가 쓰인 창문 위에 프랑코를 올려놓아서 그가 이 회담을 눌러버리기를 희망하고 있는 것 같았다.

소련에서 반파시스트 선전물을 발견하는 것은 놀라운 일이 아니지만, 오른쪽에 있는 그림은 더 신경이 쓰였다. 거기에는 폴란드 부르주아 지주 세 명의 모습이 그려져 있었다. 두 명은 뚱뚱하고 콧수염이 있었고, 세 번째 농부는 서구 스타일의 양복을 입고 있었다. 이 사람은 망명 중인 폴란드 대통령 브와디스와프 라츠키에비치Władysław Raczkiewicz를 나타냈다. 그의 유대인 혈통을 강조하기 위해 매부리코가 도드라지게 그려져 있었다. 그의 옆에 있는 뚱뚱한 지주 두 명은 소련이 지원하는 루블린 정부의 농지 개혁인 개인 소유의 농지를 콜호스kolkhoz, 즉 집단농장으로 재편하는 것에 저항하고 있었다. "여러분, 우리는 지금 딛고 서 있는 우리 땅을 잃어버릴 것이오!"[40] 한 지주가 외쳤다. 그러나 바로 이것이 정확히 소련이 원하는 바였다. 사악한 부르주아 대신 폴란드 국민을 진정으로 대변하는 폴란드 농민 계급이 동쪽의 이웃 국가 소련의 농민 형제들과 협조하며 농지를 통제할 예정이었다. 지난 일주일 동안 이 세 여인의 아버지들은 비록 아무 성과도 얻지 못했지만, 소련이 지원하는 폴란드 정부의 영향력을 제한하려고 노력했다.

사라는 이런 러시아 지방 문화를 보면서, 멋있기도 하지만 한편으로는 마음에 거슬린다고 느꼈다. 여기 3500만 명의 병력을 보유한 나라, 동부 전선에서 독일로 진격하기 위해 엄청난 인력과 자원을 동원할 수 있고, 한 사람이 마음먹으면 며칠 만에 파괴된 마을을 황제의 궁전으로 다시 복원시킬 수 있는 나라가 있었다. 그러나 지중해의 영화에 둘러싸여 살던 가족들 전체가 폐허 속에서 간신히 목숨을 부지하는 상태가 되어버린 것이다. "나는 비정상적인 상황에 놓여 있던 요 며칠에 대해서는 조금도 의견을 쓸 수가 없어요"[41]라고 사라는 엄마에게 썼다. "그럼에도 강렬한 인상이 생기고 있는데, 그중 많은 것이 도저히 이해되지 않아요."

일행이 길가에서 놀고 있는 아이들을 만났을 때 사라의 혼란은 한층 강화되었다.[42] 이 중 한 아이는 네 살 남짓 되어 보였다. 이들은 따뜻하게 옷을 입고 있었고 건강해 보였다. 이들은 네 명의 방문자를 진지한 호기심에 찬 눈으로 바라보았다. 애나는 허시 초콜릿을 하나 가지고 있었다. 그녀는 자신의 아들 자니와 나이가 비슷해 보이는 네 살 정도의 아이에게 초콜릿을 꺼내 주었다. 그때 이들 뒤를 따라오던 병사가 나타나 총검을 과시하며 소년의 손에서 초콜릿을 뺏어서 애나에게 돌려주었다. 병사는 소리를 지르며 아이들을 쫓아버렸다. 캐슬린이 그의 말을 통역했는데, 그의 메시지는 분명했다. "우리 어린이들을 먹일 필요는 없다."[43] 캐슬린은 모스크바에서 아이들에게 먹을 것을 주려고 했던 경험이 있어서, 병사가 지켜보는 상태에서는 애들이 절대 선물을 받지 않는다는 것을 알고 있었다.[44] 소련인들은 자존심이 강했다. 이들은 외부인들의 거들먹거리는 동정심 없이도 아이들을 돌볼 수 있었다. 아이들은 뛰어서 멀리 가버렸다.

일행은 지역 신문사에 잠시 들렀다.[45] 그곳에서 애나는 자신의 회담 기념품으로 선전 용지 몇 장을 집어 들었다.[46] 선전 그림 하나는 이솝 우화를 모방해 소련 병사가 암소 크기로 자신을 부풀리려 하는 독일 개구리를 총으로 쏘는 모습을 보여주었다. 다른 선전물은 히틀러가 소련, 영국, 미국의 손으로 누르는 바이스vise에 끼어 부서지는 그림을 담고 있었다. 세 번째 선전물은 흉포하게 생긴 독일 맹수가 세 연합국의 총검에 찔리는 모습을 담고 있었다. 루스벨트는 이런 기념물이 언젠가는 값이 나갈 것이라고 말한 적이 있다.[47]

네 사람은 곧 다시 길을 돌아가기로 했다. 리바디아 궁전까지 걸어가는 데는 한 시간이 걸렸고, 이미 해가 기울고 있었다. 그러나 발길을 돌리려다가 사라와 세 사람은 작은 정교회 성당 앞에 온 것을 알았다. 안에서는 예배가 시작되고 있었다.[48] 이들은 어디로 들어가야 하는지를 몰라 잠시 머뭇거렸다. 소심하게 안을 잠시 들여다보기로 했다. 성당 안을 들여다본 이들은 깜짝 놀랄 장면을 보았다. 로버트는 "소련에서는 종교가 사라졌다"[49]고 생각했다. 그러나 이 성당 안에서는 많은 사람이 예배를 드리고 있었다.

소련 사회는 종교와 불편한 관계를 유지하고 있었다. 차르 시대의 상징으로 여겨지는 러시아 정교회는 뿌리 뽑혀야 했고, 소련은 공식적으로 무신론 국가였다. 소련에서는 국가에 대한 믿음이 신에 대한 믿음을 대체했다. 그러나 전쟁 중 이들은 종교 전쟁을 중지하고 나치와의 전쟁에 몰두해야 했다. 종교는 국민들을 동원하는 데 이용할 수 있고, 사람들에게 정부가 줄 수 없는 평안을 줄 수 있었다. 사제들은 감옥과 강제수용소에서 풀려나와 소련 전역에서 예배를 이끌었다. 이들이 성당 문을 다시 열자 종교를 거부해야만 했던 사람들이 몰려 들었다. 캐슬린은 모스크바에서 부활 전야제 때 구교도의 예배를 참관한 얘기를 언니에게 쓴 적이 있었다.[50] 사람들이 교회에 꽉 들어차서 그녀가 옆구리에서 손을 올릴 수 없을 정도였다. 신도 전체가 이리저리 움직이더니 한번은 모두 땅에 쓰러져서 서로 밟힐 뻔했다. 사라는 예배에는 절반만 신경을 쓰고 나머지 절반은 옷에 불이 붙을까봐 옆 사람이 들고 있는 양초를 피해 몸을 바로 세우는 데 써야 했다.

작은 크림반도의 성당을 둘러본 사라는 예배당이 "어둠을 간신히 밝히는 무수한 작은 촛불로 환해지고 있는 모습"[51]을 보았다. 어둠 속에서 사람들의 얼굴이 테네브리스트Tenebrist*가 그린 것처럼 촛불에 희미하게 비쳤다. 바깥 거리에 비해 성당 안은 안락하고 온기가 감돌았다. 향초가 타고 성가대가 찬송을 불렀다. 사라는 서 있는 자리에서 성가 부르는 사람을 볼 수 없었지만, 강력한 음성의 남성 성가가 울려 퍼졌다.[52] 이들의 성가를 반주하는 악기도 없고, 좌석도 없고, 의자나 벤치도 없었다. 전체 신도는 아주 늙은 사람과 아주 어린 애들로 이루어져 있었다.[53] 할아버지 할머니가 전쟁에 나간 자식들이 맡겨놓은 아이들을 돌보게 된 것이다. 나중에 로버트는 기도할 때 신도들이 단지 "매끄러운 돌바닥에 엎드렸다"[54]라고 회고했다.

---

* 짙은 명암 대비를 사용하여 그림을 그리는 바로크 화파.

스탈린이 전쟁 후에도 종교가 번성하게 할 것인지 아니면 러시아 정교회가 잠시 동안만 자유를 찾은 것인지 아무도 몰랐다. 어떤 의미에서 세 여인이 문간에 서서 예배를 구경하는 이 작은 성당도 미래에 대한 불확실성을 안고 있었다. 사라, 애나, 캐슬린, 그리고 부모가 집으로 무사히 돌아오기를 바라는 어린이 모두가 전쟁의 종결과 얄타 회담이 지금 노력하고 있는 평화에 대한 합의를 간절히 고대하고 있었다. 거의 5년 가까이 병사와 민간인 모두가 희생, 인명 손실, 마음의 상처를 겪은 후 전 세계는 정상으로 돌아가기를 갈망하고 있었다. 그러나 이들이 원하는 전쟁 이전의 정상적 생활로 과연 돌아갈 수 있을까?

세 국가의 대표단이 합의를 못 하고 얄타에 머문 나날은 세 아버지에게 초조한 하루였지만, 세 딸에게는 불가피한 것은 뒤로 미루고 아버지 옆에 있을 수 있는 기회가 되었다. 크림반도에서 시간은 멈춰섰다. 이곳은 진보 없이 몇 세기에 걸쳐 평화와 전쟁의 순환에 갇힌 장소였다. 그날 오후 성당에 서 있던 세 딸은 지난 3세기로 되돌아간 것 같았다. "이 여행은 시간이 멈춘 것 같아요"[55]라고 사라는 나중에 엄마에게 썼다. 이들 앞에 있는 광경은 비극적이면서 동시에 희망에 찬 것 같았다. "오 이런, 얼마나 은혜로운 장면인지를 묘사할 수 없어요. 이 장면이 얼마나 많은 것을 의미하는지요. 이곳은 상상의 성당이고, 사람들에게 큰 도움을 주는 곳이에요. 밖에 있는 모든 것은 춥고 어둡고 파괴되었지만, 이곳에는 온기와 시간을 초월하는 안전이 있어요. 이곳은 모든 사람이 자신의 환희와 슬픔을 노래할 수 있는 궁전이에요. (…) 내가 만일 이 어두운 나라에 살았다면 이곳이 바로 내가 가야만 하고, 탈출할 곳이에요."[56]

　세 딸과 홉킨스는 리바디아 궁전으로 돌아왔을 때 깜짝 놀랐다. 무도회장에서 나온 사람들의 지친 얼굴에는 좌절감이 아니라 미래에 대한 진정한 희망과 안도감이 드러났다. 딸들이 교회에 있는 동안 이들의 아버지들도 나름대로 신의 은총을 받은 것 같았다.

　세 나라 대표단 모두 미래에 대한 해결책을 마련하러 일주일 전에 얄타에 도착했다. 지난 3일간의 불협화음에도 불구하고 줄곧 이들은 이 목표를 추구해왔다. 이러한 교착상태는 실제적인 이유와 상징적인 이유 때문에 계속 지속될 수는 없었다. 아마도 어젯밤의 즐거운 만찬이 이들의 동맹에 대한 신뢰를 다시 확인시켜주었거나, 아니면 대표들이 단순히 너무 지쳤을 수도 있다. 이유야 어떻든 그날 오후에야 세 대표단은 왜 자신들이 얄타에 왔는지를 깨달은 것처럼 보였다. 드디어 이들은 합의를 이루어냈다. 세 지도자는 각각 자신이 유럽에서의 승리라고 간주할 수 있는 것을 가지고 돌아갈 수 있게 되었다.

　그날 오후의 전체회의는 외교적 타협의 증거가 되었다. 처칠이 무척 만족스럽게도, 루스벨트는 프랑스가 전후 동쪽의 영향력에 대한 지렛대로서 독일통제위원회에 참여하는 것을 더 이상 막지 않았다. 스탈린은 200억 달러부터 논의한다는 조건으로 전쟁배상액을 모스크바에서 계속 논의하는 데 동의했다. 이 액수의 절반은 소련이 차지할 예정이었다. 스탈린은 양보안을 마련한 해리 홉킨스에게 감사해야 했다. 전체회의 토론 중 홉킨스는 루스벨트에게 이런 내용의 쪽지를 전했다. "러시아인들이 이번 회담에서 많이 양보했으므로 우리가 그들을 실망시켜서는 안 될 것입니다. 만일 영국이 동의하지 않는다면 이건은 모스크바에서 계속 조정하도록 하세요."[57] (처칠은 이에 가장 반대했고, 자신이 구체적 배상액을 정하는 것에 반대했다는 기록을 회의록에 분명히 남기도록 했다. 그러나 열세에 몰린 처칠은 반대 의사를 표시하는 것 외에 다른 방법이 없었다.)[58] 루스벨트는 폴란드의 미래에 대해 소련과 영국이 모두 받아들일 수 있는 문구를 찾도록 중재했다. 커즌 라인은 폴란드에 유리하게 5~8킬로미터 조정되었다. 새 폴란드 정부는 독일이 항복한 다음 서쪽 국경을 정하도록 했다.

가장 중요한 것은 여섯 번의 전체회의와 수도 없는 외무장관 회의 끝에 세 강대국이 새로운 폴란드 정부를 탄생시키는 문구에 동의했다는 점이다. 시간에 쫓기면서 그날 오후 세 대표단은 다음과 같은 문구에 최종적으로 동의했다. "지금 폴란드에서 활동하는 임시 정부는 폴란드 내와 외국에 있는 폴란드인의 민주적 대표들을 포함하는 좀 더 넓은 민주적 기반 위에 재조직된다."[59] 소련의 반대에도 영국과 미국은 해리먼, 클라크 커, 몰로토프가 작성한 "가능한 빠른 시간 안에", "모든 민주적 반나치 정당에게 문호가 개방된" 임시정부를 조직하고 이후 "자유롭고 규제가 없는" 선거를 감독하는 위원회를 구성한다는 문구를 유지했다. 일단 "새로 조직된" 임시 정부가 구성되면 영국과 미국은 이 정부를 폴란드의 합법적 정부로 인정하고, 대사들을 교환하여 런던에 망명 중인 폴란드 임시정부 인정을 종료하는 데 동의했다. 전체적으로는 루스벨트, 특히 처칠이 희망한 것보다 훨씬 약화된 문장이었다. 동의의 핵심은 폭넓게 대표성이 인정된 임시정부보다 미래의 자유선거에 있었다. 이를 좌우하는 것은 폴란드의 선거에 개입하지 않고 합의의 목적을 달성하려는 스탈린의 의지였다. 그러나 이러한 문구는 소련이 전후 체제에 참여한다는 의지를 반영하는 신호였다.

성공적인 절충에 기분이 들떴지만 서방 지도자들은 말을 삼가는 현명한 태도를 보여주었다. 특히 딸들이 그날 오후 러시아 정교회 성당을 방문한 것을 보면 더욱 그랬다. 1839년 상트페테르부르크의 가톨릭 성당을 방문한 다음 프랑스 귀족 마르키스 드 퀴스틴은 이렇게 말했다. "러시아에서 관용은 여론에서건, 국가의 법에서건 절대 보장되지 않는다. 다른 모든 것과 마찬가지로 이것은 한 사람이 베푸는 은혜이다. 그리고 그 사람은 내일이라도 오늘 베푼 것을 철회할 수 있다."[60]

17장

1945년 2월 10~11일

루스벨트는 이미 마음을 정했다. 그는 최종 공동선언문이 서명되는 날 오후 얄타를 출발하기로 했다. 그는 얄타에 와서 회담을 갖기로 처음 동의했을 때, 회담이 5~6일 이상 끌지 않기를 바랐다. 그러나 회담은 이제 8일째에 접어들었고, 그는 다른 곳에서 시급한 일을 처리해야 했다. 루스벨트는 사키 비행장에서 이집트 데베르스와Deversoir로 날아가서 차를 타고 이집트의 그레이트 비터 호수Great Bitter Lake에서 자신을 기다리는 퀸스호까지 간 다음, 그곳에서 이집트의 파루크 국왕, 에티오피아의 하일레 셀라시에 황제, 석유가 넘치는 사우디아라비아의 이븐사우드 국왕을 만날 예정이었다. 그는 이 국가들과 더 밀접한 관계를 맺기를 바랐다.

† † †

그 전날 전체회의가 끝나갈 무렵 루스벨트는 다소 갑작스럽게 일요일인 다음 날 2월 11일 오후 3시 얄타를 떠난다고 발표했다. 전체회의에서 돌파구가 마련된 다음 세 지도자가 외무장관들, 통역들과 보론초프 궁전에서 가진 비공식 만찬에서 루스벨트 대통령은 참석자들에게 얄타회담의 결과를 요약한 공동선언문을 공표하는 것이 중요하다고 말했다. "내일 우리가 오전 11시에 만나면, 우리는 점심시간 이전에 공표를 할 수 있을 겁니다"[1]라고 그는 말했다. 이 과제를 완수하기는 쉽지 않았다. 발표문에는 얄타에서 논의된 주요 의제들이 포함되어야 하는데, 독일 패망과 배상 문제, 4월 25일 샌프란시스코에서 열리기로 예정된 루스벨트가 제안한 평화기구의 결실인 국제연합 창립총회, 폴란드의 운명에 대한 논란 많은 결정을 모두 다루어야 했다. 또한 대서양헌장의 기본 원칙을 재확인하는 '유럽해방선언Declaration on Liberated Europe'도 여기에 포함되어야 했다. 이 선언은 전 세계의 모든 국가와 국민의 자결 원칙을 정의할 예정이었다. 그러나 이 발표문에는 루스벨트와 스탈린이 합의한 소련의 대일전 참전은 포함되지 않을 것이었다. 이 결정은 비밀로 하기로 합의되었다.

이번에는 처칠과 스탈린이 연합해서 루스벨트에게 부탁했다. 공동선언문의 문구는 너무 중요하기 때문에 서둘러서 작성할 수는 없다고 두 사람은 주장했다.[2] 전 세계가 이들의 합의 사항을 조목조목 검토할 것이었다. 이들이 일반적 조건으로 여러 의제에 합의하기는 했지만, 일부 항목에 대한 정확한 문구 작성을 위해 세심한 검토가 필요했고, 번역할 시간도 필요했다. 다음 날 오후 3시라는 시간을 인위적으로 정하는 것은 현명하지 못하며, 특히 보론초프 궁전에서 만찬을 하는 것을 감안하면 더욱 그렇다고 스탈린은 주장했다. 그는 저녁 식사를 중단하고 업무 협의를 재개할 것을 제안했다.[3] 세 나라의 초안 작성 위원회는 이제 겨우 일을 시작했으니, 밤을 새우며 일하는 수밖에 없었다.

절충안으로 세 지도자는 보론초프 궁 만찬을 업무 만찬으로 전환하고, 최대한 보안을 유지하기 위해 세 지도자, 외무장관들, 통역만이 참석하기로 했다. 얄타회담 마지막 저녁 세 딸은 보론초프 궁전의 다른 방에 따로 모여 식사를 하고 있었다. 그러나 루스벨트의 마음은 이미 3천 마일 떨어진 곳에 가 있었다. 이들이 자리에 앉아 아스픽 젤리를 곁들인 철갑상어, 송어 요리, 염소 요리를 먹는 동안 루스벨트는 서로 적수를 알게 됨으로써 이견을 극복한 것에 대해 지나친 낙관을 하고 있었다.[4] 그는 처칠과 스탈린에게 자신이 젊었을 때 "미국에는 가톨릭교도와 유대인을 혐오하는 KKK Ku Klux Klan라는 단체가 있었습니다"라고 말했다. 무슨 이유에서인지 그는 KKK가 주로 증오했던 미국 흑인 집단을 간과했다. "남부의 작은 마을"을 방문했을 때 그는 "지역 상공회의소 소장의 손님"으로 초대받았다. 그곳에서 그는 한쪽에서는 이탈리아인, 다른 한쪽에는 유대인을 옆에 둔 자리에 앉게 되었다. 루스벨트는 "상공회의소 소장에게 그들이 KKK의 일원이냐고 묻자 소장은 그렇다고 대답했습니다. 그러나 그 지역 사회의 모든 사람들이 그들을 잘 알고 있기 때문에 아무 문제도 없었습니다"[5]라고 설명했다. 루스벨트는 이 이야기를 마치며 아주 만족한 표정으로 "사람들이 서로를 잘 알면 인종, 종교 등의 편견을 갖기가 얼마나 힘든지"[6]를 잘 보여주는 예라고 설명했다. 처칠은 이 엉뚱하고 부적절한 이야기에 아무 말도 하지 않았고, 외무장관들도 마찬가지였다. 스탈린은 KKK를 제대로 알지 못했기 때문에 루스벨트가 한 말에 내포된 순진함을 이해할 수 없었다. 그는 단지 "그건 맞는 말입니다"라고 대답한 후 처칠을 돌아보며 영국 정치와 임박한 총선에 대해 이야기를 나누었다.

참석자들이 구운 칠면조, 메추라기, 꿩, 푸른 완두콩(만찬 중 첫 야채 요리) 등 영국식 요리를 먹은 후,[7] 스탈린은 루스벨트에게 "이븐사우드 국왕에게 양보할 용의가 있는지" 물었다.[8] 그는 미국이 전후 사우디와 석유 관련 합의를 할지를 은근히 떠본 것이었다. 루스벨트는 웃으면서 "한 가지 양보만 염두에 두고 있는데, 그것은 미국에 있는 6백만 명의 유대인을 (이븐사우드에게) 넘겨주는 것"[9]이라고 말하며 시오니즘으로 잠깐 화제를 돌렸다. 루스벨트의 이 언급은 엘리트의 반反유대주의에 젖은 냉담한 말이었다. 루스벨트와 다른 지도자들이 충분히 알고 있듯이 전쟁 중 나치의 대학살로 수백만 명의 유대인이 희생되었다. 하지만 회담 중 유대인에 대한 언급은 루스벨트가 이 말을 했을 때밖에 나오지 않았다.

스탈린은 회담으로 화제를 돌린 다음 루스벨트에게 얄타에 더 머물러달라고 다시 한 번 요청했다. 결국 루스벨트는 조금 양보해서[10] 오후 3시 이후 몇 시간 더 머물 수는 있지만, 꼭 필요한 경우에만 그렇게 하겠다고 했다.

그동안 세 딸은 보론초프 궁의 작은 방에 모여 대화를 나누고 있었다. 그날 오후 산책하는 동안 이들은 러시아 마을을 함께 둘러보는 친구였다. 회담장으로 돌아온 이들은 아버지의 보좌역이라는 자신들의 임무로 복귀했다. 그날 오후 아버지들이 소련 측과 타협을 이룬 것을 알고 있기 때문에 이들은 자연스럽게 회담의 종결에 대해 얘기를 나누었다. 이들의 저녁 식사 대화는 아버지들에게 집중되었다.

루스벨트가 초저녁에 했던 말을 반복하며 애나는 다음 날 떠날 예정이라고 밝혔다. "대통령은 지켜야 할 다른 약속이 있어요"[11]라고 그녀는 말했다.

사라는 화가 났다. 루스벨트가 회담장에 5~6일 이상 머물지 않겠다고 영국 측에 알린 후 처칠은 루스벨트가 자신들 앞에 놓인 문제의 중요성을 제대로 파악하지 못하고 서둘러 일을 종결할까 봐 염려해왔다. 영국 영향권 내의 지역에서 회담을 열지 않은 것도 유감이었다. 이제 그 염려가 사실로 드러난 것이 분명했다.

"마치… 이 회담이 다른 일보다 중요하지 않다는 얘기 같네요."[12] 사라가 받아쳤다. 그녀의 말에는 처칠이 감히 하지 못한 날카로운 비판이 담겨 있었다.

† † †

2월 11일 마지막 회의가 진행되는 동안 조심스러운 낙관주의가 감지되었다. 어느 대표단도 자신들이 목표했던 것을 다 이루고 귀환하지는 않지만, 많은 대표들은 지난주 중에 도달한 타협을 세 강대국 사이의 협력 의지가 되살아난 조짐이라고 믿었다. 해리 홉킨스 같은 일부 대표들은 더 큰 희망을 갖고 있었다. 홉킨스는 처음에 루스벨트가 영·미의 정책 공조에 충분히 신경 쓰지 않는다며 애나와 논쟁했지만, 이제는 초기에 가졌던 회의감을 떨쳐버리고 이 회담이 외교의 새로운 여명을 알리는 이정표가 될 것이라고 생각했다. 홉킨스는 러시아가 "이성에 귀를 기울인다는 것을 보여주었고"[13] 루스벨트는 동쪽의 동맹과 "평화롭게 지낼" 수 있다는 것을 확신한다고 선언했다. 이회담 중에 체중이 약 8킬로그램이나 빠진[14] 그는 건강이 나빠졌지만 그만한 보답을 받았다고 생각했다. 보통은 신중한 태도를 보이는 마셜 장군도, 지나친 술자리와 실내 수도 시설의 부족으로 고생했지만, 스테티니어스 국무장관에게 이렇게 말했다. "우리가 여기서 얻은 것을 위해서라면 나는 한 달 더 이곳에 머물 수 있소."[15]

사라는 정오 직전 처칠과 함께 보론초프 궁전을 떠나 리바디아 궁전으로 왔다. 애나는 루스벨트와 같이 지프차를 타고 리바디아 궁전 경내를 돌아보고 막 돌아온 참이었다.[16] 처칠과 루스벨트는 전날 저녁 식사 자리에서 나온 말에 대해 더 이상 언급하지 않았다. 여덟 번째이자 마지막으로 회의 참석자들은 무도회장 안으로 들어갔다. 이 중문이 굳게 닫히자 세 딸은 다시 한 번 반대편에 남게 되었다.

마지막 회의는 짧아서 한 시간밖에 걸리지 않았다. 그다음에는 루스벨트가 개인 식당으로 쓰던 차르의 당구장에서 오찬이 열릴 예정이었다. 세 강대국에게는 두 개의 문서에 관계된 일이 남아 있었다.[17] 초안 작성 위원회가 어젯밤 회동이 끝난 후 열여섯 시간 동안 고심해 만든 문서들이었다. 첫 문서는 공동선언문으로 다음 날 미국, 영국, 소련에서 동시에 발표하기로 되어 있었다. 두 번째 문서의 공식적인 제목은 '크림회담 의사진행 의정서Protocol of the Proceedings of Crimea Conference'였다. 세 정부의 고위 관리들에게만 배포될 이 문서에는 공동선언문의 내용이 상세히 서술되었다. 한 예로 국제연합 안전보장이사회의 표결 방식이 상세히 서술되었는데, 이 내용은 안전보장이사회의 일원인 프랑스, 중국과 공유될 때까지 보안이 유지되어야 했다. 이 의정서에는 독일의 항복 조건으로 "완전한 비무장화, 비군사화, 독일의 분할"을 요구하는 서술도 담겨 있었다. 연합국은 이런 문구가 나치독일의 저항을 부추길까 우려했다. 나치독일은 전후 얼마나 혹독한 대우를 받게 될지 알면 더 강하게, 헛되이 저항할 것이기 때문이었다. 이 문서에는 전쟁배상금에 대한 서술(200억 달러를 기본금액으로 정하는 데 대한 처칠의 반대는 물론이고)도 들어 있었는데, 이 문제는 전쟁배상위원회가 상세히 논의하기로 되어 있었다. 이 문서는 전쟁범죄자 처리와 발칸·이란·터키와 관련된 문제 등 외무장관들이 추후 논의하기로 한 몇 가지 주제도 간단히 언급하고 있었다.

세 지도자는 작성된 초안에 만족했고, 오찬 때 문구를 일부 수정한 뒤 두 문서에 서명할 예정이었다. 모두에게 다행스럽게도, 문구에 대한 처칠의 반대는 단지 삼자 협의를 서술하면서 "공동 joint"[18]이라는 단어를 너무 많이 쓴 것을 지적하는 선에서 끝났다. 그는 이 "공동"이라는 말은 "일요일에 가족이 양고기를 구워 먹을 때" 쓰는 단어라고 지적했다.

그러나 두 문서에 언급되지 않은 마지막 과제가 남아 있었다. 이 문제에 대해서는 1944년 여름 이후 논의가 진행되고 있었다. 바로, 전쟁포로 귀환 문제였다. 소련군은 독일로 진격해 들어가면서 독일군이 생포한 영국·미국 조종사와 병사들이 갇힌 수용소를 접하게 되었다. 소련 측은 약 6만 명의 서방 포로를 확보했다.[19] 그러는 동안 영국군과 미군은 서쪽으로 진격하면서 소련군 전쟁포로를 해방시켰다. 독일군이 차례로 항복하면서 수십만 명의 소련 병사들과 소련 국적 소지자들이 서방 연합국의 수중에 들어왔다. 이들 중에는 독일군에 붙잡혀 포로가 된 소련 적군 병사들도 있었고, 자발적으로든 강압에 의해서든 독일군 군복을 입고 소련 적군에 대항해 싸운 소련 병사들도 있었다. 나머지는 나치가 징용한 민간 노동자들과, 고향을 떠났다가 전쟁의 혼란 속에 갇힌 사람들이었다. 스탈린은 이 모든 소련 국적자들의 송환을 요구했다. 그러나 처칠은 이것이 국제적으로 "곤란한 상황"[20]을 야기할 수 있다고 생각했다. 서방 연합국은 만일 소련 국적자들을 송환하지 않으면 소련이 영국과 미국 전쟁포로들을 험하게 대하거나 송환을 지연시키면서 협상 카드로 삼을까 우려했다. 문제의 핵심은 많은 소련 국적자가 고국으로 송환되지 않게 해달라고 청원하는 데 있었다. 너무 절망적인 일부 사람들은 자살을 시도하며 송환을 거부했다.[21] 그러나 영국과 미국 측으로서는 자국민 전쟁포로들이 가장 우선적인 고려 사항이었다. 2월 11일 아침, 세 강대국은 각자 보호하고 있는 전쟁포로를 교환하기로 합의했다. 베리야는 소련 쪽에 남아 있는 전쟁포로 문제를 처리하기로 했다.[22] 앤서니 이든이 영국을 대표해서 합의문서에 서명했고, 미국을 대표해서는 모스크바 주재 미국 국방무관 존 러셀 딘 장군이 서명했다. 미 국무부는 정치적 관여를 하지 않기로 했다.[23]

영국과 미국은 전쟁포로의 권리와 생명을 보호하겠다고 약속했지만, 소련이 전쟁포로를 같은 입장에서 다루지 않는다는 사실에 직면하여 실용주의적 입장을 취하지 않을 수 없었다. 소련이 보기에 적에게 사로잡힌 병사는 국가의 반역자였다. 이들은 포로로 잡히느니 죽을 때까지 싸우거나 자결해야 했다. 1941년 7월 독일군에게 포로가 된 스탈린의 아들 야코프도 이에 속했다. 스탈린은 포로로 잡은 독일 원수 한 명과 아들을 교환할 수 있는 기회가 있었지만* 아들을 구하지 않았고, 명령 270호를 내려 야코프의 부인을 적에게 넘어간 것으로 간주되는 남편과 같이 연좌 처벌하여 강제수용소로 보냈다.[24] 서방 측은 왜 수많은 소련 병사들이 소련에 대항해 무기를 들었는지를 심문했다. 그들은 대부분 코자크이거나 소련 정부에게 핍박당한 소수 민족 출신이었다. 그들이 소련으로 송환되면 소련 당국은 코자크의 반역 행위를 문제 삼아 이들을 처형할 가능성이 아주 컸다.

이틀 전 사라는 자신이 얄타에 "평생"[25] 있게 될 것으로 생각했다고 말했다. 이제 "회전목마는 멈춰 섰다". 얄타까지 오면서 겪은 고생과 회담이 교착된 상태로 보낸 여러 날, 논쟁, 끝날 것 같지 않던 초조가 다 사라지고, 모든 일이 눈 깜짝할 사이에 끝나버린 것 같았다. 오찬이 끝나자 세 지도자는 공동선언문에 서명했다. 외무장관들의 동의를 거쳐 마지막으로 수정된 의정서 초안이 각국 정부에 전보로 보내졌다. 대표들이 리바디아 궁전의 대리석 로비에 모여 있을 때 사라는 이들의 "사기가 충천한" 모습을 보았다. 이들은 회담 결과에 만족했고 이제 안락한 자기 집으로 돌아간다는 생각에 기분이 좋았다.

아마도 이들 중 애나만큼 얄타를 떠나고 싶어 한 사람은 없었을 것

---

* 나치독일은 스탈린의 아들 야코프와 스탈린그라드 전투에서 포로가 된 프레드리크 파울루스 원수의 포로 교환을 제안했으나 스탈린은 이를 거절했다. 야코프는 1943년 4월 포로수용소의 전기철조망에 몸을 던져 자살했다고 전해진다.

이다. 얄타에 온 후 처음으로 애나는 진정으로 기뻐하는 모습을 보였다.[26] 그녀는 팔에 모피 코트를 든 채 스테티니어스와 얘기를 나누고 있었는데, 차가 오면 제일 먼저 뛰어 올라탈 것 같았다. 그러나 떠나는 것은 간단하지 않았다. 그날 오후 얄타를 떠나 중동으로 가겠다고 주장한 루스벨트는 마음을 바꿔 대표단 전체가 세바스토폴로 가서 미 해군 전함 캐톡틴Catoctin호에서 밤을 보내며 회담을 위해 수고한 사람들에게 감사를 표하고 수병들의 사기를 북돋고, 다음 날 아침 중동으로 날아가기로 결정했다.[27] 영국의 역사적 영향권에 큰 타격을 주는 논의에서 뒷전으로 밀려나지 않기 위해 처칠은 런던으로 가는 길에 중동으로 가서 이븐사우드 국왕을 만나기로 했다. 영국 대표단은 세바스토폴에 정박한 영국 전함 프랭코니아호에 잠깐 머문 후 아테네를 하루 방문하고 그런 다음 이집트로 가서 수에즈 운하를 통해 홍해와 지중해를 연결하는 그레이트 비터 호수에서 루스벨트와 다시 만나기로 결정했다. 그곳에서 처칠과 사라는 루스벨트, 애나와 작별을 고할 예정이었다.

"2월 26일 전에 집에 못 갈 것 같아요. 아마도 28일이나 되어야 집에 돌아갈 것 같아 염려돼요." 애나는 존에게 이렇게 썼다. 애나가 단지 루스벨트의 건강이 걱정되어 빨리 귀국하고 싶어 하는 것은 아니었다. "나는 사람들에게서 벗어나 혼자 있을 수가 없어요. 내가 편지를 쓰는 동안에도 어깨 너머로 사람들이 보고 있어요. 내가 OM과 같이 있을 때 '중요한 사람들'이라고 하는 치들은 모두 백악관에서 온 그 늙은 패거리예요." 그녀가 루스벨트의 도당에서 벗어나려고 아무리 노력해도, 그들은 워싱턴까지 가는 내내 그녀의 어깨 너머로 그녀 일을 간섭할 것이 분명했다. 애나는 얄타에서 이룬 합의에 대해 존에게 쓸 필요를 느끼지 못했다. 공동선언문이 발표된 지 며칠 후에야 그녀의 편지가 존에게 배달될 것이기 때문이었다. "나는 우리 대표단이 제안하고 국무부에서 만든 문안을 보았는데, 내가 보기에 너무 '화려한 수사로 가득 찬 일반론'이었어요. 그러나 스티브 얼리는 이것이 대단한 선언문이라고 감탄하고 있어요!" 전과 마찬가지로 애나는 다시 한 번 자신의 분노를 공보비서에게 쏟아부었지만, 그녀가 공동선언문에서 깔본 "화려한 수사로 가득 찬 일반론"은 다름 아닌 그녀의 아버지가 재가한 것이었다. 그녀는 "여보, 나는 내가 OM에게 도움이 되었다고 생각해요. 당연히 이 모든 경험은 가슴 떨리는 대단한 경험이었어요"[28]라는 말로 편지를 마무리했다.

공동선언문이 서명된 후 남은 일은 외교적인 선물 교환이었다.[29] 소련 관리들과 직원들은 시계와 만년필을 선물로 받았고, 영국과 미국 대표단은 소련 측이 선물한 수백 톤의 캐비아, 샴페인, 보드카, 과일, 리큐어, 러시아 담배를 런던과 워싱턴으로 싣고 가게 되었다. 애나는 애버럴 해리먼이 준 독특한 선물을 받았다. 전형적인 외교관인 해리먼은 그녀의 아버지에게 느꼈던 짜증은 뒤로 하고 그녀에게 사려 깊은 선물을 건네주었다. 해리먼은 회담 초반에 루스벨트가 애나에게 떠넘긴 엉성한 계획을 실행하느라 대사로서 업적을 제대로 쌓지 못했지만 애나를 탓하지는 않았다. 그는 어떻게 구했는지 아기를 안고 있는 크림반도 전통 복장의 여자 인형을 가져왔다.[30] 그는 애나가 이 인형을 딸 엘리에게 줄 것이라고 생각했다. 이 인형은 어린애가 만들고 색칠한 점토 덩이처럼 엉성했다. 하지만 애나는 이 선물과 회담 내내 애버럴이 베푼 친절에 감동받았다. 해리먼은 그 주 동안 그녀를 좀 더 편하게 해주려고 노력한 몇 안 되는 사람 중 한 명이었다.

애버럴과 캐슬린은 그날 오후 루스벨트 일행과 함께 얄타를 떠나 캐톡틴호에서 하룻밤을 보낸 후 다음 날 모스크바로 출발할 예정이었다. 스테티니어스 국무장관과 국무부 관리인 프리먼 매슈스, 와일더 푸트는 해리먼 부녀와 함께 모스크바로 와서 대사관저인 스파소하우스에 이틀간 머물기로 했다.[31] 이때 스테티니어스와 해리먼은 전후 평화 시의 경제적 경쟁과 교역 문제 등 소련-미국 관계에 관련된 문제들을 몰로토프 일행과 논의할 예정이었다. 스테티니어스는 이 중요한 회담에 앨저 히스를 대동하기로 결정했다. 루스벨트의 정치 고문이자 늘 그를 따라다니는 에드 플린도 이들과 함께 모스크바로 가게 되어 있었다. 캐슬린이 말한 바에 따르면 뉴욕에서 온 이 아일랜드 가톨릭 인사가 수행할 임무는 "러시아 사람들을 기도하게 만드는 것"[32]이었다.

캐슬린도 고양된 협력의 정신을 완전히 흡수했다. "모든 사람이 행복해서 집으로 돌아갔어."[33] 그녀는 언니에게 열여섯 페이지나 쓴 편지를 다음과 같이 마무리했다. "이 회담은 아주 좋은 회담이었던 것 같아. 너무 길기는 했지만 말이야." 그녀는 파멜라에게도 이렇게 썼다. "애버럴이 얼마나 기분이 좋았는지 모를 거야. 그러나 폴란드 정부의 중재자로서 앞으로 어떤 어려움을 겪을지는 신만이 알겠지."[34]

전쟁 초기 이후 캐슬린과 애버럴은 서로 입장이 바뀐 것 같았다.

캐슬린은 초기에는 스탈린 정권을 의심했고 소련이 진심으로 연합국의 대의를 지키겠다고 약속했는지에 대해서도 회의적이었다. 반면에 애버럴은 동방과 서방 사이에 막 시작된 협조 관계를 낙관했다. 이제는 캐슬린이 낙관론자가 되고, 애버럴은 회의주의자로 변했다. 애버럴이 기분이 좋았다면 아마도 얄타를 떠난다는 사실을 반겼기 때문일 것이다. 그러나 회담의 내용에 대해 그는 많은 의구심을 가지고 있었다. 세 지도자의 재가를 받기 위해 밤새워 의정서와 공동선언문을 번역한 칩 볼런에게 그날 아침 말한 대로 그는 "앞으로 문제가 발생하고"[35] 그것도 곧 발생할 것으로 예상했다.[36] 루블린 정부와 폴란드 안팎의 정해지지 않은 숫자의 대표가 참여하는 "재조직된" 폴란드 정부를 약속하는 회담 의정서의 문구는 "너무 애매하고, 너무 일반적"이었다. 뉴딜 정책 시기부터 루스벨트와 함께 일한 경험상, 해리먼은 루스벨트가 단어를 가지고 실랑이하는 사람이 아님을 잘 알고 있었다. 원문에서 자신이 원하는 해석을 끌어낼 수 있는 한 루스벨트는 "다른 사람들이 그 원문을 어떻게 해석하는가에 별로 신경쓰지" 않았다.[37] 그러나 해리먼은 문구가 정확하지 않으면 소련 측은 자신들이 원하는 대로 이 문구를 이용할 수 있다는 것을 알았다. 이들은 임시정부에 아무 힘도 없는 비공산주의자 한두 명만 포함시킨 다음 합의를 준수했다고 우길 수 있었다. 자신이 자주 말한 "똑같은 말을 두 번 사야 한다"는 표현을 기억하며 해리먼은 폴란드 문제에 관한 한 얄타회담은 "재협상을 위한 기제를 만든 것 이상의 아무 일도 하지 않았다"[38]고 평가했다. 볼런도 이에 동의했다. 이들이 해결했다고 짐작되었던 모든 문제는 "밑바닥에서부터" 다시 쌓아 올려야 했다.

해리먼과 볼런은 폴란드에 대한 합의의 언어에 우려를 표명한 소수의 미국 대표 중 두 사람이었다. 여기에 속하는 또 다른 사람은 대통령 비서실장인 레이히 제독이었다. 레이히는 동유럽 문제 전문가는 아니었지만, 루스벨트와 처칠이 스탈린과 합의한 것을 신뢰할 수 없었다. 루스벨트 이너서클 내에서 신뢰받는 위치를 이용하여 레이히는 직접 루스벨트에게 자신의 솔직한 의견을 표현했다. "대통령 각하, 이 문구는 러시아인들이 얄타부터 워싱턴까지 길게 늘여도 괜찮을 만큼 너무나 탄력적입니다."[39]

"알고 있네, 빌. 알고 있다고." 루스벨트는 그의 말을 인정했다. "그러나 그게 현 시점에서 폴란드에 대해 내가 할 수 있는 최선이었어."

해리먼은 스탈린과 루스벨트가 합의한 태평양 전선, 특히 만주 지역에서 소련의 영향력이 확대되는 것에 대해서도 우려하지 않을 수 없었다. 소련이 태평양 지역에서 얻어낸 양보, 특히 만주 지역의 항만과 철도 장악은 바로 중국 국경에서 일어났다. 하지만 국무장관과 특히 중국 측은 이 사실을 아직 모르고 있었다. 해리먼은 두 달 전 모스크바에서 루스벨트 대신 이 문제를 처음으로 스탈린과 논의하고 나서 루스벨트에게 우려를 표한 바 있었다. "철도 운영권을 장악하고, 철도를 보호하기 위해 군대를 배치하게 되는 상황을 가정하면 만주에서 소련의 영향력이 급격히 커진다는 것은 의심의 여지가 없습니다."[40] 이 합의는 소련에게 극동에서 입지를 강화하라는 초청장을 준 것이나 다름없었다. 그리고 폴란드 합의와 마찬가지로 이 합의의 언어도 놀랄 만큼 애매하고, 구체화되지 않았다. 해리먼은 전날 오후 루스벨트와 스탈린이 초안을 보고 최종 문안을 검토하도록 하기 위해 두 시간 반에 걸쳐 리바디아 궁전과 코레이즈 궁을 오가며 일했다.[41] 그는 미국 합참인 마셜 장군과 레이히 제독, 킹 제독에게도 이 문안을 보여주며 이들의 반응을 떠보았다. 그는 이들이 반대 의사를 표시하면 문서를 다시 루스벨트에게 가져가 문안을 더 엄격하게 다듬도록 설득하려고 했다. 그러나 장군들은 그러지 않았다. 레이히는 폴란드 문제에 대해서는 해리먼 편을 들었지만, 태평양 지역 합의에 대한 그의 감정은 완전히 달랐다. 레이히는 심지어 해리먼에게 태평양 합의가 "이번 여행을 가치 있게 만들었다"[42]고 말하기까지 했다. 캐슬린이 킹 제독의 말을 엿들은 바에 따르면, 합참의장들은 소련의 참전이 미군 2백만 명의 목숨을 구했다고 믿고 있었다.[43]

루스벨트는 완전히 마음을 정했고, 알타를 떠날 준비를 하느라 해리먼의 점점 커지는 우려에 대해 아무 관심이 없었다. 그날 아침 루스벨트는 해리먼에게 짧은 편지를 보냈다. "친애하는 대사께, 지금 나는 알타회담을 위한 대단한 노력과 이 역사적인 회담에서 귀하가 한 노력에 대해 사의를 표하지 않을 수 없습니다."[44] 이렇게 시작된 편지는 다음과 같이 이어졌다. "나는 당신과, 당신과 같이 일하는 사람들이 회담이 열리는 장소를 준비하는 데 기울인 노력과 짧은 준비 기간에도 불구하고 이 준비가 아주 효율적으로 진행된 것을 높이 평가합니다. 우리는 회담을 위한 적절한 장소를 찾는 데 어려움을 겪었습니다. (…) 나는 우리가 더 나은 장소를 찾을 수 없었다고 생각합니다. (…) 나는 귀하의 딸 캐슬린이 제공한 대단한 조력에도 감사하지 않을 수 없습니다. 귀하 부녀의 행복을 빌며, 앞으로도 국가에 지속적으로 봉사해주실 것으로 믿습니다. 프랭클린 D. 루스벨트."

이 편지는 감사를 표하고 있었지만, 임무 해촉 편지로 읽힐 수도 있었다. 해리먼이 회담 준비에 기여한 점만 인정하고, 그가 알타에서 그리고 대사로 재직하며 1년 반 가까이 루스벨트의 정치적·외교적 목표를 위해 기울인 광범위하고 실질적인 노력은 대충 언급하고 지나침으로써 루스벨트는 해리먼의 의견이 얼마나 비중 있게 다루어지지 않았는지를 간접적으로 표현했다. 루스벨트는 자신이 최선이라고 생각하는 방식으로 미래를 만들어가고 있었다. 동방과 서방의 관계에 대한 해리먼의 세계관은 이런 이미지를 반영하지 않았다.

리바디아 궁전 현관 앞 자갈길에 자동차 타이어가 부딪치는 소리가 나는 가운데 처칠의 검정색 패커드가 보론초프 궁전으로의 마지막 운행을 준비했다. 사진사 부대 전체가 나와서 그의 출발 모습을 카메라에 담았다.[45] 소련 비밀경찰은 리바디아 궁전과 보론초프 궁전을 연결하는 도로를 마지막으로 차단했다. 리바디아 궁전 지붕에서는 저격수들이 만일에 있을지도 모를 위협을 날카롭게 감시했다. 코트를 입고 러시아식 모피 모자를 쓴 처칠은 새 시가를 입에 문 채 리바디아 궁 현관에서 차가 대기하고 있는 곳까지 깔려 있는 붉은 카펫 위를 걸어갔다. 그가 차에 접근하자 영국 장교가 경례를 붙이고 차문을 열었다. 처칠은 미소 짓는 것인지 찡그리는 것인지 모를 표정을 짓고 경례에 답례를 하고 뒤로 돌아 사라에게 같이 가자는 신호를 했다. 사라는 서둘러 현관에서 나와 머리를 차에 들이밀며 올라탔다. 처칠은 장난스럽게 딸을 살짝 때리며 차 안으로 밀어 넣었다. 그런 다음 그는 돌아서서 마지막 인사를 한 후 차에 올라타 사라 옆에 앉았다. 그의 부관이 차문을 굳게 닫자 차는 리바디아 궁전을 뒤로 하고 길을 따라 내려갔다.

보론초프 궁전으로 가는 길에 처칠은 갑자기 초조해졌다.[46] 영국 대표단은 보론초프 궁전에서 하룻밤을 더 보낸 후 다음 날 아침 질서 있게 출발할 예정이었다. 그러나 길을 따라 내려가면서 사라는 아버지 얼굴에 스쳐 지나가는 외로움을 보았다. 당황한 기색도 섞여 있었다. 루스벨트와 스탈린은 그날 오후에 떠날 예정이기 때문에 처칠만 남게 되는 것이었다.

"우리가 왜 여기 머물러야 하지?" 그는 사라에게 말했다. "오늘 밤 떠나지 못할 이유가 뭐가 있어. 나는 1분이라도 여기에 더 머물러 있어야 할 이유를 모르겠어. 우리는 끝났어!"[47]

보론초프 궁전에 도착하자마자 처칠은 차에서 뛰어내려 서류를 날려버릴 듯 갑자기 부는 세찬 바람처럼 사무실로 달려 들어갔다. "자네들 생각은 모르겠는데, 나는 일이 다 끝났어. 앞으로 50분 뒤에 우리는 출발하네!" 그가 직원들에게 알렸다. 처칠의 뒤를 따라 들어온 사라는 모든 사람이 "일시적으로 놀란 침묵 속에" 그를 바라보고 있는 것을 보았다. 충격은 잠시였고 모두가 "전기에 자극받은 것처럼 행동에 나서" 서류와 타자기를 상자에 포장하고, 개인 물건을 서둘러 모아서 포장했다. 처칠은 보좌관과 급사를 찾아 돌아다니며 외쳤다. "토미 어디 있어? 소여스! 다들 어디 있는 거야?"[48] 그사이 "여행가방과 신비스러운 종이 꾸러미"가 홀에 쌓이기 시작했고, 소련 측이 준 선물들, 그리고 사면초가에 몰린 것처럼 부산한 직원들의 짐

이 점점 더 쌓이기 시작했다.[49]

사라는 나중에 이 광경을 엄마에게 이렇게 묘사했다. "당연히, 50분은 우리에게 마음을 여섯 번 더 바꿀 시간을 주었어요!"[50] 처칠은 대표단이 서둘러 짐을 싸는 동안 복도를 오가며 새로운 계획을 계속 쏟아냈다. "우리는 여기서 밤을 보내고 내일 점심 때 떠날 거야. 우리는 비행기를 타고 갈 거야. 아니야, 오늘밤 떠나고 배를 타고 갈 거야. 우리는 아테네로 간 다음 알렉산드리아를 거쳐 카이로로 간 다음 콘스탄티노플로 갈 거야. 아니야, 우리는 그곳 중 아무 데도 가지 않아. 우리는 배에 머물며 신문을 읽을 거야!"

계획이 세워졌다가 취소되고, 세워졌다가 취소되기를 반복했다. 처칠의 시중을 드는 소여스는 어찌할 바를 몰랐다. 반쯤 포장된 짐 꾸러미를 바라보는 그의 눈에 눈물이 솟아올랐다. 갑자기 출발한다고 선언되면서 세탁물은 말릴 시간이 없어서 아직 젖은 채로 다시 왔다. 그는 정신이 없어서 세면도구 가방을 집어 여행가방에 넣었다가 다시 꺼냈다. 그는 처칠의 의례용 공무복을 꺼냈다가 마음을 바꾸어 다시 가방에 넣고 왕실요트클럽 정장을 대신 꺼냈다. "어떻게 이럴 수가 있어!"[51] 그는 갑작스럽고 무계획적인 출발에 당황해서 사라에게 소리쳤다.

그러는 동안 처칠은 여기저기를 다니며 방을 들여다보았다. 그는 "학교에서 돌아와 숙제를 마친 소년처럼 즐겁고 활기가 넘쳤고,"[52] 직원들에게 준 스트레스는 생각하지 않고 모두에게 더 빨리 움직이라고 재촉했다. "빨리, 빨리!"

한 시간 20분 뒤 처칠은 이제 떠난다고 선언했다. "튀어나온 여행

가방을 가득 실은 차량 대열이 큰 소리를 내며" 세바스토폴로 가는 구불구불한 산길을 향해 떠났다. 그러나 미처 가방에 싸지 못한 여러 물건이 있었다. 처칠의 여분의 시가, 라이터, 은제 시가 박스는 제대로 챙기지 못했다.[53] 아마도 손버릇이 나쁜 러시아 직원들이 기념품으로 이 물건들을 챙긴 것 같았다.

오후 5시 30분, 마지막 차량의 문이 닫히고 차량 행렬은 흑해를 뒤로 한 채 긴 산길을 올라가기 시작했다.[54] 80분 안에 짐을 다 싸고 출발한 것은 나름대로 대단한 일이었지만, 사라는 곧 자신들이 마지막으로 얄타를 떠나는 대표단이라는 것을 알았다. 루스벨트 부녀와 해리먼 부녀, 미국 대표단은 루스벨트가 질서 있게 짜놓은 계획에 맞춰 한 시간 전에 떠났다. 미국 대표단에게는 작은 사고가 하나 일어났을 뿐이다. 레이히 제독과 주치의 브루엔이 탄 차에서 가스가 스며들어와서 두 사람과 운전수는 추위와 어둠 속에 세바스토폴까지 가는 내내 창문을 열고 달려야 했다.[55] 그사이 스탈린은 "지니 요정처럼 사라졌다"[56]고 사라는 말했다. 소련 측은 폐허가 된 시골 안팎을 뒤집어놓아 차르의 버려진 여름 별장을 최소한 예전의 영광을 조금은 담고 있는 장소로 복구했다. 그러나 공동선언문이 서명된 후 몇 시간이 지나자 "얄타는 파티가 끝난 후 청소하는 사람들만 남고 버려졌다".

뒷정리를 하도록 남겨진 사람들은 세 명의 외무장관과 통역들, 그리고 보조 직원들이었다. 이들은 다시 리바디아 궁전에 모여서 회담 의정서를 마지막으로 손질해서 서명한 후 본국에 무선전신으로 보냈다. 미국 대표단은 이 문서를 먼저 캐톡틴호로 보낸 다음, 그곳 무선사들이 워싱턴으로 전달했다. 마지막 문장이 전송되자 프리먼 매슈스가 스테티니어스를 돌아보고 이렇게 말했다. "장관님, 우리의 마지막 전문이 발송되었습니다. 이제 전함과의 무선을 끊어도 될까요?"[57]

"그럽시다." 스테티니어스가 대답했다. 매슈스는 무선을 끊었고, 이렇게 얄타회담은 공식적으로 종료되었다.

세 외무장관이 리바디아 궁전의 웅장한 현관을 마지막으로 걸어 나가며 이들의 발자국 소리가 대리석 바닥에 울릴 때 몰로토프의 눈에 무언가가 들어왔다. 그것은 소련 측이 사라 처칠과 같은 서방 손님들의 말을 엿들은 후 얄타로 가져와 심은 레몬 나무였다.[58] 사라는 캐비아와 칵테일은 레몬즙을 넣으면 더 맛있다고 말했었다. 이 귀한 열매가 그냥 방치되는 것은 너무 아까웠다. 몰로토프는 스테티니어스와 이든이 마치 올리브 가지처럼 레몬 나무의 가지를 잘라 기념품으로 가져가면 어떻겠냐고 제안했다. 누군가 칼을 꺼내서 가지를 자른 다음 외무장관들에게 나눠 주었다. 아직도 많은 가지가 남아 있었기 때문에 직원들도 너도나도 가지를 잘라 가져서 결국에는 앙상한 나무 몸통만 땅에서 솟아나온 창처럼 화분에 남게 되었다. 그런 다음 이들은 세 달 뒤 런던에서 만나기로 약속하고 작별을 고했다. 이들은 곧 드러날 아이러니를 생각하지 못하고 레몬 나무*의 가지를 든 채 차를 타고 떠났다.

● 레몬은 영어에서 1) 바보, 약간 부족한 사람, 2) 엉터리, 쓸모없는 것, 가치가 없는 것 등을 뜻하기도 한다. 여기서 레몬은 얄타회담이 형편없는 결과로 귀결될 수 있다는 것을 상징적으로 의미한다.

† † †

사라와 처칠은 어둠이 짙게 깔린 후에야 세바스토폴에 도착했다. 이들은 석양을 바라보며 세 시간 동안 굴곡진 해안 도로와 "회색의 파괴될 수 없는 산악"[59]을 달리며 계곡과 석회암 봉우리 기슭을 통과했다. 차가 달리는 동안 처칠은 "나는 피를 묻히는 이 일을 끝낸 게 너무 시원하다"[60]라고 사라와 모런 경에게 신음을 내뱉듯이 말했다. "피를 묻히는 일"은 회담 공동선언문을 의미했다. "끼니때마다 돼지고기와 차가운 기름 덩어리를 먹다가 영국으로 돌아가게 되다니 대단해."

차가 거의 산 정상에 올랐을 때 일행은 차에서 내려 경치를 조망했다. 사라는 아래가 아니라 위를 쳐다보았다. 5백 피트나 되는 절벽이 앞에 "수직으로 솟아 있어서 마치 거인의 튀어나온 눈썹이 내려다보는 것 같았다".[61] 산 정상에서 일행은 다시 타타르말로 야일라*yayla*라고 불리는 산악 초원으로 내려왔다. 소련군 병사들이 몇백 피트마다 서서 수상의 차가 지나갈 때 경례를 붙였다. 처칠 일행은 세바스토폴에 거의 왔을 때 작은 마을을 통과하게 되었다. 날이 이미 어두워 마을 사람들이 차량을 제대로 볼 수 없었지만, 처칠 일행이 지나갈 때 이들은 손을 흔들며 환호했다.[62]

드디어 프랭코니아호가 눈에 들어왔다. 배의 불빛이 바다에 반사되고 있었다. 한때 화려한 유람선Cunard Ocean liner이었던 이 배는 전쟁 중 개조되어 병력수송선으로 사용되고 있었다. 최고의 상태는 아니었지만 이 배는 19세기 중반 세바스토폴의 돌무더기를 배경으로

H. G. 웰스의 번쩍이는 경이처럼 흐릿하게 빛나고 있었다. 그 옆에는 미 전함 캐톡틴호가 부두에 정박해 있었다. 캐톡틴호에 오른 루스벨트는 스테이크로 저녁 식사를 하고 있었다.[63] 애나, 캐슬린, 해리먼 등 일행 중 일부는 도시로 들어와 소련 흑해함대가 방문객들을 위해 마련한 콘서트를 감상했다.[64] 연주 프로그램은 다양한 음악으로 이루어져 있었다.[65] 뱃노래부터 러시아 민요, 아코디언 솔로 연주, 요한 슈트라우스의 〈푸른 다뉴브강〉과 미국 최신 히트곡인 어빙 벌린의 〈이게 군대예요, 미스터 존스〉까지 연주되었다. 콘서트는 전투가 끝난 후 폐허와 재에서 복원된 최초의 시설인 세바스토폴 야외음악당에서 진행되었다. 음악당은 두 달 만에 재건되었다.

미국 대표들보다 늦게 세바스토폴에 도착한 사라는 콘서트를 보러 가지 않았다. 일단 프랭코니아호에 발을 올려놓으면 그곳을 다시 떠나기가 쉽지 않았다. 크림반도에서 일주일을 보낸 후 이들의 선박은 "놀라운"[66] 장소가 되었다. 그녀는 건널판자를 걸어 배에 들어왔을 뿐인데, "3분도 안 되는" 시간 사이에 "절망적이고 암울한 세계를 뒤로 하고 우아한 문명 세계로" 들어온 것처럼 느꼈다. 분명 "이런 상황을 전혀 기대하지 않았지만," 그녀의 작은 선실은 마치 "신부의 침실" 같았고, 고향의 모든 편안함 그 이상을 느낄 수 있었다. 스튜어디스가 곧 마티니와 요리사가 만든 치킨샌드위치를 가져왔다. 복도를 조금 걸어가면 미용사가 있었다. "감히 표현하자면 이 모든 것은 약간 비현실적이랄까? 그런데 바깥의 현실이 너무 가까이 있어요." 사라는 클레먼타인에게 이렇게 의문을 제기했다.

선박 안의 사치는 바깥의 최저 생활과 조화되지 않았다. 이러한 변화에 적응하려는 듯 처칠은 갑판에 나와 있었다.[67] 그는 눈앞에 이어진 세바스토폴의 철로를 바라보며 2월의 바다 공기를 쐬며 조용히 서 있었다. 사라도 옆에 서서 그의 시선을 따라 세바스토폴을 바라보았다. 며칠 전 낮에 보았던 도시의 폐허 전경은 그녀를 짓눌렀다. 그녀는 생활이 무너진 가족들에 대한 연민으로 가슴이 미어졌다. 그 사람들 중 일부는 3, 4세대 만에 두 번이나 전쟁의 참화를 겪고 있었다.

• 그러나 야경으로 보는 세바스토폴은 하나의 "계시revelation"[68] 같았다. 그녀는 꼼짝도 할 수 없었다. "내가 말한 무자비한 파괴를 기억할 거예요. 눈에 보이는 집들 중 부서지지 않은 집은 하나도 없었어요. 나는 사람들이 도대체 어디서 어떻게 살고 있는지 알 수 없었어요." 나중에 그녀는 엄마에게 이렇게 적어 보냈다. "그러나 밤이 되면 못 보던 것을 발견할 수 있어요. 방의 네 벽이 여전히 서 있고 모든 폐허에서, 파괴된 곳을 가린 나무판자 뒤에서, 지하실에서, 돌 더미 속에서도 불빛 기둥과 반짝이는 반점이 빛을 내요. 믿지 못하겠어요! 도저히 믿지 못할 광경이에요!"

세바스토폴의 불빛을 보고 있으니 사라는 곧 얄타의 작은 성당이 마음속에 떠올랐다. 춥고, 어둡고, 파괴된 주변 환경 속에서 얄타의 생존자들은 돌 더미에서 나와 서로를 단단히 붙잡고 있었다. 촛불의 작은 불빛이 이들을 서로 묶어주는 가운데, 대공습 때 런던 시민들이 그랬던 것처럼, 매일 이들은 새날을 보기 위해 투쟁하고 있었다.

• 저자는 1853~1856년의 크림전쟁과 1941년 시작된 독소전쟁을 말하고 있지만, 1918~1920년 러시아 내전 중에도 크림반도에서는 전투가 벌어졌다.

사라는 아버지가 공동의 적을 분쇄하기 위해 사회주의와 민주주의 사이의 간극에 다리를 놓으며 지난 몇 주, 몇 달, 몇 년간 소련인들과 싸우는 모습을 보았다. 겉보기에는 회담이 성공적으로 끝난 것 같았고, 각각의 군대와 진격선은 서로 점점 가까워지고 있었지만, 소련이 영국과 미국으로부터 점점 멀어져가고 있는 것은 분명했다.

침묵을 깨고 사라는 처칠에게 피곤하지 않은지 물었다.

"참 이상하게도 그렇지 않구나."[69] 처칠이 대답했다. "나는 이전 어느 때보다 책임의 무게를 강하게 느끼고 있고, 내 마음에는 불안이 떠나지 않는구나."

지난 몇 주, 몇 달간 겪은 정치적 갈등에도 불구하고 사라는 캐슬린, 애나와 함께 세바스토폴, 얄타에서 보낸 시간을 통해 처칠이 보지 못한 소련의 다른 단면을 볼 수 있었다. 그녀는 거대한 제국의 가장 가난하고, 가장 많이 탄압받는 외딴 곳에 사는 사람들을 보았다. 그들은 지정학, 동맹, 거대 전략, 마르크스-레닌 교리나 자본주의 시장의 힘을 알지 못하는 사람들이었다. 전쟁이 모든 것을 앗아 갔지만, 여전히 그들은 자신의 도시, 공동체, 집과 아이들을 자랑스러워했다. 얄타의 석조 궁전에서 그녀의 아버지가 루스벨트, 스탈린과 무엇을 결정했든, 또 이들이 적으로 갈라섰든 친구로 헤어졌든 간에, 그 사람들은 전에 그렇게 했듯이 도시와 생활을 재건할 것이었다.

인생에서 가장 기억에 남고, 가슴 아프고, 흥분되었던 일주일을 마감하면서 아버지 옆에 선 사라는 절망할 이유가 수두룩했지만, 소련을 다시 보고 희망을 가질 만한 이유도 있었다. 이 장면을 엄마에게 서술하면서 사라는 이렇게 적었다. "그 사람들은 역경에 익숙하다거나, 우리와 달라서 별로 기대하지 않는다고 말하는 것은 아무 소용도 없어요. 그렇다면 왜 성당에 사람들이 꽉 들어찼을까요? 그들도 당연히 더 많은 것을 희망하고 있어요. 어두운 성당 안의 그들도 당연히 꿈을 가지고 있어요."[70]

3부

"나는 이 모든 것,
그 이상을 영원히 간직할 것입니다"

18장

1945년 4월 12일~7월 27일

루스벨트와 미국 대표단이 귀국 길에 올랐을 때 존 보티거는 애나에게 이렇게 썼다. "당신은 역사적으로 가장 위대한 회담에 참석한 거예요."[1] 애나의 남자 형제들은 1941년 처칠과의 대서양헌장 회담과 1943년 테헤란회담 등 더 많은 회담에 참석했었다. 그때 뒤에 남아 속상했던 애나는 얄타에서의 경험으로 그간 기다린 시간을 충분히 보상받았다. "다른 회담들은 이 회담에 비교하면 잡동사니에 불과해요. 당신은 그 정도 일은 시시하다고 형제들에게 말할 수 있어요"[2] 라고 존은 격려했다. "나는 당신이 이 여행에 동행한 것에 대해 말할 수 없는 흥분을 느껴요. 나는 당신이 OM에게 엄청나게 소중한 사람이라는 것을 알아요. 그가 이번에 그 사실을 깨달았길 바라요."

루스벨트는 얄타에서 애나의 가치를 깨달았는지에 대해 일절 말하지 않았다. 그는 여전히 거리가 있었고 수수께끼처럼 남아 있었다. 애나는 퀸시호를 다시 타고 항해를 시작한 후 일광욕을 하면서 칭찬을 즐기고 싶었지만, 그렇게 할 수 없었다. 루스벨트가 이집트에서 진행할 회담도 만만한 일이 아니었다. 귀국 여행은 길버트 위넌트 대사가 이집트에서 루스벨트 일행과 합류했을 때 불만을 털어놓은 것을 제외하면 순조롭게 시작되었다. 그는 회담에 참석하지 못한 것을 아직도 유감으로 생각하고 있었다. 귀국 항해가 시작된 후에야 루스벨트는 폴란드 수상의 전문에 답신을 썼다. "폴란드 문제는 가장 주의 깊고, 사려 깊은 배려를 받았다는 것을 확신하셔도 됩니다"[3]라고 루스벨트는 간결하게 썼다. "우리 모두가 서로 화합해서 조만간 올바른 해결책을 찾기를 바랍니다." 미국 대표단은 2월 12일 오후 그레이트 비터 호수에 도착했다. 13일 루스벨트는 첫 방문자 두 명을 맞았다. 이집트의 파루크 왕과 에티오피아의 하일레 셀라시에 황제였다. 다음 날 사우디아라비아의 이븐사우드 국왕이 48명의 수행원을 대동하고 퀸시호에 올랐다. 수행원 중에는 점성술사, 이맘(이슬람 교단의 지도자), 왕실 커피 전담 종업원도 포함되어 있었다. 전쟁의 상흔을 입은 사우디아라비아 국왕이 이런 회동에 여자가 참석하는 것을 싫어했기 때문에, 애나는 배에서 내려 카이로를 둘러보며 하루를 보냈다.

엄청난 석유를 보유한 사우디아라비아는 전후에 중요한 동맹이 될 수 있기 때문에 루스벨트는 이 회담에 큰 희망을 걸었다. 그러나 그런 기대는 곧 실망으로 바뀌고 말았다. 루스벨트가 미국의 기술을 제공해주는 대가로 사우디아라비아의 도움을 받아 홀로코스트 생존자들을 위해 유대인들의 국가를 팔레스타인에 세우는 문제를 거론하자 이븐사우드는 차갑게 퇴짜를 놓았다. "아랍인들은 유대인들에게 땅을 내주느니 차라리 죽음을 택하겠습니다."[4] 루스벨트의 개인적 매력과 신형 비행기인 C-47도 그의 마음을 바꾸지는 못했다. 얄타에서 장시간 교묘한 협상과 외교전을 벌인 후 처음으로 루스벨트는 빈손으로 떠나야 했다. 그날 오후 알렉산드리아에서 루스벨트는 처칠, 사라, 앤서니 이든과 다시 만나 비공식 오찬을 가졌다. 그러고 나서 처칠은 이븐사우드와 만날 예정이었다. 랜돌프 처칠이 그 자리에 다시 나타났지만, 사라는 오빠보다 길버트 위넌트를 다시 만난 것이 훨씬 더 기뻤다.[5] 애나는 그가 사라를 꼭 만나고 싶어 하는 이유가 따로 있다고 편지에 쓰며 실실 웃었다. 몇 시간 후 미국 대표단은 작별을 고하고 귀국길에 올랐다.

나머지 여로에서 미국 대표단에게는 계속해서 문제가 닥쳤다. 시간이 갈수록 점점 더 큰 문제들이 발생했다. 루스벨트는 알제리에서 프랑스 지도자 샤를 드골을 만나려고 했지만, 얄타회담에 초청되지 않아 화가 많이 난 드골은 만남을 거부했다. 루스벨트의 또 다른 걱정거리는 감정적으로나 실질적으로나 힘이 되어준 오랜 친구, 파 왓슨이었다. 루스벨트가 대중 앞에 설 때 그를 자리에서 일으켜 세우는 역할도 주로 왓슨이 맡았다. 이집트에 도착한 첫날 왓슨은 심장마비를 일으킨 후 의식불명 상태에 빠졌다. 영국 대표단이 얄타로 오는 동안 전쟁과 평화의 신에게 인명 희생을 치렀다면, 미국 대표단은 귀환 길에 희생을 치렀다. 왓슨은 8일 후 선상에서 사망했다. 그는 루스벨트보다 두 살 젊은 62세였다.

왓슨의 갑작스러운 사망에 충격을 받은 해리 홉킨스는 배에 갇혔다고 느꼈다. 그의 건강은 점점 악화되어 항해를 계속할 수 없는 지경에 이르렀다. 그는 알제리에서 퀸시호에서 내려 마라케시에서 아들과 칩 볼런을 데리고 비행기를 타고 귀국하기로 했다. 루스벨트는 이 상황에 크게 당황했다. 그는 미국에 도착하는 대로 의회로 가서 연설할 예정이었고, 회담에 대한 연설문을 작성하려면 홉킨스의 도움이 필요했다. 그러나 홉킨스는 마음을 바꾸지 않았다. 루스벨트는 그가 심심해서 배를 떠나고 싶어 한다며 오랜 친구를 비난했다.[6]

다시 한 번 애나는 그를 설득하기 위해 찾아갔다. 애나는 침대에 누워 있는 홉킨스에게 애원했다. 제발 배를 떠나지 말고 같이 가자고 설득했다. 루스벨트 혼자서 연설문을 작성하게 하는 것은 온당하지 않았다.

"애나 … 정말 나는 너무 아파서 일할 수가 없어요. 내 말은 그런 뜻이에요. 아버지에게 가서 샘 로젠먼을 불러오라고 하세요. 그는 지금 런던에 있는데 알제리까지 비행기를 타고 오면 미국까지 항해하는 동안 연설문을 작성할 수 있을 거예요."[7] 애나는 설득이 실패한 것을 인정하지 않을 수 없었다.

"홉킨스는 꿈쩍도 하지 않아요." 그녀는 루스벨트에게 보고했다.

"그럼 가라 그래." 루스벨트는 퉁명스럽게 말했다.

남몰래 애나는 아버지 처지로 인해 속이 끓어올랐다. 그녀는 존에게 이렇게 썼다. "나는 해리 홉킨스가 아주 위험한 인간이라는 것을 이제 분명히 알았어요."[8]

배가 알제리에 닿자 홉킨스는 하선했다. 루스벨트는 서류를 열심히 들여다보다가 손을 내밀며 잠깐 그를 쳐다본 다음 중얼거렸다. "잘 가게."[9] 홉킨스는 아무 배경 없는 사회사업가로 시작해서 미국에서 권력이 가장 강한 사람 중의 한 사람이 되었다. 그는 상무장관을 역임했고, 미국 역사상 가장 야심 차고 성공적인 정부 프로그램 두 개를 이끌었다. 하나는 뉴딜 정책이고, 다른 하나는 무기대여법이었다. 루스벨트는 홉킨스를 마치 자신의 다리, 눈, 귀, 목소리처럼 의존하여 전쟁의 암울한 기간에 그를 보내 처칠, 스탈린과 만나게 했다. 지난 15년 동안 루스벨트가 가지고 있는 고귀한 이상을 현실로 옮기는 데 다른 누구보다도 홉킨스가 큰 역할을 했다. 그는 자신의 생애 마지막 15년을 루스벨트를 위해 봉사했다. 이제 단지 의례적인 작별 인사만 한 채 그는 루스벨트가 탄 배에서 조용히 하선한 것이다. 그는 결코 루스벨트를 다시 만날 수 없었다.[10]

홉킨스가 제안한 것처럼 판사 출신으로 루스벨트의 유능한 연설문 작성가인 샘 로젠먼이 알제리에서 퀸스호에 승선하여 의회 연설 작성을 도왔다. 한 달 동안 루스벨트를 보지 못한 그는 루스벨트의 모습을 보고 놀랐다. 대통령은 체중이 줄었고, 그 어느 때보다 피곤해 보였다. 이후 며칠 동안 로젠먼은 의회 연설 자료를 만들었다. 그는 얄타회담에 참석하지 않았기 때문에 회담 진행과 내용을 잘 몰랐다. 그는 루스벨트를 연설문 작성에 적극 참여시키려고 했지만, 루스벨트는 별 관심이 없었다. 루스벨트는 기력이 빠진 채 갑판에 나와 햇볕을 쬐며 책을 읽고, 담배를 피우며 바다를 바라보는 것 이외의 일은 할 수 없었다. 그가 친구 왓슨의 서거를 슬퍼하는 동안, 애나가 로젠먼과 함께 부지런히 일하며 연설문 작성을 도와서 마치 《시애틀 포스트 인텔리전서》를 편집하듯 날카로운 필체로 세 개의 연설문 초고를 작성해냈다.[11]

루스벨트 일행이 탄 배는 드디어 2월 27일 밤 10시 15분 버지니아주 뉴포트 뉴스에 닿았다. 35일 전 이 배는 이 항구를 떠났다. 다음 날 아침 비가 오는 가운데 일행은 알링턴 국립묘지에서 파 왓슨의 장례식을 치렀다. 그다음 날 루스벨트는 의회에 나가 연설을 했다. 애나는 루스벨트가 처음으로 휠체어에 탄 채 의사당에 들어가는 모습을 바라보았다. "제가 앉아서 연설하더라도 양해해주시기 바랍니다. 여러분은 제가 10파운드 무게의 쇳덩어리를 다리에 붙이지 않고 다녀야 훨씬 편하다는 것을 잘 아실 겁니다. 제가 1만 4000마일의 여행을 막 마치고 돌아왔다는 사실 때문에 더욱 그렇습니다."[12] 그는 의원들에게 말했다. 여성으로는 최초로 내각에 입성한 노동부 장관 프랜시스 퍼킨스가 맨 앞줄에 앉아 있었다. 그녀는 지난 30년간 루스벨트와 일했지만, 그가 공개적으로 자신의 불구를 인정하고 양해를 구하는 것을 한 번도 본 적이 없었다.[13] 그러나 루스벨트는 휠체어에 앉은 채 명료하고 힘차게 연설하며 평화로운 미래에 대한 희망을 제시했다. 그는 그 평화의 일부가 되기로 결심한 모습을 보였다.

　연설을 마치자 미국 언론들은 일제히 얄타회담이 큰 성공이었다고 찬사를 보냈다. 《뉴욕 타임스》는 3자 회담에서 이루어진 합의가 "이 역사적 회담에 건 거의 모든 희망을 정당화하고 이를 넘어섰다"[14]라고 논평했다. 《뉴욕 헤럴드 트리뷴》은 "얄타회담은 연합국의 단결과 결단의 위력과 힘을 보여주는 또 다른 위대한 증거"라고 썼다. 《워싱턴 포스트》는 "루스벨트 대통령은 이런 광범위한 성과에서 자신이 한 역할에 대해 축하를 받아야 한다"라며 루스벨트를 개인적으로 칭찬했다. 그러나 루스벨트의 의회 연설이 있은 지 얼마 안 되어 대중의 관심은 다른 데 집중되기 시작했다. 3월 5일 《타임》지는 "정치적 동화political fairy tale"[15]라고 표현한 흥미로운 만평을 실었다. 이것은《타임》지의 휘태커 체임버스가 작성한 기사였다. 그는 6년 전, 얄타회담에 참석한 앨저 히스가 스파이라고 국무부에 보고했으나 무시당한 적이 있었다. 이 만평에는 역사의 여신인 클리오가 살해당한 니콜라이 2세 가족 유령과 함께 리바디아 궁전 서까래에서 회의하고 있는 3거두를 내려다보는 그림이 실렸다. 차르 니콜라이 2세 유령은 기쁨에 겨워 스탈린이 하는 말을 듣고 있다. "대단한 정치가야! 대단한 비전이야! 대단한 힘이야!" 유령은 격찬한다. "스탈린이 러시아를 다시 위대하게 만들었어!" 미국에서 가장 유명한 잡지에 실린 이 풍자는 루스벨트가 자신의 가장 큰 업적이 되기를 희망한 것을 날카롭게 비판하고 있었다.

런던에서는 얄타회담에 대한 반응이 처음부터 부정적이었다. 메드멘햄 공군기지의 정찰부대로 복귀한 사라는 아버지가 의회에서 동료들로부터 받는 엄청난 비판을 멀리서 들어야 했다. 처칠이 의회에서 연설하고 얄타 합의에 대한 신임투표를 요구하자, 많은 의원들은 이 합의를 소련에 대한 굴복이라고 비판했다. 특히 폴란드 문제 처리에 대한 비판이 거셌다. 3일간의 열띤 토론 끝에 처칠은 신임투표를 받기는 했지만, 25명의 의원은 항의 문서를 제출했고, 그의 집권당 의원 한 명이 사퇴하는 곤경을 치러야 했다. 회담 결과에 대한 비판은 대영제국 외곽에서도 쏟아져 들어왔다. 처칠은 공적으로는 얄타회담이 성공적 결과를 거두었다는 입장을 취했지만, 폴란드 문제 처리 방법에 대해 불만을 쏟아놓은 뉴질랜드 수상에게는 좀 더 솔직한 태도를 보였다. "우리는 우리가 원하는 해결책을 그대로 얻을 수 있는 상황에 있지 못했습니다. 대영제국과 영연방은 군사적으로 소비에트 러시아보다 훨씬 약하기 때문에 그들과 또 한 번의 전쟁을 감수할 수단을 갖고 있지 않았습니다. 우리는 미국의 입장도 무시할 수 없었습니다. 우리는 미국이 의도하고 있거나, 미국이 설득되는 범위를 넘어서 더 나아갈 수가 없었습니다."[16]

알타 합의에 대한 비판이 나오기 시작할 때 백악관은 다른 홍보 문제에 부딪혔다. 언론은 비판 대상이 될 법한 주인공이 아닌 개인에게 주의를 돌렸다. 바로 애나였다. 1년 전 백악관에 입주한 애나는 의도적으로 언론의 주목을 받는 것을 피해왔다. 국민들에게 그녀는 여느 사람들과 다름없는 딸이자 부인이고 엄마이며, 아무런 공적 권한이나 정치적 야망이 없는 개인임을 보여주려고 애썼다. 그러나 드루 피어슨이 1월에 〈워싱턴 회전목마〉 칼럼을 쓰고 난 후, 애나가 퀸시호 선상에서 루스벨트와 나란히 앉아 있는 사진이 언론에 실리자 사람들은 애나가 대통령에게 어떤 영향력을 가지고 있는지를 궁금해하기 시작했다. 애나가 미국으로 돌아오는 동안 존은 《라이프》지와 AP 통신이 그녀에 대한 기사를 쓰려고 한다는 것을 알리며 주의를 주었다. 이 언론들은 애나가 알타에서 받은 인상에 대해 인터뷰하거나 기고하기를 바랐다. 만일 그녀가 그렇게 하지 않아도 애나에 대한 기사를 실을 예정이었다. 애나와 존은 "가능한 한 대중 노출을 최대한 줄이고 아무 글도 기고하지 않는 것"[17]이 최선이라는 결론을 내렸다. 그러나 《라이프》지가 8페이지에 걸쳐 그녀에 대한 기사를 내고, 같은 날 《타임》지가 〈지붕 위의 유령들〉 만평을 실으면서 대중의 관심을 피할 수 없게 되었다. 《라이프》지는 백악관에서의 그녀의 위치나 영향력을 드러내놓고 비판하지는 않았지만, 애나가 단순히 백악관에 수동적으로 머무는 사람은 아니라는 기사를 썼다. 기사를 작성한 존 체임벌린은 애나가 트루먼을 부통령으로 선택한 것에 간접적으로 책임이 있다는 이야기까지 썼다. 그는 다음과 같이 결론지었다. "대중에게 그녀는 신문사를 옮기는 동안 잠시 백악관에 살고 있는 사람으로 보이려고 할 것이다. 그러나 백악관 공보팀이 무슨 얘기를 하건, 아버지가 사랑하는 딸은 아버지를 움직이면서 자신이 할 일을 분명히 하고 있다고 보는 것이 맞을 것이다."[18]

그 후 몇 주 동안 애나는 "아버지를 움직이며" 시간을 보낼 수 없었다. 그녀가 얄타에서 돌아왔을 때 아들 자니가 심각한 임파선 감염으로 베세즈다 해군병원에 입원한 상태였다.[19] 자니는 당시로서는 혁명적인 신약인 페니실린 처방을 받았다. 자니가 입원해 있는 동안 루스벨트는 3월 29일 몇 주간 기력을 회복하기 위해 조지아주 웜스프링스 별장으로 요양 여행을 떠났다. 루스벨트는 그곳에서 매일 밤 애나에게 전화를 걸었다.[20] 4월 11일도 예외가 아니었다. "안녕 얘야, 자니는 좀 어떠니?"[21] 애나의 아들은 드디어 회복하고 있었다. 루스벨트는 애나에게 다음 날 계획하고 있는 바비큐 파티에 대해 얘기했다. 그의 목소리는 긴장이 풀어지고 편안하며 기력을 되찾은 것 같았다. 루스벨트는 과식해서 주치의 브루엔을 걱정하게 만드는 것이 유일한 문제였지만 "제대로 바비큐 파티를 즐길 거야!"[22]라고 말했다. 루시도 그곳에 있기 때문에 루스벨트는 그럴 것이 틀림없었다. 애나가 루시를 그곳으로 가게 했던 것이다.[23]

다음 날 오후 애나가 베세즈다 병원에 가서 자니를 돌본 지 20여분이 되었을 때 병원장이 방에 들어와서 심각한 표정으로 "보티거 여사님, 제 차를 타고 백악관으로 가셔야겠습니다"[24]라고 말했다. 루스벨트가 쓰러진 것이다. 애나가 차를 타고 위스콘신 거리를 달리는 동안 온갖 걱정이 그녀 머리를 맴돌았다.[25] 아버지에게 우드로 윌슨이 겪은 심장마비가 온 것일까? 만일 그가 정상적인 생활을 할 수 없는 상태가 되어 대통령직을 더 이상 수행할 수 없게 된다면? 루스벨트는 그런 상황이 자신에게 닥칠 수 있다는 것을 잘 알고 있었다. 차가 백악관에 도착하자 애나는 엄마가 있는 방으로 뛰어 들어갔다. 엘리너는 검은 상복을 입고 있었다.[26]

그녀의 아버지가 눈을 감은 것이다. 루스벨트는 샌프란시스코에서 개최될 국제연합 창립총회를 2주 남기고 사망했다. 이 국제기구는 그가 가장 자랑스러워한 업적이었고, 그는 그곳에 꼭 참석하기로 마음먹고 있었다.

† † †

모스크바 미 대사관저 스파소하우스의 전화벨이 울린 것은 4월 13일 새벽이었다. 요란한 전화벨 소리는 마치 초대받지 않은 파티에 잘못 들어온 사람처럼 즐거운 분위기를 멈추었다.

지난 며칠은 정신없이 지나갔다. 해리먼 부녀는 비행에 대한 공포를 떨쳐내고 적십자의 러시아 기금 전달 사절로서 모스크바를 방문한 클레먼타인 처칠을 영접했다.[27] 그녀가 레닌그라드로 떠나자 유고슬라비아 지도자 요시프 브로즈 티토가 모스크바를 방문했다.[28]

해리먼과 캐슬린은 그의 방문 즈음해 열린 모든 공식 행사에 참석했다. 그날 밤 해리먼 부녀는 대사관 동료인 존 멜비의 환송연을 하고 있었다.[29] 그는 캐슬린을 수행해 카틴 숲 학살 현장을 방문했었다. 그는 국제연합 창립총회 준비를 위해 워싱턴으로 발령이 났다. 환송연은 동료의 노고에 대한 감사를 표하는 자리이기도 했지만, 지난 8주간의 열기와 긴장을 방출하는 기회이기도 했다.

"얄타회담 후 허니문 같던 기간은 짧았어"[30]라고 캐슬린은 모스크바에서 파멜라에게 썼다. "비관적인 사람들이 기대했던 것보다도 훨씬 짧았어." 얄타회담 후 두 달 동안 전선에서는 계속 승전보가 울렸지만, 동과 서 연합국 사이의 선의는 연기처럼 완전히 증발해버렸다. 3월 말 연합군은 라인강 서쪽의 독일군을 분쇄하고, 레마겐 방어선을 예정보다 2주 앞당겨 돌파한 후 독일 산업지역으로 진격해 들어갔다. 그러는 동안 동부 전선에서는 소련군이 헝가리에서 독일군이 마지막으로 펼치는 필사적인 공세를 제압했다. 태평양 전선의 전황도 고무적이었다. 미 해병은 일본 본토 공격의 중요한 거점인 이오섬(이오지마)을 점령했다.

그러나 모스크바에서 캐슬린은 세 강대국의 협업의 열매를 즐길 이유가 있는데도 "용감한" 동맹국[31] 소련이 얄타회담 합의 사항을 차례로 무시하며 "아주 악당처럼" 변하는 것을 지켜보았다. 마치 얄타회담이 열리지 않았던 것과 별반 다르지 않은 상황이 되었다. 미국은 조지 케넌의 충언을 따라 회담에 참석하지 않았다면 더 좋을 뻔했다. "신은 내가 얄타에서의 진정한 우애에 얼마나 감격했는지를 알 거야. 정말 서로 팔짱을 낀 형제와 다름없었지"[32]라고 캐슬린은 파멜라에게 고백했다.

문제는 얄타회담이 끝나자마자 발생했다. 나쁜 일의 전조처럼 해리먼이 국무장관과 함께 얄타에서 모스크바로 돌아온 날 스파소하우스의 보일러가 터졌다.[33] 그 주 후반인 2월 17일 폴란드 서북부에 갇혀 있던 세 명의 미군 장교 포로가 노빈스키 거리의 미국 대사관 앞에 나타났다.[34] 이틀 후 미 대사관을 찾아온 미군 장교 포로는 여덟 명이었다.[35] 이들은 "매일 몇 명씩"[36] 미 대사관을 찾아왔다. 다음으로 사병 포로들이 들어왔다. 너무 많은 전쟁포로들이 대사관을 찾아와서 캐슬린과 대사관 직원들은 스파소하우스 당구장을 임시숙소로 개조하여 이들이 미국으로 송환되기 전까지 사용하게 했다. 이 미군 포로들은 나치독일군뿐만 아니라 소련군을 피해 온 것이었다. 탈출한 사람들은 이구동성으로 이른바 해방자라는 소련군의 잔학 행위에 대해 털어놓았다. 이들은 폴란드 오지를 돌아다니면서 자신들을 도와줄 미국 당국자를 찾았지만 소련군에 다시 체포되어 자신들이 해방된 지역에서 수백 마일 떨어진 곳의 송환 집합 장소로 보내졌다.[37] 이들은 소련군이 총구를 겨눈 가운데 소지품을 약탈당하기도 했다. 폴란드 농민들이 이들을 도와주지 않았다면 이들 중 다수가 굶어 죽었을 것이다.

이 포로들이 무사히 미국으로 귀환한 후 소련은 이웃한 루마니아에서 문제를 일으키기 시작했다. 이들은 폭력 시위가 일어나게 뒤에서 조종하여 루마니아 수상 니콜라에 러데스쿠Nicolae Rădescu를 사임하게 만들고 새로운 공산 정부를 수립했다. 이것은 불과 3주 전 얄타에서 서명한 '유럽해방선언'을 완전히 뒤엎는 행동이었다.

캐슬린이 예측한 대로 새로운 폴란드 정부는 애버럴의 악몽이 되었다. 소련 측은 루블린 정부를 전혀 '재구성'하지 않았다. 소련 측은 의도적으로 루블린 정부를 새 정부의 중핵으로 만들었을 뿐만 아니라, 영국과 미국이 민족통합정부의 후보자로 제안한 런던 망명정부의 인사나 폴란드 내 저항세력 지도자들의 참여를 막았다. "날이 갈수록 루블린 정부가 점점 바르샤바 정부와 폴란드의 지배자가 되어가고 있소."[38] 애버럴은 3월 7일 워싱턴에 이렇게 경고했다. 스탈린이 한 달 내에 실시하겠다고 약속했던 자유선거가 실시될 가능성은 보이지 않았다. 3월 말 새로운 정부 구성을 논의하기 위해 초청된 열여섯 명의 폴란드 지하운동 지도자들이 흔적도 없이 사라졌다는 소문이 돌았다.[39] 미국과 소련 사이의 긴장이 고조되는 가운데 미국 대사관에서 일하는 소련 직원들은 갑자기 배급카드를 회수당했다.[40]

런던에서 처칠은 폴란드 자치의 미래가 사라지는 것을 보면서 영국의 쇠퇴하는 힘을 역력히 보여주는 현실을 놓고 고심하고 있었다. 소련이 협력하도록 만들 수 없는 처칠은 루스벨트가 나서도록 촉구했다. "우리는 지금 얄타에서 합의한 것이 대실패로 끝나고 완전히 파기될 위험에 처해 있습니다"[41]라고 얄타회담 한 달 후인 3월 13일 처칠은 루스벨트에게 썼다. "우리 영국은 이 일을 더 수행하는 데 필요한 힘을 가지고 있지 못합니다. (…) 우리가 행동할 수 있는 한계에 다다랐습니다. 폴란드에 새 정부를 구성하면서 우리를 제압했다고 몰로토프가 생각하는 순간 그는 우리가 다른 모든 일도 받아들일 것이라고 생각할 겁니다." 다시 한 번 처칠은 스탈린이 아니라 몰로토프에게 불만을 쏟아냈지만, 행동할 수 있는 모든 문이 빠르게 닫히고 있다는 것을 뼈저리게 이해하고 있었다.

그러나 루스벨트는 서방 연합국의 불만이 스탈린에게 향할 때 문제를 최소화했다. 앞으로의 협력을 망칠까 봐 루스벨트는 소련이 의도적으로 얄타협정을 위반하고 있다고 직접적으로 비난하지 않았다. "지금까지 우리가 얄타회담에서 도달한 합의를 실천하는 데 실망할 정도로 진전이 없었습니다."[42] 그는 해리먼이 4월 1일 소련 측에 전달한 전문에서 이렇게 지적했다. "솔직히 나는 왜 이런 상황에 이르렀는지 당황스럽습니다." 소련 측은 루스벨트의 간접적 항의를 모두 부인했다.

해리먼은 루스벨트가 듣기 좋게 꾸민 힘없는 말은 아무 효과가 없다고 생각했다. 루마니아와 폴란드가 소련 수중에 떨어지고 미군 전쟁포로들이 소련군이 저지른 악랄한 행위에 대해 말하는 것을 들은 해리먼은 보복 조치 말고는 소련 측이 마음대로 행동하는 것을 막을 방법이 없다고 느꼈다. 그는 4월 2일 루스벨트에게 경고했다. "만일 우리가 행동을 취하지 않으면 (…) 소련 정부는 우리로 하여금 자신들의 모든 결정을 받아들이게 만들 수 있다고 확신하게 될 것입니다. (…) 일시적인 사건의 반향이 있을 수 있지만, 우리가 강력하게 대처해야만 이 사람들과 대등한 거래를 할 수 있는 합리적 기초에 다다를 수 있다고 확신합니다. (…) 이들의 이익이 역효과를 낸다는 것을 분명하게 보여주어야만 우리의 관점을 명확히 인식시킬 수 있습니다."[43]

그 주에 서방 측이 히틀러와 단독 강화를 하려 한다고 생각한 스탈린이 편집증에 사로잡히면서 동서 관계는 위기를 맞았다. 이것은 2

월 말 이탈리아 북부에 근무하던 독일군 친위대 고위 장교가 미군에게 항복할 의사를 보인 사건과 관련이 있었다. 미국 측은 이것이 합법적인 제안이라는 것에 의구심을 가지고 있었지만, 그 배신자 사령관이 실제 의도하는 바를 알아내기 위해 스위스의 베른에서 탐색 면담을 갖는 데 동의했다. 잘못된 정보 보고로 인해 스탈린은 나치독일이 서부 전선 전체에서 미군에게 단독으로 항복하는 것을 고려하고 있다는 잘못된 생각을 갖게 되었다. 스탈린은 루스벨트가 소련의 신뢰를 저버렸다고 비난했다. 스탈린의 오해를 바로잡기 위해 몇 번의 날카로운 전문 교환이 오간 후 다행히 이 위기는 해소되었다.

다시 한 번 루스벨트는 적극적인 노선을 택해서 소련에 우정의 손을 내밀었다. 해리먼이 얄타에서 돌아온 지 정확히 8주가 되는 4월 12일 이른 아침, 해리먼은 루스벨트로부터 스탈린에게 전달할 메시지를 받았다. 이 전문은 웜스프링스 시간으로 저녁에 보낸 것이었다. 침실에 딸린 서재에서 이 전문을 받은 해리먼이 보기에 루스벨트는 베른 사건을 완전히 덮고 싶어 하는 것 같았다. 그러나 스탈린에게 보내는 메시지의 한 줄이 눈에 띄었다. "어떤 경우에도 오해가 있어서는 안 됩니다. 이런 성격의 작은 오해가 앞으로 발생하면 안 됩니다."[44]

해리먼은 이 구절에 동의할 수 없었다. 해리먼은 메시지를 스탈린에게 전달하지 않고, 루스벨트에게 전문을 다시 보냈다. 그는 루스벨트에게 "사소한minor", "나는 고백한다I confess"[45]라는 표현을 재고하고, "내가 보기에 오해가 주로 사건의 원인이었던 것 같다"로 문장을 수정할 것을 정중하게 제안했다.

해리먼은 그날 자정까지 루스벨트로부터 아무런 메시지도 받지 못했다. 멜비 환송연이 진행 중이었고, 빅트롤라 전축에서 재즈 음악이 크게 울려 나왔다. 그때 루스벨트의 전문이 도착했다. "나는 베른에 대한 오해는 사소한 사건이었기 때문에 '사소한minor'이라는 단어를 삭제하지 않을 것임."[46] 해리먼이 할 수 있는 일은 더 없었다. 그는 다음 날 아침 스탈린이 볼 수 있도록 전문을 보낼 준비를 했다.

새벽 2시에 전화벨이 울리는 소리를 들었을 때, 캐슬린은 대수롭지 않게 생각했다. 늦은 밤에 오는 전화는 부지기수였다. 최근 모스크바와 워싱턴 사이의 이견과 자정이 넘도록 일하는 소련인들의 습관을 보면 이상할 것이 하나도 없었다. 그러나 캐슬린은 옆방으로 가서 재빨리 수화기를 집어 들었을 때, 전화를 건 상대가 백악관도, 국무부도, 크렘린도 아니라는 사실을 알았다. 전화 교환수는 전쟁국Office of War에 친분이 있는 여자가 건 전화라고 알려주었다.[47] 이것은 이상한 일이었다. 전쟁국은 반나치 선전을 담당하는 곳이지, 긴급 소식을 알려주는 곳은 아니었다.

그 여자는 아주 긴급한 용무라고 말했다. 파티를 즐기는 사람들이 내는 소음과 음악을 배경으로 캐슬린은 그 여자가 방금 놀라운 뉴스를 전해준 사람을 만났다고 말하는 것을 들었다. 틀림없이 이미 누군가 모스크바의 미국 대사관에 알렸겠지만, 혹시나 해서 전화를 한다는 것이었다.

그 여자가 다음으로 한 말을 들은 캐슬린은 얼음처럼 굳어서 아무 말도 하지 못했다. 이것은 미국 대사의 딸이 파티가 한창인 새벽 2시에 들을 수 있는 소식이 아니었다. "맙소사!"[48] 그녀는 빨리 해리먼을 찾아서 사람들을 모두 물러가게 만들어야 했다. 그녀는 해리먼에게 돌려 말하지 않았다. 지난 4년간의 전쟁 기간 동안 미국을 이끌어 오며, 유럽에서 거의 손에 잡히는 승리를 만든 프랭클린 루스벨트가 사망한 것이다. 그는 그가 보낸 마지막 전문을 애버럴이 받아 보기도 전인 그날 오후 사망했다.

이것은 어느 면에서 이들이 진주만 기습 공격 소식을 들은 것과 비슷했다. 세계를 뒤흔드는 뉴스는 꼭 한밤중에, 축하파티 중에 전달되는 것 같았다. 아마도 캐슬린에게 이 소식은 너무 의외는 아닐 수도 있었다. 얄타에서 본 루스벨트의 모습은 초췌하고 어둡고 해쓱했었다. 그녀는 루스벨트가 4선 임기 끝까지 일하지 못하고 죽을 수 있다고 해리먼이 생각하고 있는 것을 알았다.[49] 그러나 캐슬린은 정신이 멍할 수밖에 없었다. 루스벨트는 그녀가 열다섯 살 때부터 미국의 대통령이었고, 그 전에 그녀가 열한 살일 때 뉴욕 주지사였다. 그는 영원불변의 인물이었고, 우뚝 솟은 거인이었다. 루스벨트의 초상화가 스파소하우스의 녹색 대리석 벽에서 그녀를 바라보고 있었다. 3거두는 어떻게 될 것인가, 그녀는 궁금했다. 루스벨트가 없으면 "그 명칭은 더 이상 큰 의미를 지니지 않을 것"[50]이라고 그녀는 생각했다.

이틀 뒤 파멜라에게 편지를 쓰면서도 캐슬린은 아직 충격에서 벗어나지 못하고 있었다. "우리 생의 바퀴를 굴러가게 한 정치인이 죽을 수 있다는 것을 나는 믿을 수 없어."[51] 만일 얄타회담 후의 허니문이 덧없었다면, 루스벨트의 죽음은 이 결혼에 종지부를 찍은 것과 마찬가지였다. "무슨 일이 일어날지 정말 알 수 없어. 우리가 계획한 것도 마찬가지야"라고 캐슬린은 파멜라에게 썼다.

웜스프링스에서 충격적인 소식이 도착한 지 이틀 후 루스벨트 가족은 루스벨트의 시신을 대통령 전용 열차에 태워 워싱턴으로 운구했다. 엘리너는 부검하지 않기로 결정했다. 스탈린은 대통령이 독살되었을지도 모르기 때문에 부검하는 것이 좋겠다는 의견을 모스크바로부터 보내왔다.[52] 루스벨트는 생전에 하이드파크 자기 집 옆 장미화원에 묻히고 싶다는 말을 했었다. 그러나 국가는 먼저 그에게 작별을 고해야 했다. 운구 행렬이 유니언 기차역에서 워싱턴 시내를 지나 백악관까지 온 다음 엘리너는 애나를 자기 방으로 오라고 했다. 애나는 즉시 엄마의 얼굴이 "극도로 화가 나서 잔뜩 굳어 있는 것"[53]을 알아챘다. 엘리너는 루스벨트가 죽을 때 루시 머서가 웜스프링스에 있었다고 말했다. 그랬다면 루시가 백악관에도 출입한 것이 사실인가? 애나가 이 모든 것을 주선했는가? 사실을 부정할 필요가 없었다. 엘리너는 이미 이 모든 것을 알고 있었다. 애나는 그렇다고 대답했다. 어느 날 애나가 루스벨트의 말을 받아 적고 있을 때 루스벨트는 루시가 와서 저녁 식사를 하고 가도 괜찮겠냐고 물었다고 설명했다. 그렇게 일은 시작되었다. 애나는 자신을 방어하며 "모두가 알고 있는 일이었어요"라고 말했다. "늘 주변에 사람들이 있었어요." 그러나 이것은 중요한 문제가 아니었다. 애나는 엄마를 바라보았을 때 자신이 엄마를 배신했다는 것을 알았다. 애나는 엄마가 자신을 절대 용서하지 않을까 두려웠다. 엘리너는 냉정한 표정을 지으며 애써 감정을 감추었고, 두 여인은 루스벨트의 장례식이 시작되는 1층으로 내려갔다. 애나는 백악관 마크가 새겨진 오렌지색-흰색 카드를 받았다.[54]

이 카드 아래에는 "양도 불가"라고 쓰여 있었다. 그것은 그녀 아버지 장례식의 입장 카드였다.

그날 밤 애나, 엘리너, 영국에서 급거 귀국한 엘리엇 루스벨트가 대통령 전용 열차를 타고 하이드파크의 가족 저택으로 갔다. 제임스는 마닐라에서 장례식에 참석하려고 9천 마일을 날아오고 있었다.[55] 그러나 해군으로 바다에 나가 있는 막내인 프랭클린 주니어와 존은 장례식에 참석할 수 없었다. 이번이 프랭클린 루스벨트와 루스벨트 가족의, 집으로 가는 마지막 여행이었다. 엘리너는 트루먼 가족에게 다음 주까지 백악관을 떠나겠다고 약속했다. 루스벨트는 하이드파크를 대통령 도서관과 박물관으로 정부에 기증하겠다는 서약을 이미 해놓은 상태였다. 애나가 그렇게 오랫동안 집이라고 부른 이 집은 더 이상 그녀의 집이 아니었다.

애나는 이 기차를 셀 수 없이 많이 탔다. 루스벨트의 선거운동을 따라다니고 그의 연설을 들으러 온 나라를 돌아다녔고, 대통령을 뽑아준 국민들을 만나러 이 기차를 타고 다녔다. 이제 처음으로, 아버지는 풀먼 기차회사에서 대통령을 위해 제작한 마지막 차 '페르디난드 마젤란'에 있지 않았다. 방탄 처리된 문은 관이 들어가기에 너무 좁아서 이번 마지막 여행에서 대통령 전용 칸은 빈 채 운행될 것 같았다.[56] 그러나 애나는 경호처에서 제공한 좌석 배치를 살펴보다가 깜짝 놀랐다. 그녀가 아버지 전용 칸을 배정받은 것이다. 그녀는 아버지가 타던 칸을 타고 마지막 여행을 하게 되었다.

무거운 열차가 허드슨강 계곡을 따라 북쪽으로 향하는 동안 애나는 잠을 자지 않았다. 밤새 그녀는 아버지가 늘 앉아 있던 자리 앞에 앉아 창밖을 내다보았다.[57] 워싱턴에서 뉴욕으로 가는 동안 시민들이 나와서 철로 변에 도열했다. 이들은 크림반도에서 봤던 것처럼 도로를 경비하는 병사들이 아니라, 미국 국민들이었다. 어린이, 부모, 할아버지, 할머니가 밤새 철로 변에 서 있었다. 저녁 8시, 새벽 2시, 심지어 새벽 4시에도 철로 변에 서서 미국 대통령에게 마지막 인사를 했다.

3주 후 애나는 시애틀로 돌아갔다. 드디어 아들 자니도 회복되었고, 애나와 존은 한때 많은 행복을 누렸던 곳으로 다시 돌아가기로 했다. 루스벨트의 장례식 후 한 가지 끝내지 못한 일이 그녀 마음에 맴돌았다. 그녀는 전화기를 들고 사우스캐롤라이나 에이킨으로 장거리 전화를 걸었다. 루시에게 전화를 한 것이다. 엄마를 속였다는 죄책감은 있었지만, 슬픔에 잠긴 루시는 애나의 안부전화를 고맙게 생각할 것이라는 생각이 들었다. 아버지도 원했을 것이고, 애나가 해야 하는 일이었다.

루시가 전화를 받고 서로 얘기를 나눈 지 얼마 되지 않아 두 여인은 웃으면서 회상에 빠졌다. 애나는 자기가 해야 할 일을 했다고 마음속으로 느꼈다. 루시와 아버지의 관계는 "두 사람 모두에게 중요한 우정이었다"[58]는 생각이 들었다. 이 전화로 모든 일을 잘 마무리했다고 생각했다.

그러나 7일 후 애나는 루시가 보낸 편지를 받았다. "사랑하는 애나"라고 편지는 시작했다.[59]

지난번 걸어준 전화는 나에게 너무나 많은 것을 의미했어요. 누군가의 목소리를 듣고 그렇게 기뻤던 적이 없었어요. 당신의 목소리와 웃음은 말로 표현할 수 없는 기쁨을 주었어요. 나는 지금까지 여러 이유로 당신에게 편지를 쓰지 못했지만, 당신은 늘 내 마음속에 있었고, 정말 진심 어린 사랑과 가슴 아픈 동정심을 간직하며 내내 당신을 바라보고 있었어요. 아버지의 서거는 당신과 당신 가족 모두에게 엄청난 충격이겠지만, 당신은 아버지에게 다른 누구보다도 많은 것을 의미했기 때문에 충격이 더욱 깊고 강할 것이라고 생각해요. 지난 한 해 동안 아버지와 같이 있을 수 있었다는 것이 한없는 위로가 될 거예요. 당신 생애 내내 그의 사랑스러운 존재의 힘이 있었기 때문에 하루의 매 순간 당신은 허전함과 빈자리를 느낄 거예요. (…) 나는 아버지가 당신에 대해 큰 자부심을 가지고 있었던 것을 생각하면 기뻐요. (…) 아버지는 얄타 회담 여행 중 당신이 준 기쁨과 평안에 대해 느낀 감정을 자주 나에게 얘기해주었어요. 당신이 특별한 존재였고, 당신이 같이 간 덕분에 얼마나 많은 것이 달라졌는지에 대해 아버지는 얘기했어요. 아버지는 당신의 매력과 기지, 그리고 모든 사람이 당신을 얼마나 좋아했는지도 말해주었어요. 당신이 얼마나 능력이 뛰어나고, 당신이 모든 것을 기억하고, 크고 작은 일을 잊지 않고 챙기도록 타자로 친 작은 메모지를 하루 시작이나 끝 시간에 아버지 자리에 놓아준 것도 얘기했어요. 나는 아버지가 당신에게 이런 것을 얘기해주었기를 바라요. 그러나 그렇지 않을 수도 있지요. 어떤 경우이건 당신은 부녀 사이에 굳이 이런 것을 말로 표현할 필요가 없다는 것을 잘 알고 있을 거예요.

루스벨트는 이런 감정을 전혀 애나에게 얘기하지 않았다. 애나는 자신이 아버지에게 도움을 줄 수 있었고, 아버지 인생의 마지막 몇 주 동안 소중한 존재였다는 것을 절실히 알게 되었다. 루시의 편지를 읽은 애나는 아버지가 마지막으로 자신에게 얘기를 해주는 것처럼 느꼈을 것이다. 이것은 그녀가 그렇게 오랫동안 아버지로부터 듣고 싶었던 말이었다.

"세계는 지금까지 이 세상을 산 사람 중에 가장 위대한 사람을 잃었어요"라고 루시는 편지를 맺었다. "나에게 그분은 가장 위대한 사람이었어요. 모든 것 위에 우뚝 선 … 이제 당신의 사랑이 한없이 컸다는 것을 이 밝은 태양 아래서 느끼는 것은 피할 수 없는 사실이에요. 아무도 당신을 대신할 수 없지요. (…) 당신이 훨씬 잘 알고 있는 것을 내가 쓰는 것을 용서하세요. 이것은 너무 신성한 것이라 타인이 여기에 감히 끼어들 수가 없지요. 나는 왠지 내가 그런 존재라고 느끼지는 않아요. 나는 당신이 잘 이해해줄 거라고 믿어요.—당신과 당신의 남편에 대한 사랑을 담아. 사랑하는 애나, 당신은 그의 딸이자 당신 자신이에요."

애나는 지금껏 받은 모든 편지 중에 이 편지가 가장 소중하다고 느꼈다. 그녀는 남은 생애 동안 이 편지를 소중히 간직했을 것이다.

† † †

스파소하우스에 새벽에 전화가 온 지 9개월이 지난 후 캐슬린과 애버럴은 모스크바를 떠나게 되었다. 그 사이 캐슬린이 예상한 대로 모든 것이 변했다. 루스벨트가 서거한 다음 날 오후 해리먼은 대사관에서 루스벨트 추모 예배를 진행했다.[60] 그는 루스벨트의 D-day 기도와, 애나가 작성을 도운 라디오 연설문을 낭독했다. 모스크바 시내 도처에는 서거한 루스벨트에 대한 조의 표시로 검은 테가 둘린 붉은 기가 걸렸다.[61] 이것은 캐슬린이 예상하지 못한 일이었다. 애버럴은 워싱턴으로 귀임하여 루스벨트에게 최근 소련 상황에 대해 보고할 예정이었다. 캐슬린도 오랫동안 기다려온 고향 방문을 할 수 있었다. 루스벨트의 사망으로 이 모든 계획이 바뀌었다. 4월 17일 해리먼은 새 대통령 트루먼에게 첫 보고를 하기 위해 워싱턴으로 날아갔다. 뒤에 남은 캐슬린은 새 대통령이 국가 수장이 된 후 세계의 미래, 그리고 아버지와 자신의 미래에 대해 심사숙고할 시간을 가졌다.

애버럴은 전쟁이 끝날 때까지 모스크바에서 계속 일하겠다고 약속했지만, 곧 자신이 새 정부에서 더욱 고립되고 있다는 것을 깨달았다. 루스벨트가 애버럴의 충언을 필요한 만큼 충분히 듣지 않았다면, 새로 국무장관이 된 제임스 번스는 그의 조언을 전혀 듣지 않았다.[62] 애버럴이 생색이 안 나는 대사직을 계속 수행하는 동안, 애버럴 부녀의 친구들과 가족은 애버럴과 캐슬린의 고국 귀환을 고대하고 있었다. "나는 뉴욕으로 돌아가면 이스트 68번가 18호에 살지는 않을 거야"[63]라고 뉴욕에 있는 가족 아파트를 말하며 캐슬린은 언니에게 썼다. "나는 차라리 혼자 독립적으로 살 거야." 캐슬린은 추억 속에 살거나 과거를 부여잡으려고 애쓰는 여자가 아니었다. 그녀는 지난 4년간 매일 아버지를 위해 일하며 살았다. 그러나 세상은 빠르게 앞으로 나가고 있었고, 캐슬린도 이에 맞춰나가야 했다. 전쟁으로 미국의 사회적 분위기도 크게 변했다. 이전 어느 때보다 독신 여자가 할 수 있는 일이 많았다. 캐슬린의 다음 모험은 스스로 혼자 살아나가는 것이었다.

그러나 캐슬린은 독립생활을 시작하려면 조금 더 기다려야 했다. 애버럴은 정권 이양 과정을 순조롭게 하기 위해 몇 달 더 모스크바에서 일하기로 했다. 캐슬린은 부녀가 시작한 일을 마무리할 때까지 머물러야 했다. 그러다가 새해가 되면서 애버럴과 캐슬린은 모스크바를 떠날 수 있게 되었다.

1946년 1월 거의 4년을 해외에서 보낸 두 사람의 보기 드문 파트너십은 막을 내리게 되었다. 해리먼 부녀는 일본, 한국, 중국, 샌프란시스코를 거쳐 뉴욕으로 돌아왔다. 이들은 새로운 삶을 시작하면서 아주 특이하고도 범상치 않은 선물 두 개를 스탈린으로부터 받았다.[64] 그것은 소련 최고의 두 마리 말이었다. 스탈린은 애버럴에게는 영국 혈통을 가진 팩트라는 말을, 캐슬린에게는 스탈린그라드 전투에서 나치독일군에게 진격한 영웅적인 기병대 말인 보스톤을 선물했다. 스탈린의 선물은 물질적인 관점에서는 아주 값비싼 선물이었지만, 예상대로 철저하게 수수께끼적인 선물이었다. 스탈린은 이 말들을 진정한 존경의 표시로 선물한 것인가? 아니면 스탈린이 국제적 위상을 확립하고 전후 세계에 대한 그의 목적을 달성하는 데 때로는 마지못해, 때로는 의식하지 못하고 기여한 해리먼 부녀의 봉사에 대한 감사의 표시였는가? 해리먼 부녀는 그 의도를 결코 알 수 없었다. 해리먼은 나중에 이렇게 회고했다. "나에게 스탈린은 내가 만난 사람 중에 가장 불가해하고 모순적인 인물이다. 그에 대한 최종적 판단은 역사에 맡긴다."[65]

모스크바 생활 이후 캐슬린은 새롭게 시작하고 독립적인 삶을 영위하기로 결심했다. 그녀는 전쟁 중 유럽에서 보낸 시간에 집착하려고 하지 않았지만, 아덴하우스로 돌아올 때면 소련산 말들이 마구간에서 기다리고 있었다.[66] 캐슬린과 애버럴은 이 말들을 타고 초원과 숲속을 달렸다. 아버지나 딸 모두 과거에 집착하는 타입은 아니었지만 이 말들은 두 사람이 발견한 동반자 관계와 이들이 함께 보낸 특별한 전쟁 기간을 회상시켜주는 기념물이 되었다.

† † †

1945년 4월 17일 아침, 크리스토퍼 렌이 설계한 웅장한 세인트 폴성당 창문으로 햇살이 쏟아져 들어왔다. 재와 그을음으로 색이 검게변하고, 런던 대공습 중 독일군의 폭탄으로 제단이 파괴되기는 했지만, 런던의 자랑거리인 이 성당은 폭격을 견디고 살아남았다. 이것은기적이나 마찬가지였다. 전쟁 기간 동안 이 성당은 런던 시민들에게용기와 평안을 주었다. 이제 유럽의 전쟁이 거의 끝나가는 시점에 세인트 폴 성당은 영국의 가장 위대한 친구였던 프랭클린 루스벨트에게 작별을 고하려는 사람들로 가득 찼다.

처칠은 루스벨트의 사망 소식을 4월 13일 자정 무렵에 받았다. 그는 밤새 의자에 파묻혀 앉아 있었다.[67] 그는 안색이 창백해지고 목소리의 억양과 표현력도 사라졌다. 그는 루스벨트 장례식에 참석하기위해 워싱턴으로 날아가려고 했다.[68] 그러나 비행기도 대기하고 있었지만 마지막 순간에 그는 가지 않기로 결정했다. 이미 각료 여러 명이 4월 20일 샌프란시스코에서 열리는 UN 창립총회에 참석하기 위해 미국에 가 있었고, 영국에서 총선 실시를 요구하는 목소리가 점점 커지고 있었다. 이러한 국내 정치의 혼란으로 처칠은 자리를 비우는 것이 불가능하다고 생각했다. 앤서니 이든은 UN 총회에서 영국 수상을 대리하기 위해 이미 샌프란시스코에 가 있었다. 처칠은 런던에서 열리는 루스벨트 추모 예배에 참석하기로 했다.

그날 아침 세인트 폴 성당의 추모 예배에 처칠과 함께 참석한 사람 중에는 런던에 망명 중인 유럽의 네 국왕—노르웨이·유고슬라비아·그리스·네덜란드 국왕—이 포함되어 있었다. 전쟁 중 처칠의 가장 친한 친구들 중 두 사람, 즉 미국 대사 위넌트와 영국 왕 조지 4세도 추모 예배에 참석했다. 조지 4세는 조의를 표하기 위해 왕비와 열여덟 살인 딸 엘리자베스 공주도 데려왔다. 아버지와 마찬가지로 엘리자베스 공주도 군복 차림이었다.[69] 조지 4세는 단순하면서도 왕실 휘장이 달린 해군 제복을 입었고, 공주는 올리브색 국토방위예비대 공병 복장이었다. 왕실 공군의 푸른 제복을 입은 사라 처칠이 처칠 옆에 앉았다. 클레먼타인은 아직 적십자 사절로 소련에 가 있었기 때문에 처칠은 다시 한 번 메드멘햄 공군기지에 있는 사라를 불러 자신을 수행하며 지원하게 했다. 루스벨트의 서거는 "인류에게 가슴 아픈 상실"[70]이었다. 루스벨트 생의 말기에 두 지도자는 이견을 보이기는 했지만, 윈스턴 처칠에게 프랭클린 루스벨트는 "우리가 알았던 미국 친구들 중 가장 위대한 친구"였다.

추모 예배가 끝나자 위넌트 대사는 처칠을 안내하여 검고 흰 신도

석을 지나 성당 문까지 따라 나갔다.[71] 사라도 처칠의 뒤를 따라 나갔다. 성당 밖에 나온 처칠은 걸음을 멈추고 조문복 위에 걸친 실크 모자를 벗었다. 그가 양모 코트를 입고 성당 계단 꼭대기에 서 있는 동안, 검게 변한 거대한 성당 기둥 사이에 그의 실루엣이 비쳤다. 햇빛이 갑자기 그의 뺨에서 반짝거렸다. 햇빛이 그의 얼굴을 비치자 그의 뺨에서 무언가 반사되었다. 수상은 울고 있었던 것이다. 잠시 후 그는 평정을 되찾고 모자를 다시 썼다. 그는 일행에게 작별을 고하고, 힘차게 계단을 걸어 내려갔고, 사라는 세 발자국 뒤에서 그를 따랐다. 윈스턴 처칠은 자신이 시작한 방법대로 전쟁을 끝내야 했다. 그것은 당당히 전방에 나가 외롭게 적과 맞서는 것이었다.

1940년 동료 정치인들이 대륙의 적과 평화협정을 맺은 후 처칠이 시종일관 나치의 위협에 대해 경고하자 영국 국민들은 그를 지지하고 나섰다. 이제 전쟁 승리를 눈앞에 두고 있었지만, 한때 그를 지지했던 사람들은 그를 떠나고 있었다. 의회의 많은 동료 의원들은 그가 얄타에서 이룬 지정학적 합의를 가지고 그를 비판했다. 그러나 사라는 동쪽으로 천 마일 떨어진 곳에서 일어난 일 때문에 처칠에 대한 지지가 하락한 게 아님을 알고 있었다. 대부분의 사람들은 지금 자신의 이웃 이상의 더 먼 곳을 바라보지 않고 있었고, 일부는, 아직 운 좋게도 집을 소유하고 있다면, 자기 집 외에는 관심을 돌리지 않았다.

거의 6년간 지속된 전쟁에 영국 국민들은 완전히 지쳐 있었다. 배급제로 인해 국민들은 늘 춥고 배고픈 상태였고, 독일군의 폭격으로 나라 어느 곳이나 주택이 부족했다. 종전은 실업의 위험을 증대시켰다. 사라는 동료들 사이에서 이런 우려를 느꼈다. 그들은 유럽에서의 승리가 자신들이 근무하는 부대에 무엇을 의미하는지 확신하지 못하고 있었다.[72] 그들은 태평양 전선으로 이동할 것인가, 아니면 그냥 제대해야 하는가? 군대에 있는 사람들은 꾸준히 급여를 받고, 잠자리를 제공받고, 하루 세 끼 식사도 걱정할 필요가 없었다. 제대하게 되면 일자리는 전선에서 돌아온 전쟁 영웅들과 조국 땅에서 분투한 이름 없는 사람들에게 제공될 것인가?

런던의 추모 예배를 마치고 메드멘햄 공군기지로 돌아온 사라는 먼 곳에서 아버지가 고생하는 모습을 지켜보아야 했다. 총선 실시를 요구하는 목소리가 커졌고, 클레멘트 애틀리가 이끄는 노동당과 그의 사회주의 정책에 대한 지지가 증가하고 있었다.

나치독일이 무조건적으로 항복하고 유럽에서 승리가 선언된 지 2주 후인 5월 23일 영국의 노동당-자유당 연정 전쟁 내각이 공식적으로 해체되었다. 노동당 임시 내각이 7월 5일로 예정된 총선으로 새 정부가 구성될 때까지 정권을 맡았다. 처칠은 6월 4일부터 한 달 동안 점증하는 사회당의 포퓰리즘에 강력한 경고를 보내는 열띤 연설을 하며 선거 운동을 벌였다. 그는 노동당 지지자들에게 사회주의 정부의 인도주의적이고 의도만 좋은 정책에 수반하는 위험에 대해 온 힘을 다해 경고했다. 메드멘햄 공군기지에서 사라는 라디오에서 흘러나오는 아버지의 열띤 연설을 들었다. 그는 사회주의 정권하에서는 영국의 언론의 자유와 토론의 전통이 경찰국가에 자리를 내주게 된다는 것을 경고했다. 역사가 보여주듯이 이런 정부는 필연적으로 전체주의 국가로 이어지게 되고, 이런 국가는 자신의 정강·정책을 추구하고 비판을 잠재우기 위해 "게슈타포와 비슷한 기구"[73]에 의존하게 된다고 주장했다. 시민의 종복들은 더 이상 "종복이 되지 않고 시민도 되지 않는다"고 그는 경고했다. 이것은 동유럽에서 일어나고 있는 일에 대한 처칠의 점증하는 우려가 반영된 강력한 경고였다.

처칠의 연설을 듣는 사라는 이번에는 아버지의 연설이 보기 드물게 초점에서 벗어났다고 생각했다.[74] 아버지와 달리 사라는 다양한 시각을 가지고 있는 노동자들과 시간을 많이 보냈다. 연설이 끝나자 사라는 처칠에게 전화를 걸었다. 처칠은 사라에게 물어볼 것이 있다. 만일 사라 자신이 노동당 지지자였다면 이 연설로 자신의 생각을 바꾸었을 것인가? 불행하게도 통화 상태가 좋지 않아 처칠은 그녀의 대답을 듣지 못했다.

다음 날 아침, 잠에서 깬 사라는 처칠의 연설에 대한 인상을 여전히 그와 공유하고 싶었다. 전쟁 중 그녀는 자신감이 커져서 이제는 솔직한 의견을 아버지에게 털어놓는 것을 주저하지 않았다. "아빠는 내가 연설에 영향을 받았는지를 물으셨죠?"[75] 사라는 편지에 자신의 주장을 펴기 시작했다. "만일 내가 노동당을 찍을 생각을 하고 있었다면, 이 연설을 듣고 보수당을 찍게 될지는 확신할 수 없어요." 사라는 처칠이 특히 얄타회담 후 사회주의에 대해 느끼는 공포를 잘 알고 있었다. 처칠의 연설로 사람들은 사회주의에 대해 추상적으로 생각하고 그의 관점을 받아들였을 수도 있지만, 자식들을 먹여 살리기 위해 분투하고 있는 유권자들에게 추상은 큰 의미가 없었다.

"내가 아는 노동당 지지자들은 이상이나 신념 때문에 노동당에 투표하지 않아요. 단지 생활이 힘들기 때문에 그 당에 투표하는 거예요"라고 사라는 설명했다. "노동당에 투표해야 자신들이 매일 치르는 투쟁이 쉬워진다고 생각하는 거예요. (…) 전쟁 중에 나타난 사회주의는 아무에게도 해를 끼치지 않았고 꽤 많은 사람들에게 이익을 주었어요. (…) 우유는 공평하게 배분되었고, 부자들은 고기를 가난한 사람들보다 많이 배급받지 않는다고 해서 죽지는 않아요. 분명 이런 희생의 공유와 느낌이 우리를 단합시킨 가장 강력한 유대였어요. 그리고 그들은 이렇게 누구나 갖는 희생의 감정이 평화 시에도 효과적으로 작동하지 않을 이유가 없다고 말해요." 사라는 자신의 어조를 조금 낮추었다. "나를 반항아로 생각하지 마세요!"라고 그녀는 부탁했다. 그녀는 사회주의자가 되려는 것이 아니었다. 그녀는 노동당 지지층의 두 근간을 얘기하는 것이었다. 학문적이고 지성적인 성향을 가진 노동당 지지자들은 처칠이 마음을 돌려놓을 수 없다고 사라는 생각했다. 하지만 그녀는 이렇게 말을 이어갔다. "나는 생각이 없는 많은 사람들 또는 노동당에 투표해야 기회의 불균등, 계급과 금전의 특권이 제어될 수 있다고 피상적으로 생각하는 많은 대중에 대해 걱정하고 있어요. 나는 그들이 그 정도보다 더 깊이 생각할까 의구심이 들어요. 나는 그들이 완전한 평등 세상이라는 몽상을 믿고 있다고 생각하지는 않아요. 그러나 그들은 더 많은 것을 원하고 있어요. 그들이 지금까지 가졌던 것보다 훨씬 더 많은 것을 원하고 있어요." 얄타와 세바스토폴에서 본 사람들처럼 영국 국민들은 언젠가 자신들의 생활도 조금은 더 나아지고, 조금은 더 의미가 있어질 것으로 기대하고 있었다.

한 주 후 사라는 엄마가 보낸 편지를 받았다. "네 아빠가 네가 방송을 듣고 보낸 뛰어난 편지를 나에게 보여주었어. 아빠는 편지에 큰 감명을 받으셨어. (…) 이 편지는 아주 현명하고 뛰어난 정치적 글이야."[76] 클레먼타인은 이렇게 적어 보냈다. 그러나 대중의 감정은 결정적으로 현 정부와 영국을 승리로 이끈 처칠에게 불리하게 바뀌었다. 선거 열흘 전 사라는 온종일 처칠의 선거 운동에 동행했다. 그녀는 현장에서 보고 들은 것에 큰 상처를 받았다. 그녀는 아버지에 대한 "개인적 공격의 폭력성과 잔인함에 화가 나고 당황"[77]했다. 특히 전쟁 중 연립 정부에서 같이 일한 사람들이 그러는 데 충격을 받았다. 선거가 다가오면서 지치고 배고픈 대중의 독설은 점점 거세졌다. 선거 운동 마지막 날, 2만 명의 군중은 월섬스토 스타디움에서 처칠에게 야유를 퍼부었다.

7월 5일 영국 국민들은 투표를 했지만 선거 결과는 3주 후에나 확정될 예정이었다. 세계 여러 전선에 나가 있는 군인들의 부재자 투표지가 도착할 때까지 시간이 걸렸다. 그동안 처칠은 해방된 베를린 외곽에 있는 포츠담에서 열리는 회담에 참석하기 위해 떠났다. 그곳에서 처칠은 스탈린과 새로운 미국 대통령 해리 트루먼을 만날 예정이었다. 이번 회담은 지난번보다 길어서 2주 이상 진행될 예정이었다. 회담의 핵심 목표는 전후 독일 통치와 독일에 내릴 징벌에 대한 구체적이고 상세한 조정을 하는 것이었다. 이번에 처칠은 막내딸인 메리에게 자신과 함께 회담에 참가할 기회를 줬다. "회담이 잘 진행되고, 트루먼이 자신이 전한 메시지처럼 좋은 사람이기를 바랍니다"[78]라고 사라는 떠날 준비를 하는 아버지에게 편지를 썼다. "루스벨트 없이 세 지도자가 처음으로 같이 앉으면 이상할 것 같아요."

포츠담회담은 루스벨트가 없어서가 아니라 다른 이유로 이상한 회담이 되었다. 회담이 시작된 지 일주일 후 정회가 되었고 7월 25일 처칠과 메리는 다음 날 확정되는 총선 결과를 기다리려고 영국으로 귀국했다. 처칠은 지난 몇 주 동안 겪은 반대에도 불구하고 영국 국민들이 자신에게 전쟁을 이끈 것처럼 평화 시에 나라를 이끌도록 투표해줄 것이라고 확신했다. 그는 승리하고 포츠담으로 돌아가 지체 없이 일을 시작할 수 있을 것으로 믿었다.

7월 26일 아침 사라는 미용실에 들렀다. 그녀는 선거 결과가 집계되는 동안 가족과 함께 있기 위해 하루 휴가를 냈다. 그녀는 이렇게 중요한 날에 그런 "사소한" 일을 하는 것은 재미있는 하루의 시작이라고 생각했다.[79] 그녀는 초조하게 선거 결과를 기다리는 동안 긴장을 풀 수 있는 일이 필요했다. 미용사가 그녀의 머리를 다듬는 동안 라디오 방송이 계속 들렸고, 아나운서는 선거에 대해 말하고 있었다. 사라가 시끄러운 드라이기 소리에서 벗어났을 때 아나운서의 목소리는 바뀌었다. 초기 개표 결과는 노동당의 "압승"을 보여주었다. 사라가 미용실을 나섰을 때 그녀는 거리에 모여 있는 군중을 둘러보았다. 노동당이 이기고 있다는 이야기가 퍼져나갔다. 사람들은 "화재 경보 벨을 누른 아이가 소방차가 바로 달려오자 놀란 것처럼" 모두 놀란 표정이었다.

다우닝가 10번지 수상관저에 도착한 사라는 상황실로 바로 들어갔다. 상황실 벽은 전쟁 지도 대신 영국 의회 선거구 지도가 걸려 있었다.[80] 아버지는 테이블 머리에 앉아 있었고, 나머지 가족은 그 주변에 모여 앉아 있었다. 각 구의 선거 결과가 발표될 때마다 처칠은 생각에 잠긴 채 머리를 끄덕이기만 하고 아무 말도 하지 않았다. 얼마 되지 않아 노동당의 "해일"[81]이 일어나고 있다는 것이 분명해졌다. 처칠은 참패의 현실을 받아들이면서 농담을 하기 시작했다.[82] 그러나 아무도 그의 유머에 적응할 수 없었다. 점심 식사가 곧 준비되었다. 다행히도 요리사는 선거 결과보다 쉽게 삼킬 수 있는 가벼운 음식을 준비했다.

쓸쓸한 대화 끝에 클레먼타인은 목소리를 높여 이렇게 말했다. "윈스턴, 이건 위장된 축복일지도 몰라요."[83]

처칠은 부인을 돌아보고 이렇게 말했다. "글쎄, 확실히 너무 잘 위장됐어."

선거 패배가 벽에 있는 지도 위에 확실히 표시되고, 수상직 사임서가 왕에게 제출된 그날 밤 처칠은 가족을 모두 모았다. 클레먼타인, 사라, 메리, 랜돌프, 다이애나와 그녀의 남편 덩컨 샌디스, 처칠의 남동생 잭이 한자리에 모였다. 처칠은 사랑하는 차트웰 저택과 한가로운 초원으로 돌아가는 백일몽을 꾸기 시작했다. 그는 가족 모두가 언제나 그곳에 모여 살 수 있고, 그의 자녀들과 그들의 가족들은 저택 아래 언덕에 각자 작은 집을 짓고 살 수 있을 것이라고 중얼거렸다. 이들은 그곳을 "차트웰 식민지"[84]라고 부를 수 있었다.

그날 저녁 내내 가족들은 같이 앉아 각자 믿기지 않는 참패에 적응하려고 애썼다. 사라와 메리는 멋진 이브닝 가운을 갈아입으며 가족들의 기운을 돋우려고 했지만, 분위기는 전혀 밝아지지 않았다.[85] 전에도 그랬듯이 클레먼타인은 고고한 평정심을 유지하고 있었다.[86] 다이애나는 안색이 너무 창백했고, 메리는 실망을 극복하지 못한 것이 분명했다. 메리는 엄마 다음으로 사라가 가장 용감하다고 말했다. 사라는 자신의 강점인 더 나은 미래에 대한 확신을 끌어내느라 굳은 윗입술이 살짝 떨렸다. 패배에 집착하느니 사라는 아버지의 전원적 파라다이스에 대한 꿈을 꾸기 시작했다.

이 패배는 아버지에게 큰 충격이었지만, 사라는 지난 5년을 생각하면 후회할 것이 없었다. 전쟁은 참혹한 비극이었지만, 이상하게도 그녀가 어려서 알지 못했던 만족감을 주었다. 특히 그녀가 부모 옆에 앉아 있는 지금 같은 순간에 더욱 그랬다. 사라는 얄타에서 돌아온 직후 엄마에게 이렇게 썼다. "지난 몇 년간 느낀 진정한 행복은 엄마와 아빠를 더 잘 알게 된 것이에요. 나는 늘 부모님을 사랑했지만, 잘 알지는 못했어요. 그러나 이 갑작스러운 발견은 금광에 발을 들여놓은 것과 마찬가지예요!"[87] 늘 "외로운 애"라고 생각했고, 아버지 앞에서 너무 긴장해서 말도 못 꺼내고 쪽지를 써서 마음을 전달하던 어린 소녀에게 이것은 가치를 따질 수 없는 놀라운 경험이었다. 단지 아버지뿐만 아니라 자기 자신을 위해서도 그랬다.

다음 날 아침 사라가 처칠에게 편지를 쓴 것은 말하기 두려워서가 아니었다. 그녀가 하려는 말은 금방 사라지는 입말로 전달하기에는 너무나 중요한 것이었다. 그녀는 지난 몇 년간 겪은 일이 자신에게 어떤 의미가 있었는지를 아버지가 정확히 알고 마음속에 꼭 간직하기를 바랐다.

"너무너무 사랑하는 아빠,"[88]라고 그녀는 편지를 시작했다. "어젯밤 하신 말씀을 기억하실 거예요. '차트웰 식민지' 말이에요. 잊지 않으셨죠? 거기보다 더 멋진 땅은 없어요. 땅이 아주 넓어서 우리는 경작을 하고, 우유를 짜고, 닭을 칠 수 있어요. 아빠가 우리를 부를 때 칠 커다란 종도 달 수 있어요. 그러면 우리는 각자 작은 집에서 나와서 같이 저녁을 먹을 수 있을 거예요. 우리가 이보다 더 좋은 것을 언제 누릴 수 있겠어요?" 그런 다음 사라는 선거에 대한 쓰라린 실망감을 표현했다. 전쟁 동안 나라를 끌고 온 지도자를 버린 것은 충격이지만, 사라는 국민들이 아버지에게 등을 돌린 것은 아니라고 믿었다. 그녀는 사람들이 더 나은 생활에 굶주렸고, 더 나은 생활의 열쇠는 변화라고 생각했기 때문이라는 자신의 생각을 반복해 강조했다. "어떤 격동이 일어나도 나는 아빠가 전과 같이 그들 마음속 높은 곳에 있다는 것을 알아요." 지난 몇 년간 처칠 옆에 있었던 사라는 자신의 인생에서 가장 큰 기쁨을 경험했다. 그러나 현재 사라는 자신에 대해 생각하지 않고 오직 아버지만을 생각했다. 다른 누구보다 아버지는 영원히 그녀 마음속에 가장 높은 자리를 차지할 것이다.

"아빠가 이렇게 말했었죠? '전쟁에는 결단이, 평화에는 선의가, 승리에는 관용이, 패배에는 항거가 필요하다.' 어젯밤 아빠는 나에게 위대한 것을 가르쳐주었어요. 패배에는 유머가 필요하다는 것을요." 그녀는 이렇게 적었다. "제 머릿속에 떠오른 다른 생각은 제가 가장 좋아하는 기도의 일부였어요. '남에게 주며 대가를 따지지 말고/ 투쟁하되 다친 사람들을 살피고/ 열심히 일하며 쉬는 것을 바라지 말고/ 노동을 하되 보상을 바라지 말게 하소서'—이것이 아빠의 전쟁 기록이에요."

사라에게 이러한 인식은 전쟁 기간을 처칠 옆에서 보낸 결과로 얻은 선물이었다. 전쟁은 그녀를 생의 가장 낮은 곳에서 세상의 정상으로 오르게 했다. 그러나 화려한 만찬, 지구의 먼 곳으로의 여행, 소중한 정보, 역사가 오래 기억할 지도자들과의 만남보다 사라에게 더 소중한 것은 그녀가 아버지와 쌓아 올린 관계였다.

　사라는 그녀의 편지를 마무리했다. 사라가 그토록 오랫동안 전하고 싶었던 감정이 이제 아버지 앞에 놓일 것이다. 그것도 종잇조각에 흘려 쓴 글씨가 아니라 확신을 가지고 당당하게 쓴 글씨로. "신이 아빠를 축복하기를 기원해요. 저의 모든 사랑을 아빠에게 보내요. 아빠는 대단해요. (…) 와, 와, 영원히 와!"[89]

얄타 이후

"얄타 합의는 일종의 신화가 되었다."[1] ABC 라디오의 목요일 뉴스 진행자 체트 헌틀리는 1951년 6월 28일 이렇게 말했다. "때로 얄타 합의는 방어되기도 한다. 그러나 대부분의 경우 이 합의는 비판을 받고, 미국 외교의 대실수로 지적된다." 이 평가는 영국에도 쉽게 적용될 수 있었다. 회담 종료 직후 얄타 합의는 전쟁 중 연합국 단결의 분수령으로 여겨졌다. 그러나 불과 몇 년 후 얄타는 완전히 다른 이야기가 되었다. 이 합의는 협력의 정점이 아니라, 오히려 연합국이 2차 세계대전과 냉전 사이에서 불안정하게 서 있던 순간이었다. 수십 년 동안 사람들이 뒤늦게 깨달으면서 얄타회담에 대한 새로운 해석이 가능해졌다. 어떤 사람들은 얄타회담을 제2의 뮌헨회담이자 숙적에게 모든 것을 넘겨준 회담으로 보았다. 짧게 지속된 평화의 기쁨은 바로 뒤를 이은 공포, 전쟁, 비극에 침몰되었다. 이 회담을 양극 사이에 펼쳐져 있던 이미 운명이 결정된 피할 수 없는 결과로 보는 사람들도 있었다. 그런 상황에서 개인들의 결정은 이미 수세기 동안 작동해온 지정학적 힘을 약화시킬 수가 없었다.

알타는 또한 수도 없는 가설을 양산해냈다. 모두 "만약 ~ 였다면 어땠을까?" 식의 가설이다. 만약 루스벨트가 그렇게 병약하지 않았다면 어땠을까? 만약 그가 3선 임기 중에 사망하고 헨리 월리스가 대통령이 되었다면? 만약 처칠과 루스벨트가 스탈린에게 전쟁을 하겠다고 위협했다면? 이런 숙고는 흥미롭기는 하지만 전혀 생산적이지 않다. 헌틀리가 방송에서 말한 대로 알타는 "고립된 사건이 아니었다. 상당 부분 그것은 이전에 일어났던 일의 결과"였다.[2] 소련군이 동유럽 전체를 석권했기 때문에 서방 연합국은 위협을 하거나 전쟁을 선포하는 방법 외에는 스탈린이 순순히 협조하도록 만들 수가 없었다. 유럽은 5년이나 전화에 시달렸기 때문에 더 이상 전쟁을 치를 의지가 없었다. 소련군이 폴란드, 루마니아, 헝가리 같은 유럽 지역에 발을 들여놓지 못하게 하는 유일한 방법은 적어도 2년 전에 프랑스에 제2전선을 형성하는 것이었다. 그러나 1942년 미국 병사들은 이런 침공을 시작할 준비가 되어 있지 않았고, 일본과도 전쟁을 치르는 상황에서 유럽 서부 전선에서 영미 연합군에게 장비를 제공할 만큼 미국의 산업이 충분히 동원되지도 않았다. 또 다른 질문도 가능하다. 만일 영국과 미국이 좀 더 일찍 동원령을 내렸다면 어떤 일이 벌어졌을까? 이렇게 가정은 꼬리에 꼬리를 물고 이어질 수 있지만 여기에 대한 답은 없다.

무슨 일이 일어났을까는 무엇을 실제로 했는가에 비하면 아무 중요성이 없다.

1945년 8월 6일 미국은 히로시마에 원자폭탄을 투하했다. 이틀 후 소련이 일본에 선전포고를 했다. 다음 날 미국은 나가사키에 두 번째 원폭을 투하했다. 8월 15일 일본은 항복했다. 마지막 적이 사라진 후에는 동과 서 사이에 지속적인 파트너십이 존재하는 것처럼 흉내 낼 필요가 없었다. 스탈린이 살아 있는 동안에는 소련을 설득해서 협조하도록 만들 수 있다는 희망이 남아 있었다. 1953년 스탈린이 사망하자 이 환상도 사라졌다.

애버럴 해리먼은 이 당시를 회상하면서, 자신은 스탈린이 몇 달 뒤 합의를 뒤집을 의도를 갖고 얄타협정에 서명한 것으로 생각하지는 않는다고 했다. 처음에 스탈린은 "자유선거 실시 약속의 위험성을 과소평가했다"고 해리먼은 말했다. 폴란드 같은 곳에서는 "공산주의자들이 인기가 높아 쉽게 이길"[3] 것으로 스탈린은 착각한 것이다. 어찌 되었건 소련군은 폴란드의 구원자이자 해방군이었다. 그러나 스탈린은 소련의 인기를 너무 과대평가했다. 소련의 의도가 저항에 부딪히자 스탈린은 얄타협정의 거의 모든 합의를 파기하기 시작했다. 폴란드에서는 1947년에 가서야 선거가 치러졌고, 그 선거는 자유선거와는 거리가 멀었다. 독일에서도 마찬가지였다. 소련이 전후 회복 기간 동안 통치를 맡은 지역에서도 같은 일이 일어났다. 유럽해방선언의 보장에도 불구하고 서방 연합국 또는 루스벨트가 탄생시킨 신생 국제기구인 UN이 할 수 있는 일은 거의 없었다. 소련이 차례로 동유럽 국가들을 집어삼키는 동안 이 국가들의 자치권을 보장하는 일은 거의 하지 못했다. 소련의 야욕은 유럽 국경에서 끝나지 않았고, 소련의 영향력은 중국과 베트남, 한국 일부 지역에까지 미쳤다.

얄타회담이 있은 지 약 1년 후인 1946년 3월 처칠은 트루먼 대통령의 권유로 트루먼 출신 주인 미주리의 풀턴에 있는 작은 대학에서 연설을 했다. 이곳에서 처칠은 가장 오래 회자되는 말을 했다. "발트 해의 슈체친에서 아드리아해의 트리에스테에 이르기까지 (유럽) 대륙에 철의 장막이 쳐졌습니다."[4] 15년 후 세계가 냉전에 묶여 있을 때 그 장막은 동베를린과 서베를린을 나누는 물리적인 장벽으로 나타났다.

알타 합의는 급속히 와해되었지만, 이 합의의 바탕이 된 좋은 의도는, 이 합의를 설계한 사람들이 좀 더 오래 살아 이것을 방어했다면 대중의 기억에 좋게 각인될 수도 있었을 것이다. 알타회담이 끝나고 5년도 되지 않아 미국의 핵심 참가자 세 명이 사망했다. 루스벨트는 1945년, 해리 홉킨스는 1946년, 에드워드 스테티니어스는 1949년 사망했다. 게다가 스테티니어스의 보좌관이었고, UN의 첫 사무총장을 맡았던 앨저 히스가 소련 스파이 혐의로 기소되면서 알타의 유산에 큰 오점이 더해졌다.[5] 1948년 오랫동안 고군분투해온 휘태커 체임버스는 미 하원 반정부 행위 조사 특별위원회에서 앨저 히스를 다시 한 번 고발했다. 그러나 간첩행위 공소 시효가 지나서 대배심은 히스에게 두 가지 위증죄만을 적용했다. 그는 5년 징역형을 선고받았다. 히스의 지지자들은 그가 무죄라고 계속 주장했지만, 나중에 CIA가 공개한 자료에는 히스가 1930년대 중반부터 알타회담 기간 동안 소련 스파이였다는 증거가 들어 있었다. 히스가 알타회담 중에 특정한 스파이행위를 했는지는 밝혀지지 않았지만, 소련 측이 미국 대표단에 스파이를 심어놓았었다는 사실은 이 회담의 신뢰도를 크게 떨어뜨렸다.

영국에서 얄타회담에 대한 광범위한 반발이 일어난 원인은 세 연합국 지도자가 서명한 합의가 아니라 다른 문제 때문이었다. 그것은 소련과 동유럽 국가의 수십만 명에 이르는 전쟁포로와 난민들이 본국으로 송환된 문제였다. 이들 중 상당수는 자신들의 의사에 반하여 강제로 본국으로 송환되었다. 송환된 사람들 중 많은 수가 강제노동수용소로 보내지거나 처형당했다. 1980년 마거릿 대처 수상은 이들을 기리는 기념비를 세웠다. 얄타의 정당성에 대한 분열을 보여주듯이 이 기념비는 파손이 되어 회복할 수 없을 정도로 손상되었다. 1986년 새로운 기념비가 세워졌다. 새 기념비는 런던의 빅토리아 앨버트 박물관 맞은편의 작은 공원에 서 있다.

많은 사람들이 보기에 얄타회담은 전후 상황과 냉전 때문에 국가, 동서반구, 이념 간 충돌의 전환점으로 굳어졌다. 얄타가 위치한 크림반도가 러시아와 서방 사이의 긴장에 있어 지정학적 화약고가 된 것은 우연이 아니다. 2014년 초에 푸틴이 크림반도를 러시아에 합병하면서 러시아와 서방 사이의 적대감이 다시 불붙었다. UN은 이 행동을 즉각 비난하고 여러 번에 걸쳐 결의안을 통과시켰고, 최근인 2019년 12월에도 러시아군의 철군을 요구했다.

그러나 지정학 아래에서 개인적 관계도 전개되었다. 하나의 전쟁이 끝나고, 또 다른 전쟁이 시작되는 이야기에는 부녀 세 쌍의 이야기도 같이 얽혀 있다. 아버지와 딸의 관계는 이들이 함께 경험한 역사에 의해 시험되고 강화되었다.

많은 여성들과 마찬가지로 세 딸은 자칫 발현되지 못했을 재능이 전쟁으로 인해 발휘되는 짧은 순간을 가졌고, 전쟁이 아니었으면 맡지 못했을 역할도 수행했다. 사라는 영국 공군에서, 캐슬린은 기자로서, 애나는 백악관 보좌역으로 일할 기회를 얻었다. 전쟁으로 인해 이들은 다른 관습과 전통을 가진 나라들을 여행할 수 있었다. 외교 사절로서 이들은 여성 외교관이 아주 드물었던 시기에 세계 지도자들과 한 테이블에 나란히 앉을 수 있었다. 미 국무부에는 1920년부터 소수의 여성이 근무하고 있기는 했지만, 1949년 트루먼이 헬렌 유제니 무어 앤더슨Helen Eugenie Moore Anderson을 덴마크 대사로 임명할 때까지 여성 대사가 없었다.[6] 영국에서는 진보가 더 느렸다. 영국 외무부는 1946년까지 여자 직원을 받지 않았고, 1976년 공교롭게 이번에도 덴마크 대사로 임명된 앤 워버턴Anne Warburton이 최초의 여성 대사였다.

아버지에게 사랑과 인정, 평가를 갈구해왔던 사라 처칠, 캐슬린 해리먼, 애나 루스벨트는 얄타회담으로 아버지에게 꼭 필요한 존재가 되는 기회를 얻을 수 있었다. 사라는 처칠의 브레인의 일부가 되고 그와 함께 "조용한 걸음"[7]을 같이 걸으며 그의 모든 생각과 감정을 읽을 수 있는 사람이 되었다. 그러한 관계는 사라가 처칠의 벽돌 쌓기 조수로 일했던 때부터 원하던 바였다. 캐슬린에게는 언젠가 두 사람이 "가장 좋은 친구"[8]가 될 것이라던 애버럴의 예언이 그대로 실현되었다. 두 사람에게 이 전쟁은 각자 예상했던 것보다 훨씬 의미 있는 파트너십을 가질 기회를 주었다. 애나에게는 전쟁이 아버지 가까이에 있으면서 인정받기를 원했던, 평생을 간직해온 꿈을 실현할 수 있는 마지막 간절한 기회였다. 그녀는 아버지가 닫힌 문 뒤에서 일하는 동안 그 꿈을 간직해왔다. 어린 시절 이후 피했던 이 꿈을 붙잡기 위해 거의 25년을 기다려야 했던 그녀는 짧은 기간이기는 해도 이 꿈을 실현했다.

전쟁이 끝난 지 몇 달 후 처칠은 아쉬운 듯 과거를 회상하며 사라에게 지혜가 담긴 말을 해주었다. "인생의 길고 다양한 경험에서 내가 너에게 줄 수 있는 가장 가치 있는 경험은 순간을 영원히 남겨두는 법을 아는 것이다."[9] 그러나 사라는 말할 것도 없고 세계에서 가장 많은 경험을 한 윈스턴 처칠도 순간이 지속되게 할 수는 없었다. 전시戰時라는 기회의 창문은 빨리 열린 것만큼이나 빨리 닫혔다. 세상은 앞으로 나아가고 있었고, 아버지와 딸은 그 세상과 함께 움직여야 했다. 전쟁 중에 얻은 경험으로 서로 유대를 맺은 세 딸과 가족들은 다가오는 시간에서도 서로 운명이 교차하게 될 것이었다. 세 여인은 각자에게 그리고 사랑하는 사람들에게 전쟁이 남긴 보이지 않는 상처의 고통을 알게 될 터였다.

1946년 뉴욕으로 돌아온 캐슬린 해리먼은 모스크바에서 경험한 외교 생활을 바탕으로 자신은 외교관을 직업으로 택하는 데 관심이 없다고 결론 내렸다. 캐슬린은 언니에게 외교 일은 "지겹도록 많은 차를 마시고 과자를 먹는"[10] 일이라고 농담조로 말했다. 그 대신에 캐슬린은 《뉴스위크》의 기자 일을 다시 시작했다. 애버럴은 1946년 4월 잠깐 동안 위넌트가 떠난 자리를 맡아 영국 주재 대사직을 수행하느라 런던으로 복귀했지만, 캐슬린은 이번에는 아버지를 따라가지 않았다. 애버럴은 다섯 달만 런던에서 일한 후 10월에 트루먼이 그를 상무장관으로 임명하면서 미국으로 돌아왔다.

런던에 있는 동안 애버럴은 파멜라 처칠과의 관계를 다시 시작하지 않았다. 두 사람을 가깝게 만들었던 특별한 상황은 과거의 일이 되어버렸고, 애버럴은 부인 마리와 화해했다. 이 시기에 파멜라는 뉴욕으로 왔고, 사랑하는 친구 캐슬린과 많은 시간을 보냈다. 파멜라는 돈이 떨어졌다고 캐슬린에게 털어놓았다. 파멜라는 랜돌프와 정식으로 이혼했고, 아들 윈스턴을 키우면서 어렵게 생활하고 있었다. 친구의 처지가 안됐다고 느낀 캐슬린은 애버럴이 파멜라를 재정적으로 지원한다는 사실을 잊었거나, 그 돈만으로는 부족하다고 생각했던 모양이다. 이유야 어떻든 캐슬린은 《뉴스위크》에서 받는 월급을 파멜라에게 주었고, 파멜라도 흔쾌히 이를 받았다.[11]

파멜라는 자신이 받는 돈이 중매쟁이가 받아야 할 보상에 상응한다고 느꼈을지도 모른다. 파멜라는 캐슬린에게 배우자감을 소개해주었다. 뉴욕에 있던 어느 날 저녁 파멜라는 헨리 모티머와 데이트를 했다.[12] 그는 캘리포니아주 스탠더드오일 창업자의 손자였고, 미국 건국의 아버지 존 제이의 후손이었다. 이들이 세인트 레지스 호텔에서 만날 때 파멜라는 캐슬린을 데리고 왔고, 헨리는 자신의 형 스탠리를 데려왔다. 스탠리도 우연히 파멜라와 데이트한 적이 있었다. 그는 최근에 부인 벳시 쿠싱과 이혼한 상태였다. 이들에게는 두 자녀, 스탠리 3세와 어맨다가 있었다.[13] 베이브는 파멜라를 쫓아다니던 많은 남자 중 한 사람인 CBS 방송사 사장 빌 페일리와 결혼했다. 대부분의 남자들은 파멜라의 매력에 빠져들었지만, 스탠리는 날씬한 몸매에 갈색 머리를 한 미국 여성 캐슬린에게 마음을 빼앗겼다. 스탠리와 캐슬린은 이웃이었다. 그는 캐슬린의 저택 아덴하우스에서 멀지 않은 뉴욕의 고급 주거지 턱시도 파크에서 자랐지만, 두 사람은 그간 서로 만난 적은 없었다. 만난 지 얼마 되지 않아 스탠리는 캐슬린에게 완전히 빠졌다. 1년 반 뒤 두 사람의 청첩장이 우편으로 발송되었다.[14] 결혼식에 초청된 사람 중에는 트루먼 대통령, 허버트 후버 전 대통령, 아이젠하워 장군, 마셜 장군, 맥아더 장군, 대법관 전원, 에드거 후버 FBI 국장, 프랜시스 퍼킨스, 매켄지 킹 캐나다 총리, 많은 외국 대사들과 장관들이 포함되었다. 얄타회담 미국 대표단 중에는 레이히 제독, 칩 볼런, 제임스 번스가 초청 명단에 들어갔다. 해리먼 부녀의 영국 지인들 중에는 앤서니 이든, 피터 포털, 비버브룩 경, 그리고 당연히 윈스턴 처칠도 포함되었다. 그러나 이오시프 스탈린은 포함되지 않았다.

캐슬린과 스탠리가 결혼 생활에 정착하는 동안 애버럴은 정부와 공직에서 계속 임무를 수행했다. 그는 1948년 서유럽의 전후 복구를 촉진하기 위해 마련된 120억 달러 규모의 마셜플랜 책임을 맡았고, 대통령의 특별고문이 되었다. 1952년 대통령 선거에서 애버럴은 민주당 경선에 뛰어들었으나 후보로 지명되지는 못했다. 1954년 그는 캐슬린과 한때 사귀었던 프랭클린 루스벨트 주니어를 꺾고 뉴욕 주지사가 되었다. 1956년 한 번 더 대통령 후보에 도전했다가 실패한 애버럴은 더 이상 선출직에는 도전하지 않았다. 그러나 그는 냉전 기간 동안 "현인들Wise Men" 중 한 사람이 되어 케네디와 존슨 행정부 내내 대통령 특별고문, 특임대사Ambassador-at-large, 원로 정치인 역할을 맡았다. 그는 베트남과의 평화회담에서는 존슨 대통령의 특사 대표직을 수행했다. 1968년 애버럴은 '인권 준수의 해' 대통령위원회의 의장으로 지명되었다. 애나 루스벨트는 이 위원회의 부의장으로 지명되었다. 얄타회담 후 두 사람은 평생 친구가 되었다. 1969년 애버럴 해리먼은 대통령 자유 메달Presidential Medal of Freedom을 수여받았다.

캐슬린은 자신이 말한 대로 정치와 외교를 아버지에게 맡기고 더 이상 관여하지 않았다. 결혼 후 그녀는 대중의 관심을 피했다. 그 대신 캐슬린은 자선사업(특히 모교인 베닝턴대학 이사회)과 스키, 사랑하는 말들과 사냥개, 그리고 가족에 헌신했다. 그녀는 남편과 아들 데이비드, 제이, 애버럴(에이비라는 애칭으로 불렸다), 그리고 전처 자녀인 스탠리와 어맨다로 이루어진 가정을 꾸려나갔다. 에이비는 80대에 들어선 열혈 스포츠 여성인 어머니가 아버지에게 사냥총 쏘는 법을 가르쳐주었다고 말했다.[15]

자선사업가로서 캐슬린은 뉴욕방문간호사회와 아동발달재단의 이사로 활동했다.[16] 애버럴의 선거운동을 위해 잠시 나선 것 외에 캐슬린은 사업이나 정치에서 아버지의 가장 가까운 파트너로 나서지 않았다. 그리고 그녀는 2차 세계대전 중에 겪은 경험을 드러내놓고 말하지 않았다. 많은 사람들이 처칠, 루스벨트, 스탈린과 모험을 한 개인적 이야기를 하고 싶어 했지만, 그녀는 같은 세대의 많은 여성처럼 자신이 목격한 것을 겸손히 간직하며, 공개적으로 말하기를 꺼렸다. 그녀는 자신이 특별히 중요한 존재였다고 생각하지 않았다.[17] 그녀가 말을 아낀 데는 현실적인 이유도 있었다. 1946년 뉴욕에서 열린 베닝턴대학 모금 만찬에서는 러시아에 대해 강연했는데 이 강연은 그녀가 2차 세계대전 경험에 대해 공개적으로 말한 드문 예 중 하나였다. 여기서 그녀는 자신이 모스크바에서 보낸 시간에 대한 말을 꺼리는 이유를 설명했다. "모든 사람에게는 선입견이 있습니다. 사람들은 자신의 특정한 견해가 받아들여지기를 바라면서 말을 하게 됩니다. 그 말이 사실인가 아닌가는 중요하지 않습니다. 만일 내가 러시아를 불한당들의 나라라고 말하지 않으면 아마도 나에게 공산주의자라는 낙인이 찍힐 것입니다. 만일 내가 그곳에서 고귀한 경험을 한 것처럼 말하지 않으면, 나는 러시아 박해자란 말을 들을 것입니다."[18]

그녀는 1952년 미 하원의 카틴 숲 학살 특별조사위원회에 불려나와 증언을 하면서 이 문제에 대한 혐의를 벗게 되었다. 의원들은 소련군이 폴란드 장교들을 학살한 사실을 그녀가 숨겼다고 인정하도록 강하게 압박했지만, 그녀는 일관된 입장을 유지했다.[19] 그녀는 당시 자기가 보고 알 수 있었던 사실에 대해서만 본국에 보고했다고 주장했다. 그녀는 새로운 결정적 증거들이 의심의 여지 없이 소련이 이 만행을 저질렀음을 보여준다는 것을 인정했다. 이러한 자제력은 자기 인생의 각기 다른 부분들을 구별하는 캐슬린의 성향과 일치한다. 의회 청문회 이후 그녀는 이 문제를 다시 거론하지 않았다. 그녀는 현재 상황과 관련이 없거나, 편하게 느끼지 않는 과거는 덮어두고 앞으로 계속 나아가는 방식을 택했다. 그녀는 애버럴과 보낸 특별한 시간과 자신이 기여한 공로에 대해 가족들에게조차 일절 말하지 않아서, 그녀의 아들들은 엄마가 2차 세계대전 중 런던과 모스크바에 있었다는 사실 정도만 알았다. 어떤 때 아들들은 엄마가 보낸 인생을 잠시 들여다볼 수도 있었다. 예를 들어 그녀는 아들들을 침대에 데려가 잠을 재울 때 "잘 자"라는 러시아말인 "스파코이노이 노치Spokoynoy nochi"[20]라고 말하기도 했다. 2011년 그녀가 93세 나이로 세상을 떠난 후 아들 데이비드는 장롱 깊숙이 처박혀 있던 편지 뭉텅이를 발견했다.[21] 그것은 전쟁 중 캐슬린이 언니에게 쓴 편지였다. 이 편지들을 읽고서야 아들들은 엄마가 아주 매력적인 여성임을 새로이 알게 되었다.

캐슬린은 애나 루스벨트, 사라 처칠과 평생 가는 우정을 맺지는 못했지만, 해리먼 가문과 처칠 가문은 한 사람으로 인해 다시 굳게 연결되었다. 해리먼과 파멜라가 처음 만난 지 30년이 지난 1971년, 파멜라는 《워싱턴 포스트》 사주 케이 그레이엄이 뉴욕 자택에서 주선한 파티에서 다시 만났다. 두 사람은 오랜 기간 서로를 보지 못했다. 해리먼은 전해에 아내 마리가 세상을 떠났고, 파멜라도 남편과 사별했다. 그녀는 여러 남자들을 만난 끝에 다시 결혼했었다. 브로드웨이 제작자 릴런드 헤이워드가 그녀의 두 번째 남편이 되었는데 그가 얼마 전 사망한 것이다. 파멜라는 51세였고, 해리먼은 80세에 가까웠지만, 사방에 폭탄이 떨어지던 런던에서의 운명적 밤 이후 시간은 거의 멈춰 선 것 같았다. 두 사람의 로맨스는 다시 불붙었고, 그해 말 두 사람은 결혼했다.

캐슬린에게는 한때 가장 친했던 친구가 새엄마가 되었다. 파멜라가 캐슬린의 아버지와 결혼한 후 두 여성의 관계는 드러내놓고 적대적이 되지는 않았지만 분위기는 바뀌었다. 파멜라는 영국 전원 지역에서 자라기는 했지만, 애버럴 부녀의 단순한 전원생활과 아덴 저택에서 스포츠를 즐기는 생활을 좋아하지 않았다. 더 중요한 것은 파멜라가 늘 애버럴 옆에 있어서 캐슬린이 아버지와 단둘이 얘기할 기회를 가질 수 없었다는 점이다.[22] 두 여인 사이의 새로운 역학 관계는 어느 해 크리스마스 때 벌어진 에피소드에서 잘 나타난다. 이때 애버럴과 파멜라는 점심을 먹으러 캐슬린과 스탠리의 아덴 저택으로 왔다. 캐슬린은 전채 요리를 식탁에 차려놓고 있었다. 그녀가 다진 고기를 차갑게 요리한 파테를 식탁에 올려놓고 자리에 앉았을 때 애완견들이 식탁 주변을 돌아다녔다. 맛있는 냄새를 맡은 개 한 마리가 식탁으로 뛰어들어 파테 요리를 물었다. 캐슬린은 순식간에 몸을 돌려 개의 목을 낚아채 개가 음식을 다시 뱉어내도록 만들었다. 그런 다음 그녀는 그 음식을 파멜라의 접시에 올려서 주며 "우리가 만든 맛있는 프랑스 파테 요리를 드셔보시겠어요?"[23]라고 말했다. 이 사건 이후 파멜라는 캐슬린의 집에 와서 식사할 때마다 차려지는 음식을 믿지 못하게 되었다.

그러나 애버럴은 파멜라를 지극히 아꼈다. 그녀는 애버럴을 다시 젊어진 것처럼 느끼게 했다. 두 사람은 15년간 행복한 결혼 생활을 했고, 애버럴은 1986년 94세의 일기로 사망했다. 그러나 그의 죽음으로 가족 간에 문제가 생겼다. 딸들을 잘 보살폈다고 생각한 애버럴은 전 재산을 파멜라에게 남겼다. 당시 미국시민권을 딴 파멜라는 민주당의 핵심 모금가가 되었다. 1993년 클린턴 대통령은 파멜라를 프랑스 대사로 임명했다. 그러나 파멜라는 화려한 생활을 좋아했고, 과도한 지출과 형편없는 투자로 인해 한때 어마어마했던 애버럴의 유산은 급격히 줄어들었다. 해리먼 가족 재단의 일원인 캐슬린과 메리는 재정 남용을 이유로 파멜라에게 민사재판을 걸었고, 양측은 결국 합의로 문제를 풀었다. 1997년 2월 파멜라는 파리의 리츠 호텔에서 수영하다가 뇌출혈로 사망했다. 그녀는 두 가지 중요한 유언을 남겼다. 하나는 1930년 애버럴이 둘째 부인 마리와 신혼여행 중 구입한 평생의 대작인 반 고흐의 작품 〈장미〉를 워싱턴 국립미술관에 기증하는 것이었고, 또 하나는 남아 있는 애버럴의 전 재산을 자신의 외아들인 윈스턴 처칠 2세와 그의 가족에게 넘겨주는 것이었다.

† † †

루스벨트의 갑작스러운 죽음과 전후 세상의 변화로 인해 애나는 익숙하지 않은 새 환경에 던져졌다. 어른이 된 후 그녀의 정체성은 줄곧 아버지가 주state, 국가, 세계무대에서 차지한 위치에 따라 규정되어왔다. 이제 무엇이 그녀의 정체성을 규정할 것인가? 시애틀에 돌아온 애나와 존은 《시애틀 포스트 인텔리전서》 일을 다시 시작하려고 했지만, 이 신문의 소유주 윌리엄 랜돌프 허스트에게는 이 두 사람이 필요하지 않았다.[24] 두 사람은 과거에는 대통령의 딸과 사위였지만 이제는 그저 그런 편집 재능과 경험을 가진 평범한 사람에 불과했다. 이 신문은 그들을 필요로 하지 않았다.

애나와 존은 스스로 반기를 들고 나가기로 했다. 새로운 신문을 시작하는 데는 큰돈이 들었다. 그래서 이들은 기존 신문을 인수하기로 했다. 이들은 애리조나주에서 발행되는 《피닉스 쇼핑 뉴스》라는 무가지를 사들였고, 돈 많고 영향력이 큰 민주당 친구들이 이들을 도왔다. 이들은 이 신문을 《애리조나 타임스》로 개명했다. 그러나 신문사를 운영하자마자 이들은 큰 어려움에 맞닥뜨렸다. 우선 이들이 친공화당 성향의 시에서 친민주당 신문을 발행한 것이 실책이었다. 이들이 매수한 신문사는 인쇄 장비와 다른 시설이 없어서 이런 장비를 구입하는 데 엄청난 돈을 투자해야 했다. 미국의 종이 생산과 신문 용지의 부족 문제까지 겹치면서,[25] 이들은 희망한 만큼 부수를 늘리지 못하고 여러 달을 흘려보냈다. 투자자들의 돈을 갚지 못한 이들은 큰 빚을 지고 말았다.

그러는 사이 존에게도 문제가 생겼다. 그는 전쟁 중 군대에 있을 때부터 잘 적응하지 못했다. 루스벨트가 죽은 후 그는 자기 자리를 찾는 데 애나보다 더 어려움을 겪었다. 그는 대공황 시대에 잘나가던 기자였지만 늘 자기 회의에 시달려왔다.[26] 그는 사람들이 자신을 대통령에게 접근할 수 있는 수단으로만 여기지 않나 두려워했다. 그는 이제 유명인의 사위가 아니었다. 애나는 자신의 인생에서 가장 큰 사랑인 남편이 점점 더 우울증에 빠져드는 것을 보며 마음이 찢어지는 것 같았다. 그는 그녀에게 낯선 사람이 되었다. 애나는 전문가의 도움을 받으라고 조언했지만 그는 이를 거부했다. 정신과 의사들은 "미친 사람들"[27]이라고 그는 주장했다. 존이 점점 더 이상해지면서 애나는 그를 무서워하기 시작했다. 애나는 그에게 잠시 멀리 가서 휴식을 취하라고 권했다.[28] 그가 없는 사이 애나는 신문 편집자와 발행인 일을 다시 하면서 채권자들을 멀리 했다.

존의 우울증은 분명 루스벨트 사후 갑자기 정체성을 상실한 것뿐 아니라 그가 전쟁 중 북아프리카와 지중해에서 목격한 것과 연관이 있었다. 그러나 가장 순수했던 시절 애나는 존의 문제가 오래전부터 시작되었음을 알아챘다. 애나는 전쟁 초기로 거슬러 올라가는 고통스러운 기억을 억누르며 살아왔다. 이 기억은 그녀가 첫 결혼에서 얻은 딸 엘리와 관련되어 있었다. 엘리는 새아버지인 존 보티거가 "내가 열다섯, 열여섯 살 때 일주일에 한두 번 숙제하는 동안 내 방에 들어왔다"[29]고 나중에 회고했다. 애나가 아래층에서 저녁을 준비하는 동안 "존은 내 블라우스 속으로 손을 집어넣어 가슴을 만지기 시작했다"고 그녀는 설명했다. 엘리는 "잘못된 일인지 알았지만, 어떻게 해야 할지 몰랐다"고 했다. 만일 그녀가 소리를 지르면 밖에 있는 경호원들이 달려올 것이 분명했다. 그녀는 새아버지가 더 나쁜 짓을 하면 그렇게 하려고 했다. 그녀는 "아빠, 나가세요. 나는 해야 할 숙제가 많아요"라고 간청하곤 했다. 그러면 5~10분 뒤 그는 방을 나갔다. 이런 일이 벌어지는 동안 엘리는 엄마가 존을 너무나 사랑하기 때문에 이 사실을 알면 큰 충격을 받을까 두려워 엄마에게 말하지 않았다. 이 얘기를 하더라도 "엄마가 믿지 않을 것"이라는 생각도 들었다. 엘리는 새아버지의 행동을 자신과 남동생들이 그에게 가지고 있는 사랑과 어떻게 양립시켜야 할지를 몰랐다. 존은 친아버지인 커티스 달보다도 훨씬 더 가까운 아버지였다. 엘리는 나중에 이렇게 말했다. "큰 사랑이 존재한다 하더라도, 공포를 떨쳐낼 수는 없었다."

그러나 애나는 이 사실을 알고 있었다. 엘리에게 말한 적은 없지만, 애나는 엘리 모르게 존에게 이 문제를 따져 물었다. 그녀가 따지자, 존은 단지 "그녀에게 성교육을 시키려고 한 것"[30]이라고 말했다. 애나는 어떻게 해야 할지를 몰랐다. 어찌할 바를 모른 그녀는 아무 행동도 취하지 않았다. 엘리는 곧 샌프란시스코에 있는 기숙학교로 갔고, 애나가 얄타에 가 있을 때 그녀는 이 학교에서 공부하고 있었다. 엘리는 학교를 졸업하고 리드칼리지에 진학했다. 애나는 그렇게 문제가 일단락되었기를 바랐다. 그러나 엘리는 방학에 애리조나에 있는 집으로 돌아올 때면 두려움을 느꼈다. 집에는 인터콤 장치가 설치되어 있었다.[31] 애나는 장남 커티스에게 만일 침실 쪽에서 누가 움직이는 소리를 들으면 바로 자신의 방문을 두드리라고 주의를 주었다. 존은 더 이상 엘리 방을 찾아가지 않았지만, 엘리는 평생 이 공포와 성적 학대의 기억을 짊어지고 살아야 했다.

1948년 엘리는 리드칼리지에서 만난 동급생인 반 시그레이브스와 결혼하여 가정을 꾸렸다. 1949년 8월 엘리의 첫 아기 출산 전날 밤, 애나는 존이 그녀에게 한 일을 알고 있었다고 엘리에게 고백했다. 엘리는 엄마가 "남편이 정신적으로 동요가 있고 불안정하기 때문에 남편을 두려워했다는 것"[32]을 알게 되었다. 평생 애나는 사랑하는 사람들 중에 누군가의 편을 들어야 하는 입장에 처해왔다고 생각했다. 얄타에서 애나는 가장 가까운 동료인 윈스턴 처칠, 해리 홉킨스와의 관계를 훼손하더라도 아버지를 보호해야 하는 입장에 있었다. 루시 머서 일과 관련해서는 한 부모를 배신하며 다른 부모의 비밀을 지켜야 했다. 존과 엘리 문제에서는 두 번째 이혼을 감당하고 자녀들에게 충격을 주느니 남편을 보호하고 결혼 생활을 지키기로 결정했다. 아마도 엘리가 엄마가 되는 모습을 본 애나는 엘리가 엄마를 가장 필요로 할 때 그녀를 지켜주지 못한 것을 후회했는지도 모른다. 그날 밤 엘리는 엄마가 견뎌내야 했던 큰 짐을 깨닫게 되었다. 엘리는 자신이 입은 상처와 분노에 집착할 수도 있었지만, 엄마에 대한 새로운 이해와 자신이 엄마가 되는 경험은 두 여자를 훨씬 가깝게 만들었다.[33] 5년 전 얄타에서 돌아온 애나는 아기를 안고 있는 엄마 모습을 한 크림반도의 작은 인형을 엘리에게 주었다. 애나는 해리먼이 자신에게 준 이 선물을 엘리의 열여덟 번째 생일 선물로 보냈다. 엘리는 이 인형이 "재미있는 작은 인형"[34]이라고 생각했다. 애나가 사실을 털어놓고 아기가 태어난 후 이 선물은 새로운 의미를 갖게 되었다. 오늘날까지 엘리는 이 인형을 벽난로 위 선반에 두어 어머니를 떠올리게 하는 기념물로 자랑스럽게 간직하고 있다.[35]

1949년 애나와 존은 이혼했다. 두 사람이 발행하던 신문은 실패로 끝났다. 애나는 막내아들 자니를 데리고 로스앤젤레스로 갔다. 그 시기에 애나와 엘리너는 화해했고, 두 사람은 1년간 공동으로 라디오 프로그램 〈엘리너와 애나 루스벨트 프로그램〉을 방송했다. 한동안 애나는 《여인》이라는 잡지의 편집을 맡기도 했다. 애나는 존이 곧 재혼하여 뉴욕에서 홍보 쪽 일을 찾았지만, 정신과 의사 상담 받기를 여전히 거부하고 있다는 것을 알았다. 1950년 핼러윈에 존은 뉴욕의 호텔에서 투신자살했다. 애나의 오빠 엘리엇이 그의 신원을 확인했다.[36] 그때 애나와 존의 아들 자니는 열한 살이었다.

1952년 애나는 제대군인 병원에서 일하는 의사 제임스 할스테드와 결혼했다. 이들은 뉴욕으로 다시 이사했고, 애나는 병원과 의료원의 홍보를 맡아 일했다. 1958년 두 사람은 새로운 모험을 찾아 나서 2년간 이란에서 일했다. 풀브라이트 방문교수로 이란에 간 제임스는 그곳에서 병원을 건립하는 일을 도왔다. 두 사람이 미국으로 돌아온 후 애나는 인도주의적 일을 하며 아버지와 어머니의 유산을 기리는 데 헌신했다. 엘리너는 자기 나름의 강인한 사람이 되었다. 루스벨트 사후 엘리너는 UN에 미국 대표로 참가했고, UN인권이사회의 미국 대표가 되었다. 그녀는 1962년 사망했다. 1963년 케네디 대통령은 애나를 여성지위향상시민위원으로 임명했고, 어머니의 발자취를 따라 애나가 애버럴 해리먼이 이끄는 인권보장 대통령위원회의 부의장직을 맡았다. 이런 역할을 수행하면서 애나는 아버지와 어머니를 돕는 역할에서 벗어났다. 그녀는 두 사람의 생애와 업적을 기리는 데 최선을 다할 수 있었다. 남은 생애 동안 애나는 세계 시민으로서 인류의 복지 향상을 위해 애썼고, 크고 작은 세계적 문제에 대한 토론에 열정적으로 참여했다.

애나는 직업을 잘 수행하고 제임스 할스테드와의 결혼 생활을 꾸려나갔지만 1945년의 역사적인 몇 주는 그녀 곁을 떠나지 않았다. 때때로 애나는 루스벨트의 임기 마지막 해를 둘러싼 논란에 휩싸였다. 애나는 늘 얄타회담에 대해서는 물론이고, 아버지와 그가 남긴 유산을 발 벗고 나서서 지켜냈다. 냉전 기간 중 얄타회담은 정치적 풋볼이 되어 손쉬운 비난 대상이 되었다. 공산주의 지지자라는 비난을 피하고 싶은 사람들은 루스벨트 정부가 동방의 적에게 너무 많은 동정을 베풀었다고 비난했다. 일례로 1951년 공화당 상원의원이자 윌리엄 하워드 태프트 대통령의 아들인 로버트 태프트가 공화당 대통령 후보 지명전에 뛰어들어 그런 평가를 퍼뜨렸다. 애나는 즉시 그에게 "얄타회담에 대한 부정확성, 비난, 반쪽 진실"[37]을 바로잡도록 촉구하는 편지를 썼다. 그녀는 아버지를 옹호했을 뿐만 아니라 애버럴 해리먼과 해리 홉킨스도 옹호했다.[38]

루스벨트의 건강 상태에 대한 논쟁도 다시 부상했다. 몇 년에 한 번씩 의학 전문가라고 하는 사람들이 루스벨트 사인에 대한 새로운 설명을 제시하는 "악의적인 자료"[39]를 발표했다. 이들은 스탈린이 제시한 독살설까지는 아니더라도 심장마비부터 뇌종양에 이르는 다양한 진단을 제시했다. 루스벨트 사후 불가사의하게도 그의 의료 기록이 사라진 상태였기 때문에(이 기록이 로스 매킨타이어 수중에 있다고 의심하는 사람들도 있었다), 이런 루머들을 해결할 방법이 없었다. 결국 애나는 루스벨트의 주치의였던 하워드 브루엔에게 루스벨트 생애 마지막 시기의 건강 상태를 밝히는 글을 발표하도록 촉구했다. 1970년 브루엔은 〈프랭클린 루스벨트 대통령의 질병과 사망에 대한 의학적 기록〉이라는 글을 《내과 연보》에 발표했다. 이 글에서 그는 루스벨트가 급성 심장마비를 겪은 후 대규모 뇌출혈로 사망했다고 사망 원인을 밝혔다. 브루엔이 이 논문에서 밝힌 대로 루스벨트는 심장 질환으로 인해 두뇌 활동이 지장을 받거나 능력껏 업무를 보는 데 지장을 받지는 않았다. 애나는 브루엔의 논문이 "적절하고 중요한 자료"[40]라고 생각했고, 브루엔이 모든 루머를 잠재운 것에 대해 고맙게 생각했다.

아버지가 죽은 후 오랜 세월이 흐른 뒤에도 애나는 루스벨트를 대상으로 한 논의의 한가운데 있는 것을 즐겼다. 애나와 제임스는 은퇴한 뒤 뉴욕 힐즈데일에 자리 잡았는데, 자녀들이 방문할 때면 그녀는 가족 식사를 준비했다.[41] 음식이 스토브 위나 오븐에서 익는 동안, 애나는 담배를 손에 들고 부엌과 거실 사이의 문가에 서 있곤 했다. 그 모습은 정치와 세계적 문제에 대한 대화에 끼어들고 싶지만 아직은 그 주변에 머물러야 하는 어린 소녀가 다시 된 듯했다.

알타회담이 열린 지 30년 뒤인 1975년 애나는 후두암에 걸려 69세 일기로 사망했다. 이 가족들의 끊이지 않는 복잡한 인연의 또 하나의 예로, 애나의 남편 제임스는 해리 홉킨스의 딸 다이애나와 결혼했다. 죽기 직전 애나는 뉴욕의 헌터칼리지에서 연설하며 자신과 부모의 생애를 회고했다. 그녀는 자신이 아버지를 얼마나 존경했는지를 숨김없이 털어놓았다. "나는 아버지가 살아 계신 동안 무척 그를 존경하고 사랑했습니다. 그리고 아버지를 기쁘게 하고 그의 인정을 받기를 너무나 원했습니다."[42] 아들 자니가 주장한대로, 애나의 남편들은 모두 "그녀가 가장 진실하고도 강하게 헌신하는 한 남자가 있다는 것을 어떤 식으로든 알았다".[43] 애나가 아버지와 함께 보낸 시간과 소중한 기억은 언제나 "그녀 인생의 큰 선물"이었다.

† † †

1945년 7월 총선 패배 후 처칠은 참패의 충격을 다스리느라 한동안 고생했다. 그는 어디론가 멀리 떠나야 한다고 생각했다. 해럴드 알렉산더 원수는 이탈리아 북부 코모호에 별장을 가지고 있었다. 그는 처칠에게 이 별장에서 9월 한 달간 조용히 머물며 휴가를 갖도록 제안했고, 처칠은 이를 기꺼이 받아들였다. 처칠은 신문과 정부 문서가 가득 찬 붉은 상자 대신 캔버스와 붓을 들고 몇 주 동안 평화롭고 조용한 시간을 보내며 그림을 그렸다. 그러나 처칠은 새로운 세계로 가는 그달에 혼자 있고 싶지는 않았다. 클레먼타인은 처칠과 동행할 수 없었다. 그녀는 런던에 새 아파트를 구하고 가족이 돌아갈 차트웰 저택을 다시 꾸미느라 바빴다. 불확실한 미래를 심사숙고하던 처칠은 다시 한 번 사라를 불렀다. 이들은 마지막으로 함께 여행을 떠났다.

사라는 처칠이 같이 갈 사람으로 자신을 선택한 것을 알고 "눈물을 쏟았다".[44] 그녀는 아직 공군 현역으로 근무하고 있었고, 그해 연말이나 되어야 제대할 예정이었다. 그러나 군에서 그녀가 할 일은 별로 없어서 그녀의 사령관은 그녀에게 휴가를 주어 아버지를 따라갈 수 있게 해주었다. "이번에는 공식 여행이 아니고, 단지 아버지의 딸로서" 가는 여행이었다. 처칠이 그림을 그리는 동안, 사라는 따뜻한 햇볕을 쬐며 그 옆에 앉아 조용히 명상하며 아버지와 함께 누리는 행복을 음미했다. 처칠은 클레먼타인에게 "사라는 나에게 큰 기쁨이오. 그녀는 정말 사려 깊고, 눈치 빠르고, 재미있고, 명랑해요. 만일 사라를 여기 데려오지 않았다면 이 휴가는 망쳤을 거예요"[45]라고 썼다. 사라를 옆에 두고 처칠은 인생의 새로운 속도에 적응해갔다. 어느 날 저녁, 가을 찬 공기 속에 귀뚜라미가 우는 가운데 처칠은 "행복한 하루였어"[46]라고 사라에게 말했다. 사라는 예전에 아버지가 마지막으로 그렇게 말한 지 얼마나 오랜 시간이 흘렀는지 알 수 없었다.

1945년 12월 사라는 공군에서 제대했다. 그녀는 다시 연극 무대로 돌아가려고 했는데 전화 한 통이 모든 계획을 바꿔놓았다. 그녀는 영화 출연에 흥미를 가진 적이 없었지만 이탈리아 감독 마리오 솔다티가 그녀를 자신의 영화 〈다니엘레 코르티스Daniele Cortis〉에 출연시키고 싶어 했다. 처음에 사라는 얼마 전까지 적국이었던 나라에서 일하는 것을 꺼렸으나, 처칠은 사라에게 그 역할을 맡도록 권했다. "패배한 자를 돕는 것이 승리자의 역할이야."[47] 처칠은 사라에게 말했다. 이탈리아 영화계와 영국 수상 딸의 공동 작업은 문화 장벽을 넘어서는 치유의 상징이 될 수 있었다. 그러나 이 제안을 수락하면 그녀는 사랑하는 가족과 길버트 위넌트를 떠나야 했다.

사라와 빅토르 올리버의 결혼은 1945년 10월 공식적으로 파국을 맞았다. 신문 기사들이 쏟아져 나오는 동안 그녀는 부모와 같이 집에 있었다. 처칠은 사라에게 자신이 앉아 있는 곳으로 오라고 손짓한 후 그녀 귀에 대고 이렇게 속삭였다. "자유야!"[48] 그러나 사라는 자신이 진정으로 자유롭지 못하다는 울적한 감정에 젖었다. "지금은 다소 자유롭기는 하지만, 이것은 다른 사람이 치른 대가를 바탕으로 한 것이에요"라고 그녀는 이탈리아에서 처칠에게 썼다. "저는 저를 사랑하는 사람에게 늘 상처를 주는 것 같아요." 빅토르 올리버가 배우로서나 남편으로서나 상처를 주기는 했지만, 사라는 결혼이 실패로 끝난 것은 어느 정도 자기 책임이라고 느꼈다. 그녀는 전쟁 후 길버트 위넌트와의 관계도 걱정스럽게 생각했다. 1944년 중반 사라는 위넌트에 대해 걱정하기 시작했다. 당시 그의 아들은 여전히 독일군 수용소에 갇혀 있었다. 그러나 그녀는 해리 홉킨스에게 편지를 쓸 때 그 이상을 걱정하고 있었다. "당신께만 조용히 말씀드리지만, 그가 잘 지내는 것 같지는 않아요. (…) 그러나 내가 그렇게 말했다고 하지는 마세요."[49] 사라가 영화 촬영을 끝내자, 위넌트는 그녀를 만나러 이탈리아로 왔다. 그는 대사직에서 물러나 뉴햄프셔로 돌아가 자신의 전쟁 중 경험을 회고록으로 쓸 예정이었다. 그러나 전쟁 중 치열했던 삶이 끝난 후, 위넌트는 조용한 평화의 시간에 적응하는 데 어려움을 겪고 있었다. 부인과 결별하고 빚에 시달린 위넌트는 우울한 마음으로 이탈리아에 도착하여 사라와의 관계를 되살리는 데 모든 것을 걸었다. 클레먼타인이 사라에게 언제 집으로 돌아올 것인지를 묻자, 그녀는 이렇게 답장을 보냈다. "길버트는 나를 너무 필요로 해요. 그의 책을 교정하는 일을 도와주어야 해요. 그는 책에 대한 의욕을 잃었어요. (…) 그는 몸이 너무 아프고 낙담해 있고, 책 작업으로 시달렸어요. 일단 내가 뭔가를 해줘야 해요."[50] 자신들의 관계에 대해 더 생각해보기 전에 그녀는 "이 책이 실패로 끝나서는 안 된다"고 생각했다. 전쟁 회고록으로 고생하는 사람은 위넌트만이 아니었다. 사라의 아버지도 회고록 집필로 편집자들과 씨름하고 있었다. "다른 사람의 얘기를 너무 많이 듣지 마시고, 아빠 가슴속에 있는 얘기를 쓰세요."[51] 그녀는 처칠에게 이렇게 충고했다.

사라는 위넌트가 기운을 되찾도록 돕고 싶었지만, 그가 오랫동안 기다려온 결혼 문제에 대해서는 응낙할 수 없었다. 그녀는 처음으로 세상에 혈혈단신으로 나온 상태였다. 그녀는 그를 사랑했지만, 아직 재혼할 준비는 되어 있지 않았다. 위넌트는 큰 실망을 안은 채 미국으로 돌아갔다.

1947년 11월 19일 사라는 2년 만에 두 번째로 누군가의 장례식에 참석하기 위해 세인트 폴 성당에 가야 했다. 런던 사람들은 또 한 명의 사랑하는 미국인의 죽음을 애도했다. 그 주인공은 위넌트였다. 2주 전 회고록이 출간된 날 위넌트는 아들의 침실을 걸어 잠그고 권총으로 자살했다.[52] 영국왕립공군 오케스트라가 엘가의 〈니므

롯Nimrod〉을 연주하는 동안[53] 사라는 위넌트가 죽은 것은 자기 탓이라고 생각했다.[54] 만일 위넌트와 결혼하기로 했다면 우울증에서 그를 구할 수 있었을지도 몰랐다. 이 일로 사라는 사랑하는 사람들에게 자신이 불행을 가져다줄 뿐이라는 생각이 더 굳어졌다.

시간이 지나자 사라는 다시 사랑을 찾았다. 이번에는 사교계 사진사 앤터니 보챔프Antony Beauchamp였다. 1951년 두 사람은 조지아주 시아일랜드의 클로이스터에서 휴가를 보내기로 했다. 사라는 새로운 사랑과 직업적 성공을 만끽했다. 사라는 앤터니와 함께 로스앤젤레스로 이사했다. 그곳에서 그녀는 〈로열 웨딩Royal Wedding〉에 출연하면서 배우 경력에 큰 돌파구를 마련했다. 그녀의 상대역은 어려서부터 그녀의 우상이었던 할리우드의 전설적 무용수 프레드 애스테어였다. 그해에 그녀의 행복을 완성할 수 있는 유일한 일은 처칠이 두 번째로 영국 수상에 선출되면 다우닝가 10번지의 수상관저로 가서 아버지를 축하하는 것이었다. 그녀는 집에 돌아올 때마다 제일 먼저 3층으로 뛰어 올라가 처칠의 방으로 들어가 "와, 아빠!"[55]라고 소리치고 그의 발치에 앉고는 했다. 그러면 처칠의 얼굴이 밝게 빛나며, 전쟁 중 그랬던 것처럼 부녀는 웃고 떠들 수 있었다.

그러나 사라의 행복은 오래가지 않았다. 결혼 생활 6년 만인 1957년 보챔프는 수면제를 과다복용하고 자살했다. 남편이 죽은 후 사라는 그녀의 상처를 잘 이해하는 사람으로부터 위로의 편지를 받았다. "인생은 사람에게 아주 힘들 수도 있습니다. 그러나 나는 당신을 잘 알기에 당신이 잘 견디리라 믿습니다."[56] 애나 루스벨트가 위로의 편지를 보낸 것이다.

이 서글픈 운명의 장난은 전쟁으로 치른 희생이 계속 영향을 미치고 있다는 사실을 상기시켜주었다. 전쟁으로 입은 마음의 상처는 당시에는 거의 알려지지 않았지만, 많은 사람에게 큰 영향을 미쳤다. 여기에는 세 딸도 포함되었다. 이들은 전쟁 후에 겪은 비극적 현실로 서로 깊은 유대를 느꼈다. 존 보티거와 앤터니 보챔프는 전시의 경험으로 큰 상처를 받았다. 보티거는 북아프리카와 지중해에서 미 육군으로 근무했고, 보챔프는 태평양 전선에서 종군 사진사로 근무했다.[57] 1969년 캐슬린의 남편 스탠리 모티머도 총으로 자살을 시도했다. 스탠리도 오랫동안 조울증에 시달려왔었다.[58] 전쟁 중 남태평양에서 해군 정찰 비행대의 부편대장이자 수색대원으로 근무한 경험은, 특히 자신의 가장 친한 친구가 전사한 후, 그의 상태를 악화시키는 데 일조했다. 스탠리는 오진된 알츠하이머병 초기 증상으로 고생했다. 알츠하이머 치료제도 그의 우울증을 깊게 했을 가능성이 크다. 다행히 캐슬린이 너무 늦기 전에 스탠리를 발견하여 그는 살아났다. 이후 두 사람은 1999년 스탠리가 사망할 때까지 30년간 행복하게 살았다.

앤터니가 죽은 후 사라의 인생은 추락하기 시작했다. 그녀는 과음하기 시작했고, 두 번이나 공공장소에서 만취와 난폭행위로 체포되었다. 결국 그녀는 스위스로 가서 치료를 받았다. 그녀는 연기 생활을 그만두고 스페인으로 가서 조용한 삶을 시작했다. 그곳에서 전혀 예상치 않게 그녀는 일생의 사랑을 만났다. 그는 같은 영국 출신인 23대 오들리 남작 헨리 투쳇-제슨Henry Touchet-Jesson이었다. 사라처럼 그는 붉은 머리에 49세였고 결혼 경험이 있었다. 불행하게도 그는 심장마비로 반신불수가 되어 손으로 자기 이름밖에 쓸 수 없었다. 각자 가진 결함에도 불구하고, 아니면 그렇기 때문에 두 사람은 깊은 사랑에 빠졌다. 헨리는 사라에게 청혼하면서 처칠에게 이렇게 편지를 썼다. "저는 그 사람에게 해줄 것이 너무 없지만 각하, 저는 사라를 너무 사랑합니다. 저는 그녀의 아름다움, 슬픔, 그리고 천성적인 선함을 사랑합니다. 만일 제가 그녀에게 평안과 흥분, (…) 그녀 스스로 행복해질 수 있는 무언가를 줄 수 있다면 저의 인생은 최고의 성취처럼 보일 것 같습니다."[59]

사랑과 행복이 넘치는 축복 받은 결혼 생활 15개월 만에 사라에게 다시 한 번 저주가 들이닥쳤다. 헨리가 뇌출혈로 사망한 것이다. 석 달 후 사라의 언니 다이애나가 자살했다. 두 번의 충격적인 비극이 닥친 후 사라는 다시 술을 마시기 시작했다. 그녀는 미국 흑인 재즈 가수이자 음악가인 로보 노코Lobo Nocho와 잠시 사랑에 빠졌으나 둘의 관계는 오래가지 못했다. 1965년 1월 24일 사랑하는 아버지가 90세를 일기로 사망하면서 그녀의 불행은 완결되었다.

죽은 처칠의 영혼 일부가 사라에게 이식된 듯 그녀는 슬픔을 이겨내고 글을 쓰기 시작했다. 아버지와 마찬가지로 사라는 이미 화가로서 인정을 받은 상태였다. 그녀는 1953년 아버지에게 노벨문학상을 안겨주었던 그 예술의 영역으로 뛰어들었다. 처칠이 자신의 이야기가 포함된 역사에 몰입한 반면, 사라는 마음을 탐색하는 글을 썼다. 아버지와 함께한 인생을 우아하고 감성적으로 회고한 그녀의 첫 책 《태피스트리 속 실 하나A Thread in the Tapestry》가 1966년 출간되었다. 다음 해 그녀는 동화책을 펴낸 데 이어 두 권의 시집을 출간했다.

사라는 자녀가 없었지만, 조카들은 그녀를 존경했다. 조카 셀리아 샌디스에게 사라는 멋진 선물을 잔뜩 안겨주는 "동화 같은 대모"[60]였다. 사라는 런던에서 〈피터 팬〉 공연을 할 때 줄에 매달려 공중을 날며 조카들을 황홀하게 했다. 그러나 시간이 흐르면서 조카들은 그녀가 벌였던 투쟁의 깊이를 이해하게 되었다. 그녀는 사랑하는 사람들을—위넌트, 보챔프, 오들리, 언니 그리고 마지막으로 아버지—연달아 잃었고, 마음에 입은 상처에서 완전히 헤어나지 못했다. 그러나 그녀는 여전히 미래를 바라보려고 노력했다. 1981년 그녀는 마지막 저작이자 생애 회고록으로서 자신의 주문mantra을 담은 듯한 《계속 춤을 추며Keep on Dancing》를 출간했다.

사라는 아버지로부터 많은 것을 물려받았다. 아버지의 지성, 추진력, 열정, 그리고 언어를 정교히 다루는 능력을 물려받은 그녀는 다른 시대였다면 그의 정치적 후계자가 되었을지도 모른다. 실제로 그런 분야에서 경력을 쌓았다면 그녀는 행복했을 수도 있다. 그녀는 전쟁 중 발견한 더 큰 목적의식으로 비극을 이겨냈다. 그녀가 겪은 비극, 개인적 투쟁, 자신을 사랑하는 사람들에게 비극을 가져온다는 가슴 아픈 생각에도 불구하고 사라는 조카 셀리아가 지적한 대로 "재능 있고, 머리가 뛰어난"[61] 사람이었고, 만나는 모든 사람을 "절대적으로 매혹시키는" 여인이었다. 나중에 한 여성은 사라의 여동생 메리에게 이렇게 말했다. "사라와 같이 일해보고 그녀를 아는 우리는 그녀의 많은 재능이 제대로 인정받지 못했고, 충분히 발현되도록 격려받지 못했다고 생각했어요. 그녀의 밝은 성격과 용기는 어려운 때 자주 큰 영감을 주었지요."[62] 이러한 평가는 파멜라가 여러 해 전에 사라에 대해 캐슬린에게 쓴 것과 같은 내용이었다.

그러나 사라도 계속 춤출 수는 없었다. 알코올 중독이 결국 파국을 가져왔다. 생애의 막바지에 이르러 사라는 자신이 죽어가고 있다는 사실을 조용히 받아들였다. 그녀는 친구에게 "나는 죽는 것을 신경 쓰지 않아. 아빠가 나를 기다리고 계시니까"[63]라고 말했다. 그녀의 인생에 감동을 준 비범한 사람들 중 그녀의 아버지는 언제나 가장 빛나는 별이었다. 분명 처칠과 사라는 이런 느낌을 주고받았을 것이다. 사라의 조카 셀리아는 나중에 이렇게 말했다. "나는 그녀가 할아버지가 가장 사랑한 자녀였다고 확신해요."[64] 사라 처칠은 1982년 67세를 일기로 사망했다.

† † †

시간이 흘러 동서 관계가 변화하고, 많은 문제를 안고 있던 얄타회담의 유산이 계속 진화하면서 캐슬린 해리먼, 애나 루스벨트, 사라 처칠이 2차 세계대전과 냉전 사이의 전환점에 있었다는 사실을 기억하는 사람은 거의 없었다. 이들을 기억하는 사람들은 세 딸이 단지 주부였거나, 스파이인 앨저 히스가 자만심으로 가득 찬 자신의 회고록에 쓴 것처럼 "북적이는 시골 집 파티"[65]를 관장하는 여주인에 불과했다고 폄하했다. 역사학자들은 단지 "여백을 채우는 자료"[66]로 활용하기 위해서만 세 딸의 글을 인용하면서, 애나가 표현한 대로—화장실 부족이라든가 침대에 우글대는 해충에 대한 가벼운 관찰—2차 세계대전 막바지의 복잡하고 비극적인 에피소드에 가벼움을 더한 회고로 치부했다. 역사에 남은 이 위대한 남자들과 그들이 미친 거대한 영향력을 탐구하다 보면 그들도 다른 많은 사람들과 마찬가지로 아버지였다는 사실을 잊기 쉽다. 전쟁에 직면한 세상의 요구에도 불구하고, 아니 어쩌면 그것 때문에 이 부녀들의 관계는 이들 생을 통틀어 가장 의미 있는 관계의 중요한 부분이 되었다.

얄타는 많은 사람들이 희망했던 대로 연합국 협력의 정점은 아니었지만, 세 여인에게는 인생의 하이라이트였다. 최근에는 선출된 지도자들의 자녀, 특히 딸들이 세계무대에 등장하는 것이 예삿일이 되었지만, 얄타회담 시대에는 그런 전례가 없었다. 전후 세계는 세 여인을 잊었는지 모르지만, 그들은 짧은 순간이기는 했지만 아버지의 파트너, 보호자, 비밀을 털어놓는 친구가 되었던 기회를 절대 잊지 못했을 것이다. 늘 그렇듯이 사라가 가장 멋지게 표현한, 테헤란회담 후 아버지에게 쓴 우아한 말은 얄타에 대한 그녀의 감정에도 적용될 수 있을 것이다. "사랑하고, 또 사랑하는 아빠, 제가 살아 있는 동안 우리의 멋진 여행을 절대 잊지 못할 거예요. 시간이 흐르면 화려한 행사와 위대한 사건들의 색채가 흐려지겠지만, 저는 결코 잊지 않을 거예요. … 이 모든 것, 그 이상을 저는 영원히 간직할 거예요."[67]

→))))))))) 감사의 말 ((((((←

이 책을 쓰면서 경험한 가장 큰 기쁨은 나의 인생을 충일하게 해준 멋진 사람들을 만난 것이었다. 이 책은 너무 안성맞춤이게도 책방에서 시작되었다. 맨해튼의 차트웰 책방이 그곳이다. 내가 역사학과 대학원생에서 재무분석가로 변신해 일하던 시절 내 사무실이 있던 건물의 로비에는 '세계 유일의 윈스턴 처칠 전문 서점'이 있었다. 이 책방 주인인 배리 싱어가 어느 날 오후 내가 차를 마시며 책들을 살펴보고 있을 때 나를 환영하며 국제처칠협회 회장인 리 폴록에게 나를 소개했다. 그는 가장 사려 깊고 너그러운 친구이자 자료 제공자가 되었다. 리는 나를 ICS 저널인 《가장 좋은 시간*Finest Hour*》의 편집자 데이비드 프리먼에게 소개해주었고, 데이비드는 나에게 사라 처칠의 자료를 바탕으로 논문을 써볼 것을 권유했다. 그 자료는 처칠 가족이 최초로 연구자를 위해 공개한 자료였다. "만일 당신의 첫 책을 쓸 계획을 가지고 있다면, 이것이 당신이 고려해볼 만한 중요한 것이 될 수 있다"라고 그는 말했다. 나는 나의 여행을 시작하게 만든 그의 제안과 격려에 감사드리고, 앞으로도 영원히 고마워할 것이다.

나는 대서양 양편에서 엄청난 지원을 받는 행운을 누렸다. 특히 이 이야기의 중심에 있는 세 부녀 가족들로부터 큰 도움을 받았다.

처칠 가족, 특히 랜돌프 처칠에게 큰 감사를 드린다. 그는 처음 대화를 나눌 때부터 나를 격려해주었다. 에마 솜스는 처칠 문서고에 있는 자신의 어머니 메리의 자료가 일반에 공개되기 전에 자료를 이용할 수 있게 해주었다. 제니 처칠은 끊임없는 관심과 지원을 제공해주었다. 셀리아 샌디스는 자신의 따뜻한 기억을 공유해주었다. 처칠의 개인 비서로 윈스턴과 사라에 대한 아름다운 추억을 회상해 이들을 내 안에서 되살아나게 한 윌리엄스 여사에게 큰 감사를 드린다. 휴고 비커스는 나를 처칠의 조카이자 앤서니 이든의 부인인 에이본 여사에게 소개해주었다. 그리고 국제처칠협회 회장인 불굴의 로런스 겔러에게도 소개해주었다. 이 프로젝트에 대한 그의 끝없는 열정과 믿기지 않는 지원과 기타 여러 도움에 감사드리지 않을 수 없다.

미국 쪽에서는 루스벨트 가족의 두 사람인 애나의 자녀 엘리 시그레이브스와 존 R. 보티거가 엄마와 할아버지에 대한 가슴 적시는 회상으로 나를 눈물짓게 만들었다. 나에게 제공해준 시간, 대화, 사진, 신뢰, 친절함, 끝없는 은혜에 감사를 드린다. 윌리엄 반덴 휴벨 대사에게도 특별한 감사를 드린다.

그리고 모티머 가족에게도 한없는 감사를 드린다. 데이비드 모티머와 셸리 윙거, 에이비와 기기 모티머, 어맨다 버든, 키티 에임스에게 감사드리지 않을 수 없다. 데이비드 모티머는 내가 그의 비범한 엄마와 할아버지에 대해 감사하게 만들며 이 프로젝트가 결실을 맺도록 더없이 큰 도움을 주었다. 나를 기꺼이 생활 속으로 들여보내준 모든 분께 말로 다할 수 없는 감사를 드린다. 나는 이들의 우정을 영원히 고맙게 생각할 것이다. 캐슬린의 손자인 닉 모티머는 내가 조지타운에서 진행한 조사를 도와주었고, 피터 두친은 애버럴과 캐슬린에 대한 따뜻한 기억을 나와 공유해주었다.

역사가들은 문서고와 뛰어난 사서들archivists의 도움 없이는 스토리를 살아나게 할 수 없다. 케임브리지 처칠칼리지 처칠문서센터의 뛰어난 사서 앨런 팩우드와 그의 팀, 국회도서관의 사서들 특히 패트릭 커윈, 프랭클린 루스벨트 도서관의 패트릭 패이와 다라 베이커, 스프링우드를 샅샅이 구경시켜줘서 애나 루스벨트의 어린 시절을 상상할 수 있게 해준 국립공원국, 클렘슨의 제임스 번스 문서고를 적절한 때에 조사할 수 있게 도와준 제임스 크로스에게 감사를 전한다.

대학 도서관의 풍부한 자료 외에도 나는 시카고 북부 해안의 도서관 시스템을 이용할 수 있는 행운을 누렸다. 특히 글렌코, 위네카, 윌메트 공공도서관이 큰 도움이 되었고, 시카고와 조지 윌리엄 프라이스의 대학 클럽에도 감사드린다.

나는 최고의 멘토를 얻는 행운을 누렸다. 데이비드 캐너딘David Cannadine 교수는 이 프로젝트의 시작과 마무리 부분에 엄청난 혜안이 담긴 조언과 방향 제시를 해주었다. 나의 학부, 대학원 지도교수인 니얼 퍼거슨 교수와 데이비드 레이놀즈 교수의 지도와 인도는 정말 소중했다. 역사, 담론, 인생에 대해 유쾌하면서도 통찰력 가득한 대화를 나눠준 줄리언, 에마 펠로우 부부에게도 감사드린다. 그리고 내가 열성에 찬 학부생일 때부터 시간과 조언을 제공하고, 특히 이 프로젝트가 태동하는 단계에서 가장 큰 도움을 준 데이비드 브룩스에게도 감사드린다.

여러 번에 걸친 조사 여행 때 집을 제공해준 친구들인 머리사 유, 하딕 굽타, 필립 부르델랴, 이안 모크, 그리고 특히 캐럴라인 코스틴과 테드 라이트에게 고맙다. 내각 전쟁상황실의 필 리드, 최선의 집필 조언을 해준 지오이아 딜리베르토, 심장병에 대한 전문적 조언을 해준 의사 오스틴 컬버, 의류 지식을 제공해준 BLVDier의 재크 우티치, 친절함을 베풀어준 아드리아나 주라도, 책의 초기 구상에 도움을 준 캔디스 밀라드, 앨리슨 퍼타키, 모니크 브린슨 디머리, 그리고 네드, 마거릿 핸디의 따뜻한 우정과 멋진 대화, 의사 존 매더의 열성, 유용한 도움과 큰 재미를 준 하버드 로스쿨의 친구들, 특히 섹션 원의 친구들, 또 1학년 때부터 함께한 가장 사랑하는 친구 캐럴라인 힐리 매클레던에게도 고마움을 전한다.

데이비드와 레이철 와이먼의 사려 깊은 피드백, 탁월함, 우정, 특히 레이철이 러시아 언어와 문화의 섬세한 부분을 이해하도록 도와준 점에 대해 특별한 감사 인사를 드린다.

마르키스 드 퀴스틴의 19세기 러시아 제국 여행기를 읽어보도록 권유한 대법관 앤서니 케네디에게도 특별한 감사 인사를 드린다. 그 회고록은 이 프로젝트에 엄청난 영향을 미쳤다.

나는 세상에서 가장 뛰어난 편집팀과 같이 일하는 행운을 누렸다. 나의 편집자, 디앤 어미Deanne Urmy는 매우 사려 깊고 우아하며 혜안이 깊은 사람이었다. 그녀는 처음부터 이 놀라운 딸들을 잘 이해했다. 그녀와 함께 이 책을 작업하게 된 것은 대단한 인연이었다. 호턴

미플린 하커트 출판사의 모든 직원, 특히 제시카 베스투토, 레아 페트라키스의 지칠 줄 모르는 노력과 도움, 브루스 니컬스에게 사의를 표한다. 출판 과정에서 흔들림 없이, 전문가답게 이끌어준 나의 출판 에이전트 마이클 칼라일에게도 감사 인사를 드리고 싶다. 그는 나와 이 이야기를 처음부터 믿어준 현인이었다. 필요할 때마다 도움을 준 잉크웰 경영사의 마이클 먼지엘로에게도 감사드린다. CAA의 브루스 비노쿠르에게도 감사드린다. 그는 이 프로젝트의 시작 단계부터 비전을 가지고 있었고, 나에게 제공해준 피드백의 가치는 정말 컸다. 런던의 편집자 아라벨라 파이크와 에이전트인 나타샤 페어웨더의 대서양을 넘나든 노력에 감사드린다.

마지막으로, 가장 중요한 사람들을 빼놓을 수 없다. 이 책의 모든 순간을 함께한 나의 가족에게 감사드린다. 아빠는 나를 지지하며 격려해주었다. 오빠 올리버는 내가 아는 사람들 중 가장 자연스럽게 소통하는 사람이다. 그는 내가 가장 복잡한 문제들의 본질을 파악할 수 있도록 도와주었다. 여동생 애나 (버니)는 나이를 뛰어넘는 지혜와 명쾌함을 지녔고, 비범한 편집 능력은 나에게 말할 수 없는 도움이 되었다. 엄마는 우리가 어렸을 때 수백 권의 책을 읽도록 권하여 독서, 언어, 역사에 대한 사랑을 심어주었다. 엄마와의 대화를 통해 최고의 아이디어를 많이 얻을 수 있었다. 엄마는 밤낮을 가리지 않고 이 일이 끝날 때까지 나와 대화를 나누었다. 그녀의 직감은 늘 정확했고, 그녀는 가장 친절하고, 가장 최선의, 가장 사랑스러운 충고의 원천이었다. 엄마 없이는 이 책을 쓸 수 없었을 것이다.

1945년 2월에 열린 알타회담은 20세기의 정상회담 중 가장 중요한 회담으로 기억된다. 처칠, 루스벨트, 스탈린 3거두와 수백 명의 외교·군사 자문단이 참석한 이 회의에 세 명의 여인도 참석했다. 루스벨트의 딸 애나, 처칠의 딸 사라, 미국 대사 해리먼의 딸 캐슬린은 3국 사이에 벌어진 협상에 참여하거나 정책 결정에 영향을 미치지는 않았지만, 회담을 시작부터 끝까지 지켜보며 회담장에서 일어나는 모든 일을 상세히 기록하여 가족이나 친구들에게 편지로 전하거나 개인 수기에 남겼다. 본문에 나오는 인용부호가 달린 모든 문장은 편지나 수기에서 따온 문장이다.

　나는 개인적인 우크라이나 방문과 대사 재직 기간 중 출장으로 알타회담 장소를 세 번 가보았고, 크림반도를 일곱 번 방문한 경험이 있다. 이러한 개인적 경험이 동기가 되어 2019년《알타: 8일간의 외교 전쟁》, 2020년《크림반도 견문록》을 번역하여 출간했다.《알타: 8일간의 외교 전쟁》이 3거두와 외무장관, 군 지휘관들이 숨 가쁘게 전개하는 외교·군사 협상과 거래에 초점을 맞추었다면, 이 작품은 세 딸의 입장에서 정상들의 고뇌와 기분, 심리 변화, 육체적 컨디션뿐만 아니라 가족 문제, 사랑, 세 정상이 정치무대에서 물러난 후 가족들에게 일어난 일 등을 상세히 서술했다. 덕분에 이 책은 마치 같은 배우가 출연하고, 같은 장소에서 일어난 동일한 사건을 각기 다른 카메라로 찍은 영화를 보는 듯한 느낌을 준다. 얄타회담에 관심을 가진 독자나 학자라면 서로 보완성이 높은 두 책을 연이어 보면 얄타회담의 내용과 분위기를 이해하는 데 큰 도움이 될 것이다.

이 책은 얄타회담이라는 세기적 사건이 세 여인의 생에 어떤 의미가 되었는지, 또한 아버지와의 관계를 재조명하는 데 어떤 역할을 했는지를 잘 보여주고, 주인공들이 겪은 불행과 가족사도 여성 저자의 섬세한 시각과 필체로 서술되어 있다. 2차 세계대전으로 인해 전후방에 있던 세 지도자의 가족과, 여러 인연으로 이 가족들과 연결된 사람들이 받은 심리적 상처와 트라우마가 생각보다 아주 컸다는 사실에 놀라지 않을 수 없다. 전쟁의 외형적 모습과 승리에 가려졌던 개인들의 상처가 종전 후에도 오랜 시간 치유되지 않았다는 사실도 드러난다.

이 책의 장점은 주인공들의 외면과 내면 상태와, 세 딸의 눈으로 본 2차 세계대전의 참상과 크림반도 주민들의 생활을 영화를 보는 것처럼 한 장면, 한 장면 섬세하게 보여주면서 전쟁의 무의미와 참혹성을 일깨워준다는 점이다. 세 딸과 비슷한 연령대인 젊은 여성 저자의 유려하고 섬세한 문학적인 서술이 이런 장점을 만들어내는 데 기여했다. 이 책이 저자의 첫 작품임에도 불구하고, 영어권 독자들의 반향은 매우 컸다.

큰 사건에는 주연과 조연이 있기 마련이다. 카메라는 주연에 초점을 맞추기 마련이지만, 조연에 초점을 맞추어 이야기가 전개되면 사건의 새로운 면이 드러난다. 이 책의 주인공인 세 여인은 얄타회담의 조연이라 할 수 있지만, 당대 언론의 큰 관심을 받고 있던 명사였고, 이 중 두 명은 '퍼스트 도터First Daughter'이고 때로는 '퍼스트레이디First Lady' 역할도 하는 중요한 인물이었다. 이런 사람들이 바라본 시각은 해당 사건을 입체적으로 이해하는 데 중요한 실마리를 제공해주기 때문에 이 책은 얄타회담 연구서 목록에도 빠지지 않고 올라야 한다. 또한 중요한 회담에 참여한 사람은 후세를 위해 일기의 형식이든 메모의 방법이든 현장에서 진행된 일을 상세히 기록해놓는 것이 중요하다는 생각을 하지 않을 수 없다.

《얄타: 8일간의 외교 전쟁》을 번역하면서 들었던, 회담에 임하는 서방 지도자들의 자세와 준비에 대한 안타까운 생각은 이 책을 번역하면서 다시 반복되었다. 특히 건강상 문제가 많았던 루스벨트로서는 얄타까지의 긴 여행이 그의 생명을 단축하는 결과를 가져왔고, 그런 상태에서 진행한 회담은 결국 졸속적인 합의와 전후 세계질서 형성으로 이어졌다. 루스벨트가 외교 현장인 소련에서 학습한 해리먼의 소련의 행태와 의도에 대한 충언을 무시하고, 소련 전문가들의 조언을 경청하지 않고, 처칠과의 의견 조율도 소홀히 한 것은 큰 실책이다. 또한 자신의 인간적 매력과 설득력을 과신하여 국제정치에서 힘의 현실을 무시하고 상대를 쉽게 설득하여 상황을 해결할 수 있다고 믿은 루스벨트의 태도는 얄타회담의 결과로 국가의 운명이 달라진 폴란드나 한국 국민들 입장에서는 많은 아쉬움을 준다.

2차 세계대전에서 연합국이 승기를 잡았지만 전후 질서에 대한 대비와 비전 부족으로 유럽 대륙 분할과 냉전이 시작된 것은 우리가 잘 알고 있는 사실이다. 이와 마찬가지로 냉전을 승리로 이끌고도 포스트 소비에트 시대의 세계질서에 대한 비전이 없었던 미국의 단견으로 폭력과 테러가 끊이지 않는 작금의 혼란스러운 국제 정세가 이어지는 것을 보면서 국제정치에서 장밋빛 전망과 상대의 의도에 대한 순진한 믿음은 버려야 한다는 생각이 거듭 든다.

끝으로 이 책에 인용된 가족 간 서신이나 일기의 친밀한 표현, 정치인, 군인들 사이의 직업적 표현의 정확한 의미를 깨닫게 도와준 고려대학교 영어영문학과의 이희경 교수께 깊이 감사드리고, 이 책의 번역을 의뢰해준 책과함께의 류종필 대표와 이정우 팀장, 세심하게 교정과 편집을 맡아준 이은진 과장께 심심한 사의를 표한다.

허승철

1장 1945년 2월 1일

1 KLH to PC, January 30, 1945, LOC PHP B I-21; S. M. Plokhy, *Yalta: The Price of Peace* (New York: Viking, 2010), 44-45; David B. Woolner, *The Last 100 Days: FDR at War and at Peace* (New York: Basic Books, 2017), 67; Rick Atkinson, *The Guns at Last Light: The War in Western Europe, 1944-1945* (New York: Picador, 2013), 506.

2 Greg King, *The Court of the Last Tsar: Pomp, Power, and Pageantry in the Reign of Nicholas II* (Hoboken, NJ: John Wiley and Sons, 2006), 440.

3 Robert K. Massie, *Nicholas and Alexandra: The Classic Account of the Fall of the Romanov Dynasty* (New York: Random House Trade Paperbacks, reprint ed., 2000), 177-78.

4 위와 같음.

5 Plokhy, *Yalta*, 44-45. 소련 관리들은 이 사람들이나 가족들에게 어디로 가는지를 알려주지 않았다. 이들은 기차에 올라타라는 지시를 받았고, 많은 사람의 가슴에 공포가 가득 찼을 것이다. 기차가 하루를 달리고 나서야 정부 공식 사진사인 보리스 코사레프가 이들에게 기차가 얄타로 향하고 있다고 말해주었다. 그는 아내에게 전보를 보낼 수 있었는데, "나는 2월까지 얄타에 있을 거요."라고 썼고, 그게 전부였다. 2020년 1월 2일 저자가 그의 부인인 마리아 코사레바에게 확인한 내용이다.

6 KLH to MHF, February 4, 1945, Mortimer Papers, private collection, New York, NY.

7 KLH to PC, January 30, 1945, LOC PHP B-I 21.

8 위와 같음.

9 KLH to Elsie Marshall, February 1, 1945, Mortimer Papers.

10 KLH to MHF, February 4, 1945, Mortimer Papers.

11 FRUS, Conferences at Malta and Yalta, WAH to FDR, September 24, 1944, Document 6; Joseph Stalin to FDR, October 29, 1944, Document 16.

12 FRUS, Conferences at Malta and Yalta, WAH to FDR, December 27, 1944, Document 32. 워싱턴에 보낸 전문을 통해 애버럴 해리먼은 다음과 같이 보고한 내용을 몰로토프에게 말했다고 루스벨트에게 알렸다. "영국 수상은 각하께서 정하는 장소에 동의하기로 했기 때문에 각하께서 처칠 수상과 교신하기 전에 스탈린 원수가 처칠 수상과 연락하지 말도록 제안했습니다. 제 생각에 스탈린 원수는 그 이후에야 초청장을 보낼 것입니다. 각하께서 최근 상황에 대해 처칠 수상께 어느 정도를 통보했는지 알려주시기 바랍니다."

13 FRUS, Conferences at Malta and Yalta, WAH to FDR, December 14, 1944, Document 28; FDR to WSC, December 23, 1944, Document 30.

14 WSC to FDR, November 5, 1944, C-815, in Warren F. Kimball, ed., *Churchill and Roosevelt: The Complete Correspondence, Vol. III* (Princeton, NJ: Princeton

University Press, 1984), 380.

15 FRUS, Conferences at Malta and Yalta, FDR to WSC, December 31, 1944, Document 36; WSC to FDR, January 1, 1945, Document 38.

16 AER Yalta Notes, "Notes on the Crimea," 5, FDRL ARHP, Box 84. 라스푸틴의 암살을 공모하고 실행했다고 알려진 펠릭스 유수포프는 러시아 혁명이 일어난 후 프랑스로 망명해야만 했다. 유수포프 궁전은 계속 이 지역 음모의 근원이 되었다. 1991년부터 2014년까지 이 궁전은 우크라이나 대통령이 소유했다. 잘 알려진 대로 러시아와 우크라이나 사이에 전쟁이 발발한 후 2014년 가을 러시아 내각은 이 궁전을 러시아의 블라디미르 푸틴 대통령 소유로 전환했다.

17 Plokhy, Yalta, 44-45.

18 Simon Sebag Montefiore, Stalin: The Court of the Red Tsar (New York: Alfred A. Knopf, 2004), 480.

19 R. P. Meiklejohn Itinerary, Crimea Conference Trip, January 22-February 12, 1945, LOC AHP B 176 F 08.

20 KLH to MHF, mid-October 1943, Mortimer Papers.

21 KLH to Elsie Marshall, March 10, 1944; KLH to Elsie Marshall, February 27, 1945; Mortimer Papers.

22 KLH to PC, November 16, 1943, LOC PHP B I-21.

23 1941 Sun Valley Promotional Pamphlet, FDRL JBP, Box 28, "Sun Valley."

24 Exchanges between WAH and KLH, January 19, 1939; January 29, 1939; February 5, 1939; January 10, 1940; December 17, 1940; LOC AHP B 05 F 03.

25 "Foxcroft, 1930s," courtesy of the Foxcroft School, Middleburg, VA.

26 Jeff Cordes, "Skiing's the Life for Kathleen Harriman Mortimer," Idaho Mountain Express, February 1, 1989; photographs of KLH at Sun Valley, Mortimer Papers.

27 Author's conversation with David Mortimer, December 12, 2017.

28 Plokhy, Yalta, 44-45.

29 Andrew Roberts, Masters and Commanders: How Four Titans Won the War in the West, 1941-1945 (New York: Harper, 2009), 546.

30 KLH to Elsie Marshall, February 1, 1945, Mortimer Papers.

31 "Report of Medical Department Activities at Crimean Conference," February 18, 1945, FDRL, Ross T. McIntire Papers, Box 4, "Crimea Conference."

32 KLH to MHF, February 4, 1945, Mortimer Papers.

33 WAH to FDR, January 17, 1945, LOC AHP B 176 F 07.

34 WAH to FDR, January 19, 1945, LOC AHP B 176 F 07.

35 FDR to WAH, January 17, 1945, LOC AHP B 176 F 07.

36 KLH to MHF, January 1, 1942; KLH to MHF, March 30, 1942, Mortimer Papers.

37 KLH to MHF, October 1943, Mortimer Papers.

38 KLH to MHF, December 16, 1941, Mortimer Papers.

39 Kathleen Harriman, "Adele Astaire, Amanuensis," Newsweek, May 31, 1943.

40 위와 같음.

41 KLH to Marie Harriman, July 19, 1943, LOC AHP B 06 F 10.

42 WAH to Marie Harriman, April 17, 1941, LOC AHP B 03 F 01.

43 KLH to Marie Harriman, July 19, 1943, LOC AHP B 06 F 10.

44 AER Yalta Notes, 17, FDRL ARHP, Box 84.

45 "Report of Medical Department Activities at Crimean Conference," February 18, 1945, FDRL Ross T. McIntire Papers, Box 4, "Crimea Conference."

46 Plokhy, *Yalta*, 45.

47 Norris Houghton, "That Was Yalta: Worm's Eye View," *The New Yorker*, May 23, 1953; photograph of FDR's suite at Livadia Palace, in Edward R. Stettinius Jr., *Roosevelt and the Russians: The Yalta Conference* (New York: Doubleday, 1949), insert facing page 129.

48 KLH to MHF, February 4, 1945, Mortimer Papers.

49 Plokhy, *Yalta*, 45-46.

50 위와 같음.

51 Atkinson, *The Guns at Last Light*, 509.

52 Rudy Abramson, *Spanning the Century: The Life of W. Averell Harriman, 1891-1986* (New York: William Morrow, 1996), 371.

53 Roberts, *Masters and Commanders*, 546.

54 W. Averell Harriman and Elie Abel, *Special Envoy to Churchill and Stalin, 1941-1946* (New York: Random House, 1975), 384, 393; Abramson, *Spanning the Century*, 371.

55 KLH to PC, January 30, 1945, LOC PHP B I-21.

56 KLH to MHF, June 19, 1944, Mortimer Papers.

57 AER Yalta Notes, 20, FDRL ARHP, Box 84.

58 WAH to KLH, February 16, 1936, Mortimer Papers.

59 "Personalities," *Hampton's Magazine*, January 1910, 125.

60 위와 같음.

61 Harriman and Abel, *Special Envoy*, 39-41. 한번은 해리먼 탐험대가 바다를 건너 시베리아로 들어갔다. 애버럴의 손자 데이비드 모티머의 설명에 따르면 애버럴은 이 탐험이 러시아 첫 방문, 그것도 여권 없이 감행된 방문이었다고 사람들에게 즐겨 말했다.

62 Author's interview with Kitty Ames, October 21, 2019.

63 KLH to Harry Hopkins, Georgetown University, Booth Family Center for Special Collections, HLHP3, Box 4, Folder 14.

64 KLH to Elsie Marshall, January 14, 1943; February 18, 1943; July 5, 1943; Mortimer Papers.

65 WAH to KLH, undated, 1943, Mortimer Papers.

66 KLH to MHF, January 14, 1944; February 9, 1944; Mortimer Papers. 6개월간 관료들과 싸운 끝에 그녀는 드디어 소련 당국으로부터 《아메리카*Amerika*》라는 작은 잡지를 발행하는

것을 허락받았다. 그녀는 러시아인들이 날마다 미국 문화와 생활을 이해할 수 있도록 돕는 미국 전쟁정보국 정보를 가지고 이 잡지를 만들었다. KLH to MHF, December 24, 1943, and June 14, 1944, Mortimer Papers. See also Abramson, *Spanning the Century*, 360-61.

67 KLH to Elsie Marshall, February 1, 1945, Mortimer Papers.

68 위와 같음.

69 KLH to MHF, October, no date, 1943, Mortimer Papers.

70 위와 같음.

71 KLH to MHF, October 26, 1943, Mortimer Papers.

72 KLH to MHF, November 5, 1943, Mortimer Papers.

73 KLH to MHF, October 27, 1943, Mortimer Papers.

74 KLH to MHF, November 5, 1943, Mortimer Papers.

75 KLH to MHF, December 24, 1943, Mortimer Papers.

76 "Samuel N. Harper," Red Press: Radical Print Culture from St. Petersburg to Chicago, Exhibition, University of Chicago Special Collections Research Center, 2017, https://www.lib.uchicago.edu/collex/exhibits/red-press/samuel-n-harper/.

77 KLH, "Do the crows still roost in the Spasopeckovskaya trees?" Mortimer Papers.

78 KLH to CSC, February 27, 1944, CAC MCHL 5/1/106.

79 George Kennan to Edward Stettinius, February 2, 1945, LOC AHP B 176 F 10.

80 Kitty Lanier Harriman Pool to Elsie Marshall, May 22, 1935, Mortimer Papers.

81 KLH to Marie Harriman, December 7, 1942, LOC AHP B 06 F 10.

82 KLH to MHF, mid-June 1941, Mortimer Papers.

83 Ira Eaker to KLH, June 10, 1944, Mortimer Papers.

84 KLH to MHF, October 27, 1943, Mortimer Papers.

85 KLH to MHF, June 4, 1944, Mortimer Papers.

86 KLH to MHF, June 9, 1944; KLH, "Do the crows still roost in the Spasopeckovskaya trees?" Mortimer Papers.

2장 1945년 2월 2일

1 Newsreel footage, "Official Pictorial Record of the Yalta Conference," January-February 1945, U.S. Army Signal Corps, http://www.criticalpast.com/video/65675033669_The-Yalta-Conference_Franklin-D-Roosevelt_Malta-Conference_Winston-Churchill.

2 SMHC to CSC, November 19, 1943, CAC SCHL 1/1/7.

3 SMHC to CSC, February 4, 1945, CAC SCHL 1/1/8; Anthony Eden, *The Memoirs of Anthony Eden, Earl of Avon: The Reckoning* (Boston: Houghton Mifflin, 1965), 592; Logs of the President's Trips: Crimea Conference and Great Bitter Lake, Egypt, January 22-February 28, 1945, 14, FDRL Grace Tully Papers, Box 7.

4 SMHC to CSC, February 15, 1945, CAC SCHL 1/1/8.

5 Stettinius, *Roosevelt and the Russians*, 68.

6 위와 같음.

7 AER Yalta Notes, 10, FDRL ARHP, Box 84.

8 Eden, *The Reckoning*, 592.

9 CSC to WSC, January 30, 1945, in Mary Soames, ed., *Winston and Clementine: The Personal Letters of the Churchills* (Boston: Houghton Mifflin, 1999), 511. 그날 평균 기온은 화씨 58도(섭씨 10.5도)였다. Trips, 16, FDRL Grace Tully Papers, Box 7.

10 "Photograph of Franklin D. Roosevelt with Anna Boettiger, Sarah Churchill and Winston Churchill aboard the USS *Quincy* at Malta before the Yalta Conference," February 2, 1945, FDRL Photographs.

11 Felicity Hill, IWM Oral History, December 6, 1985.

12 Sarah Churchill, *A Thread in the Tapestry* (New York: Dodd, Mead, 1967), 57.

13 Felicity Hill, IWM Oral History, December 6, 1985.

14 Logs of the Trips, 14, FDRL Grace Tully Papers, Box 7.

15 Logs of the Trips, 19, FDRL Grace Tully Papers, Box 7.

16 Sarah Churchill, *A Thread in the Tapestry*, 72.

17 위의 책, 57.

18 SMHC to CSC, December 4, 1943, CAC SCHL 1/1/7.

19 Sarah Churchill, *A Thread in the Tapestry*, 72.

20 SMHC to CSC, February 6, 1945, CAC MCHL 5/1/120.

21 Lord Charles Moran, *Churchill at War, 1940-45* (New York: Carroll and Graf, 2002), 264.

22 SMHC to CSC, January 31, 1945, CAC SCHL 1/1/8.

23 위와 같음.

24 Moran, *Churchill at War*, 265.

25 위와 같음.

26 SMHC to CSC, February 1, 1945, CAC SCHL 1/1/8.

27 Sarah Churchill, *A Thread in the Tapestry*, 76; Diary of Alan Brooke, 1st Viscount Alanbrooke of Brookeborough, Field Marshal, February 2, 1945, ALANBROOKE 5/1/10, Liddell Hart Military Archives, King's College London. 포털 경도 파멜라 처칠에게 보낸 편지에 그날 아침 사고 소식을 듣고 그날은 이 소식으로 "참담했다"고 적었다. Sir Charles Portal to PC, February 2, 1945 (continuous letter beginning January 29, 1945), LOC PHP B I-31.

28 AER Yalta Notes, 6, FDRL ARHP, Box 84.

29 WSC to FDR, January 26, 1945, C-896 in Kimball, ed., *Churchill and Roosevelt: The Complete Correspondence, Vol. III*, 519.

30 Joan Bright Astley, *The Inner Circle: A View of War at the Top* (Boston: Atlantic Monthly Press, 1971), 182.

31 James Holland, *Fortress Malta: An Island Under Siege, 1940-43* (New York: Miramax Books, 2003), 274.

32 Winston S. Churchill, *The Second World War, Volume IV: The Hinge of Fate* (Boston: Houghton Mifflin, 1950), 268-69, 273.

33 처칠이 계속 회동을 원하고 루스벨트가 이를 꺼린 정황은 두 사람 사이의 교신에도 나온다. Kimball, ed., *Churchill and Roosevelt: The Complete Correspondence, Vol. III*, particularly messages C-874, C-875, R-692/1, C-880, C-881, R-696, C-884, R-699, and C-889.

34 Martin Gilbert, *Winston S. Churchill, Vol. VII: Road to Victory, 1941-1945* (Boston: Houghton Mifflin, 1986), 664.

35 FRUS, Conferences at Malta and Yalta, FDR to Joseph Stalin, November 18, 1944, Document 21.

36 FRUS, Conferences at Malta and Yalta, FDR to WSC, January 9, 1945, Document 49.

37 FRUS, Conferences at Malta and Yalta, WSC to FDR, January 10, 1945, Document 50. *The Fringes of Power: Downing Street Diaries, 1939-1955*, 551. 처칠은 일곱 번째 날이 안식일이라 자기 말이 정확하지 않다는 것을 바로 깨달았다고 당시 처칠의 개인 비서 존 콜빌이 출간된 자신의 일기에 재미있게 적어놓았다.

38 Winston S. Churchill, *The Second World War, Vol. I: The Gathering Storm* (Boston: Houghton Mifflin, 1948), 3.

39 FRUS, Conferences at Malta and Yalta, WSC to FDR, January 8, 1945, Document 47.

40 Gilbert, *Winston S. Churchill, Vol. VII*, 1170.

41 Sarah Churchill, *A Thread in the Tapestry*, 17.

42 위의 책, 28.

43 위의 책, 26.

44 클레먼타인은 1945년 4월 스탈린이 그녀의 적십자 활동 지원을 축하하는 행사에 참석하기 위해 모스크바로 날아갔다. 그녀는 비행기 타는 것을 너무나 두려워해서 사라에게 자신을 위해 기도해달라고 부탁하고, 메리에게는 만일 비행기가 추락해서 자신이 죽을 경우 자신이 윈스턴을 돌보는 책임에서 벗어나도록 ATS(American Temperance Society)에 요청하라고 말했다. Sonia Purnell, *Clementine: The Life of Mrs. Winston Churchill* (New York: Viking, 2015), 338-39.

45 Sarah Churchill, *Keep on Dancing* (New York: Coward, McCann and Geoghegan, 1981), 27.

46 Purnell, *Clementine*, 200.

47 Sarah Churchill, *A Thread in the Tapestry*, 31.

48 위의 책, 32.

49 위의 책, 33.

50 Logs of the Trips, 14, FDRL Grace Tully Papers, Box 7.

51 Stettinius, *Roosevelt and the Russians*, 68.

52 SCHL to CSC, February 4, 1945, SCHL 1/1/8; AER Yalta Notes, 10, FDRL ARHP, Box 84.

53 Newsreel footage, "Official Pictorial Record of the Yalta Conference," January-

February 1945, U.S. Army Signal Corps.

54 SMHC to CSC, February 4, 1945, SCHL 1/1/8.

55 위와 같음.

56 Newsreel footage, "Official Pictorial Record of the Yalta Conference," January–February 1945, U.S. Army Signal Corps.

57 FRUS, Conferences at Malta and Yalta, WSC to FDR, January 1, 1945, Document 38.

58 AER Yalta Notes, 10, FDRL ARHP, Box 84; Newsreel footage, "Official Pictorial Record of the Yalta Conference," January–February 1945, U.S. Army Signal Corps.

59 Sarah Churchill, *A Thread in the Tapestry*, 75.

60 Eden, *The Reckoning*, 592.

61 Logs of the Trips, 15, FDRL Grace Tully Papers, Box 7.

62 AER Yalta Notes, 10, FDRL ARHP, Box 84.

63 "Photograph of Franklin D. Roosevelt with Anna Boettiger, Sarah Churchill, and Winston Churchill aboard the USS *Quincy* at Malta before the Yalta Conference," February 2, 1945, FDRL.

64 FDR to WSC, January 7, 1945, R-693, in Kimball, ed., *Complete Correspondence*, Vol. III, 500.

65 WSC to FDR, January 7, 1945, C-879, in Kimball, ed., *Complete Correspondence*, Vol. III, 500.

66 SMHC to CSC, February 14, 1945, CAC SCHL 1/1/8.

67 SMHC to CSC, December 4, 1943, CAC SCHL 1/1/7.

68 SMHC to CSC, February 4, 1945, CAC MCHL 5/1/120.

69 위와 같음.

70 SMHC to CSC, February 1, 1945, CAC MCHL 5/1/120.

71 SMHC to CSC, February 4, 1945, CAC MCHL 5/1/120.

72 위와 같음.

3장 1945년 2월 2일

1 Doris Kearns Goodwin, *No Ordinary Time: Franklin and Eleanor Roosevelt-The Home Front in World War II* (New York: Simon and Schuster, 1994), 491.

2 Joe Lash, *Eleanor and Franklin: The Story of Their Relationship Based on Eleanor Roosevelt's Private Papers* (New York: W. W. Norton, 1971), 697.

3 Howard Bruenn, Oral History, U.S. Naval Medical Department Oral History Program, January 31, 1990.

4 Joseph Lelyveld, *His Final Battle: The Last Months of Franklin Roosevelt* (New York: Alfred A. Knopf, 2016), 93.

5 Howard Bruenn, "Clinical Notes on the Illness and Death of President Franklin D. Roosevelt," *Annals of Internal Medicine*, Vol. 72, No. 4 (April 1970): 579-80. 미국 심장병협회는 수축기 180mmHg 이상, 이완기 120mmHg 이상을 고혈압 위기로 분류한다.

6　Philip Reichert, "A History of the Development of Cardiology as a Medical Specialty," *Clinical Cardiology*, Vol. 1, No. 1 (1978): 15-5, https://www.acc.org/latest-in-cardiology/articles/2016/10/06/11/00/a-history-of-the-development-of-cardiology-as-a-medical-specialty.

7　Bruenn, "Clinical Notes," 580-81.

8　Jim Bishop, *FDR's Last Year: April 1944-April 1945* (New York: William Morrow, 1974), 6.

9　Howard Bruenn, Oral History, U.S. Naval Medical Department Oral History Program, January 31, 1990.

10　루스벨트의 식단은 저지방, 고탄수화물 식품으로 구성되어야 했다. 그는 돼지고기, 햄, 연어, 고등어, 청어, 치즈(코티지치즈 제외), 기름진 디저트, 그리고 배추, 꽃양배추, 브로콜리, 방울양배추, 오이, 양파, 순무, 후추, 무, 건조된 콩 등 '가스를 형성하는 식품'을 먹지 말라는 명확한 지시를 받았다. 식사마다 버터 한 조각만 제공되어야 했다. "Special Diet for the President," FDRL ARHP, Box 66, Folder 9.

11　"Treatment," FDRL ARHP, Box 66, Folder 16.

12　Goodwin, *No Ordinary Time*, 499, 502. 최소한 1944년 4월 중순에 애나는 루스벨트가 심장병을 앓고 있다는 사실을 알았다.

13　같은 책, 471-72.

14　AER to JB, December 11, 1943, FDRL JBP, Box 6.

15　Copy of letter to ER, AER to JB, November 11, 1943, FDRL JBP, Box 6.

16　Oral History interview with Anna Roosevelt Halsted, 1975, Columbia Center for Oral History Archives, Rare Book & Manuscript Library, Columbia University in the City of New York.

17　Eleanor Roosevelt, *This I Remember* (New York: Harper and Brothers, 1949), 339.

18　AER, "What Does It Feel Like to Be an Offspring of Famous Parents?" 5, later draft. FDRL ARHP, Box 84, Undated Writings.

19　Bernard Asbell, ed., *Mother and Daughter: The Letters of Eleanor and Anna Roosevelt* (New York: Coward, McCann & Geoghegan, 1982), 176.

20　Anna Roosevelt Halsted interview by Bernard Asbell, 1972, FDRL ARHP, Box 63.

21　위와 같음.

22　위와 같음.

23　Oral History interview with Anna Roosevelt Halsted, 1975, Columbia Center for Oral History Archives, Rare Book and Manuscript Library, Columbia University in the City of New York; AER, "What Does It Feel Like to Be an Offspring of Famous Parents?" FDRL ARHP, Box 84, Undated Writings.

24　Asbell, ed., *Mother and Daughter*, 39.

25　AER to FDR, undated, FDRL ARHP, Box 62, Folder 10.

26　John R. Boettiger, *A Love in Shadow: The Story of Anna Roosevelt and John Boettiger* (New York: Norton, 1978), 59.

27 위의 책, 94-95.

28 Transcript of conversation with Anna Roosevelt Halsted for TV series, February 13, 1962, FDRL Robert D. Graff Papers, Box 3.

29 "Franklin D. Roosevelt carrying daughter, Anna, on his shoulders at Campobello, New Brunswick, Canada," 1907, FDRL Photographs.

30 애나는 루스벨트를 "어린 시절의 영웅―정치적으로나 세계 지도자로서가 아니라―단지 한 남자이자 나의 아버지로서"라고 칭했다. Asbell, ed., *Mother and Daughter*, 19.

31 위의 책, 175.

32 John Chamberlain, "F.D.R.'s Daughter," *Life*, March 5, 1945, 102. 애나의 아들인 커티스 (달) 루스벨트도 애나의 문지기 역할에 대해 말했다. *Too Close to the Sun: Growing Up in the Shadow of My Grandparents, Franklin and Eleanor* (New York: PublicAffairs, 2008), 235.

33 Eleanor Roosevelt, *This I Remember*, 319.

34 Bishop, *FDR's Last Year*, 39.

35 Mary Jane G [Illegible] to Anna Roosevelt Boettiger, May 29, 1944, FDRL President's Personal File 7, Anna R. Boettiger, 1942-1945. 루스벨트 대통령직 초기에 연봉 만 달러를 받았던 제임스 루스벨트와 달리 애나는 급여를 받은 적이 없다. Chamberlain, "FDR's Daughter," 96.

36 Logs of the Trips, 28, FDRL Grace Tully Papers, Box 7.

37 J. Currivan to FDR, November 11, 1944, FDRL William Rigdon Papers, Correspondence.

38 Michael Beschloss, *The Conquerors: Roosevelt, Truman, and the Destruction of Hitler's Germany, 1941-1945* (New York: Simon and Schuster, 2002), 177.

39 Frances Perkins, Oral History, Part VIII, 287, Columbia University, http://www.columbia.edu/cu/lweb/digital/collections/nny/perkinsf/transcripts/perkinsf_8_1_2 93.html.

40 JB to AER, January 25, 1945, FDRL JBP, Box 6.

41 Asbell, ed., *Mother and Daughter*, 175.

42 James Byrnes, *Speaking Frankly* (New York: Harper & Brothers Publishers, 1947), 22. He repeats this observation in *All in One Lifetime* (New York: Harper & Brothers, 1958), 253.

43 AER to JB, January 29, 1945, FDRL JBP, Box 6; 나중에 번스는 루스벨트가 얄타회담 의제에 관한 국무부 보고 자료를 거의 읽지 않았다고 암시했다. 번스는 이 자료가 루스벨트의 해군 부관인 리그던의 방에 그대로 있었다고 주장했다. Byrnes, *Speaking Frankly*, 23. 그는 다음 자료에서 이를 다시 한 번 암시했다. *All in One Lifetime*, 256. 그러나 애나는 다른 주장을 폈다. 그녀는 의사의 조언대로 루스벨트가 오랜 시간 일하지는 않았지만, 자신의 방에서 국무부 보고 자료를 검토했다고 말했다. AER to John L. Snell, December 30, 1955, FDRL ARHP, Box 64, Roosevelt, Franklin D.: Correspondence with FDR, 1945-1955.

44 For the messages Churchill sent to FDR during the days FDR was at sea, see Kimball,

ed., *Churchill and Roosevelt: The Complete Correspondence, Vol. III*, C-883 to C-889, 515-21.

45 David Reynolds, *Summits: Six Meetings That Shaped the Twentieth Century* (New York: Basic Books, 2007), 123.

46 Michael Dobbs, *Six Months in 1945: From World War to Cold War* (New York: Alfred A. Knopf, 2012), 78.

47 AER to JB, May 15, 1943, FDRL JBP, Box 5.

48 ER to AER, January 4, 1942, in Asbell, ed., *Mother and Daughter*, 141.

4장 1945년 2월 2일

1 FRUS, Conferences at Malta and Yalta, "Roosevelt-Churchill Luncheon meeting," February 2, 1945, Document 316.

2 SMHC to CSC, February 1, 1945, CAC SCHL 1/1/8.

3 위와 같음.

4 Marjorie W. Brown, *Arden House: A Living Expression of the Harriman Family* (New York: The American Assembly, Columbia University, 1981), 109-10.

5 이 액수는 2020년 기준 3500억 달러에 해당한다.

6 Harriman and Abel, *Special Envoy*, 412.

7 Logs of the President's Trips: Crimea Conference and Great Bitter Lake, Egypt, January 22-February 28, 1945, 16, FDRL Grace Tully Papers, Box 7.

8 AER Yalta Notes, 10, FDRL ARHP, Box 84.

9 Harriman and Abel, *Special Envoy*, 19.

10 위의 책, 108.

11 Walter Isaacson and Evan Thomas, *The Wise Men: Six Friends and the World They Made* (New York: Simon and Schuster Paperbacks, 1986), 214.

12 Kathleen Harriman, "Girl's Cheery Song Helped Londoners Forget Their Woes," *International News Service Fast Mail Service*, July 29, 1941, KLH scrapbook, newspaper clippings, Mortimer Papers.

13 Kathleen Harriman, "War Has Little Change on Women Living in London," June 5, 1941, KLH scrapbook (name of newspaper not visible in clipping), Mortimer Papers.

14 KLH Bennington College junior thesis papers, Mortimer Papers.

15 KLH to MHF, January 13, 1942, Mortimer Papers.

16 루스벨트는 소련 대사 자리를 1941년 말 해리먼에게 제안한 적이 있었다. 그러나 당시 런던은 전쟁의 중심지였던 반면, 모스크바는 외로운 전초기지였다. 해리먼은 런던에 머물고 싶다는 의사를 표했다. 1943년 말이 되자 상황은 극적으로 변했고, 그는 이번 제안을 받아들였다.

17 Isaacson and Thomas, *The Wise Men*, 223-24.

18 Harriman and Abel, *Special Envoy*, 206.

19 위의 책, 337-42. "그들이 상식적 위엄에서 벗어났을 때 우리는 그들이 그것을 깨닫게 만들어야 했다." 화가 난 해리먼은 친구인 아이라 이커Ira Eaker 장군에게 보내는 편지에 이렇게

적었다. 위의 책, 342.

20 KLH to MHF, August 20, 1944, Mortimer Papers.

21 위와 같음.

22 KLH, "Do the crows still roost in the Spasopeckovskaya trees?" Mortimer Papers.

23 Harriman and Abel, *Special Envoy*, 344.

24 Isaacson and Thomas, *The Wise Men*, 231. 스탈린은 결국 미국 측이 1944년 9월 18일 폴란드 지하저항군에게 식품과 보급품을 한 번 공수하는 것을 허락했다.

25 테디(시어도어) 루스벨트는 유니언퍼시픽 회사를 망하게 하려고 시도했을 뿐만 아니라, 에 드워드 해리먼을 "나쁜 시민이자 공화국의 적"이라고 지칭하며 "아나니아스 클럽Ananias Club" 명단에 포함시켰다. 아나니아스 클럽은 테디 루스벨트가 "거짓말쟁이"라고 부른 사람들 숫자가 늘어나면서 워싱턴 언론들이 이 명단에 붙인 이름이다. Harriman and Abel, *Special Envoy*, 44.

26 위의 책, 14.

27 Isaacson and Thomas, *The Wise Men*, 210-11, 216. 영국 측은 해리먼이 먼저 갈 수 있도록 카이로로 보내는 군사보급품 수송을 늦추었다. 그 비행기에는 미국 대표의 도착이 지연된 것을 아주 초조해하는 다른 승객이 타고 있었다. 바로 샤를 드골이었다.

28 "Memorandum of Conversations with the President During Trip to Washington, D.C., October 21-November 19, 1944," LOC AHP B 175 F 07. 해리먼만이 이 문제에 부닥친 유일한 사람은 아니었다. 전쟁 장관인 헨리 스팀슨은 1944년 11월 진주만 공격을 예측하지 못한 군대의 실책에 대해 보고하려고 했지만, 애나 앞에서 무슨 말을 해야 할지 몰랐다. 그는 이 보고서를 만드느라 4주를 보냈지만, "점심 식사 내내 나는 조용히 앉아서 오가는 잡담을 듣기만 했다"라고 기록했다. Lelyveld, *His Final Battle*, 260.

29 "Memorandum of Conversations with the President During Trip to Washington, D.C., October 21-November 19, 1944," LOC AHP B 175 F 07.

30 Reynolds, *Summits*, 110, 465-66, n20.

31 "Memorandum of Conversations with the President During Trip to Washington, D.C., October 21-November 19, 1944," LOC AHP B 175 F 07.

32 FDR to WSC, March 18, 1942, R-123/1, in Warren F. Kimball, ed., *Churchill and Roosevelt: The Complete Correspondence, Vol. I* (Princeton, NJ: Princeton University Press, 1984), 421.

33 "Memorandum of Conversations with the President During Trip to Washington, D.C., October 21-November 19, 1944," LOC AHP B 175 F 07.

34 WAH to Edward Stettinius, December 19, 1944, LOC AHP B 176 F 01.

35 AER Yalta Notes, 11, FDRL ARHP, Box 84.

36 위와 같음.

5장 1945년 2월 2~3일

1 Laurence Kuter, *Airman at Yalta* (New York: Duell, Sloan and Pearce), 13.

2 SMHC to CSC, February 1, 1945, CAC SCHL 1/1/8.

3 "Arrangements for Conveyance of the British Air Party From 'CRICKET' to 'ARGONAUT,'" Lord Moran Archive, PP/CMW/M8/2, Wellcome Library, London.

4 Photographs, LOC AHP B 882 F 18.

5 Stettinius, *Roosevelt and the Russians*, 75.

6 Taylor Downing, *Spies in the Sky: The Secret Battle for Aerial Intelligence During World War II* (London: Little, Brown, 2011), 18, 85–89.

7 Sarah Churchill, *Keep on Dancing*, 110–11.

8 이든과 카도건은 외무부 직원들과 같은 비행기를 타고 왔고, 처칠은 자신의 전용기를 타고 개인 비서들, 해군 부관, 경호원, 주치의 모런 경과 같이 왔다. "Arrangements for Conveyance of the British Air Party from 'CRICKET' to 'ARGONAUT,'" Lord Moran Archive, PP/CMW/M8/2, Wellcome Library, London.

9 Plokhy, *Yalta*, 35–36.

10 Kuter, *Airman at Yalta*, 11.

11 Plokhy, *Yalta*, 36; Kuter, *Airman at Yalta*, 10, 14.

12 위의 책, 10–11.

13 위와 같음.

14 AER Yalta Notes, 10, FDRL ARHP, Box 84.

15 AER Yalta Notes, 11, FDRL ARHP, Box 84.

16 WSC to Field Marshal Sir Harold Alexander, January 29, 1945, CAC CHAR 20/211/62.

17 AER Yalta Notes, 12, FDRL ARHP, Box 84.

18 SMHC to CSC, February 4, 1945, CAC SCHL 1/1/8.

19 AER Yalta Notes, 12, FDRL ARHP, Box 84.

20 위와 같음.

21 Plokhy, *Yalta*, 35.

22 Roberts, *Masters and Commanders*, 545.

23 Plokhy, *Yalta*, 35.

24 Howard Bruenn, Oral History, U.S. Naval Medical Department Oral History Program, January 31, 1990.

25 처칠의 통역관인 아서 버스 소령은 사키 공항에 하루 전에 도착해서 목격한 거대한 환영 행사 준비 상황을 서술했다. A. H. Birse, *Memoirs of an Interpreter* (New York: Coward-McCann, 1967), 181.

26 로버트 홉킨스는 이 컬러 필름으로 자기 마음에 가장 드는 아버지와 루스벨트의 사진을 찍었다고 회고록에 썼다. 그는 그 배경이 사키 공항에 도착하는 장면이었다고 서술했다. Robert Hopkins, *Witness to History: Recollections of a WWII Photographer* (Seattle: Castle Pacific Publishing, 2002), 139–40 (image on page 140). 그러나 그 사진은 다른 날에 찍은 것이 분명하다. 해리 홉킨스는 도착하자마자 바로 얄타로 떠났고, 로버트 홉킨스가 말한 사진에는 몰로토프가 2월 12일 사키 공항에서 썼던 중절모를 쓴 모습으로 나왔다. 2월 3일 그는 귀마개가 있는 전통적인 러시아 우샨카 모자를 쓰고 있었다. 이러한 상세한 기록을 고

려하면 그 사진은 미국 대표단이 소련을 떠난 2월 12일에 찍은 것으로 보인다.

27 "To Deane from the Joint Chiefs of Staff," January 13, 1945, LOC AHP B 176 F 06.
쿠터는 마셜 장군과 자신이 탄 비행기는 예정 시간에서 60초 차이로 착륙했다고 기록했다.
Airman at Yalta, 14.

28 Astley, *The Inner Circle*, 181.

29 Stettinius, *Roosevelt and the Russians*, 79.

30 Papers of George Catlett Marshall, Volume 5: The Finest Soldier, 5-031 Editorial Note
on Combined Chiefs of Staff Meeting at Malta, January 29-February 2, 1945, George
C. Marshall Foundation, https://marshallfoundation.org/library/digital-archive/
editorial-note-on-combined-chiefs-of-staff-meeting-at-malta/.

31 Kuter, *Airman at Yalta*, 3.

32 Roberts, *Masters and Commanders*, 545.

33 Stettinius, *Roosevelt and the Russians*, 80; photographs, February 3, 1945, LOC AHP
B 882 F 19.

34 AER Yalta Notes, 13, FDRL ARHP, Box 84.

35 Newsreel footage, "Official Pictorial Record of the Yalta Conference," January-
February 1945, U.S. Army Signal Corps, http://www.criticalpast.com/video/
65675033669_The-Yalta-Conference_Franklin-D-Roosevelt_Malta- Conference_
Winston-Churchill.

36 Winston S. Churchill, *Great Battles and Leaders of the Second World War: An
Illustrated History* (Boston: Houghton Mifflin, 1995), 296.

37 위의 책.

38 Plokhy, *Yalta*, 53.

39 Woolner, *The Last 100 Days*, 63.

40 Gilbert, *Winston S. Churchill, Vol. VII*, 1171.

41 Woolner, *The Last 100 Days*, 63.

42 Moran, *Churchill at War*, 267. 길버트는 이러한 비교가 외무차관 알렉산더 카도건의 일기
에 기록되어 있다고 했다. 이후 역사학자들도 길버트를 따라 이 내용을 카도건의 기록에서
나온 것으로 인용했다. 그러나 처칠문서센터에 보관 중인 카도건의 일기에 들어 있지 않은
점을 감안하면 이 내용은 오류로 보인다.

43 Newsreel footage, "Official Pictorial Record of the Yalta Conference," January-
February 1945, U.S. Army Signal Corps.

44 AER Yalta Notes, 13-14, FDRL ARHP, Box 84.

45 SMCH to CSC, February 15, 1945, CAC SCHL 1/1/8.

46 Astley, *The Inner Circle*, 181.

47 AER Yalta Notes, 13, FDRL ARHP, Box 84.

48 Photographs, February 3, 1945, LOC AHP F 882 B 19.

49 AER Yalta Notes, 13, FDRL ARHP, Box 84.

50 Photographs, February 3, 1945, LOC AHP F 882 B 19. 몇몇 관찰자들이 그날 염려되는

루스벨트의 모습을 기록으로 남겼다. 모런 경은 "대통령은 늙고 여위고 해쓱해 보였다. 그는 어깨에 망토인지 목도리인지를 두른 쪼그라든 모습이었다. 그는 정신이 좀 나간 듯 입을 벌린 채 정면을 응시하고 있었다. 모두가 그의 모습에 충격을 받았고, 나중에 이에 대해 말이 많았다"라고 적었다. *Churchill at War*, 267. 버스 소령은 다음과 같이 적었다. "나는 루스벨트의 모습이 얼마나 변했는지를 보고 놀랐다. 1년 전 테헤란에서는 힘이 넘치고 쾌활한 그의 모습을 보았다. 지금 그는 훨씬 늙어 보였다. 뺨은 푹 들어가고 밀랍 같은 혈색을 보였다. 그는 큰 병을 앓고 있는 것 같았다." *Memoirs of an Interpreter*, 181.

51 SMHC to CSC, February 4, 1945, CAC SCHL 1/1/8.

52 Robert Hopkins, *Witness to History*, 139.

53 For additional information on the geography and natural features of the Crimea, visit NASA Earth Observatory: https://earthobservatory.nasa.gov/IOTD/view.php?id=47117.

54 SMHC to CSC, February 4, 1945, CAC SCHL 1/1/8.

55 위와 같음.

56 Lord Moran, *Churchill at War*, 267.

57 SMHC to CSC, February 4, 1945, CAC SCHL 1/1/8.

58 소련의 기아와 우크라이나 홀로도모르에 대한 더 상세한 정보는 다음 자료 참조. Anne Applebaum, *Red Famine: Stalin's War on Ukraine* (New York: Doubleday, 2017). 타타르의 강제 이주 기간은 45년 지속되었다. Mara Kozelsky, "Casualties of Conflict: Crimean Tatars During the Crimean War," *Slavic Review*, Vol. 67, No. 4 (Winter 2008), 866–91, https://www.jstor.org/stable/27653028?seq=1#page_scan_tab_contents. 크림타타르의 강제 이주에 대한 추가적 자료는 다음을 참조. Greta Lynn Uehling, *Beyond Memory: The Crimean Tatars' Deportation and Return* (New York: Palgrave Macmillan, 2004).

59 경치에 대한 묘사는 아래 명시된 많은 회담 참석자들의 편지, 일기, 회고록에 나온다. Charles E. Bohlen, *Witness to History, 1929-1969* (New York: W. W. Norton, 1973), 173; AER Yalta Notes, 14–15, FDRL ARHP, Box 84; Oral History interview with Anna Roosevelt Halsted, 1975, Columbia Center for Oral History Archives, Rare Book and Manuscript Library, Columbia University in the City of New York; Birse, *Memoirs of an Interpreter*, 179, 181-82; SMHC to CSC, February 4, 1945, CAC SCHL 1/1/8; Winston S. Churchill, *The Second World War, Vol. VI: Triumph and Tragedy* (Boston: Houghton Mifflin, 1953), 345; Robert Hopkins, *Witness to History*, 139-40; Stettinius, *Roosevelt and the Russians*, 81; Moran, *Churchill at War*, 267; Ross T. McIntire, *White House Physician* (New York: G. P. Putnam's Sons, 1946), 213.

60 Oral History interview with Anna Roosevelt Halsted, 1975, Columbia Center for Oral History Archives, Rare Book and Manuscript Library, Columbia University in the City of New York.

61 AER Yalta Notes, 15, FDRL ARHP, Box 84.

62 위의 자료, 14-15.

63 위의 자료, 16.

64 SMHC to CSC, February 4, 1945, CAC SCHL 1/1/8.

65 위와 같음.

66 AER Yalta Notes, 16, FDRL ARHP, Box 84.

67 위와 같음.

68 위의 자료, 16-17.

69 위의 자료, 16.

70 위와 같음.

71 FDR to WAH, January 16, 1945, LOC AHP B 176 F 06; FRUS, Conferences at Malta and Yalta, WAH to FDR, January 17, 1945, Document 60.

72 AER to JB, February 4, 1945, FDRL JBP, Box 6.

73 AER Yalta Notes, 16, FDRL ARHP, Box 84.

74 위의 자료. 처칠을 처음 만났을 때부터 애나는 그를 희화화할 수 있는 인물로 생각했다. 애나가 처칠을 처음 본 것은 1943년 5월 워싱턴과 캠프 데이비드에서 열린 3자 회담에서였다. 그녀는 5월 15일 존에게 보낸 편지에 자신이 받은 첫인상을 적었다. 그녀는 처칠의 말솜씨와 날카로운 재치에 대해 적으면서 동시에 그의 기묘한 행동과 코를 씰룩거리고 재채기를 하는 덜 매력적인 개인적 버릇도 묘사했다. ARB to JB, May 15, 1943, FDRL JBP, Box 5.

75 SMHC to CSC, February 4, 1945, CAC SCHL 1/1/8.

76 윈스턴 처칠과 사라 모두 각자의 회고록에 루스벨트가 급하게 떠나던 모습을 기술했다. 외교관이나 마찬가지인 윈스턴이 좀 더 너그럽게 묘사했다. 처칠은 사실이 아닌지 분명히 알면서도 "대통령 일행은 무의식 상태에 빠진 것 같았다"라고 적었다. *The Second World War, Vol. VI: Triumph and Tragedy*, 345. 사라는 루스벨트가 떠나는 모습을 포함해 엄마에게 보낸 편지 전체를 복사해서 회고록에 넣었다. *Keep on Dancing*, 127.

6장 1945년 2월 3일

1 FRUS, Conferences at Malta and Yalta, 1945, February 3, 1945, "President's Log at Yalta," Document 319. 캐슬린 해리먼은 얄타에서 루스벨트와 그 일행을 환영한 사람으로 대통령 공식 일지에 분명히 명시된 유일한 개인이다.

2 KLH to PC, October 16, 1944, LOC PHP B I-21.

3 캐슬린은 미국 여성들에게 식량 지원을 호소하는 전시내각 식량 장관인 울튼 경의 기자회견장에서 엘리자베스 여왕을 만났다. KLH to MHF, May 30, 1941, Mortimer Papers.

4 KLH to MHF, February 4-10, 1945, Mortimer Papers.

5 AER Yalta Notes, 17, FDRL ARHP, Box 84.

6 위와 같음.

7 KLH to PC, February 13, 1945, LOC PHP B I-21.

8 JB to WAH, November 18, 1941; WAH to JB, December 5, 1941, LOC AHP B 161 F 03.

9 KLH to PC, January 30, 1945, LOC PHP B I-21.

10 AER Yalta Notes, 17, FDRL ARHP, Box 84.

11 위와 같음.

12 위와 같음.

13 KLH to MHF, February 4-10, 1945, Mortimer Papers.

14 KLH to PC, February 4, 1945, LOC PHP B I-21.

15 AER Yalta Notes, 18, FDRL ARHP, Box 84.

16 위의 자료, 17.

17 Stettinius, *Roosevelt and the Russians*, 82.

18 AER Yalta Notes, 18, FDRL ARHP, Box 84.

19 해리먼은 오랫동안 볼런의 능력을 존경했고 그를 모스크바의 대사관으로 오게 하려고 시도 했지만, 뜻을 이루지 못했다. 볼런 대신 해리먼은 볼런의 동료인 조지 케넌을 모스크바 대사 관 차석으로 데려왔다. 해리먼은 소련에 대한 케넌의 날카로운 분석을 볼런의 분석 다음으로 평가했다.

20 Plokhy, *Yalta*, 69.

21 위와 같음.

22 Harriman and Abel, *Special Envoy*, 239-40. 몰로토프와 그의 동료들은 해리먼을 존경했 지만, 백만장자가 운동 삼아 삽으로 눈을 치우고 장작을 패는 것을 이해하지 못했다. KLH to MHF, April 18, 1944, Mortimer Papers.

23 Charles Bohlen, "Memorandum of conversation between Harriman, Bohlen, Molotov and Pavlov," February 4, 1945, LOC AHP B 176 F 10. Stettinius also reports on this exchange in *Roosevelt and the Russians*, 83-84.

24 Charles Bohlen, "Memorandum of conversation between Harriman, Bohlen, Molotov and Pavlov," February 4, 1945, LOC AHP B 176 F 10.

25 위와 같음.

26 위와 같음.

27 John Martin to Charles Bohlen, February 3, 1945, LOC AHP B 176 F 10.

28 Charles Bohlen to John Martin, February 3, 1945, LOC AHP B 176 F 10.

29 SMHC to CSC, February 4, 1945, CAC SCHL 1/1/8.

30 SMHC to CSC, February 6, 1945, CAC SCHL 1/1/8.

31 Winston S. Churchill, *The Second World War, Vol. VI*, 347.

32 Astley, *The Inner Circle*, 193-94.

33 Averell Harriman's foreword to Gerald Pawle, *The War and Colonel Warden* (London: George G. Harrap, 1963), 4-5.

34 WAH to Marie Harriman, March 30, 1941, LOC AHP B 03 F01.

35 Diary of Alan Francis Brooke, 1st Viscount Alanbrooke of Brooke-borough, February 2, 1945, Liddell Hart Military Archives, King's College London, ALANBROOKE 5/2/26. 생존한 조종사의 증언을 포함한 추락한 전투기에 대한 조사 자료 는 다음 자료에서 찾을 수 있다. TNA AIR 8/841.

36 SMHC to CSC, February 4, 1945, CAC SCHL 1/1/8. 전사한 조종사에 대한 자료는 다음 에서 찾을 수 있다. https://www.chch.ox.ac.uk/fallen-alumni/captain-albany-kenne

tt-charlesworth.

37 Moran, *Churchill at War*, 268.

38 KLH to PC, February 4, 1945, LOC PHP B I-21.

39 KLH to MHF, February 4-10, 1945, Mortimer Papers.

40 Sir Alexander Cadogan to Lady Theodosia Cadogan, February 2, 1945, in David Dilks, ed., *The Diaries of Sir Alexander Cadogan, O.M., 1938-1945* (New York: G. P. Putnam's Sons, 1971), 701.

41 CSC to WSC, February 3, 1945, in Soames, ed., *Winston and Clementine*, 514.

42 Diary of Alan Francis Brooke, 1st Viscount Alanbrooke of Brookeborough, February 2, 1945, Liddell Hart Military Archives, King's College London, ALANBROOKE 5/2/26; see also "Loss of York MW. 116," TNA AIR 8/841.

43 Alex Danchev and Daniel Todman, eds., *War Diaries, 1939-1945: Field Marshal Lord Alanbrooke* (London: Weidenfeld and Nicolson, 2001), 661; see also Diary of Alan Brooke, February 10, 1945, ALANBROOKE 5/2/27.

44 KLH to MHF, May 30, 1941, Mortimer Papers.

45 캐슬린은 언니에게 파멜라와 함께 주말을 보낸 집 근처에 근무하는 전투기 조종사들에 대해 편지를 썼다. 한 편지에서 캐슬린은 조종사들이 전투 임무를 수행하러 떠나기 전 동네 술집에서 이들과 함께 저녁 시간을 보냈다고 적었다. "이들이 떠나는 것을 보고, 모두가 귀환할 것인지 궁금해하면서 이상한 느낌이 들었어." KLH to MHF, July 7, 1941, Mortimer Papers.

46 KLH to PC, February 4, 1945, LOC PHP B I-21.

47 WSC remarks at Lord Mayor's luncheon, Mansion House, November 10, 1942.

48 KLH to MHF, May 17, 1941, Mortimer Papers; 캐슬린은 이 관찰을 자신이 쓴 신문 칼럼 〈전쟁으로 런던의 밤 생활에 많은 변화가 일어났다〉에도 실었다. *INS Fast Mail Service*, August 6, 1941, KLH scrapbook, Mortimer Papers.

49 KLH to MHF, May 17, 1941, Mortimer Papers.

50 WAH to Marie Harriman, May 20, 1941, LOC AHP B 03 F 01.

51 WAH to KLH and PC, August 1941, Mortimer Papers.

52 KLH to MHF, June 2 or 3, 1941, Mortimer Papers.

53 KLH to MHF, July 7, 1941, Mortimer Papers.

54 KLH to MHF, June 2 or 3, 1941, Mortimer Papers.

55 KLH to MHF, July 7, 1941, Mortimer Papers.

56 KLH to MHF, August 15, 1945, Mortimer Papers.

57 KLH to MHF, July 7, 1941, Mortimer Papers.

58 캐슬린은 항상 무슈에게 이러한 요청을 담은 편지를 보냈고, 이것은 두 사람 사이의 교신에 수도 없이 나타났다. Mortimer Papers.

59 KLH to Marie Harriman, December 7, 1942, LOC AHP B 06 F 10. 마리는 이 소포에 사라의 모자를 특별히 챙겨 넣었다.

60 KLH to MHF, May 17, 1941, Mortimer Papers.

61 KLH to MHF, August 8, 1941, Mortimer Papers.

62 Pamela Harriman, "When Churchill Heard the News…," *Washington Post*, December 7, 1991. 해리먼과 아벨은 처칠이 캐슬린에게 직접 서명한 자신의 책 《강의 전쟁 *The River War*》을 생일 선물로 주었다고 기록했다. *Special Envoy*, 111.

63 KLH to MHF, December 1941, Mortimer Papers.

64 처칠은 회고록에서 해리먼과 위넌트에 대해 이렇게 말했다. "사람들은 이들이 오랜 고통에서 구원받았다고 생각할 수도 있다." Winston S. Churchill, *The Second World War, Vol. III: The Grand Alliance* (Boston: Houghton Mifflin, 1986), 538.

65 Harriman and Abel, *Special Envoy*, 112. 해리먼은 미국의 고립주의에 강력하게 반대하고 미국이 나치의 위협을 과소평가하고 있는 점을 우려했다. 이틀 뒤(12월 9일) 캐슬린, 파멜라, 미국 태생 영국 보수당 의원 헨리 채넌Henry Channon과 저녁 식사를 하는 자리에서 해리먼은 이렇게 말했다. "미국 도시들이 폭격을 당해봐야 사람들이 정신을 차릴 거예요." James, ed., *Chips: The Diaries of Sir Henry Channon* (London: Weidenfeld and Nicolson, 1967), 314.

66 KLH to Elsie Marshall, January 5, 1942, Mortimer Papers.

67 KLH to MHF, June 2 or 3, 1941, Mortimer Papers.

68 Randolph Churchill to WSC, July 5, 1941, CAC CHAR 20/33/37-44.

69 KLH to MHF, undated, retyped, 1941, Mortimer Papers.

70 위와 같음.

71 파멜라의 전기에서 크리스토퍼 오그던은 파멜라가 자신이 해리먼을 만난 것은 3월 19일 에머럴드 쿠너드가 도체스터 호텔로 초청한 저녁 식사 자리였다고 말했다고 적었다. Christopher Ogden, *Life of the Party: The Biography of Pamela Digby Churchill Hayward Harriman* (Boston: Little, Brown and Company, 1994), 112. 그러나 샐리 베델 스미스가 말한 바에 따르면, 파멜라의 말은 정확하지 않았다. 당시 쿠너드는 미국에 있었기 때문이다. 그렇다면 이들이 처음 만난 날짜는 체커스에서 오찬이 있었던 3월 29일일 가능성이 크다. *Reflected Glory: The Life of Pamela Churchill Harriman* (New York: Simon & Schuster, 1996), 84.

72 Author's interview with Peter Duchin, July 19, 2018.

73 John Colville, *Winston Churchill and His Inner Circle* (New York: Wyndham Books, 1981), 120.

74 클레먼타인 처칠의 크로켓 파트너는 해리먼이 그녀를 이길 수 있는 유일한 사람이라고 말했다. Abramson, *Spanning the Century*, 299-300.

75 Elisabeth Bumiller, "Pamela Harriman," *Washington Post*, June 12, 1983.

76 WAH to Marie Harriman, April 17, 1941, LOC AHP B 03 F 01.

77 위와 같음.

78 Smith, *Reflected Glory*, 91-92.

79 위의 책, 104-5.

80 Winston S. Churchill II, *Memories and Adventures* (New York: Weidenfeld and Nicholson, 1989), 20.

81 Lynne Olson, *Citizens of London* (New York: Random House Trade Paperbacks,

2010), 103-4.

82 Christopher Ogden interview with PC, 1991, LOC PHP B I-304.

83 Smith, *Reflected Glory*, 89.

84 Author's conversation with David Mortimer, December 5, 2018.

85 KLH to MHF, June 27, 1941, Mortimer Papers.

86 KLH to Elise Marshall, spring 1942, Mortimer Papers.

87 Christopher Ogden interview with PC, 1991, LOC PHP B I-304.

88 KLH to MHF, July 30, 1942, Mortimer Papers.

89 Smith, *Reflected Glory*, 104.

90 WAH to KLH, undated, October 1943, Mortimer Papers.

91 N. T. Bartlett to PC, August 9, 1943, LOC AHP B 04 F 07.

92 Smith, *Reflected Glory*, 108-9. 1943년의 3천 파운드는 2020년 13만 5천 파운드에 해당한다.

93 KLH to PC, April 6, [1944], LOC PHP B I-21 Mar-Apr (no year). 여기에는 다소 논란이 있다. 파멜라는 해리먼이 정기적으로 마련해준 돈을 맥스 비버브룩을 통해 받지 못하고 있었다. 캐슬린은 이 문제를 비버브룩의 실수로 돌리고 파멜라에게 "돈에 쪼들리지 않기"를 바란다고 말했다.

94 전쟁 중 파멜라와 애버럴 사이에 오간 편지들은 다음 자료에 담겨 있다. LOC PHP B I-21 and I-22. 두 사람 사이에 오간 추가적 편지는 다음 자료에 있다. LOC AHP B 04.

95 KLH to PC, January 30, 1945, LOC PHP B I-21. 이것이 캐슬린이 전쟁 중에 쓴 편지 중 두 사람 사이의 연정을 명시적으로 언급한 유일한 경우이다. 다른 자료들이 있는지는 알려지지 않았다. 캐슬린이 이 문제를 언급한 편지를 치워버렸을 가능성도 있다. 그러나 마리가 캐슬린의 편지들을 런던과 뉴욕의 친구들과 돌려 보았기 때문에 캐슬린이 누군가가 이 편지를 읽을 것을 우려해 이 문제를 언급하지 않았을 가능성도 있다.

7장 1945년 2월 3일

1 처칠의 통역인 아서 버스는 사실상 텅 빈 궁전에서 사람들의 발소리가 울린 것을 묘사했다. *Memoirs of an Interpreter*, 180.

2 AER to JB, February 4, 1945, FDRL JBP, Box 6.

3 AER Yalta Notes, 12, 18, FDRL ARHP, Box 84.

4 Lelyveld, *His Final Battle*, 26. 역사적으로 국무부의 정치적 성향은 어느 대통령보다도 중도적 경향이 강했다. 그 이유는 국무부 직원 대부분이 다양한 정치적 시각을 가진 전문 관료들로 구성되었기 때문이다. 이들의 평균적 시각이 국무부의 전반적인 중도적 성향에 기여했다. 국무부는 루스벨트의 자유주의적 정치에 대해 백악관보다 덜 열의를 보였다.

5 Alger Hiss, IWM Oral History, 1972.

6 애나는 너무 흥분해서 비행기에서 잠을 잘 수가 없었다. 애나는 해가 떠오를 때 그리스의 섬들과 터키를 보고 싶어 했다. AER Yalta Notes, 13, FDRL ARHP, Box 84.

7 Anna Roosevelt Halsted interview by Bernard Asbell, 1972, FDRL ARHP, Box 63.

8 AER Yalta Notes, 18, FDRL ARHP, Box 84.

9   Goodwin, *No Ordinary Time*, 31.

10 David L. Roll, *The Hopkins Touch: Harry Hopkins and the Forging of the Alliance to Defeat Hitler* (Oxford: Oxford University Press, 2013), 12.

11 Photograph, February 11, 1945, LOC AHP B 882 F 19; photographs, February 1945, Georgetown University, Booth Family Center for Special Collections, Robert Hopkins Papers, Box 7B.

12 Photograph in Robert Hopkins, *Witness to History*, 156.

13 Harry Hopkins to Diana Hopkins, January 19, 1945, Georgetown University, Booth Family Center for Special Collections, HLHP1, Box 40, Folder 6.

14 AER Yalta Notes, 18, FDRL ARHP, Box 84.

15 Robert Sherwood, *Roosevelt and Hopkins: An Intimate History* (New York: Harper and Brothers, 1948), 847.

16 위의 책, 1.

17 Goodwin, *No Ordinary Time*, 480.

18 위의 책, 349-50, 372; Roll, *The Hopkins Touch*, 284-85.

19 위의 책, 286.

20 Sherwood, *Roosevelt and Hopkins*, 804, 807. 스티븐 홉킨스가 전사했을 때 사라 처칠은 해리 홉킨스에게 따뜻한 위로의 편지를 썼다. "제가 그 뉴스를 얼마나 자주 듣는지를 떠나서, 저는 무슨 말을 해야 할지 모르겠어요. 그러나 당신의 친구들이 당신과 같이 슬퍼하고 있다는 것을 알아주세요." SMHC to Harry Hopkins, May 12, 1944, Georgetown University, Booth Family Center for Special Collections, HLHP1, Box 4, Folder 4.

21 AER Yalta Notes, 7, FDRL ARHP, Box 84; Jonathan Daniels to Steve Early, January 29, 1945, FDRL Steve Early Papers, Box 37.

22 Press Wireless N.Y, WCX 1800Z SKED, FDRL ARHP, Box 84, Miscellaneous.

23 FRUS, Conferences at Malta and Yalta, Harry Hopkins to FDR, January 24, 1945, Document 66.

24 AER Yalta Notes, 18, FDRL ARHP, Box 84.

25 Goodwin, *No Ordinary Time*, 179, from interview with James Roosevelt.

26 Oral History interview with Anna Roosevelt Halsted, 1975, Columbia Center for Oral History Archives, Rare Book and Manuscript Library, Columbia University in the City of New York.

27 위와 같음.

28 AER Yalta Notes, 19, FDRL ARHP, Box 84.

29 위와 같음.

30 Goodwin, *No Ordinary Time*, 480, 488-89; Sherwood, *Roosevelt and Hopkins*, 804.

31 Asbell, ed., *Mother and Daughter*, 31.

32 Roll, *The Hopkins Touch*, 364.

33 AER Yalta Notes, 7, FDRL ARHP, Box 84. 애나는 루스벨트가 선상에서 홉킨스에 대해 짜증 낸 것을 일기에 특별히 기록하고 있다. "아버지의 측근들은 해리 홉킨스가 이 회담과 관련

하여 언론과 인터뷰한 내용에 대해 해리와 한바탕하려고 벼르고 있었다. 그는 최근 런던, 파리, 로마를 방문해서 논의한 내용을 비밀로 하고 어떤 인터뷰도 하지 않겠다고 스티브에게 굳게 약속했던 것으로 보인다. 그러나 회담이 어떤 의제를 다룰 것인가에 대해 세 곳에서 거의 매일 뉴스가 터져 나왔다."

34 Anna Roosevelt Halsted interview by Bernard Asbell, 1972, FDRL ARHP, Box 63.

35 Drew Pearson, "Washington Merry-Go-Round," FDRL President's Personal File 7, Anna R. Boettiger, 1942-45.

36 AER Yalta Notes, 18-19, FDRL ARHP, Box 84.

37 위와 같음.

38 AER Yalta Notes, 19, FDRL ARHP, Box 84.

39 FRUS, Conferences at Malta and Yalta, John Gilbert Winant to FDR, February 3, 1945, Document 471.

8장 1945년 2월 4일

1 SMHC to CSC, February 6, 1945, CAC SCHL 1/1/8.

2 위와 같음.

3 Anton Chekhov, *The Lady with the Dog and Other Stories* 1899, https://www.gutenberg.org/files/13415/13415-h/13415-h.htm.

4 "General Information Bulletin," LOC AHP B 176 F 09. 해군이 얄타에 파견한 러시아어를 구사하는 업무 보조 장교들 중 한 사람인 노리스 호턴은 이 문서를 자신이 작성했다고 주장한다. Houghton, "That Was Yalta," *The New Yorker*, May 23, 1953, 95.

5 Houghton, "That Was Yalta," 96; Stettinius, *Roosevelt and the Russians*, 84; FRUS, Conferences at Malta and Yalta, "Meeting of the President with his advisers," February 4, 1945, Document 322.

6 AER Yalta Notes, 19-20, FDRL ARHP, Box 84.

7 AER identity cards, FDRL ARHP, Box 84, Miscellaneous.

8 AER Yalta Notes, 19-20, FDRL ARHP, Box 84.

9 Sir Charles Portal to PC, February 4, 1945, LOC PHP B I-31.

10 Kathleen Harriman Mortimer, IWM Oral History, September 10, 1996.

11 KLH to PC, January 30, 1945, LOC PHP B I-21.

12 KLH to MHF, February 4-10, 1945, Mortimer Papers.

13 KLH to PC, February 4, 1945, LOC PHP B I-21.

14 AER to JB, February 4, 1945, FDRL JBP, Box 6.

15 KLH to MHF, February 23, 1944, Mortimer Papers; KLH to PC, February 27, 1944, LOC PHP B I-21.

16 Curtis Roosevelt, *Too Close to the Sun*, 274-75. 엘리너의 불안은 그녀의 영역을 침범하는 것 같은 여인들과의 긴장된 관계에서 나타났다. 여기에는 루이즈 홉킨스, 며느리인 베치, 프랭클린의 가까운 친구인 노르웨이의 마르타 공주가 포함되었다. 마르타 공주는 나치독일군이 노르웨이를 침공하자 미국으로 피신해 와 있었다. Anna Roosevelt Halsted interview

by Bernard Asbell, 1972, FDRL ARHP, Box 63, and Goodwin, *No Ordinary Time*, 109, 439.

17 AER Yalta Notes, 19, FDRL ARHP, Box 84.

18 위와 같음.

19 AER to JB, February 4, 1945, FDRL JBP, Box 6.

20 PC to Harry Hopkins, July 1, 1942, Georgetown University, Booth Family Center for Special Collections HLHP1, Box 4 Folder 3.

21 AER to JB, February 4, 1945, FDRL JBP, Box 6. 해리 홉킨스는 다른 사람들의 연애를 돕는 데서 즐거움을 찾았던 것 같다. 애버럴 해리먼은 런던 방문 기간에 전화해달라는 메모를 파멜라 처칠에게 썼는데 실수로 이 메모를 홉킨스가 묵고 있는 호텔 방의 문 아래로 밀어 넣은 적이 있었다. 홉킨스는 이 메모를 돌려보내면서 다음과 같은 농담을 적어 보냈다. "이 메모가 붙어 있던 곳은 이것을 아주 자랑스럽게 생각하는 해리 홉킨스의 방문입니다." LOC PHP B I-21.

22 KLH to MHF, August 10, 1942, Mortimer Papers. 캐슬린은 언니 메리에게 보내는 편지에 로브와의 계속되는 갈등을 적었다. November 6, 1941; December 16, 1941; January 6, 1942; January 11, 1942; February 23, 1942; and August 10, 1942. 1월 6일자 편지에서 캐슬린은 다음과 같이 말했다. "이네스 로브는 나에게 전화를 걸어 상상 가능한 모든 이름으로 나를 불렀어. … 그녀는 거의 히스테리 상태에서, 우리 신문사 외국 면 편집자에게 나에 대해 편지를 썼고 … 나에게 전달될 편지 몇 장을 찢어버렸다고 말했어. … 내가 피하고 싶었던 건 사무실의 정치였어. 그녀는 지난밤 그녀나 내가 이곳을 떠나야 한다는 전문을 INS에 보내는 것을 고려했다고 나에게 알렸어. 이 여자는 내 생애에서 내가 완전히 바보 같다고 느끼도록 만든 두 번째 여자야."

9장 1945년 2월 4일

1 Plokhy, *Yalta*, 53.

2 위의 책, 54.

3 Arkady N. Shevchenko, *Breaking with Moscow* (New York: Alfred A. Knopf, 1985), 58. 냉전 기간 중 미국으로 망명한 소련의 최고위 관리 중 한 명인 셰프첸코는 2차 세계대전 동안 크림반도의 해안가 마을 예프파토리야에서 성장했다. 그의 가족은 1941년 가을 알타이 산악지역으로 피난을 갔다가 1944년 예프파토리야로 돌아왔다. 그의 아버지는 사키 공항에서 루스벨트를 관찰했던 의사 중 한 사람이었다.

4 Sir Charles Portal to PC, February 3, 1945, LOC PHP B I-31.

5 Winston S. Churchill, *The Second World War*, Vol. VI, 347-48.

6 FRUS, Conferences at Malta and Yalta, "Roosevelt-Stalin meeting," Bohlen Minutes, February 4, 1945, Document 325.

7 위의 자료. 볼런도 그의 회고록에서 이 교환을 언급했다. *Witness to History*, 180.

8 Winston S. Churchill, *The Second World War, Vol. V: Closing the Ring* (Boston: Houghton Mifflin, 1951), 374.

9 FRUS, Conferences at Malta and Yalta, "Roosevelt-Stalin Meeting," Bohlen Minutes,

February 4, 1945, Document 325.

10 Houghton, "That Was Yalta," 96-97.

11 Newsreel footage, "Allied delegates arrive for the international conference at Lavadia [sic] Palace in Yalta," February 4, 1945, https://www.criticalpast.com/video/65675033670_The-Yalta- Conference_Franklin-D-Roosevelt_Lavidia-Palace_conference-room.

12 위와 같음.

13 Houghton, "That Was Yalta," 96-97; newsreel footage, "Allied delegates arrive for the international conference at Lavadia [sic] Palace in Yalta," February 4,1945, https://www.criticalpast. com/video/65675033670_The-Yalta-Conference_Franklin-D-Roosevelt_Lavidia-Palace_conference-room.

14 Robert Hopkins, Witness to History, 144.

15 AER Yalta Notes, 20, FDRL ARHP, Box 84.

16 Photograph, "Prime Minister Churchill talks with his daughter Sarah, while Gen. Sir Harold R.L.G. Alexander looks on," U.S. Army Signal Corps, February 1945, Newberry Library, Chicago, Papers of Ralph Graham, B 01 F 05.

17 위와 같음.

18 Memoirs of an Interpreter, 113-15를 참조하기 바란다. 아서 버스는 그의 책에서 통역의 역할을 사려 깊고도 완벽하게 설명하고, 통역이 단순한 번역보다 훨씬 복잡한 이유를 제시하고 있다.

19 Bohlen, Witness to History, 165.

20 Newsreel footage, "Allied delegates arrive for the international conference at Lavadia [sic] Palace in Yalta," February 4, 1945, https://www.criticalpast.com/video/65675033670_The-Yalta-Conference_Franklin-D-Roosevelt_Lavidia-Palace_conference-room.

21 Sir Charles Portal to PC, February 4, 1945, LOC PHP B I-31.

22 FRUS, Conferences at Malta and Yalta, "First plenary meeting," Bohlen Minutes, February 4, 1945, Document 326.

23 Winston S. Churchill, The Second World War: Vol. VI, 349.

24 Roberts, Masters and Commanders, 552.

25 FRUS, Conferences at Malta and Yalta, "First plenary meeting," Bohlen Minutes, February 4, 1945, Document 326.

26 Birse, Memoirs of an Interpreter, 101, 113.

27 FRUS, Conferences at Malta and Yalta, "First plenary meeting," Bohlen Minutes, February 4, 1945, Document 326.

28 FRUS, Conferences at Malta and Yalta, "First plenary meeting," Combined Chiefs of Staff Minutes, February 4, 1945, Document 327.

29 Bohlen, Witness to History, 177.

30 위의 책, 175.

31 George Kennan, *Memoirs, 1925-1950* (Boston: Little, Brown, 1967), 215.

32 Bohlen, *Witness to History*, 210. 회고록에서 볼런은 루스벨트의 외교정책 접근법에 아주 비판적 태도를 취했다. "외교 업무에서 루스벨트는 보통 정도의 능력을 보였다. 그가 국내 정치에서 최고의 기량을 보여준 방법과 기술은 외교 업무에는 잘 맞지 않았다. 그는 주제에 대한 자신의 본능적 이해에 많이 의존했고, 이것은 대체로 좋았으며 문제에 대한 그의 즉흥적 해결 능력은 천재적이었다. … 외교 업무, 특히 소련 지도자들을 상대할 때 이런 방식은 정확성의 결여를 의미했고, 이것은 중대한 실수였다. 역사에 대한 깊은 이해, 외국 국민의 반응에 대한 좀 더 제대로 된 이해가 있었다면 루스벨트에게 유용했을 것이다. 미국 전문가들이 준비한 협상 문서를 좀 더 살펴보고, 세부 사항에 좀 더 주의를 기울이고, 상대를 잘 대하면 상대도 적절하고 점잖게 반응하는 '좋은 사람'이라는 미국식 확신을 덜 믿는 것도 도움이 되었을 것이다."

33 위의 책, 176.

34 Houghton, "That Was Yalta," 96.

35 KLH to MHF, February 4, 1945, Mortimer Papers.

36 AER Yalta Notes, 22, FDRL ARHP, Box 84.

37 위의 자료, 21.

38 위와 같음.

39 위와 같음.

40 위와 같음.

41 Harriman and Abel, *Special Envoy*, 395.

42 AER Yalta Notes, 21, FDRL ARHP, Box 84.

43 Harriman and Abel, *Special Envoy*, 395.

44 AER Yalta Notes, 20, FDRL ARHP, Box 84.

45 위와 같음.

46 Anna Roosevelt Halsted interview by Bernard Asbell, 1972, FDRL ARHP, Box 63.

47 ARB Yalta Notes, 21-22, FDRL ARHP, Box 84.

48 AER Yalta Notes, 22, FDRL ARHP, Box 84.

49 KLH to PC, February 7, 1945, LOC PHP B I-21.

50 위의 자료. 쿠터는 유명한 남북전쟁 영웅, 윌리엄 T. 셔먼 장군이 보유하고 있던 기록을 깬, 최연소 장군이었다.

51 Stettinius, *Roosevelt and the Russians*, 114.

52 Atkinson, *The Guns at Last Light*, 513.

53 AER Yalta Notes, 22, FDRL ARHP, Box 84.

54 위와 같음.

10장 1945년 2월 5일

1 SMHC to CSC, February 4, 1945, CAC SCHL 1/1/8.

2 Astley, *The Inner Circle*, 183, 194-95.

3 위와 같음.

4 Sir Charles Portal to PC, February 7, 1945, LOC PHP B I-31.

5 KLH to PC, January 30, 1945, LOC PHP B I-21.

6 SCHL to CSC, February 4, 1945, CAC SCHL 1/1/8.

7 Moran, *Churchill at War*, 270.

8 Houghton, "That Was Yalta," 94; "Report of Medical Department Activities at Crimean Conference," February 18, 1945, FDRL Ross T. McIntire Papers, Box 4, "Crimea Conference."

9 Kuter, *Airman at Yalta*, 122.

10 위의 책, 121-22.

11 "General Information Bulletin," LOC AHP B 176 F 09.

12 Kuter, *Airman at Yalta*, 124.

13 위의 책, 123.

14 AER Yalta Notes, 22, FDRL ARHP, Box 84.

15 SMHC to CSC, February 8, 1945, CAC SCHL 1/1/8.

16 KLH to PC, February 7, 1945, LOC PHP B I-21.

17 Mark Twain, *The Innocents Abroad* (New York: The Library of America, 1984), 311.

18 Christopher Andrew and Vasili Mitrokhin, *The Sword and the Shield: The Mitrokhin Archive and the Secret History of the KGB* (New York: Basic Books, 1999), 133.

19 Winston S. Churchill, *The Second World War, Vol. VI*, 347. 사라는 온실 안의 수족관에 대한 포털의 애착도 기록했다. SMHC to CSC, February 6, 1945, CAC SCHL 1/1/8.

20 Author's interview with Ellie Seagraves, January 26, 2018.

21 Sir Charles Portal to PC, February 5, 1945, LOC PHP B I-31.

22 Diary of Alan Francis Brooke, 1st Viscount Alanbrooke of Brookeborough, February 5, 1945, Liddell Hart Military Archives, King's College London, ALANBROOKE 5/2/27.

23 FRUS, Conferences at Malta and Yalta, "First tripartite military meeting," February 4, 1945, Document 330.

24 FRUS, Conferences at Malta and Yalta, "Luncheon meeting of the Foreign Ministers," February 5, 1945, Document 331. 퀸시호에서 루스벨트는 소련군이 베를린에 도착하는 것보다 먼저 미군이 마닐라에 도착하는 것에 내기를 걸었다. 그는 전날 스탈린과의 개인 회동에서 이를 언급했다. 스탈린은 미군의 마닐라 도착이 먼저일 거라고 분명히 말했다. FRUS, Conferences at Malta and Yalta, "Roosevelt-Stalin meeting," February 4, 1945, Document 325. 맥아더는 미군이 마닐라에서 결정적인 타격을 가했다고 생각했지만 전투는 3월까지 계속되었다.

25 Sherwood, *Roosevelt and Hopkins*, 395.

26 SMHC to CSC, February 6, 1945, CAC SCHL 1/1/8.

27 SMHC to CSC, undated October 1941, CAC SCHL 1/1/6.

28 SMHC to CSC, November 5, 1941, CAC SCHL 1/1/6.

29 SMHC to CSC, February 6, 1945, CAC SCHL 1/1/8.

30 Astley, *The Inner Circle*, 183.

31 SMHC to CSC, February 6, 1945, CAC SCHL 1/1/8.

32 Sir Charles Portal to PC, February 5, 1945, LOC PHP B-I31.

33 Diary of Alan Francis Brooke, 1st Viscount Alanbrooke of Brooke-borough, February 5, 1945, Liddell Hart Military Archives, King's College London, ALANBROOKE 5/2/27; David Fraser, *Alanbrooke* (New York: Athenaeum, 1982), 518.

34 SMHC to CSC, February 6, 1945, CAC SCHL 1/1/8. In Plokhy, *Yalta*. 플로히는 자신의 책 117쪽에서 이 장면을 서술했지만 브룩이 한 말을 알렉산더가 한 말로 잘못 인용했다. 그는 브룩이 아니라 알렉산더를 조류보호협회장으로 착각했고, 처칠이 새에게 쏟는 브룩의 열정에 대해 한 말을 언급하지 않았다. 따라서 이 말을 한 사람이 알렉산더가 아니라 브룩임을 분명히 알 수 있다.

35 SMHC to CSC, February 6, 1945, CAC SCHL 1/1/8.

36 위와 같음.

37 Alger Hiss, *Recollections of a Life* (New York: Seaver Books, 1988), 124.

38 Bohlen, *Witness to History*, 174; Hiss, *Recollections of a Life*, 122.

39 FRUS, Conferences at Malta and Yalta, "Second plenary meeting," February 5, 1945, Bohlen Minutes, Document 333.

40 위와 같음.

41 위와 같음.

42 Bohlen, *Witness to History*, 183.

43 FRUS, Conferences at Malta and Yalta, "Second plenary meeting," February 5, 1945, Bohlen Minutes, Document 333. 이 입장은 1945년 1월 4일 처칠이 앤서니 이든에게 쓴 것과 일관된 입장이다. "분노하고 떨고 있는 세계가 전쟁 직후나 아니면 뜨거운 사건 뒤에 필연적으로 냉기류가 흐를 때 어떤 거대한 감정을 느낄 것인가를 작은 종잇조각에 쓰려고 노력하는 것은 실수이다." Winston S. Churchill, *The Second World War: Vol. VI*, 351.

44 위의 책. 이것은 교묘한 술책이었다. 외무장관들의 연구위원회는 결코 소집되지 않았다. Bohlen, *Witness to History*, 183.

45 For more on the meeting between Hopkins and de Gaulle, see Sherwood, *Roosevelt and Hopkins*, 847, and Jean Lacoutre, *De Gaulle: The Ruler, 1945-1970, Vol. 2* (New York: W. W. Norton, 1993), 55-59.

46 FRUS, Conferences at Malta and Yalta, "Second plenary meeting," February 5, 1945, Bohlen Minutes, Document 333.

47 Winston S. Churchill, *Great Battles and Leaders*, 254.

48 위의 책, 260.

49 FRUS, Conferences at Malta and Yalta, "Second plenary meeting," February 5, 1945, Bohlen Minutes, Document 333.

50 FRUS, Conferences at Malta and Yalta, Harry Hopkins to FDR, February 5, 1945, Document 336.

51 FRUS, Conferences at Malta and Yalta, "Second plenary meeting," February 5, 1945, Bohlen Minutes, Document 333.

52 아마도 영국에서 근무한 기간 때문에 이반 마이스키는 전후 연합국과의 관계에 대해 소련 정부의 다른 사람들과 다른 의견을 가지고 있었을 것이다. 마이스키는 미국, 특히 미국의 '역동적 제국주의dynamic imperialism'에 대해 큰 회의를 가지고 있었다. 그는 이것이 전 세계적 안정 세력인 영국의 전통적인 제국주의와 구별된다고 보았다. 그는 영국과 좋은 관계를 유지하는 것은 지지했다. 마이스키는 다음과 같이 주장했다. "논리적 귀결은 영국을 소련에 더 가까이 오도록 압박하는 것이다. 왜냐하면 전후 근본적인 투쟁은 미국에 대항하는 것이 될 것이기 때문이다. … 나는 이 시기에 영국을 강대국으로 유지하는 것이 소련의 이익이라고 생각한다. … 특히 우리는 미국의 제국주의적 확장에 대항해야 하기 때문에 영국이 강력한 해군력을 계속 보유하도록 하는 것이 우리의 이익이다." Fraser J. Harbutt, *Yalta 1945: Europe and America at the Crossroads* (Cambridge, UK: Cambridge University Press, 2010), 111. 1953년 스탈린 사망 직전 마이스키는 영국 스파이라는 혐의로 체포되어 6년 형을 선고받았다. 1955년 이 판결이 번복되어 그는 석방되었다.

53 FRUS, Conferences at Malta and Yalta, "Second plenary meeting," February 5, 1945, Bohlen Minutes, Document 333.

54 Harriman and Abel, *Special Envoy*, 404-5.

55 위의 책, 384-85.

56 FRUS, Conferences at Malta and Yalta, "Second plenary meeting," February 5, 1945, Bohlen Minutes, Document 333.

57 Stettinius, *Roosevelt and the Russians*, 132.

58 위와 같음.

59 Diary of Ivan Maisky, March 31, 1943, in Gabriel Gorodetsky, ed., *The Maisky Diaries: Red Ambassador to the Court of St. James's, 1932-1943* (New Haven, CT: Yale University Press, 2015), 502-4.

60 FRUS, Conferences at Malta and Yalta, "Second plenary meeting," February 5, 1945, Bohlen Minutes, Document 333; Matthews Minutes, Document 334.

61 KLH to PC, February 7, 1945, LOC PHP B I-21. Bohlen also describes this episode in *Witness to History*, 174.

62 SMHC to CSC, February 8, 1945, CAC SCHL 1/1/8.

11장 1945년 2월 5일

1 Gary Kern, "How 'Uncle Joe' Bugged FDR: The Lessons of History," *Studies in Intelligence*, Vol. 47, No. 1, https://www.cia.gov/library/center-for-the-study-of-intelligence/csi-publications/csi-studies/studies/vol47no1/article02.html#fn37. The quotation originally appearing in Harry Hopkins, "The Inside Story of My Meeting with Stalin," *American Magazine*, December 1941.

2 Kathleen Harriman Mortimer, IWM Oral History, September 10, 1996.

3 Plokhy, *Yalta*, 318.

4 Montefiore, *Stalin*, 517.

5 Winston S. Churchill, *The Second World War, Vol. IV: The Hinge of Fate* (Boston: Houghton Mifflin, 1985), 446, 450. 스베틀라나는 당시 처칠과의 회동에서 아버지의 행동이 아주 이상하다고 생각했지만, 시간이 지난 후에야 아버지가 처칠 앞에서 연기를 하며 자신이 '정상적인 사람'임을 보여주려고 했다는 것을 알았다. Svetlana Alliluyeva, *Twenty Letters to a Friend* (New York: Harper and Row, 1967), 171.

6 SMHC to CSC, January 31, 1945; SMHC to CSC, February 12, 1945, CAC SCHL 1/1/8.

7 Rosemary Sullivan, *Stalin's Daughter: The Extraordinary and Tumultuous Life of Svetlana Allilueyva* (New York: Harper, 2015), 42, 44, 103-4.

8 위의 책, 130.

9 Alliluyeva, *Twenty Letters to a Friend*, 9-10.

10 KLH to MHF, June 9, 1944, Mortimer Papers.

11 Plokhy, *Yalta*, 58.

12 Alliluyeva, *Twenty Letters to a Friend*, 8.

13 Montefiore, *Stalin*, 76.

14 Andrew and Mitrokhin, *The Sword and the Shield*, NKVD 수장으로서 베리야의 행동에 대한 추가적 사실은 다음 자료를 참조하기 바란다. Amy Knight, *Beria: Stalin's First Lieutenant* (Princeton, NJ: Princeton University Press, 1993), 113-14, 126-27, and Plokhy, *Yalta*, 58-59.

15 Montefiore, *Stalin*, 505-8.

16 어렸을 때 세르고는 스탈린이 스베틀라나에게 보여주지 않은 아버지 같은 사랑을 받았다. 몬테피오레가 서술한 것처럼 스탈린은 세르고가 추워하자 그를 자신의 여우모피 외투에 감싸서 침대에 눕혔다. *Stalin*, 127-28.

17 Plokhy, *Yalta*, 233.

18 Sullivan, *Stalin's Daughter*, 136-37; Montefiore, *Stalin*, 509. 스베틀라나의 가장 친한 친구이자 막심 고리키의 손녀인 마사 페스코바Martha Peshkova가 세르고 베리야와 결혼했다.

19 Sergo Beria, *Beria, My Father: Inside Stalin's Kremlin* (London: Duckworth, 2001), 104.

20 Sergo Beria, IWM Oral History, October 19, 1996.

21 Andrew and Mitrokhin, *The Sword and the Shield*, 133.

22 Sergo Beria, *Beria, My Father*, 104.

23 위와 같음.

24 위와 같음.

25 Sergo Beria, IWM Oral History, October 19, 1996.

26 "Hearings Before the Select Committee to Conduct an Investigation of the Facts, Evidence, and Circumstances of the Katyn Forest Massacre," Eighty-Second Congress, 1952, 2147.

27 "Trip to Smolensk and the Katyn Forest, January 21-23, 1944," enclosures to "Despatch of February 23, 1944 from the American Embassy, Moscow," Mortimer

Papers.

28 KLH to MHF, January 28, 1944, Mortimer Papers. 캐슬린은 같은 편지의 사본을 1944년 1월 28일 파멜라 처칠에게도 보냈다. 이 사본은 다음 자료에서 찾을 수 있다. LOC PHP B I-21.

29 "Trip to Smolensk and the Katyn Forest, January 21-23, 1944," enclosures to "Despatch of February 23, 1944 from the American Embassy, Moscow," Mortimer Papers.

30 KLH to MHF, January 28, 1944, Mortimer Papers.

31 위와 같음.

32 "Trip to Smolensk and the Katyn Forest, January 21-23, 1944," Mortimer Papers.

33 Report from Owen O'Malley to Anthony Eden, May 31, 1943, attached to WSC to FDR, August 13, 1943: NARA, President's Secretary's File, National Archives Identifier: 6851129.

34 "Trip to Smolensk and the Katyn Forest, January 21-23, 1944," Mortimer Papers.

35 KLH to MHF, January 28, 1944, Mortimer Papers.

36 "Trip to Smolensk and the Katyn Forest, January 21-23, 1944," Mortimer Papers.

37 Kathleen Harriman, "Plastic Surgery Doing Wonders for R.A.F. Pilots Suffering Burns," syndicated column, KLH scrapbook, Mortimer Papers.

38 KLH to MHF, July 29, 1941, Mortimer Papers.

39 WAH interview with Arthur Schlesinger Jr., Middleburg, VA, May 24, 1981, courtesy of David Mortimer and Peter Duchin.

40 "Trip to Smolensk and the Katyn Forest, January 21-23, 1944," Mortimer Papers.

41 KLH to MHF, January 28, 1945, Mortimer Papers.

42 위와 같음.

43 "Trip to Smolensk and the Katyn Forest, January 21-23, 1944," Mortimer Papers.

44 W. H. Lawrence, "Soviet Blames Foe in Killing of Poles," *New York Times*, January 22, 1944, in KLH scrapbook, Mortimer Papers.

45 "Hearings Before the Select Committee," 2147.

46 KLH to MHF, January 28, 1944, Mortimer Papers.

47 "Russia: Day in the Forest," *Time*, February 7, 1944, from KLH scrapbook, Mortimer Papers.

48 "Trip to Smolensk and the Katyn Forest, January 21-23, 1944," Mortimer Papers.

49 KLH handwritten notes from Katyn Forest, Mortimer Papers.

50 "Trip to Smolensk and the Katyn Forest, January 21-23, 1944," Mortimer Papers.

51 위와 같음.

52 위와 같음.

53 위와 같음.

54 위와 같음.

55 "Hearings Before the Select Committee," 2145.

56 KLH to MHF, January 28, 1944, Mortimer Papers.

57 마즈다넥은 연합군이 처음 발견한 강제수용소였다. 소련군은 1944년 7월 22일 바그라티온 작전으로 이 수용소를 해방시켰다. 모스크바에 있던 서방 특파원들이 1944년 8월에 이 수용소에 대해 보도하기 위해 이곳을 방문했다. 캐슬린도 여기에 포함되었지만, 그녀는 모스크바로 돌아온 후 1944년 8월 30일 언니에게 쓰는 편지에 특파원들이 쓴 내용에 대해 적었다.

58 "Hearings Before the Select Committee," 2149.

59 "Trip to Smolensk and the Katyn Forest, January 21-23, 1944," Mortimer Papers.

60 WAH to Cordell Hull, "Investigation by Soviet authorities of the Massacre of Polish Soldiers in the Katyn Forest, Near Smolensk," February 23, 1944, Mortimer Papers.

61 Benjamin B. Fischer, "The Katyn Controversy: Stalin's Killing Field," *Studies in Intelligence* (Winter 1999-2000), https://www.cia.gov/library/center-for-the-study -of-intelligence/csi-publications/csi-studies/studies/winter99-00/art6.html.

62 Montefiore, *Stalin*, 333-34.

63 "Memorandum: 'Alleged Massacre of 10,000 Polish Army Officers,'" April 17, 1943, NARA 760C.61 / 4-1743, National Archives Identifier: 6850459.

64 "Material Regarding the Break of Polish-Soviet Diplomatic Relations," April 26, 1943, NARA 760C.61 / 4-2643, National Archives Identifier: 6850463.

65 Fischer, "The Katyn Controversy"; Geoffrey Roberts, *Stalin's Wars: From World War to Cold War, 1939-1953* (New Haven, CT: Yale University Press, 2006), 45, 169; and Alexandra Richie, *Warsaw 1944: Hitler, Himmler, and the Warsaw Uprising* (New York: Farrar, Straus and Giroux, 2013), 163-64.

66 Report from Owen O'Malley to Anthony Eden, May 31, 1943, attached to WSC to FDR, August 13, 1943, NARA President's Secretary's File, National Archives Identifier: 6851129.

67 WSC to FDR, April 28, 1943, in Sumner Wells to FDR, "Text of a telegram received from the Foreign Office on April 28th," May 1, 1943, NARA President's Secretary's File, National Archives Identifier: 6851130.

12장 1945년 2월 6일

1 AER Yalta Notes, 22, FDRL ARHP, Box 84.

2 AER to JB, February 7, 1945, FDRL JBP, Box 6.

3 Interview with Eleanor Seagraves, June 21, 1978, interview by Dr. Thomas F. Soapes, FDRL, Eleanor Roosevelt Oral History Project.

4 AER Yalta Notes, 22, FDRL ARHP, Box 84.

5 Sarah Churchill, *A Thread in the Tapestry*, 80.

6 AER to JB, February 7, 1945, FDRL JPB, Box 6.

7 Lucy Mercer Rutherfurd to AER, May 9, 1945, in Boettiger, *A Love in Shadow*, 262.

8 AER Yalta Notes, 22, FDRL ARHP, Box 84; FRUS, Conferences at Malta and Yalta, "Roosevelt-Churchill Luncheon Meeting," February 6, 1945, Document 347.

9   Photograph, KLH, scrapbook, Mortimer Papers.

10 SMHC to CSC, February 6, 1945, CAC SCHL 1/1/8.

11 Photograph, "The Road to Sevastopol," KLH scrapbook, Mortimer Papers.

12 Astley, *The Inner Circle*, 181.

13 KLH to PC, February 7, 1945, Mortimer Papers.

14 Michael Richards, "Churchill and Tennyson," The Churchill Project, Hillsdale College, July 17, 2015, https://winstonchurchill.hillsdale.edu/churchill-and-tennyson/.

15 Diary of Alan Francis Brooke, 1st Viscount Alanbrooke of Brooke-borough, February 7, 1945, Liddell Hart Military Archives, King's College London, ALANBROOKE 5/2/27.

16 Hermione Ranfurly, *To War with Whitaker: The Wartime Diaries of the Countess of Ranfurly, 1939-1945* (London: William Heinemann, 1994), 328.

17 Diary of Alan Brooke, February 7, 1945, ALANBROOKE 5/2/27.

18 Leo Tolstoy, *The Sevastopol Sketches*. 이 단편집은 톨스토이의 초기 작품 중 하나이다. 이 책은 여러 번 영어로 번역되었다. for example, the 1986 Penguin Classics edition, translated by David McDuff.

19 The Marquis de Custine, *Empire of the Czar: A Journey Through Eternal Russia* (New York: Doubleday, 1989), 306. 퀴스틴의 글은 이렇게 이어진다. "이런 식으로 우리에게 영예를 베푸는 척하면서 그들은 우리를 지배한다. 이것이 특권 있는 여행가들의 운명이다. 특권이 없는 사람들은 아무것도 보지 못한다."

20 KLH to PC, February 7, 1945, Mortimer Papers.

21 위와 같음.

22 AER to JB, February 7, 1945, FDRL JBP, Box 6.

23 Sir Charles Portal to KLH, March 3, 1944, Mortimer Papers. 파멜라는 캐슬린이 카틴 숲 학살에 대해 쓴 편지를 포털에게 보여주었다. 편지를 본 포털은 캐슬린에게 이렇게 썼다. "나는 당신이 어떻게 그토록 차분하게 이 모든 일을 치렀는지 상상하기조차 힘듭니다."

24 SMHC to CSC, February 6, 1945, CAC SCHL 1/1/8.

25 위와 같음.

26 Micheal Clodfelter, *Warfare and Armed Conflicts: A Statistical Encyclopedia of Casualty and Other Figures, 1494-2007*, 3rd ed. (Jefferson, NC: McFarland, 2008), 497. 소련은 크림반도 탈환 공세에서 7천 명의 루마니아군 포로를 잡았다.

27 AER Yalta Notes, 17, FDRL ARHP, Box 84.

28 KLH to PC, February 7, 1945, Mortimer Papers.

29 SMHC to CSC, February 6, 1945, CAC SCHL 1/1/8.

30 Candice Millard, *Hero of the Empire: The Boer War, a Daring Escape, and the Making of Winston Churchill* (New York: Doubleday, 2016), 317.

31 KLH to PC, February 7, 1945, Mortimer Papers.

32 KLH to MHF, July 30, 1942, Mortimer Papers.

33 Robert Bruce Lockhart, *The Diaries of Sir Robert Bruce Lockhart, Vol. 2: 1938-65*

(London: Macmillan, 1980), 352.

34 Sarah Churchill, *Keep on Dancing*, 37.

35 위의 책, 38.

36 위의 책, 28-29.

37 위의 책, 29.

38 클레먼타인 처칠의 전기 작가인 소니아 퍼넬은 그녀가 견뎌낸 정신적·신체적 건강 문제와 그녀가 '급성' 우울증을 극복하거나 이를 숨기기 위해 취한 일들에 대해 상세히 적었다. *Clementine*, 190-91.

39 위의 책, 50.

40 위와 같음.

41 SMHC to CSC, undated, CAC SCHL 1/1/2.

42 위와 같음.

43 Mary Soames, *Clementine Churchill: The Biography of a Marriage* (Boston: Houghton Mifflin, 1979), 322.

44 딕 시프섕크스가 스페인에서 사망하자 음모론이 떠올랐다. 일부 사람들은 시프섕크스가 킴 필비에게서 무엇인가를 눈치 채자 킴 필비가 그를 죽였다고 말한다. 로이터 통신은 회사 블로그에서 이 이론을 다루었지만, 이 이론은 별로 가치가 없다고 결론 내렸다. John Entwisle, "The Life and Mystery of Dick Sheepshanks," *Answers On*, May 8, 2012, https://blogs.thomsonreuters.com/answerson/life-mystery-dick-sheepshanks/. Judith Keene similarly explores this theme in *Fighting for Franco: International Volunteers in Nationalist Spain During the Spanish Civil War* (London: Bloomsbury Academic, 2007), 76-77.

45 CSC to WSC, February 27, 1936, in Soames, ed., *Winston and Clementine*, 413.

46 Sarah Churchill, *Keep on Dancing*, 67.

47 Vic Oliver to SMHC, undated, "Saturday 1 A.M.," CAC SCHL 1/8/1.

48 Vic Oliver, *Mr. Showbusiness* (London: Georg G. Harrap, 1954), 131. 올리버는 회고록에서 두 사람이 필리스를 공식적으로 입양한 적이 없다고 썼지만, 필리스는 날인 증서에서 자신의 성을 올리버로 바꾸었다.

49 SMHC to WSC, April 4, 1940, CAC CHAR 1/355/24.

50 위와 같음.

51 SMHC to WSC, September 18, 1942, CAC CHAR 1/369/68-70.

52 WSC to Randolph Churchill, October 30, 1941, CAC CHAR 1/362/4345.

53 SMHC to CSC, undated October 1941, CAC SCHL 1/1/6.

54 KLH to MHF, July 7, 1941, Mortimer Papers.

55 Myra Nora Collier, IWM Oral History, October 24, 2002.

56 PC to WAH, February 15, 1944, LOC PHP B I-22 F 06.

57 KLH to MHF, October 14, 1941, Mortimer Papers.

58 유럽에서의 전쟁 막바지에 위넌트의 아들은, 나치가 연합국과의 협상 대상으로 이용하려고 했던 정치적 무게가 있는 다른 전쟁포로들과 함께 콜디츠 수용소에서 이감되었다. 그는 1945

년 5월 최종적으로 석방되었다. Wolfgang Saxon, "John G. Winant, Jr., 71, Prisoner of Germans During WWII," *New York Times*, November 2, 1993.

59 Sarah Churchill, *Keep on Dancing*, 159.

60 카워드는 "사라와 빅토르에 대해 처칠 부인과 오랜 잡담을 나누었다"고 1943년 10월 24일자 일기에 적었다. Graham Payne and Sheridan Morley, eds., *The Noel Coward Diaries* (Boston: Da Capo Press, 2000), 22.

61 SMHC to CSC, February 1, 1945, CAC SCHL 1/1/8.

62 CSC to Mary Churchill, February 17, 1945, CAC MCHL 5/1/117.

63 위와 같음.

64 위와 같음.

65 SMHC to CSC, February 6, 1945, CAC SCHL 1/1/8.

66 위와 같음.

13장 1945년 2월 6~7일

1 KLH to PC, February 7, 1945, LOC PHP B-I21.

2 위와 같음.

3 위와 같음.

4 FRUS, Conferences at Malta and Yalta, "Third plenary meeting," February 6, 1945, Bohlen Minutes, Document 349.

5 위와 같음.

6 위와 같음.

7 Byrnes, *All in One Lifetime*, 265.

8 Table diagram in FRUS, Conferences at Malta and Yalta, "Third plenary meeting," February 6, 1945, Hiss Notes, Document 350.

9 FRUS, Conferences at Malta and Yalta, "Third plenary meeting," February 6, 1945, Matthews Minutes, Document 351. 르비프는 한때 폴란드인-유대인 인구가 다수를 차지했으나, 나치의 잔학한 공격 목표가 되었다. 전쟁이 끝날 무렵 유대인 인구는 거의 제거되었다. 르비프의 좀 더 자세한 역사에 대해서는 다음 자료를 참조하기 바란다. Plokhy, *Yalta*, 154-56, 168-75.

10 February 6, 1945, note attached to FRUS, Conferences at Malta and Yalta, John Gilbert Winant to Edward Stettinius, February 3, 1945, Document 471.

11 FRUS, Conferences at Malta and Yalta, "Third plenary meeting," February 6, 1945, Matthews Minutes, Document 351.

12 위의 자료. 영국은 폴란드의 주권을 수호하기 위해 전쟁을 선포했고, 처칠은 런던에 있는 폴란드 동지들을 지원하겠다고 약속했다. 그러나 폴란드 지도자들의 목표가 아무리 고상해도, 이들이 다른 모든 사람과 마찬가지로 너무 자신들의 이익을 내세운다고 처칠은 생각했다. 독일이 체코슬로바키아의 수데테란트를 점령한 후 폴란드는 즉시 자올지에Zaolzie의 체코슬로바키아 영토에 대한 영유권을 주장했다. 당시 처칠은 폴란드 정부에 격노했다. 그러나 이러한 영토 확장은 나치와 소련이 자국 국민들에게 저지른 죄악에 비하면 아무것도 아니었다.

Winston S. Churchill, *The Second World War, Vol. 1*, 323.

13 FRUS, Conferences at Malta and Yalta, "Third plenary meeting," February 6, 1945, Bohlen Minutes, Document 349.

14 Stettinius, *Roosevelt and the Russians*, 138.

15 Kathleen Harriman Mortimer, IWM Oral History, September 10, 1996.

16 Stettinius, *Roosevelt and the Russians*, 138.

17 FRUS, Conferences at Malta and Yalta, "Third plenary meeting," February 6, 1945, Matthews Minutes, Document 351.

18 Bohlen, *Witness to History*, 187.

19 FRUS, Conferences at Malta and Yalta, "Third plenary meeting," February 6, 1945, Matthews Minutes, Document 351.

20 FRUS, Conferences at Malta and Yalta, Harry Hopkins to FDR, February 6, 1945, Document 355.

21 FRUS, Conferences at Malta and Yalta, "Third plenary meeting," February 6, 1945, Bohlen Minutes, Document 349.

22 FRUS, Conferences at Malta and Yalta, "Third plenary meeting," February 6, 1945, Matthews Minutes, Document 351.

23 "Reports from the Underground Army," January 30, 1945, TNA FO 371/47577.

24 FRUS, Conferences at Malta and Yalta, "Third plenary meeting," February 6, 1945, Matthews Minutes, Document 351.

25 Roosevelt commented: Winston S. Churchill, *The Second World War, Vol. VI*, 372.

26 위와 같음.

27 JB to AER, January 29, 1945; JB to AER, January 31, 1945; AER to JB, February 7, 1945, FDRL JBP, Box 6.

28 Bohlen, *Witness to History*, 188.

29 Eden, *The Memoirs of Anthony Eden*, 597-98.

30 위의 책, 598.

31 Draft of FDR letter to Stalin with Eden's handwritten notes, TNA FO 371/47578.

32 FDR to Joseph Stalin, February 6, 1945, LOC AHP B 176 F 11.

33 Harriman and Abel, *Special Envoy*, 94.

34 George Kennan to Edward Stettinius, February 2, 1945, LOC AHP B 176 F 10.

35 Harriman and Abel, *Special Envoy*, 405.

36 Sir Charles Portal to PC, February 7, 1945, LOC PHP B I-31.

37 FRUS, Conferences at Malta and Yalta, "Agreed Text of Preliminary Yalta Press Release," February 7, 1945, Document 346.

38 SMHC to CSC, February 6, 1945, CAC MCHL 5/1/120.

39 Sir Charles Portal to PC, February 7, 1945, LOC PHP B I-31.

40 KLH to PC, February 7, 1945, LOC PHP B I-21.

41 James, ed., *Chips: The Diaries of Henry Channon*, 277.

42 Sir Charles Portal to SMHC, November 28, 1942, CAC SCHL 1/8/1.

43 SMHC to CSC, February 6, 1945, CAC SCHL 1/1/8.

44 SMHC to CSC, February 9, 1945, CAC SCHL 1/1/8.

45 Sir Charles Portal to PC, February 7, 1945, LOC PHP B I-31.

46 SMHC to CSC, February 8, 1945, CAC SCHL 1/1/8.

47 Sarah Churchill, *Keep on Dancing*, 113.

48 David Reynolds, *In Command of History: Churchill Fighting and Writing the Second World War* (New York: Random House, 2005), 8.

49 CSC to WSC, February 3, 1945, in Soames, ed., *Winston and Clementine*, 515.

50 CSC to Mary Churchill, February 8, 1945, CAC MCHL 5/1/117.

51 SMHC to CSC, February 6, 1945, CAC MCHL 5/1/120.

52 Note attached to CSC to SMHC, February 8, 1945, CAC MCHL 5/1/120.

53 SMHC to CSC, February 6, 1945, CAC MCHL 5/1/120.

54 Sir Charles Portal to PC, February 7, 1945, LOC PHP B I-31.

55 Sir Alexander Cadogan to Lady Theodosia Cadogan, February 8, 1945, in Dilks, ed., *The Diaries of Sir Alexander Cadogan*, 707.

56 SMHC to CSC, February 8, 1945, CAC SCHL 1/1/8.

57 위와 같음.

58 KLH to PC, February 8, 1945, LOC PHP B I-21.

59 FRUS, Conferences at Malta and Yalta, "Fourth plenary meeting," February 7, 1945, Bohlen Minutes, Document 370.

60 KLH to PC, February 8, 1945, LOC PHP B I-21.

61 "General Information Bulletin," LOC AHP B 176 F 09.

62 KLH to PC, February 8, 1945, LOC PHP B I-21.

63 KLH to PC, February 7, 1945, LOC PHP B I-21.

64 KLH to MHF, May 17, 1941, Mortimer Papers.

65 Sir Charles Portal to PC, February 6, 1945, LOC PHP B I-31.

66 Andrew and Mitrokhin, *The Sword and the Shield*, 126. 1945년 전반기 6개월 동안 버지스는 389종의 영국 최고기밀문서를 소련에 몰래 보냈다.

67 Plokhy, *Yalta*, 350.

68 Ben Macintire, *A Spy Among Friends: Kim Philby and the Great Betrayal* (New York: Broadway Books, 2014), 58-59.

69 John Ehrman, "A Half-Century of Controversy: The Alger Hiss Case," *Studies in Intelligence*, Vol. 44, No. 5, https://www.cia.gov/library/center-for-the-study-of-intelligence/kent-csi/vol44no5/html/v44i5a01p.htm.

70 Christina Pazzanese, "It's spy vs. spy vs. spy," *The Harvard Gazette*, February 20, 2019, https://news.harvard.edu/gazette/story/2019/02/harvard-expert-says-russian-spying-is-nothing-new-only-the-technology-is/.

71 히스의 기록과 회의 참석은 FRUS에 기록되어 있다. Conferences at Malta and Yalta.

72 얄타에서 히스의 연락책은 아마 군사 자문관으로서 회담에 참가한 사복 차림의 소련군 정보
부 소장 미하일 밀시테인Mikhail Milshtein이었을 것이다. Christina Shelton, *Alger Hiss:
Why He Chose Treason* (New York: Threshold Editions, 2012), 139-40. 히스의 당
시 활동에 대해서는 다음 책을 참조하기 바란다. Andrew and Mitrokhin, *The Sword and
the Shield*, 132-34; John Earl Haynes, Harvey Klehr, and Alexander Vassiliev, *Spies:
The Rise and Fall of the KGB in America* (New Haven, CT: Yale University Press,
2009), 18-21. 당연히 히스는 자신의 회고록에서 이 중 어느 것도 인정하지 않았지만, 여
러 석상에서 얄타의 스탈린에 대해 칭찬을 늘어놓았다. Alger Hiss, *Recollections of a
Life* (New York: Seaver Books, 1988); Allen Weinstein, *Perjury: The Hiss- Chambers
Case* (New York: Knopf, 1978); Allen Weinstein and Alexander Vassiliev, *The
Haunted Wood: Soviet Espionage in America—The Stalin Era* (New York: Random
House, 1998); and Sam Tanenhaus, *Whittaker Chambers: A Biography* (New York:
Random House, 1997).

73 Assorted photographs, Associated Press, November 7, 1944.

74 Royal Brougham to AER and JB, November 8, 1944, FDRL President's Personal File 7,
Anna R. Boettiger 1942-1945.

75 우드로 윌슨의 부인인 이디스 윌슨은 루스벨트 취임식에 임박해서 그를 보았고, 프랜시스 퍼
킨스에게 루스벨트가 자신의 남편이 건강이 악화되어 심장마비가 왔을 때처럼 보였다고 말
했다. Goodwin, *No Ordinary Time*, 573.

76 Moran, *Churchill at War*, 276.

77 위의 자료. 로저 리는 의사 제임스 폴린에게서 자료를 얻었을 것이다. 그는 1944년 3월 매킨
타이어 제독이 루스벨트의 건강 상태에 대해 논의한 사람들 중 한 사람이다. 폴린은 리의 뒤
를 이어 미국의사협회장이 되었다.

78 Moran, *Churchill at War*, 276.

14장 1945년 2월 8일

1 AER to JB, February 7, 1945, FDRL JBP, Box 6.

2 "Clinical Notes on the Illness and Death of President Roosevelt," FDRL Howard
Bruenn Papers, Folder 2, "Report of Cardiac Con-sultation."

3 FRUS, Conferences at Malta and Yalta, "Fourth plenary meeting," February 7, 1945,
Bohlen Minutes, Document 370.

4 Harriman and Abel, *Special Envoy*, 408.

5 FRUS, Conferences at Malta and Yalta, "Fifth plenary meeting," February 8, 1945,
Matthews Minutes, Document 393.

6 FRUS, Conferences at Malta and Yalta, "Roosevelt–Stalin Meeting," February 8, 1945,
Bohlen Minutes, Document 390.

7 Harriman and Abel, *Special Envoy*, 397.

8 이 회동에 대한 좀 더 많은 정보는 다음 자료를 참조하기 바란다. FRUS, "Roosevelt–Stalin
Meeting," February 8, 1945, Bohlen Minutes, Document 390.

9 FRUS, Conferences at Malta and Yalta, John Gilbert Winant to FDR, February 7, 1945, Document 481.

10 "Clinical Notes on the Illness and Death of President Roosevelt," FDRL Bruenn Papers, Folder 2, "Report of Cardiac Consultation."

11 위와 같음.

12 Howard Bruenn, Oral History, U.S. Naval Medical Department Oral History Program, January 31, 1990.

13 위와 같음.

14 Goodwin, No Ordinary Time, 545.

15 AER to JB, February 7, 1945, FDRL JBP, Box 6.

16 위와 같음.

17 Oral History interview with Anna Roosevelt Halsted, 1975, Columbia Center for Oral History Archives, Rare Book and Manuscript Library, Columbia University in the City of New York.

18 Sir Alexander Cadogan to Lady Theodosia Cadogan, February 9, 1945, in Dilks, ed., The Diaries of Sir Alexander Cadogan, 707: 피터 포틸도 이와 유사하게 자리를 피하려 했으나 소용이 없었다. Sir Charles Portal to PC, February 8, 1945, LOC PHP B I-31.

19 FRUS 자료에 따르면 정확하게 30명이 만찬에 참석했다. Conferences at Malta and Yalta, "Tripartite dinner meeting," February 8, 1945.

20 Logs of the President's Trips: Crimea Conference and Great Bitter Lake, Egypt, January 22-February 28, 1945, 29, FDRL Grace Tully Papers, Box 7.

21 Houghton, "That Was Yalta," 96.

22 See list of dinner attendees, FRUS, Conferences at Malta and Yalta, "Tripartite dinner meeting," February 8, 1945.

23 Stettinius, Roosevelt and the Russians, 218.

24 컬럼비아대학에 보관 중인 구술 역사 자료에 따르면 애나는 "그는 자신의 개인 생활에 대해 다른 사람과 논의한 적이 없었다"라고 분명히 말했다.

25 John Morton Blum, ed., The Price of Vision: The Diary of Henry Wallace, 1942-1946 (Boston: Houghton Mifflin, 1973), 380.

26 AER, untitled, FDRL ARHP, Box 84, Undated Writings.

27 AER, "What Does It Feel Like to Be an Offspring of Famous Parents?" FDRL ARHP, Box 84, Undated Writings.

28 위와 같음.

29 위와 같음.

30 위와 같음.

31 AER, untitled, FDRL ARHP, Box 84, Undated Writings.

32 위와 같음.

33 Anna Roosevelt Halsted interview by Bernard Asbell, 1972, FDRL ARHP, Box 63.

34 위와 같음.

35 위와 같음.

36 AER, untitled, FDRL ARHP, Box 84, Undated Writings.

37 Anna Roosevelt Halsted interview by Bernard Asbell, 1972, FDRL ARHP, Box 63.

38 Blanche Weisen Cook, *Eleanor Roosevelt, Vol. 1: 1884-1933* (New York: Viking Adult, 1992), 216.

39 Asbell, ed., *Mother and Daughter*, 40.

40 AER, untitled, FDRL ARHP, Box 84, Undated Writings. 루스벨트의 정치문제 자문인 루이스 하우는 두 사람이 이혼해야 하는지에 대한 결정에 밀접히 관여했다. 그는 루스벨트에게 이혼하면 정치 경력이 끝날 것이라고 경고하고, 엘리너에게는 루스벨트가 성공하기 위해서는 그녀의 재능과 지성이 필요하다고 설득했다. Cook, *Eleanor Roosevelt, Vol. I*, 231.

41 Asbell, ed., *Mother and Daughter*, 40.

42 Anna Roosevelt Halsted, Oral History, Columbia University Center for Oral History Archives, 1975.

43 Anna Roosevelt Halsted interview by Bernard Asbell, 1972, FDRL ARHP, Box 63.

44 백악관 업무 일지에 따르면 엘리너는 1944년 6월 16일부터 7월 13일까지 하이드파크에 가 있었다. Franklin D. Roosevelt: Day by Day, http://www.fdrlibrary.marist.edu/daybyday/.

45 Anna Roosevelt Halsted, Columbia University Center for Oral History Archives, 1975.

46 위와 같음.

47 Author's interview with Ellie Seagraves, January 26, 2018.

48 Author's interview with Ellie Seagraves, September 30, 2018; Eleanor Roosevelt Oral History Project, interview with Eleanor Seagraves, February 2, and June 21, 1978, interview by Dr. Thomas F. Soapes, FDRL.

49 Anna Roosevelt Halsted, Columbia University Center for Oral History Archives, 1975.

50 위와 같음.

51 Goodwin, *No Ordinary Time*, 518-20.

52 Anna Roosevelt Halsted, Columbia University Center for Oral History Archives, 1975.

53 Goodwin, *No Ordinary Time*, 519.

54 Asbell, ed., *Mother and Daughter*, 188.

55 AER, untitled, FDRL ARHP, Box 84, Undated Writings.

56 위와 같음.

57 Anna Roosevelt Halsted interview by Bernard Asbell, 1972, FDRL ARHP, Box 63.

58 위와 같음.

59 위와 같음.

60 AER, untitled, FDRL ARHP, Box 84, Undated Writings.

61 위와 같음.

62 AER to JB, January 30, 1945, FDRL JBP, Box 6.

63 Diary of Daisy Suckley, January 17, 1945, in Ward, ed., *Closest Companion*, 385.

64 AER to JB, January 30, 1945, FDRL JBP, Box 6.

65 위와 같음.

66 AER Yalta Notes, 8, FDRL ARHP, Box 84.

67 AER to JB, February 7, 1945, FDRL JBP, Box 6. 애나가 존에게 보낸 다음 편지에 쓴 것처럼 루스벨트는 엘리너가 보낸 첫 편지를 2월 9일에야 받았다.

68 JB to AER, January 29, 1945; JB to AER, January 31, 1945; AER to JB, February 7, 1945, FDRL JBP, Box 6.

69 JB to AER, January 31, 1945, FDRL JBP, Box 6.

70 AER to JB, February 7, 1945, FDRL JBP, Box 6.

15장 1945년 2월 8일

1 KLH to PC, February 13, 1945, LOC PHP B-I 21.

2 Howard Bruenn, Oral History, U.S. Naval Medical Department Oral History Program, January 31, 1990.

3 Hiss, *Recollections of a Life*, 122.

4 Ed Flynn to Helen Flynn, postmarked February 8, 1945, FDRL Papers of Edward Flynn, Box 25, Folder 5.

5 KLH to PC, February 13, 1945, LOC PHP B I-21.

6 Stettinius, *Roosevelt and the Russians*, 219.

7 KLH to PC, February 13, 1945, LOC PHP B I-21.

8 KLH to MHF, February 4-10, 1945, Mortimer Papers.

9 Kathleen Harriman Mortimer, IWM Oral History, September 10, 1996.

10 KLH to PC, February 13, 1945, LOC PHP B I-21.

11 KLH to MHF, February 4-10, 1945, Mortimer Papers.

12 위와 같음.

13 Sir Charles Portal to PC, February 9, 1945, LOC PHP B I-31.

14 KLH to PC, February 7, 1945, LOC PHP B I-21.

15 위와 같음.

16 Sir Charles Portal to PC, February 9, 1945, LOC PHP B I-31.

17 Sergei Khrushchev, ed., *Memoirs of Nikita Khrushchev, Vol. I: Commissar, 1918-1945* (University Park: Pennsylvania State University Press, 2004), 287-88.

18 KLH to CSC, February 27, 1944, CAC MCHL 5/1/106.

19 Kathleen Harriman Mortimer, IWM Oral History, September 10, 1996.

20 KLH to CSC, February 27, 1944, CAC MCHL 5/1/106. 애버럴도 아내인 마리에게 스키장에 따라온 NKVD에 대해 썼다. 레닌언덕에 처음 갔던 날 애버럴은 스키장 꼭대기에서 아래까지 스키를 타고 내려왔다. NKVD 요원이 그를 따라오려고 했지만, "불행하게도 그는 기술이 좋지 않았어"라고 애버럴은 아내에게 썼다. 그 요원은 중간에 쌓인 눈 더미에 처박혔고,

소련 측은 다음에는 러시아 스키 국가대표였던 요원을 추가해 스키 타는 해리먼을 미행하게 했다. Isaacson and Thomas, *The Wise Men*, 221.

21 KLH to MHF, February 4-10, 1945, Mortimer Papers.

22 Pavel Sudoplatov and Anatoli Sudoplatov, *Special Tasks* (Boston: Back Bay Books, 1995), 223-26.

23 위의 책, 225-26.

24 위의 책, 226.

25 SMHC to CSC, February 12, 1945, CAC SCHL 1/1/8. 사라는 자신의 어머니에게 자신이 회담장에 있을 때는 "이 브로치를 내내 군복에 달고 있었어요"라고 말했다.

26 Ivan: SMHC to CSC, February 9, 1945, CAC SCHL 1/1/8.

27 Sergo Beria, Beria, *My Father*, 337.

28 Pawle, *The War and Colonel Warden*, 357.

29 Sir Charles Portal to PC, February 7, 1945, LOC PHP B I-31.

30 위와 같음.

31 SMHC to CSC, February 9, 1945, CAC SCHL 1/1/8.

32 위와 같음.

33 위와 같음.

34 Byrnes, *All in One Lifetime*, 261. 이 문제에 대해 번스가 극도로 감정이 좋지 않았던 것은 그가 회담에서 작성한 속기 노트에도 들어 있다. available in the James Francis Byrnes Papers, Mss 90/Series 4: War Mobilization, Box 19, Folder 9, Clemson University Libraries' Special Collections and Archives, Clemson, SC. 그러나 번스는 다른 사람이 거의 알아볼 수 없는 독특한 속기 노트를 작성했기 때문에 아무도 이 노트를 확실하게 옮겨 적을 수가 없었다.

35 위와 같음.

36 Menu, February 8, 1945, FDRL ARHP, Box 84, Miscellaneous.

37 좌석 배치는 몇 사람의 설명을 바탕으로 서술되었다. KLH to MHF, February 4-10, 1945, Mortimer Papers, and from the Diary of Alan Brooke, 1st Viscount Alanbrooke of Brookeborough, Field Marshal, February 8, 1945, Liddell Hart Military Archives, King's College London, ALANBROOKE 5/1/10.

38 KLH to MHF, February 4-10, 1945, Mortimer Papers.

39 Winston S. Churchill, *The Second World War, Vol. VI*, 361.

40 Sir Charles Portal to PC, February 9, 1945, LOC PHP B I-31.

41 Sarah Churchill, *A Thread in the Tapestry*, 65.

42 SMHC to CSC, December 4, 1943, CAC SCHL 1/1/7.

43 SMHC to CSC, February 9, 1945, CAC SCHL 1/1/8.

44 Winston S. Churchill, *The Second World War, Vol. VI*, 361.

45 Sir Charles Portal to PC, February 9, 1945, LOC PHP B I-31.

46 Winston S. Churchill, *The Second World War, Vol. VI*, 361.

47 Sir Charles Portal to PC, February 9, 1945, LOC PHP B I-31.

48 Interview with John F. Melby, June 16, 1989, LOC.

49 KLH to PC, February 13, 1945, LOC PHP B I-21.

50 FRUS, Conferences at Malta and Yalta, "Tripartite dinner meeting," February 8, 1945, Bohlen Minutes, Document 400.

51 Samuel I. Rosenman, *Working with Roosevelt* (New York: Harper and Brothers, 1952), 478.

52 FRUS, Conferences at Malta and Yalta, "Tripartite dinner meeting," February 8, 1945, Bohlen Minutes, Document 400.

53 Kathleen Harriman Mortimer, IWM Oral History, September 10, 1996.

54 FRUS, Conferences at Malta and Yalta, "Tripartite dinner meeting," February 8, 1945, Bohlen Minutes, Document 400.

55 Sir Charles Portal to PC, February 9, 1945, LOC PHP B I-31.

56 Winston S. Churchill, *The Second World War, Vol. VI*, 363-64.

57 KLH to MHF, February 4-10, 1945, Mortimer Papers.

58 Danchev and Todman, eds., *War Diaries, 1939-1945: Alanbrooke*, 660; see also Diary of Alan Brooke, February 8, 1945, Liddell Hart Military Archives, King's College London, ALANBROOKE 5/1/10.

59 Diary of William Leahy, February 8, 1945, LOC William D. Leahy Papers, Box 6.

60 AER to JB, February 4, 1945, FDRL JBP, Box 6.

61 AER to JB, February 9, 1945, FDRL JPB, Box 6.

62 Eleanor Roosevelt, *This I Remember*, 342.

63 Montefiore, *Stalin*, 483, from V. F. Nekrasov, *Beria: Konets karey* (Moscow: Moskva Izdatelistvo politicheskoi literaturi, 1991), 221-22.

64 세르고 베리야는 스탈린이 라브렌티 베리야를 "양심으로 가득 찬" 사람으로 소개할 때 스탈린의 목소리를 기술했다. *Beria, My Father*, 113.

65 Nekrasov, *Beria*, 221-22.

66 Montefiore, *Stalin*, 483.

67 KLH to MHF, February 4-10, 1945, Mortimer Papers.

68 위와 같음.

69 Winston S. Churchill, *The Second World War, Vol. VI*, 362.

70 KLH to MHF, February 4-10, 1945, Mortimer Papers.

71 Winston S. Churchill, *The Second World War, Vol. VI*, 362.

72 KLH to MHF, February 4-10, 1945, Mortimer Papers.

73 Winston S. Churchill, *The Second World War, Vol. VI*, 362-63.

74 FRUS, Conferences at Malta and Yalta, "Tripartite dinner meeting," February 8, 1945, Bohlen Minutes, Document 400.

75 Dobbs, *Six Months in 1945*, 75.

76 SMHC to CSC, February 9, 1945, CAC SCHL 1/1/8.

77 KLH to MHF, February 4-10, 1945, Mortimer Papers.

78 KLH to PC, February 13, 1945, LOC PHP B I-21.

79 KLH to MHF, February 4-10, 1945, Mortimer Papers.

80 Kathleen Harriman Mortimer, IWM Oral History, September 10, 1996.

81 위와 같음.

82 KLH to MHF, February 4-10, 1945, Mortimer Papers.

83 Kathleen Harriman Mortimer, IWM Oral History, London, September 10, 1996.

84 FRUS, Conferences at Malta and Yalta, "Tripartite dinner meeting," February 8, 1945, Bohlen Minutes, Document 400.

85 SMHC to CSC, February 9, 1945, CAC SCHL 1/1/8.

86 KLH to PC, February 13, 1945, LOC PHP B I-21.

87 For the recorded toasts, see FRUS, Conferences at Malta and Yalta, "Tripartite dinner meeting," February 8, 1945, Bohlen Minutes, Document 400.

88 KLH to PC, February 13, 1945, LOC PHP B I-21.

89 Bohlen, *Witness to History*, 182.

90 위와 같음.

91 Sir Charles Portal to PC, February 9, 1945, LOC PHP B I-31.

92 AER to JB, February 9, 1945, FDRL JBP, Box 6.

93 에드워드 스테티니어스는 회고록에서 처칠의 태도가 얼마나 바뀌었는지를 서술했다. "몰타에서 그는 극도로 낙담하고 실망했었지만, 얄타에서 건배사를 할 때는 행복, 평화, 안전의 세상이 올 수 있다는 진정한 희망을 표현했다." *Roosevelt and the Russians*, 221.

94 Gilbert, *Winston S. Churchill, Vol. VII*, 1195, observation from the diary of secretary Marian Holmes.

16장 1945년 2월 9~10일

1 Robert Hopkins, *Witness to History*, 153.

2 위와 같음.

3 "Allied delegates arrive for the international conference at Livadia Palace in Yalta," February 1945, https://www.criticalpast.com/video/65675033670_ The-Yalta-Conference_Franklin-D-Roosevelt_Lavidia-Palace_conference-room.

4 Photographs, February 9, 1945, LOC AHP B 882 F 19; photographs, February 9, 1945, Georgetown University, Booth Family Center for Special Collections, Robert Hopkins Papers, Box 7C; author's correspondence with Maria Kosareva, January 2, 2020.

5 "Allied delegates arrive," February 1945, https://www.criticalpast. com/video/ 65675033670_The-Yalta-Conference_Franklin-D-Roosevelt_Lavidia-Palace_ conference-room.

6 Danchev and Todman, eds., *War Diaries, 1939-1945: Alanbrooke*, 660; see also Diary of Alan Brooke, 1st Viscount Alanbrooke of Brookeborough, Field Marshal, February 9, 1945, Liddell Hart Military Archives, King's College London,

ALANBROOKE 5/1/10.

7 Sir Charles Portal to PC, February 9, 1945, LOC PHP B-I 31.

8 FRUS, Conferences at Malta and Yalta, 1945, "Roosevelt-Churchill luncheon meeting," February 9, 1945, Document 417.

9 James Byrnes Notes, "Memorandum as to the membership of the Ukraine and White Russia in the Assembly," James Francis Byrnes Papers, Mss 90/Series 4: War Mobilization, Box 19, Folder 9, Clemson University Libraries' Special Collections and Archives, Clemson, SC.

10 Sir Charles Portal to PC, February 8 and 9, 1945, LOC PHP B I-31.

11 Photograph, February 9, 1945, Georgetown University, Booth Family Center for Special Collections, Robert Hopkins Papers, 7C; "Soviet Premier Joseph Stalin and Soviet Foreign Minister Vyacheslav Molotov in Livadia Palace during Yalta Conference," February 9, 1945, https://www.criticalpast.com/video/65675075143_Joseph-Stalin_Sarah-Churchill_Anna-Boettiger_Kathy-Harriman.

12 AER to JB, February 9, 1945, FDRL JBP, Box 6.

13 위와 같음.

14 JB to AER, February 2, 1945; AER to JB, February 9, 1945, FDRL JBP, Box 6.

15 위와 같음.

16 Plokhy, *Yalta*, 242-43. 구라리의 사진은 결국 《프라우다》 1면에 실렸고, 3거두 사진 중 가장 대표적 사진이 되었다. 얄타에서 찍은 사진 중에 화제가 된 또 하나의 사진은 소련 정부 공식 사진사인 보리스 코사례프가 찍은 사진이다.

17 SMHC to CSC, February 9, 1945, CAC SCHL 1/1/8.

18 FRUS, Conferences at Malta and Yalta, "Sixth plenary meeting," February 9, 1945, Matthews Minutes, Document 421.

19 FRUS, Conferences at Malta and Yalta, "Sixth plenary meeting," February 9, 1945, Bohlen Minutes, Document 420.

20 FRUS, Conferences at Malta and Yalta, "Sixth plenary meeting," February 9, 1945, Matthews Minutes, Document 421.

21 FRUS, Conferences at Malta and Yalta, "Sixth plenary meeting," February 9, 1945, Bohlen Minutes, Document 420.

22 FRUS, Conferences at Malta and Yalta, "Sixth plenary meeting," February 9, 1945, Matthews Minutes, Document 421.

23 위와 같음.

24 위와 같음.

25 FRUS에 따르면 미 국무부의 프리먼 매슈스, 영국 외무부의 글래드윈 젭Gladwyn Jebb과 데니스 앨런도 이 회의에 참석했다.

26 Eden, *The Memoirs of Anthony Eden*, 599.

27 Stettinius, *Roosevelt and the Russians*, 251-52; Chiefs of Staff Minutes, "Argonaut": Record of Proceedings at Malta and in the Crimea between 29th January and 11th

February, 1945; Record of a conversation between the Prime Minister and Marshal Stalin, February 10, 1945, TNA CAB 99/31; Gilbert, *Winston S. Churchill, Vol. VII*, 1203.

28 Plokhy, *Yalta*, 248.

29 Robert Hopkins, *Witness to History*, 151.

30 Sir Charles Portal to PC, February 9, 1945, LOC PHP B-I31.

31 Photograph, February 10, 1945, Georgetown University, Booth Family Center for Special Collections, Robert Hopkins Papers, 7B.

32 "Joseph Stalin and Winston Churchill arrive for the Yalta Conference in Crimea, Soviet Union during World War II," February 1945, https://www.criticalpast. com/video/65675065771_Joseph-Stalin_Winston-Churchill_Yalta-Conference_ Sarah-Churchill.

33 Photograph, February 10, 1945, Georgetown University, Booth Family Center for Special Collections, Robert Hopkins Papers, 7B.

34 Robert Hopkins, *Witness to History*, 151-52.

35 위의 책, 152.

36 AER to JB, February 13, 1945, FDRL JPB, Box 6.

37 Photograph, February 10, 1945, Georgetown University, Booth Family Center for Special Collections, Robert Hopkins Papers, 7B.

38 Robert Hopkins, *Witness to History*, 152. For a brief history of billboards, see Out of Home Advertising Association of America, "History of OOH," https://oaaa.org/Abo utOOH/OOHBasics/HistoryofOOH.aspx.

39 Photograph, February 10, 1945, Georgetown University, Booth Family Center for Special Collections, Robert Hopkins Papers, 7B.

40 위와 같음.

41 SMHC to CSC, February 10, 1945, CAC SCHL 1/1/8.

42 SMHC to CSC, February 12, 1945, CAC SCHL 1/1/8; Robert Hopkins, *Witness to History*, 151-52; AER to JB, February 13, 1945, FRUS JBP, Box 6.

43 SMHC to CSC, February 12, 1945, CAC SCHL 1/1/8.

44 KLH to MHF, March 4, 1944, Mortimer Papers.

45 AER to JB, February 10, 1945, FDRL JBP, Box 6.

46 Propaganda sheets, FDRL ARHP, Box 84, News Clippings. 병사가 개구리에게 총을 쏘는 그림의 선전지는 〈개구리와 황소〉라는 이솝 우화에 바탕을 둔 것이다. 이 이야기에서 개구리는 황소만큼 커지려다가 몸이 터져 죽게 된다. 이 이야기는 러시아 우화 작가 이반 크릴로프가 러시아어로 번역해 소개해서 소련에 잘 알려진 우화이다. 히틀러가 바이스에 낀 모습을 그린 선전지에는 "속임수를 써서 독일을 양 전선 사이의 바이스에 끼워 물리칠 것이다"라는 말이 적혀 있었다. 마지막 선전지는 기괴한 괴물이 각 연합국의 국기가 달린 총검에 찔린 모습을 담고 있었다. 여기에는 "적군赤軍의 최종 임무는 연합국 군대와 함께 독일 파시스트 군대를 처형하고, 파시스트 괴물을 그 소굴에서 죽이고, 베를린 꼭대기에 승리의 깃발을 함

께 올리는 것이다"라는 문구가 적혀 있었다.

47 AER to JB, February 10, 1945, FDRL JBP, Box 6.

48 SMHC to CSC, February 12, 1945, CAC SCHL 1/1/8.

49 Robert Hopkins, *Witness to History*, 153.

50 KLH to MHF, April 18, 1944, Mortimer Papers.

51 SMHC to CSC, February 12, 1945, CAC SCHL 1/1/8.

52 Robert Hopkins, *Witness to History*, 152.

53 SMHC to CSC, February 12, 1945, CAC SCHL 1/1/8.

54 Robert Hopkins, *Witness to History*, 152.

55 SMHC to CSC, February 10, 1945, CAC SCHL 1/1/18.

56 SMHC to CSC, February 12, 1945, CAC SCHL 1/1/8.

57 FRUS, Conferences at Malta and Yalta, Harry Hopkins to FDR, February 10, 1945, Document 452.

58 FRUS, Conferences at Malta and Yalta, "Seventh plenary meeting," February 10, 1945, Bohlen Minutes, Document 448.

59 FRUS, Conferences at Malta and Yalta, "Report of the Crimea Conference," Document 497.

60 The Marquis de Custine, *Empire of the Czar*, 112.

17장 1945년 2월 10~11일

1 FRUS, Conferences at Malta and Yalta, "Seventh plenary meeting," February 10, 1945, Matthews Minutes, Document 449.

2 위와 같음.

3 위와 같음.

4 Menu, February 10, 1945, FDRL ARHP, Box 84, Miscellaneous.

5 Memorandum, "Dinner Given by the Prime Minister," February 10, 1945, LOC AHP B 177 F 01.

6 위와 같음.

7 Menu, February 10, 1945, FDRL ARHP, Box 84, Miscellaneous.

8 Memorandum, "Dinner Given by the Prime Minister," February 10, 1945, LOC AHP B 177 F 01.

9 위와 같음.

10 위와 같음.

11 Moran, *Churchill at War*, 282.

12 위와 같음.

13 Lelyveld, *His Final Battle*, 288.

14 Moran, *Churchill at War*, 283.

15 Reynolds, *Summits*, 127.

16 Logs of the President's Trips: Crimea Conference and Great Bitter Lake, Egypt,

January 22–February 28, 1945, 32, FDRL Grace Tully Papers, Box 7.

17 두 문서의 텍스트는 미 국무부 웹사이트에서 온라인으로 찾아볼 수 있고, 1945년 2월 12일 공식 성명은 다음 자료에 있다. 얄타회담 회의록은 1947년 3월 24일에야 공개되었다. https://history.state.gov/historicaldocuments/frus1945Berlinv02/ch27.

18 Stettinius, *Roosevelt and the Russians*, 279.

19 Reynolds, *Summits*, 141.

20 "Record of a Conversation Between the Prime Minister and Marshal Stalin," February 10, 1945, 3 P.M., TNA CAB 99/31.

21 세르히 플로히는 소련에 송환되느니 차라리 죽겠다며 자살을 시도한 뉴저지주 포트 딕스Fort Dix에 수감되어 있던 154명의 소련 전쟁포로 사례를 인용하고 있다. Plokhy, *Yalta*, 304.

22 Harriman and Abel, *Special Envoy*, 416.

23 Plokhy, *Yalta*, 303. See also Bohlen, *Witness to History*, 199.

24 Montefiore, *Stalin*, 379–80. 명령 270호에 따라 모든 병사는 마지막까지 싸워야 했다. 모든 전쟁 포로는 배신자로 분류되고 가족들까지 체포되어 권리를 박탈당했다.

25 SMHC to CSC, February 12, 1945, CAC SCHL 1/1/8.

26 Photograph, February 11, 1945, Plokhy, *Yalta*, insert between 228 and 229.

27 Harriman and Abel, *Special Envoy*, 417.

28 AER to JB, February 10, 1945, FDRL JBP, Box 6.

29 Memorandum, Admiral C. E. Olsen, February 9, 1945, LOC AHP B 176 F 11; Atkinson, *The Guns at Last Light*, 520; Logs of the Trips, 32–33, FDRL Grace Tully Papers, Box 7; Moran, *Churchill at War*, 286.

30 Author's interview with Ellie Seagraves, January 26, 2018, Bethesda, MD. 엘리 시그레이브스의 자택으로 찾아가 인터뷰했을 때, 그녀는 애나가 얄타에서 돌아와 선물한 이 인형을 나에게 보여주었다.

31 Stettinius, *Roosevelt and the Russians*, 286–87; Thomas M. Campbell and George C. Herring, eds., *The Diaries of Edward R. Stettinius, Jr., 1943-1945* (New York: New Viewpoints, 1975), 257–58.

32 KLH to MHF, February 4–10, 1945, Mortimer Papers.

33 위와 같음.

34 KLH to PC, February 13, 1945, LOC PHP B I-21.

35 Bohlen, *Witness to History*, 199–200.

36 Harriman and Abel, *Special Envoy*, 412.

37 위의 책, 399.

38 위의 책, 412.

39 William D. Leahy, *I Was There: The Personal Story of the Chief of Staff to Presidents Roosevelt and Truman Based on His Notes and Diaries Made at the Time* (New York: Whittlesey House, 1950), 315–16.

40 WAH to FDR, December 15, 1944, LOC AHP B 176 F 01.

41 FRUS, Conferences at Malta and Yalta, "Harriman Memorandum of Conversations,"

February 10, 1945, Document 447.

42 Harriman and Abel, *Special Envoy*, 399.

43 Jon Meacham, *Franklin and Winston* (New York: Random House Trade Paperbacks, 2003), 317. 앤서니 이든도 태평양 지역에서 소련에게 양보하는 것에 대해 이와 유사하게 우려했으며, 처칠에게 문서에 서명하지 말라고 촉구했다. 특히 영국이 이 협상에 참여하지 않은 것도 큰 이유였다. 그러나 처칠은 만일 서명하지 않으면 이것은 태평양 관련 이익을 소련과 미국에 양보한다는 것을 의미하고, 그렇게 되면 태평양 관련 논의에서 영국을 배제할 이유가 될 것이라고 느꼈다. 대영제국이 홍콩을 보유하고 있는 상황에서 태평양에서 영국의 영향력을 보존하는 것은 처칠에게 매우 중요했다. 루스벨트는 영국의 존재가 완전히 사라지면 아주 기뻐할 것이 분명했다. 이든은 소련이 자국의 이익과 러일전쟁에서 상실한 영토의 회복을 위해 자발적으로 대일전에 참전했다고 믿었다. 영토적 약속을 하면서 소련을 전쟁에 끌어들일 필요가 없었다. 그는 만일 서방이 참전 대가로 소련의 영토적 요구를 받아들이면, 소련도 다른 사안에서 큰 양보를 해야 한다고 생각했다. 더구나 그는 직접적인 영향을 받는 중국과 협의하지 않고 협상이 진행되었기 때문에 이 합의가 "신뢰할 수 없다"고 생각했다. 문서에 서명할 시간이 되자 처칠과 이든은 루스벨트와 스탈린 앞에서 논쟁을 벌였다. 두 사람의 이견이 너무 심각해서 두 사람 사이를 중재하기 위해 한때 중국 주재 영국 대사였던 알렉산더 카도건을 불러들여야 했다. 카도건도 이든의 의견에 동의했다. 그러나 처칠은 요지부동이었다. 그들이 좋아하건 좋아하지 않건 서명하지 않으면 태평양에서 영국의 권위가 크게 실추된다고 생각한 처칠은 문서에 서명했다. Eden, *The Memoirs of Anthony Eden*, 591, 594.

44 FDR to WAH, February 11, 1945, LOC AHP B 177 F 01.

45 "Joseph Stalin and Winston Churchill arrive for the Yalta Conference in Crimea, Soviet Union during World War II," February 1945, https://www.criticalpast.com/video/65675065771_Joseph-Stalin_Winston-Churchill_Yalta-Conference_Sarah-Churchill.

46 SMHC to CSC, February 12, 1945, CAC SCHL 1/1/8.

47 위와 같음.

48 Moran, *Churchill at War*, 282.

49 SMHC to CSC, February 12, 1945, CAC SCHL 1/1/8.

50 위와 같음.

51 위와 같음.

52 위와 같음.

53 위와 같음.

54 Astley, *The Inner Circle*, 198.

55 Diary of Admiral William D. Leahy, February 11, 1945, LOC William D. Leahy Papers, Box 6.

56 SMHC to CSC, February 12, 1945, CAC SCHL 1/1/8.

57 Stettinius, *Roosevelt and the Russians*, 284.

58 Plokhy, *Yalta*, 322.

59 SMHC to CSC, February 12, 1945, CAC SCHL 1/1/8.

60 Moran, *Churchill at War*, 282-83.

61 SMHC to CSC, February 12, 1945, CAC SCHL 1/1/8.

62 위와 같음.

63 Logs of the Trips, 36, FDRL Grace Tully Papers, Box 7.

64 AER Yalta Notes, loose notes, February 11, 1945, FDRL ARHP, Box 84.

65 Program, February 11, 1945, FDRL ARHP, Box 84, Miscellaneous.

66 SMHC to CSC, February 12, 1945, CAC SCHL 1/1/8.

67 프랭코니아호에서 세바스토폴의 불빛을 바라보는 서술에서 처칠은 앨런 브룩과 합참지휘 관들도 그 자리에 있었다고 설명했는데, 그의 기억은 틀렸다. 브룩과 합참지휘관들은 10일 얄타를 떠나 11일 영국에 도착했다. Winston S. Churchill, *The Second World War, Vol. VI*, 394.

68 SMHC to CSC, February 12, 1945, CAC SCHL 1/1/8.

69 Sarah Churchill, *A Thread in the Tapestry*, 83.

70 SMHC to CSC, February 12, 1945, CAC SCHL 1/1/8.

18장 1945년 4월 12일~7월 27일

1 JB to AER, February 15, 1945, FDRL JBP, Box 6.

2 AER to JB, February 18, 1945, FDRL JBP, Box 6.

3 FDR to Tomasz Arciszewski, February 15, 1945, in note attached to FRUS, Conferences at Malta and Yalta, John Gilbert Winant to Edward Stettinius, February 3, 1945, Document 471.

4 Lelyveld, *His Final Battle*, 291-92.

5 AER Yalta Notes, loose notes, FDRL ARHP, Box 84. 알렉산드리아에서 길버트 위넌트를 만나게 될 줄 몰랐던 사라는 전날, 다른 누군가 열어볼까 염려하며 다소 암호문 같은 편지를 그에게 썼다. "나는 당신을 자주 생각해요. 이번 여행은 멋졌고, 모두 결과에 만족하고 있어요. … 당신을 많이 그리워했어요. 나는 모든 일이 최상으로 전개되었다는 확실한 믿음이 있어요!" SMHC to John Gilbert Winant, February 13, 1945, FDRL John G. Winant Papers, Box 190, Folder 13.

6 Sherwood, *Roosevelt and Hopkins*, 874.

7 Bishop, *FDR's Last Year*, 450-53.

8 AER to JB, February 18, 1945, FDRL JBP, Box 6.

9 Bishop, *FDR's Last Year*, 453.

10 Rosenman, *Working with Roosevelt*, 522-23.

11 Draft of address to Congress, FDRL ARHP, Box 84, FDR Speech. 그녀의 연필 표기는 그녀가 보관한 초안에서 볼 수 있다.

12 FDR address to Congress, March 1, 1945, Presidential Speeches, Miller Center, University of Virginia, https://millercenter.org/the-presidency/presidential-speeches/march-1-1945-address-congress-yalta.

13 Frances Perkins, *The Roosevelt I Knew* (New York: Viking, 1946), 395; Goodwin,

No Ordinary Time, 586.

14 Logs of the President's Trips: Crimea Conference and Great Bitter Lake, Egypt, January 22-February 28, 1945, 39, FDRL Grace Tully Papers, Box 7.

15 Whittaker Chambers, "The Ghosts on the Roof," *Time*, March 5, 1945.

16 WSC to Peter Fraser, February 24, 1945, TNA FO 371/47850.

17 JB to AER, February 15, 1945, FDRL JBP. 존은 2월 11일 애나에게 보낸 편지에서 《라이프》지의 요청을 다시 언급했다.

18 Chamberlain, "F.D.R.'s Daughter," 96-108. 나중에 애나는 이 기사가 아버지의 백악관에서 자신이 수행한 임무를 가장 잘 서술했다고 느꼈다고 말했다. Anna Roosevelt Halsted interview by Bernard Asbell, 1972, FDRL ARHP, Box 63. 언론에 부정적으로 보도되기는 했지만, 그녀는 명성이 커지면서 소수의 팬을 얻었다고 생각했다. 시카고에 거주하는 애나 콘로이라는 젊은 여인은 루스벨트에게 이런 편지를 보냈다. "대통령 각하 ⋯ 각하의 딸 애나에 대한 기사를 신문에서 읽었습니다. 그때까지 저는 제 이름이 마음에 든 적이 없었어요. 그러나 각하의 사랑스러운 딸의 이름도 애나라는 것을 읽은 후부터 제 이름을 바꿀 생각이 전혀 없어요. 저는 엄마가 저에게 애나라는 이름을 지어준 것을 자랑스럽게 생각해요. 저의 수호성녀 성 애나가 당신을 지켜주기를 기도합니다." Anna Conroy to FDR, January 29, 1945, FDRL President's Personal File 7, Anna R. Boettiger 1942-1945.

19 당시를 회고하면서 애나의 아들은 엄마가 자신을 버릴지도 모른다는 불안감으로 자신의 병이 더 악화되었다고 믿었다. Author's interview with John Roosevelt Boettiger, February 20, 2018.

20 Interview with Anna Roosevelt Halsted, "The Roosevelt Story," February 13, 1962, FDRL Graff Papers, Box 3.

21 Lucy Mercer Rutherfurd to AER, May 9, 1945, in Boettiger, *A Love in Shadow*, 262.

22 Interview with Anna Roosevelt Halsted, "The Roosevelt Story," February 13, 1962, FDRL Graff Papers, Box 3.

23 Goodwin, *No Ordinary Time*, 598.

24 Anna Roosevelt Halsted interview by Bernard Asbell, 1972, FDRL ARHP, Box 63.

25 Lelyveld, *His Final Battle*, 324, originally from AER interview with Joe Lash.

26 Goodwin, *No Ordinary Time*, 604.

27 KLH to MHF, April 9, 1945, Mortimer Papers.

28 위의 자료, KLH to MHF, April 12, 1945, Mortimer Papers.

29 KLH to PC, April 12, 1945, LOC PHP B I-21; John Melby interview, June 16, 1989, LOC; Harriman and Abel, *Special Envoy*, 440.

30 KLH to PC, March 26, 1945, LOC PHP B I-21.

31 Harriman and Abel, *Special Envoy*, 419.

32 KLH to PC, March 26, 1945, LOC PHP B I-21.

33 KLH, "Do the crows still roost in the Spasopeckovskaya trees?" Mortimer Papers.

34 Stephen Dando-Collins, *The Big Break: The Greatest American WWII POW Escape Story Never Told* (New York: St. Martin's Press, 2017), 140.

35 "Memorandum to: Miss Harriman," February 19, 1945, LOC AHP B 177 F 03.

36 KLH to Elsie Marshall, February 27, 1945, Mortimer Papers. 2월 27일까지 이들은 모두 귀국했다. 이후에도 몇 명의 미군 포로가 모스크바에 나타났으나 NKVD는 이들을 모아서 송환 지점으로 보냈다. Dando-Collins, *The Big Break*, 142.

37 Harriman and Abel, *Special Envoy*, 421-22.

38 FRUS Vol. V: Diplomatic Papers, 1945, Europe, WAH to Edward Stettinius, March 7, 1945, 145.

39 5월 스탈린은 실종된 폴란드인들을 드디어 인정하고, 이들이 모스크바로 초청되지 않았다고 말했다. 그는 오히려 이들은 문제를 일으키러 온 '파괴활동가들'로 전복적인 스파이 활동과 테러 관련 활동을 벌이다가 체포되었다고 했다. 이들은 6월에 재판에 회부되었다. 열세 명은 4개월에서 10년 형까지 선고를 받았고, 세 명은 방면되었다. Winston S. Churchill, *The Second World War, Vol. VI*, 498; Eden, *The Memoirs of Anthony Eden, 608.*

40 KLH, "Do the crows still roost in the Spasopeckovskaya trees?" Mortimer Papers.

41 FRUS Vol. V: Diplomatic Papers, 1945, Europe, WSC to FDR, March 13, 1945, 159-60.

42 FRUS Vol. V: Diplomatic Papers, 1945, Europe, FDR to Joseph Stalin, April 1, 1945, 194.

43 Harriman and Abel, *Special Envoy*, 423.

44 FRUS Vol. III: Diplomatic Papers, 1945, European Advisory Commission, Austria, Germany, FDR to Joseph Stalin, April 12, 1945, 756.

45 FRUS Vol. III: Diplomatic Papers, 1945, European Advisory Commission, Austria, Germany, WAH to FDR, April 12, 1945, 756.

46 FRUS Vol. III: Diplomatic Papers, 1945, European Advisory Commission, Austria, Germany, FDR to WAH, April 12, 1945, 757.

47 KLH to PC, April 12, 1945, LOC PHP B I-21.

48 위와 같음.

49 위와 같음.

50 위와 같음.

51 위와 같음.

52 Bruenn, "Clinical Notes," 591; Goodwin, *No Ordinary Time*, 605.

53 Notes attached to AER to Joseph Lash, January 28, 1972, LOC ARHP, Box 36.

54 FDR Funeral Card, FDRL ARHP, Box 65a, Folder 3, Funeral 1945.

55 James Roosevelt, *My Parents: A Differing View* (Chicago: Playboy Press, 1976), 280, 286-88. 제임스는 장례식에 한 시간 반 늦게 도착했다. Woolner, *The Last 100 Days*, 285.

56 Edward G. Lengel, "Franklin D. Roosevelt's Train Ferdinand Magellan," The White House Historical Association, https://www.whitehousehistory.org/franklin-d-roosevelt-rsquo-s-train-ferdinand-magellan.

57 Boettiger, *A Love in Shadow*, 261.

58 Asbell, ed., *Mother and Daughter*, 187-88.

59 Lucy Mercer Rutherfurd to AER, May 9, 1945. The full text of the letter is quoted in Boettiger, *A Love in Shadow*, 262-63.

60 Harriman and Abel, *Special Envoy*, 441.

61 KLH to PC, April 12, 1945, LOC PHP B I-21.

62 Harriman and Abel, *Special Envoy*, 508-10.

63 KLH to MHF, August 14, 1945, Mortimer Papers.

64 KLH to MHF, June 4, 1945, Mortimer Papers. 캐슬린은 애버럴이 모스크바에서 스탈린과 저녁 만찬을 한 후 영국산 말에 감탄하며 안토노프 장군이 이 말을 타고 행진하는 뉴스 화면을 보았다고 말했다고 메리에게 말했다. 이 말이 스탈린이 애버럴에게 선물한 바로 그 말이었다. 캐슬린은 어떻게 그 말들이 그런 이름을 갖게 되었는지에 대해서는 말하지 않았다. See also "Stalin's Gift Horses to Harrimans Arrive," *New York Sun*, April 30, 1945, KLH scrapbook, Mortimer Papers.

65 Harriman and Abel, *Special Envoy*, 536.

66 Author's interview with Kitty Ames, October 21, 2019.

67 Elizabeth Nel, *Mr. Churchill's Secretary* (New York: Coward-McCann, 1958), 170.

68 Dilks, ed., *The Diaries of Sir Alexander Cadogan*, 727.

69 Bob Landry, photograph, "The King and Queen, and Princess Elizabeth, leaving St. Paul's," April 17, 1945, Life, Getty Images, https://www.gettyimages.ca/detail/news-photo/the-king-and-queen-and-princess-elizabeth-leaving-st-pauls-news-photo/50496864?adppopup=true.

70 Robert Rhodes James, ed., *Churchill Speaks, 1897-1963: Collected Speeches in Peace and War* (New York: Barnes and Noble Books, 1980), 857-59.

71 James, ed., *Chips: The Diaries of Sir Henry Channon*, 402; photograph, "British Prime Minister, Winston Churchill with his daughter Sarah, leaving the memorial service at St Paul's Cathedral for the American President Franklin D Roosevelt," April 17, 1945, Alamy, https://www.alamy.com/stock-photo-british-prime-minister-winston-churchill-with-his-daughter-sarah-leaving-176257351.html.

72 SMHC to WSC, c. July 1945, undated, CAC SCHL 1/8/1.

73 Rhodes James, ed., *Churchill Speaks*, 864.

74 SMHC to WSC, June 5, 1945, CAC MCHL 5/1/120.

75 위와 같음.

76 CSC to SMHC, June 12, 1945, CAC MCHL 5/1/120.

77 SMHC to WSC, July 27, 1945, CAC SCHL 1/1/8.

78 SMHC to WSC, c. July 1945, undated, CAC SCHL 1/8/1.

79 Sarah Churchill, *A Thread in the Tapestry*, 85.

80 위의 책, 86.

81 위와 같음.

82 위와 같음.

83 위와 같음.

84 SMHC to WSC, July 27, 1945, CAC SCHL 1/1/8.

85 Pawle, *The War and Colonel Warden*, 409.

86 Mary Soames, *A Daughter's Tale: The Memoir of Winston Churchill's Youngest Child* (New York: Random House, 2011), 327.

87 SMHC to CSC, April 7, 1945, CAC SCHL 1/1/8.

88 SMHC to WSC, July 27, 1945, CAC SCHL 1/1/8.

89 위와 같음.

얄타 이후

1 Chet Huntley, ABC News transcript, June 28, 1951, FDRL ARHP, Box 85, Yalta 1951.

2 위와 같음.

3 Harriman and Abel, *Special Envoy*, 414.

4 Winston S. Churchill, "The Sinews of Peace," March 5, 1946, West-minster College, Fulton, MO.

5 https://www.un.org/press/en/2019/ga12223.doc.htm; https://www.un.org/press/en/2018/ga12108.doc.htm.

6 1962년 데임 바버라 솔트Dame Barbara Salt가 이스라엘 주재 영국 대사로 임명되었다. 그러나 병이 위중해서 그녀는 직무를 수행할 수 없었다.

7 Sarah Churchill, *A Thread in the Tapestry* (New York: Dodd, 1967), 33.

8 WAH to KLH, February 16, 1936, Mortimer Papers.

9 SMHC to CSC, September 15, 1945, CAC SCHL 1/1/9.

10 KLH to MHF, February 16, 1944, Mortimer Papers.

11 Smith, *Reflected Glory*, 131.

12 위의 책, 130.

13 어맨다 버든은 캐슬린과의 첫 만남을 회상했다. 어맨다는 세 살이었고, 예민했다. 그녀는 몇 시간 동안이나 침대 아래 숨어서 나오려고 하지 않았다. 캐슬린은 내내 침대 옆에 앉아서 그녀가 나오기를 기다리며 인내심을 가지고 그녀를 달랬다. Author's interview with Amanda Burden, December 30, 2019.

14 "List of people to whom wedding announcements were sent," LOC AHP B 11 F 03. 이 리스트는 길이가 34페이지나 되었고, 영국 친구들 명단은 별도로 추가되었다.

15 Averell Mortimer, remarks at KLH memorial service.

16 Margalit Fox, "Kathleen Mortimer, Rich and Adventurous, Dies at 93," *New York Times*, February 19, 2011.

17 Author's interview with Kitty Ames, October 21, 2019.

18 KLH notes for Bennington College speech, Mortimer Papers. See also Gledhill Cameron, "Hard Practicality Rule in Russian Education," World-Telegram, October 21, 1946, in LOC AHP B 11 F 03.

19 Hearings before the Select Committee to Conduct an Investigation of the Facts, Evidence, and Circumstances of the Katyn Forest Massacre, Eighty-Second

Congress, 1952, copy in Mortimer Papers. 캐슬린이 러시아에 대한 기록을 남긴 다른 예는 다음 기사가 유일하다. "Opera in Russia Today," *Opera News*, March 25, 1946, KLH scrapbook, Mortimer Papers.

20 Author's interview with Averell Mortimer, October 24, 2019.

21 Author's interview with David Mortimer, December 12, 2017.

22 Author's interview with David Mortimer, December 5, 2018.

23 Averell Mortimer, remarks at KLH memorial service; author's conversation with Averell Mortimer, October 24, 2019.

24 Boettiger, *A Love in Shadow*, 267, 269-70.

25 The U.S. House of Representatives launched a Select Committee investigation into the shortage after complaints from publishers, February 26, 1947, https://www.archives.gov/legislative/guide/house/chapter-22-select-newsprint.html.

26 Boettiger, *A Love in Shadow*, 267-68.

27 Author's interview with Eleanor Seagraves, January 26, 2018.

28 Boettiger, *A Love in Shadow*, 273-74.

29 Author's interview with Eleanor Seagraves, September 30, 2018. 1978년 프랭클린 루스벨트 도서관에서 토머스 소프 박사와의 구술사 인터뷰 중 엘리는 이 충격적인 경험을 이렇게 회상했다. 존 보티커는 "내 방으로 몰래 들어와 은근한 제안 같은 것을 했다". 그러나 그녀는 그가 어떤 짓을 했는지는 2018년 인터뷰 때까지 밝히지 않았다. 우연히도 엘리와 존은 3월 25일로 생일이 같았다. 이것은 엘리에게 특별한 의미가 있었던 것 같다. 엘리는 존에게 편지를 쓸 때 '우리의 생일'이라고 다정하게 표현했다. Eleanor Dall to John Boettiger, "Tuesday," undated, c. March 1945, FDRL ARHP, Box 71, Folder 6. 이것이 이들의 관계를 더 힘들게 만들었다.

30 Author's interview with Eleanor Seagraves, September 30, 2018.

31 위와 같음.

32 위와 같음.

33 Author's interview with Eleanor Seagraves, September 30, 2018.

34 Eleanor (Dall) Seagraves to AER and JB, March 1945, FDRL Halsted Papers, Box 71, Folder 6.

35 Author's interview with Eleanor Seagraves, January 26, 2018.

36 Asbell, ed., *Mother and Daughter*, 278.

37 AER to Robert Taft, January 29, 1951, FDRL ARHP, Box 85, Yalta 1951.

38 AER to Robert Taft, March 8, 1951, FDRL ARHP, Box 85, Yalta 1951.

39 AER to James, Franklin Jr., and John Roosevelt, November 5, 1969, FDRL Howard Bruenn Papers, Folder 6.

40 위와 같음.

41 Author's interview with John Roosevelt Boettiger, February 20, 2018.

42 Albin Krebs, "Anna Roosevelt Halsted, President's Daughter, Dies," New York Times, December 2, 1975, https://www.nytimes.com/1975/12/02/archives/anna-ro

osevelt-halsted-presidents-daughter-dies-white-house.html?url=http%3A%2F%2Ftimesmachine.nytimes.com%2Ftimesmachine%2F1975%2F12%2F02%2F78270832.html%3FpageNumber%3D42.

43 Author's interview with John Roosevelt Boettiger, February 20, 2018.

44 Sarah Churchill, *A Thread in the Tapestry*, 89.

45 WSC to CSC, September 18, 1945, in Soames, ed., *Winston and Clementine*, 539.

46 SMHC to CSC, September 3, 1945, CAC SCHL 1/1/9.

47 Sarah Churchill, *Keep on Dancing*, 142.

48 위의 책, 158-59.

49 SMHC to Harry Hopkins, May 12, 1944, Georgetown University, Booth Family Center for Special Collections, HLHP1, Box 4, Folder 4.

50 SMHC to CSC, March 18, 1947, CAC MCHL 5/1/139.

51 Reynolds, *In Command of History*, 84.

52 Lynne Olson, *Citizens of London: The Americans Who Stood with Britain in Its Darkest, Finest Hour* (New York: Random House Trade Paperbacks, 2011), 384.

53 Program of John Gilbert Winant memorial service, St. Paul's Cathedral, London, November 19, 1947.

54 Olson, *Citizens of London*, 385.

55 Author's interviews with Lady Williams of Elvel, July 24, 2017; April 12, 2019.

56 AER to SMHC, January 14, 1958, CAC SCHL 1/8/2.

57 Soames, *Clementine Churchill*, 457.

58 Author's interview with David Mortimer, December 5, 2018; author's interview with Amanda Burden, December 30, 2019; "Harriman Son-in-Law Recovering After Shooting," *New York Times*, June 21, 1969.

59 Henry Audley to WSC, April 3, 1962, CAC SCHL 1/1/17. 심장발작으로 인한 헨리의 신체적 장애는 그가 윈스턴 처칠과 클레먼타인에게 보낸 편지에서도 분명히 보인다. 이 편지들은 모두 타자로 쳐서 작성되었고, 끝에 꾸불꾸불한 서명이 큼지막하게 들어 있었다.

60 Author's interview with Celia Sandys, July 20, 2017. 사라의 조카 에마 솜스도 사라가 피터 팬 연기를 하는 것을 본 비슷한 기억을 가지고 있었다. Author's interview with Emma Soames, April 6, 2018.

61 Author's interview with Celia Sandys, July 20, 2017.

62 Deirdre Burns to Mary Churchill Soames, September 27, 1982, CAC MCHL 10/20.

63 John Pearson, *The Private Lives of Winston Churchill* (New York: Simon and Schuster, 1991), 422.

64 Author's interview with Celia Sandys, July 20, 2017.

65 Hiss, *Recollections of a Life*, 121.

66 AER to JB, February 18, 1945, FDRL JBP, Box 6.

67 SMHC to WSC, March 28, 1944, CAC CHAR 1/381/59-91.

참고문헌

기록보관소

프랭클린 루스벨트 대통령 도서관
John Boettiger Papers
Howard Bruenn Papers
Stephen T. Early Papers
Edward J. Flynn Papers
Robert D. Graff Papers
Anna Roosevelt Halsted Papers
Ross T. McIntire Papers
William Ridgon Papers
Anna Eleanor Roosevelt Papers
Franklin D. Roosevelt Papers, President's Personal File 7
Grace Tully Papers
John G. Winant Papers

국회도서관
Charles E. Bohlen Papers
Pamela Digby Churchill Hayward Harriman Papers
W. Averell Harriman Papers
William D. Leahy Papers

처칠문서센터
The Papers of Sarah Churchill
The Papers of Sir Winston Churchill, Chartwell Papers
The Papers of Sir Winston Churchill, Churchill Papers
The Papers of Lady Soames

모티머 문서
Kathleen Harriman Mortimer Papers

국립 기록 보관소 및 기록관리국(미국)
President's Secretary's File
General Records of the Department of State

큐 국립문서보관소(영국)
Air Ministry Papers
Foreign Office Papers
War Cabinet Papers

조지타운대학 기록보관소
Harry Hopkins Papers
Robert Hopkins Papers

리델 하트 군사기록 보관소
ALANBROOKE, FM Alan Francis, 1st Viscount Alanbrooke of Brookeborough

웰컴 도서관
Lord Moran (Charles McMoran Wilson) Papers (PP/CMW)

뉴베리 도서관(시카고)
Ralph L. Graham Papers

클렘슨대학 도서관의 특별 소장품 및 기록 보관소
James Francis Byrnes Papers

기타 출처 및 선별 기록
Imperial War Museum, Sound Archive
Columbia Center for Oral History Archives, Rare Book and Manuscript Library,
Columbia University in the City of New York
Foreign Relations of the United States
Hansard, House of Commons Debate Minutes
George Marshall Papers
Tuxedo Park Historical Society, Tuxedo Park, NY
Foxcroft School, Middleburg, VA
Dorchester Hotel
Life magazine
Time magazine
Newsweek magazine
New York Times
The New Yorker
Washington Post

작가의 인터뷰 및 대화

Kitty Ames
John Roosevelt Boettiger
Amanda Burden
Jennie Churchill
Randolph Churchill
Peter Duchin
Clarissa Eden, Countess of Avon (née Clarissa Spencer-Churchill)
Maria Kosareva
Averell Mortimer
David Mortimer
Celia Sandys
Eleanor Dall Seagraves
Emma Soames
William vanden Heuvel
Lady Williams of Elvel (née Jane Portal)

구술 역사

Sergo Beria (IWM), 19 October 1996
Howard Bruenn, U.S. Navy Medical Department Oral History Program, 31 January 1990
Myra Collyer (IWM), 24 October 2002
Anna Roosevelt Halsted interview, 11 May 1973, Columbia Center for Oral History
Anna Roosevelt Halsted interview, 1972, Halsted Papers, FDRL
W. Averell Harriman interview, 8 December 1960, Columbia Center for Oral History
W. Averell Harriman interview, May–July 1969, Columbia Center for Oral History
W. Averell Harriman (IWM), 1972
Averell Harriman interview by Arthur Schlesinger Jr., 24 May 1981
Kathleen Harriman Mortimer (IWM), 10 September 1996
Felicity Hill (IWM), 6 December 1985
Alger Hiss (IWM), 1972.
John Melby interview, 16 June 1989, Association for Diplomatic Studies and Training
Foreign Affairs Oral History Project, Library of Congress
Frances Perkins interview, 1951–1955, Columbia University Center for Oral History
Hazel Scott (IWM), 17 August 2001
Eleanor Seagraves interview, 2 February 1978 and 21 June 1978, FDRL

주요 저서와 회고록

Alliluyeva, Svetlana. *Twenty Letters to a Friend.* New York: Harper and Row, 1967.

Asbell, Bernard, ed. *Mother and Daughter: The Letters of Eleanor and Anna Roosevelt.* New York: Coward, McCann and Geoghegan, 1982.

Astley, Joan Bright. *The Inner Circle: A View of War at the Top.* Boston: Atlantic Monthly Press, 1971.

Berezhkov, Valentin M. *At Stalin's Side: His Interpreter's Memoirs from the October Revolution to the Fall of the Dictator's Empire.* New York: Birch Lane Press, 1994.

Beria, Sergo. *Beria, My Father: Inside Stalin's Kremlin.* London: Duckworth, 2001.

Birse, A. H. *Memoirs of an Interpreter.* New York: Coward-McCann, 1967.

Bohlen, Charles E. *Witness to History 1929–1969.* New York: W. W. Norton, 1973.

Bruenn, Howard G. "Clinical Notes on the Illness and Death of President Franklin D. Roosevelt," *Annals of Internal Medicine,* Vol. 72, No. 4 (April 1970).

Byrnes, James. *All in One Lifetime.* New York: Harper and Brothers, 1958.

_____. *Speaking Frankly.* New York: Harper and Brothers, 1947.

Campbell, Thomas M., and George C. Herring, eds. *The Diaries of Edward R. Stettinius, Jr., 1943–1946.* New York: New Viewpoints, 1975.

Chamberlain, John. "F.D.R's Daughter," *Life,* March 5, 1945.

Churchill, Sarah. *Keep on Dancing.* New York: Coward, McCann and Geoghegan, 1981.

_____. *A Thread in the Tapestry.* New York: Dodd, Mead, 1967.

Churchill, Winston S. *Great Battles and Leaders of the Second World War: An Illustrated History.* Boston: Houghton Mifflin, 1995.

_____. *My Early Life, 1874–1904.* New York: Simon and Schuster, 1996.

_____. *The Second World War, Volumes 1–6.* Boston: Houghton Mifflin, 1948 – 1953.

Churchill, Winston S. (II), *Memories and Adventures.* New York: Weidenfeld and Nicholson, 1989.

Colville, John. *The Fringes of Power: 10 Downing Street Diaries, 1939–1955.* New York: W. W. Norton, 1985.

_____. *Winston Churchill and His Inner Circle.* New York: Wyndham Books, 1981.

Custine, Astolphe, Marquis de. *Empire of the Czar: A Journey Through Eternal Russia.* New York: Doubleday, 1989.

Davies, Joseph E. *Mission to Moscow.* New York: Simon and Schuster, 1941.

Deane, John R. *The Strange Alliance: The Story of our Efforts at Wartime Co-Operation with Russia.* New York: Viking, 1947.

Dilks, David, ed. *The Diaries of Sir Alexander Cadogan, O.M., 1938–1945.* New York: G. P. Putnam's Sons, 1972.

Eden, Anthony. *The Memoirs of Anthony Eden, Earl of Avon: The Reckoning.* Boston:

Houghton Mifflin, 1965.

Gorodetsky, Gabriel, ed. *The Maisky Diaries: Red Ambassador to the Court of St. James's, 1932–1943*. New Haven, CT: Yale University Press, 2015.

Gromyko, Andrei Andreevich. *Memoirs*. New York: Doubleday, 1989.

Harriman, W. Averell, and Elie Abel. *Special Envoy to Churchill and Stalin, 1941–1946*. New York: Random House, 1975.

Hiss, Alger. *Recollections of a Life*. New York: Seaver Books, 1988.

Hopkins, Robert. *Witness to History: Recollections of a WWII Photographer*. Seattle: Castle Pacific Publishing, 2002.

Houghton, Norris. "That Was Yalta: Worm's Eye View," *The New Yorker*, May 23, 1953.

Kennan, George. *Memoirs, 1925–1950*. Boston: Little, Brown, 1967.

Khrushchev, Nikita. *Memoirs of Nikita Khrushchev, Vol. 1: Commissar, 1918–1945*. University Park, PA: Pennsylvania State University Press, 2004.

Kimball, Warren F., ed. *Churchill and Roosevelt: The Complete Correspondence, Vol. III*. Princeton, NJ: Princeton University Press, 1984.

Kuter, Laurence S. *Airman at Yalta*. New York: Duell, Sloan and Pearce, 1955.

Leahy, William D. *I Was There*. New York: Whittlesey House, 1950.

Lockhart, Robert Bruce. *The Diaries of Sir Robert Bruce Lockhart, Vol. 2: 1938–65*. London: Macmillan, 1980.

McIntire, Ross T. *White House Physician*. New York: G. P. Putnam's Sons, 1946.

Moran, Lord Charles. *Churchill at War, 1940–45*. New York: Carroll and Graf, 2002.

Nel, Elizabeth. *Mr. Churchill's Secretary*. New York: Coward-McCann, 1958.

Oliver, Vic. *Mr. Showbusiness*. London: George G. Harrap, 1954.

Pawle, Gerald. *The War and Colonel Warden*. New York: Alfred A. Knopf, 1963.

Payne, Graham, and Sheridan Morley, ed. *The Noel Coward Diaries*. Boston: Da Capo Press, 2000.

Perkins, Frances. *The Roosevelt I Knew*. New York: Viking, 1946.

Ranfurly, Hermione. *To War with Whitaker: The Wartime Diaries of the Countess of Ranfurly, 1939–1945*. London: Heinemann, 1994.

Reilly, Michael. *Reilly of the White House*. New York: Simon and Schuster, 1947.

Reynolds, David, and Vladimir Pchatnov, eds. *The Kremlin Letters: Stalin's Wartime Correspondence with Churchill and Roosevelt*. New Haven, CT: Yale University Press, 2018.

Rhodes James, Robert, ed. *Chips: The Diaries of Sir Henry Channon*. London: Weidenfeld and Nicolson, 1967.

_____. *Churchill Speaks, 1897–1963: Collected Speeches in Peace and War*. New York: Barnes and Noble Books, 1980.

Roosevelt, Curtis. *Too Close to the Sun: Growing Up in the Shadow of My Grandparents, Franklin and Eleanor*. New York: PublicAffairs, 2008.

Roosevelt, Eleanor. *This I Remember.* New York: Harper and Brothers, 1949.

Roosevelt, Elliott, ed. *F.D.R.: His Personal Letters, 1928–1945.* New York: Duell, Sloan and Pearce, 1950.

Roosevelt, James. *My Parents: A Differing View.* Chicago: Playboy Press, 1976.

Rosenman, Samuel I. *Working with Roosevelt.* New York: Harper and Brothers, 1952.

Shevchenko, Arkady N. *Breaking with Moscow.* New York: Alfred A. Knopf, 1985.

Smith, A. Merriman. *Thank You, Mr. President: A White House Notebook.* New York: Harper and Brothers, 1946.

Soames, Mary. *A Daughter's Tale: The Memoir of Winston Churchill's Youngest Child.* New York: Random House, 2011.

Soames, Mary, ed. *Winston and Clementine: The Personal Letters of the Churchills.* Boston: Houghton Mifflin, 1999.

Standley, William H., and Arthur A. Ageton. *Admiral Ambassador to Russia.* Chicago: Henry Regnery, 1955.

Stettinius, Edward R. *Roosevelt and the Russians: The Yalta Conference.* New York: Doubleday, 1949.

Sudoplatov, Pavel, and Anatoli Sudoplatov. *Special Tasks.* Boston: Back Bay Books, 1995.

Tully, Grace. *F.D.R., My Boss.* New York: Charles Scribner's Sons, 1949.

Wallace, Henry A. *The Price of Vision: The Diary of Henry A. Wallace, 1942–1946.* Boston: Houghton Mifflin, 1973.

Ward, Geoffrey, ed. *Closest Companion: The Unknown Story of the Intimate Friendship Between Franklin Roosevelt and Margaret Suckley.* Boston: Houghton Mifflin, 1995.

Winant, John Gilbert. *Letter from Grosvenor Square: An Account of a Stewardship.* Boston: Houghton Mifflin, 1947.

얄타의 딸들

사라 처칠, 애나 루스벨트, 캐슬린 해리먼의 이야기

1판 1쇄 2022년 2월 14일

지은이 | 캐서린 그레이스 카츠
옮긴이 | 허승철

펴낸이 | 류종필
편집 | 이은진, 이정우
마케팅 | 이건호
경영지원 | 김유리
표지 디자인 | 박미정
본문 디자인 | 이미연
교정 교열 | 정헌경

펴낸곳 | (주) 도서출판 책과함께
　　　　주소 (04022) 서울시 마포구 동교로 70 소와소빌딩 2층
　　　　전화 (02) 335-1982
　　　　팩스 (02) 335-1316
　　　　전자우편 prpub@hanmail.net
　　　　블로그 blog.naver.com/prpub
　　　　등록 2003년 4월 3일 제2003-000392호

ISBN 979-11-91432-34-3 03900